国家社会科学基金项目

明清徽州族规家法研究

陈孔祥◎著

安徽师范大学出版社

·芜湖·

图书在版编目(CIP)数据

明清徽州族规家法研究 / 陈孔祥著 . –– 芜湖：安徽师范大学出版社, 2024.12.

ISBN 978-7-5676-6943-7

Ⅰ. D691.2

中国国家版本馆 CIP 数据核字第 2024B40G14 号

国家社会科学基金项目(2019)"明清徽州族规家法研究"成果

明清徽州族规家法研究   陈孔祥◎著

MING QING HUIZHOU ZUGUI JIAFA YANJIU

责任编辑：胡志立   责任校对：胡志恒   江 彬

装帧设计：张 玲 汤彬彬   责任印制：桑国磊

出版发行：安徽师范大学出版社

　　　　　芜湖市北京中路2号安徽师范大学赭山校区

网　　　址：https://press.ahnu.edu.cn

发 行 部：0553-3883578   5910327   5910310(传真)

印　　刷：江苏凤凰数码印务有限公司

版　　次：2024年12月第1版

印　　次：2024年12月第1次印刷

规　　格：700 mm × 1000 mm   1/16

印　　张：20.25

字　　数：311千字

书　　号：978-7-5676-6943-7

定　　价：98.00元

凡发现图书有质量问题,请与我社联系(联系电话:0553-5910315)

序

　　徽州是个移民社会，历史上的四次大移民，多少北方大族携家带口，"寻得桃源好避秦"，在徽州这块土地上繁衍生息。他们不仅带来了北方先进的农业技术，也带来了中原的宗族制度。经过宋代大儒朱熹的提倡，宗族制度得到进一步发展，使徽州成为一个宗族社会。到了明清时期，在徽商的大力加持下，徽州宗族制度得到进一步巩固和发展。尤其是明中叶以后，各个宗族都先后建立了祠堂，使宗族成员有了祭祀祖先、聚会议事的场所，大大加强了宗族的凝聚力和向心力。与此同时，各宗族修纂家谱蔚然成风，使宗族的历史得以赓续。宗族内部的各种制度也渐趋完善，突出表现之一就是族规家法的大量涌现。

　　族规家法是个泛称，具体来说，家规、家典、家法、宗规、族规、规约、族约、戒约、家礼、定例、祀规、家范、家政、会规、墓祠规等等，都可统称为族规家法。这是一个内容非常丰富的宝库。

　　随着徽州宗族问题研究的开展，族规家法很自然地进入学术界的视野，很多学者从一些不同的角度来研究徽州的族规家法，深化了我们对宗族的认识。在这些研究者的队伍中，陈孔祥教授是非常突出的一位。他孜孜不倦，勤耕不辍，经过几年的努力终于向学术界又一次奉献出自己的研究成果《明清徽州族规家法研究》。把读书稿，发现此书与既往研究相比，呈现出明显的特点。

　　第一，研究的全面性。所谓全面性是指本书不是针对族规家法的某个方面进行探索，而是全方位进行研究。此书当然不是第一部关于徽州族规家法的研究，早在 1994 年首届国际徽学学术讨论会上，赵华富先生就提交了《徽州宗族族规家法》的论文，后刊于他主编的《首届国际

序

1

徽学学术讨论会文集》。2014年赵华富先生在《徽州宗族研究》中专辟一章专题讨论徽州宗族族规家法，标题内容与已发表过的同题论文一致。该论文由于受到篇幅的限制，对徽州族规家法也只能是初涉性研究，但其拓荒之功不可没。"学如积薪，后来居上。"本书正是在前人基础上的拓展研究。为了全面系统地研究徽州的族规家法，作者全力搜罗了101部载有族规家法的家谱，全方位地进行研究，触及到族规家法的内容、功能、特征及影响等各个方面，回答了读者们的关切。

第二，研究的系统性。研究徽州族规家法是一个系统性工程，所含内容极其丰富。作者一开始就是将其作为一个系统工程来研究，先是专辟一章从宏观上来讨论族规家法研究的背景、现状、对象、方法、任务。然后分六章研究徽州族规家法的发展理路、内容构成、特征分析、宗宗功能、社会功用和历史局限。这样的研究显然具有系统性的特征。在学术上这样系统地研究徽州族规家法还是第一次。作者还第一次提出了族规家法研究的三个任务：首要任务是探讨其具体内涵、阐述其发展脉络、讨论其实践方式、揭示其历史作用、剖析其实践经验及其局限性。再高一层的任务是揭示其折射的宗族意志、家族利益、族长家长立场、族人家人认同程度，以及与明清徽州社会的互动关系。而最高一层的任务就是传承中华优秀传统文化，弘扬中华民族传统美德，为当代中国兴家风、淳民风、正社风提供借鉴。可见作者站位高、视野远。这不正是我们当今研究传统文化的意义所在吗？

第三，研究的深入性。对一个事物的研究既要做到全面性，又要做到系统性，还要做到深入性，这是很不容易的，但我们看到本书作者为了做到这一点而付出的努力。例如族规家法各个宗族都不一样，内容五花八门，如何开展研究？作者首先将这些内容分成六大类：伦理道德规范，宗族秩序规范，婚姻家庭规范，日常生活规范，兴学重教规范，违规处罚办法等。每类再进行细分，如伦理道德规范类又细分为：事君以忠，孝顺以先，处事以义，待人以礼，睦友以信等；日常生活规范类又细分为：恪尽职守，四业当勤，崇尚节俭，禁止游惰赌博，禁止迷信，禁溺女婴等。如此分门别类，就把庞杂的族规家法经过条分缕析，非常清晰地展现在读者面前，使人一目了然。

另外，本书首次提出了徽州族规家法研究的直接对象和间接对象。所谓直接对象，自然是徽州族规家法，作者将其分为四个维度：一是明清徽州的家规、家典、家法、宗规、族规；二是明清徽州的规约、族约、戒约；三是明清徽州的家礼、定例、祀规、家范、家政、会规、墓祠规；四是明清徽州的谱例、谱规。所谓间接对象就是指明清徽州族规家法所折射的已然逝去的明清徽州宗族的意志、家族的利益、族长家长的立场和族人家人的认同。这一划分就比一般的研究深入多了。

尤其是作者专设一章论述明清徽州族规家法的局限性，这是非常必要的。作者并没有从一个极端走到另一个极端，他在充分肯定徽州族规家法历史作用的同时，清醒地看到族规家法的历史局限性。作者强调了四点：对女性角色、居处、婚姻的限制，对等级秩序（等级、名分、尊卑、贵贱、长幼）的维护，特别是对人们思想的禁锢，表现在强化统治思想，讲习封建礼教，维护家长特权，宣扬三纲五常。作者这样论述确实是很深刻的，表明了作者的思想是有深度的。

总之，本书确实值得一读。无论是专业工作者还是普通大众，都能从中受到启发和教益。

不了解陈孔祥的人以为他是一位十分勤奋的专业学者，其实他长期以来担任大学中层领导干部，先后负责某单位和某部门的党务领导工作，工作是非常繁忙的。但"羁鸟恋旧林，池鱼思故渊"，几十年的行政工作丝毫没有消减他对专业研究的兴趣。他在工作之余极少参加打牌一类的娱乐活动，而是青灯一盏，埋头苦读，刻苦钻研自己的课题。正是这样的孜孜不倦，才使得他的成果不断。2021年他出版了《明清徽州家训研究》，如今又推出《明清徽州族规家法研究》。两部书堪称姊妹篇，后者研究视野更大，研究内容更丰富。像陈孔祥这样，在没有任何科研成果考核压力的情况下，自找苦吃，像老黄牛一样，"不用扬鞭自奋蹄"，勤奋耕耘并硕果累累的中层行政干部，在高校中真是凤毛麟角，充分反映出他对学术尤其是对徽学的热爱和情怀，这是值得我们学习的。

是为序。

王世华

2024年8月

目　录

第一章　明清徽州族规家法研究刍议

在对徽学研究中，研究者强调要重视明清徽州族规家法的研究，并注意到其对徽州宗族的巩固、儒学的普及、徽商的兴盛、徽州教育的发展等方面产生的积极影响。相较于明清徽州社会、明清徽州教育、徽商、徽州家谱等研究的独有范围、鲜明主题、系列内容，当前对明清徽州族规家法研究的范围、主题、内容较为分散。本书基于徽学研究者改善此种状况的努力及其所面对的主要问题，探讨明清徽州族规家法研究的背景、现状、对象、方法、任务等问题，进而明晰明清徽州族规家法研究的焦点、重点以及主题、主线，以期促进徽学研究者针对明清徽州族规家法开展更有价值的深入研究。

第一节　明清徽州族规家法研究的背景

了解明清徽州族规家法研究的背景，是我们了解和认识该研究的重要方式。关于明清徽州族规家法研究的背景是什么，不同学者有不同的回答。笔者基于相关学者的见解，结合自己的看法，认为明清徽州族规家法研究的背景主要有以下四个方面。

一、徽学研究进入繁荣发展阶段，是明清徽州族规家法研究的历史方位

我国学界近百年来对徽学的研究不断走出新路，经历了从开创到成熟的过程。在此过程中，徽学研究可以说经历了四个阶段的发展历程：第一阶段从1937年到1949年，为徽学研究的萌芽与奠基时期，学界开始了徽州历史人物和历史文化研究；第二阶段从1949年到1978年，为徽学研究的曲折与探索时期，经历了"文革"前的探讨、"文革"中的中断、"文革"后的重新起步，徽学研究除了推出徽州历史人物、历史文化的研究成果外，在对徽商、徽州建筑、徽州社会经济史的研究上也取得了进展；第三阶段从1979年到2000年，为徽学研究的形成与发展时期，徽学研究使徽学不同领域的研究成为一个整体，从而把徽学发展成为综合性学科，这两大成果共同促使徽学研究步入发展的"快车道"；第四阶段从2000年至今，为徽学研究的繁荣与深化时期，在徽州文书、家谱、物产、手工业、风土风俗、人物、经济、兵革等资料被不断发现、收集、整理、出版的同时，大量高质量学术论著陆续涌现，伴随着日趋活跃的学术交流，徽学研究加速了发展进程。

目前，徽学研究格局已经形成徽商研究、徽州农村社会与佃仆制研究、徽州社会与法制史研究、徽州教育研究、新安理学研究、徽州宗族研究等诸多研究领域。徽学研究者们在取得高质量有分量的科研成果后，又在既有研究的基础上不断推进明清徽州社会、明清徽州文化生态保护、徽州宗族文献、明清以来徽州日记、明清徽州人口流动、明清徽州家谱、徽商与区域社会发展变迁、晚清徽州乡绅家庭的生活实态、近代徽商经营实态、明清徽州千年契约文书等的研究，并通过持续拓展新的研究领域将徽学研究不断引向深入。安徽师范大学皖南历史文化研究中心、安徽大学徽学研究中心、中国社会科学院历史研究所徽学研究中心等均集聚了一批徽学研究人员，在上述各领域研究方面起到了重要作用并取得丰硕的研究成果。

在徽学的地位得到巩固以及研究领域持续拓展的情况下，徽学的研

究也在不断深化,徽州族规家法研究成为徽学研究的一个部分的可能性以及逐步展开的可行性随之增大。如此导致的结果就是:明清徽州族规家法研究被激发出来,并引起学界关注;明清徽州族规家法研究与徽学既有各领域研究保持了联系性;明清徽州族规家法研究在徽学研究的框架内展开,研究内容较为集中和突出,对徽学研究起到了推动作用,在徽学研究中占有相应的位置。将明清徽州族规家法研究置于这样的关系中来讨论,不仅能够发现徽州族规家法研究的必要性,也可以找到明清徽州族规家法的研究之路。

二、挖掘利用明清徽州族规家法中的家训文化资源,是明清徽州族规家法研究的现实关切

明清时期是徽州历史上世家大族的昌盛时期,促进徽州世家大族发展的措施大多在这一时期成熟。明清徽州族规家法的编制及其实践就是其中的一项重要措施,旨在振兴家族,在族风、家风、民风、社风建设中具有重要地位。

我国族规家法的出现,并非始于明清时期的徽州,但明清徽州地区的族规家法遗存极为丰富,并且独具特色,极为典型,与同时期全国其他地区的族规家法相比既有联系,更有区别。明清徽州族规家法名目众多,有宗规、族规、族范、宗约、宗典、祠规、祠约、规约、家规、家法、家典、家礼、家范等,这些内容既相互包含,又互相区别。

明清徽州族规家法蕴含的家训文化精华,对明清徽州宗族的强盛起过重要作用,对我国家训文化的发展也发挥过重要影响。族规家法文化中的精华资源,例如"职业当勤""崇尚节俭""济贫救灾""抚孤恤寡""和睦邻里"等所展现的生活行为规范,"公而忘私""国而忘家""孝顺父母""忠义传家""礼尚往来"等所体现的伦理道德规范,"忠于职守""乐于助人""尊师重道""诚实守信""廉明公正"等所呈现的政治思想品德,通过明清时期徽州人的传承、推广,成为中国族规家法文化的组成部分,深层次参与中国传统文化的发展。

然而,新中国成立以后相当长的一段时间里,人们对族规家法基本

上持否定态度，以至于明清徽州族规家法文化成了研究的禁区。尽管此种状况在近几年得到了改变，学界也开展了徽州族规家法研究，并推出了系列专门成果，但由于族规家法一向被视为束缚民众的绳索，加上学界重视不够，研究的步伐仍十分缓慢，明清徽州族规家法中的家训文化资源始终未得到深度挖掘。

要深度挖掘明清徽州族规家法的家训文化资源，研究局限于既有研究成果是不够的，也应包括社会上批评徽州族规家法的言论。明清徽州族规家法在明清时期受到社会足够的重视，见证了明清徽州社会规范的变化。其功能主要体现在正面积极的作用和负面消极的影响两个方面。从历史经验和教训角度而言，这两个方面都值得深入研究。但无论研究如何开展，必须遵循传承中国传统文化的积极取向。与此同时，要尊重明清徽州族规家法的历史发展规律，将其置于明清社会背景下进行研究，取其精华，去其糟粕，彰显明清徽州族规家法研究的当代价值。

三、拓展徽学研究新的方向，是明清徽州族规家法研究的动力所在

目前，徽学研究进入发展的最好时期。经过长期的探索实践，徽学研究的领域不断拓展，成果日益增多，内容更加丰富，引起日本、美国、加拿大等国史学界的高度关注。无论是徽商研究、徽州教育研究、徽州社会研究、新安理学研究，还是徽州历史文献研究、徽州历史人物研究、徽州佃仆制研究、徽州人口流动研究、徽州家谱研究、徽州文化生态保护研究，都成为徽学的研究领域，使我们有更多的机会来重新检视徽学研究、徽州社会、中国封建社会后期社会发展的历程。

当然，肯定徽学研究的成效，并不等于否定它依然存在着极大的提升空间，刊于1999年3月26日《光明日报》的《徽州学研究刍议》一文指出的"研究队伍比较零散""大量资料留在民间""选题比较偏窄，互相之间又联系交流不够"等问题，目前仍然存在。换句话说，徽学研究虽然成果丰硕，但仍有研究的空间；徽学研究的领域仍然呈现出有待拓展的状态，远远没有覆盖徽学应有研究内容的方方面面；徽学研究的

深化，使得既有研究的成果逐渐饱满，进而生发出大量新的研究课题，比如徽州传统家训研究、徽州宗族制度研究、徽州传统村落研究等。徽州族规家法研究的生发，是对徽学研究领域的进一步拓展，为徽学研究提供了独有的研究空间。

明清徽州族规家法是在明清历史进程中，经由不同宗族的先后编制渐渐积淀而成。同是族规家法，各宗族个体的解释存在差异。存留下来的，只是作为徽州乃至我国族规家法文化成果的共识，迫切需要学界对明清徽州族规家法予以科学阐发。

明清徽州族规家法大多收编在族谱当中，也有单篇独制①。存世的家规、宗规、族规、族范、宗仪、宗政、宗典、祠规、家鉴、宗约、族约、家令、家法、宗法等，几乎涵涉中国族规家法的所有名称。诸如歙县《长标东陵邵氏家规》、婺源《槐溪王氏宗规》、绩溪《明经胡氏龙井派祠规》、休宁《商山吴氏宗法规条》、黟县《鹤山李氏家典》、绩溪《东关冯氏家法》等，既有独特性，又有典型性。明清徽州族规家法研究之所以能成为徽学研究新领域，是因为这些族规家法的大量发现，所谓"古来新学问起，大都由于新发现"②。

四、促进新时代家风建设，是明清徽州族规家法研究面临的社会需求

"家是最小国""国是千万家""家庭是社会的基本细胞，是人生的第一所学校"。习近平总书记指出，要重视家庭建设，注重家庭、注重家教、注重家风。这一要求，体现了家风建设对国家发展、民族进步、社会和谐的重要性、必要性，凸显了家风建设的目标定位、措施定位，具有鲜明的导向性和可操作性。

目下，家风建设已引起社会的高度关注。全国上下着眼于践行社会主义核心价值观，把光大中华民族传统家庭美德与建设新时代的家风文

---

① 赵华富：《徽州宗族研究》，安徽大学出版社2004年版，第362页。
② 王国维于1925年接受清华学生会邀请作《最近二三十年中国新发现之学问》为题的演讲，强调"古来新学问起，大都由于新发现。"

化有机结合，全方位开展形式多样的家风建设系列活动，还把家风建设作为全面从严治党的一个重要方面，及时发现家风、民风、社风、党风偏差，保证党和政府家风建设决策部署落到实处。

新时代下的家风建设包括家风建设体系的构建、家庭教育功能的发挥、优良家风建设机制的应用，尤其是中国优秀传统家庭文化的传承与转化，对于全面推进家风建设的重要价值不言而喻。优良家风的形成需要中国优秀传统家庭文化崇俭约、友兄弟、严规则、禁赌博、尽子道、知正心、明是非等核心思想观念的润泽，需要中华传统家庭美德的浸润。传承和转化中华优秀传统家庭文化，是对新时代家风建设的积极回应。

传承和转化中国优秀传统家庭文化的关键在于，要充分挖掘利用中国族规家训教育因素，如通过对"谨言行以法家""平好恶以齐家""重伦理以教家""豫蒙养以兴家""敦忍让以和家""教诗礼以传家""务勤俭以成家""息争讼以保家""积阴德以世家"①等的分析与应用，对家庭成员进行中国传统文化、中华传统美德、社会主义核心价值观教育。因而，加强中国族规家法研究，深入挖掘中国族规家法中蕴含的家庭道德规范、传统家庭美德，用中国族规家法的精华培育我们的子孙后代，是使新时代家风建设更为深入进行的有效途径。

毋庸讳言，明清徽州族规家法与同时期我国其他地区的族规家法一样，都是中国族规家法的组成部分。但是，明清徽州族规家法与我国其他地区的族规家法并不是完全相同的。明清徽州族规家法不仅内容丰富、种类多样，而且具有独特性、典型性，既具有区域性，更具有全国性。因为明清徽州的世家大族绝大多数都出自"中原衣冠"，这些家族制订的族规家法无一例外都具有深厚的中国族规家法渊源。另外，徽州是"程朱阙里"，徽州人对程朱理学顶礼膜拜，他们制订的族规家法无不以当时的官方哲学程朱理学为指导思想。因此，相较于同时期其他地区族规家法研究，明清徽州族规家法研究有其特殊的价值，应该得到学界的特别重视。概而言之，挖掘利用中国优秀传统家训文化中的教化资源，将其用于服务当代家风建设，要注重加强明清徽州族规家法研究。

　　① 崇祯《休宁叶氏族谱》卷九《家规》，叶文山等纂修，明崇祯四年刻本。

第二节 明清徽州族规家法研究的现状

明清徽州族规家法是徽学所要研究的问题之一，此点毫无疑问。明清徽州族规家法研究每一项成果的推出，都会引起徽学界的广泛关注。一方面，徽学研究的发展状况决定了明清徽州族规家法研究的产生和发展的基本面貌，显示了徽学研究的发展对明清徽州族规家法研究展开的直接影响；另一方面，明清徽州族规家法研究又通过新材料的发现、新成果的问世、新方法的应用、新方向的凝练等途径，推动着徽学研究向纵深发展。

一、徽学研究之于明清徽州族规家法研究

1937年，在《学风月刊》发表的《明清之际徽州奴变考》中，吴景贤研究了明清之际徽州的"奴变"，拉开了徽学研究的序幕。在研究的初期阶段，抗清义军的首领金声（休宁人）、史学家俞正燮（黟县人）、理财家王茂荫（歙县人）等人物，以及徽州的艺术、徽州的乡土文献、徽州的书院、徽商等成为研究的热点。特别是1947年，社会经济史研究专家傅衣凌发表了《明代徽商考——中国商业资本集团史初稿之一》[1]。该文作为系统研究徽商的开山之作，受到学界的广泛关注。自20世纪80年代以来，徽州文书、典籍文献等徽学研究资料的大量面世，学界将徽学与甲骨学、简帛学、敦煌学相提并论，徽学被称为继甲骨文、汉晋简帛学、敦煌文书、明清内阁大库档案四大发现之后的第五大发现，成为一门新学问[2]。

"徽州学的研究热潮正在日本、美国等国家兴起，研究的学者越来

---

① 傅衣凌：《明代徽商考——中国商业资本集团史初稿之一》，《福建省研究院研究汇报》1947年第2期。

② 朱万曙：《论徽学》，安徽大学出版社2004年版，下编第18页。

越多。"①叶显恩的这一论述凝练而准确地概括了海外徽学研究的进展情况。从海外徽学研究的进展情况看，其代表人物及研究方向主要有藤井宏（日本）的徽商研究、仁井田陞（日本）的徽州庄仆制研究、多贺秋五郎（日本）的徽州文献研究、居密（美国）的徽州佃仆研究、海泽顿（美国）的徽州大家族研究、赵冈（美国）与魏安国（加拿大）的徽州土地制度研究、宋汉理（荷兰）的徽州社会研究等。代表作有藤井宏的《新安商人的研究》、多贺秋五郎的《关于新安名族志》、宋汉理的《徽州地区的发展与当地的宗族——徽州休宁范氏宗族的个案研究》、海泽顿的《明清徽州社会的大家族与社会流动性》等。海外徽学研究成果不断问世，是海外越来越多的徽学研究者致力于徽学研究的结果。更重要的是徽州文书、契约、宗族家谱等原始资料的不断发现，学界对徽学研究价值的不断深化，为海外徽学研究提供了最现实的动力。徽州文书、契约、宗族家谱的种类极其丰富，徽州历史文化的积淀丰厚，徽学研究范围的全国性乃至世界性，所有这些结合在一起，使海外徽学研究的繁荣成为一种必然。

如果说海外徽学研究的进程是海外徽学研究者特有的兴趣与海外学界持续关注的结果，那么，我国徽学研究的进程则体现在前文所述的四个不同发展阶段中。这四个阶段的划分更为细致地反映在卞利的《20世纪徽学研究回顾》②，栾成显的《改革开放以来徽学研究的回顾与展望》③，李琳琦、孟颖佼的《20世纪80年代以来徽学研究的回顾与思考——以国家社会科学基金立项项目为中心》④，王世华的《徽学概论》⑤所关注的具体议题中，加深了学界对徽学研究的理解。徽学研究从第一阶段（1937—1949）的萌芽与奠基，到第二阶段（1949—1978）的曲折与探索，再到第三阶段（1979—2000）的形成与发展，并能发展到第四阶段（2000年至今）的繁荣与深化，最为重要的推动因素是徽学

---

① 叶显恩：《徽州学在海外》，《江淮论坛》1985年第1期。

② 卞利：《20世纪徽学研究回顾》，载《徽学》第二卷，安徽大学出版社2002年版。

③ 栾成显：《改革开放以来徽学研究的回顾与展望》，《史学月刊》2009年第6期。

④ 李琳琦、孟颖佼：《20世纪80年代以来徽学研究的回顾与思考——以国家社会科学基金立项项目为中心》，《安徽师范大学学报》（人文社会科学版）2017年第2期。

⑤ 王世华：《徽学概论》，安徽人民出版社2020年版。

研究团队的协同。改革开放以来，徽州地区徽州学研究会、安徽省徽州学研究会、杭州市徽州学研究会、浙江兰溪徽学研究会等学术团体先后成立，安徽师范大学徽商研究中心、中国社会科学院徽学研究中心、安徽大学徽学研究中心等学术机构应运而生，徽学研究迎来灿烂的春天。与此相对应的是，徽商研究、徽州教育研究、新安理学研究、徽州文献研究、徽州宗族研究、徽州社会研究、徽州佃仆制研究、徽州土地制度研究、徽州家训研究等团队也在各自的研究领域中抓住了发展机遇，为徽学研究的深入推进提供了最有力的研究团队支持，从而推动了徽学研究的迅速发展。

从总的方面看，徽学研究发展主要是从研究资料的整理、研究领域的拓展、研究团队的发展三个维度来影响明清徽州族规家法研究的进程。

首先，徽学研究资料的整理。在对徽学的研究中，几乎所有的徽学研究者都强调要关注徽学研究资料的收集与整理，并注意徽学研究资料的应用。相比于徽学研究萌芽与奠基阶段较为分散的资料收集与整理，徽学研究形成与繁荣阶段的学者对徽学研究资料的收集与整理较为集中。以张海鹏、王廷元的《明清徽商资料选编》，安徽省博物馆和中国社会科学院历史研究所、经济研究所的《明清徽州社会经济资料丛编》，王钰欣、周绍泉的《徽州千年契约文书》，李琳琦的《安徽师范大学馆藏千年契约文书集萃》，王世华的《六百年徽商资料集成（1368—1956）》等出版发行为标志，徽学研究者对徽学资料从不同的研究领域展开了相对集中的收集与整理。随着徽学新材料的不断发现，徽学资料的收集与整理从最初的分散走向集中以后，正面临着对已有资料的大整合，对新材料的大探究。正是在这样的背景下，明清徽州族规家法资料整理、利用、出版也在进行之中，例如卞利的《明清徽州族规家法选编》正式出版。明清徽州族规家法研究的兴起，正是由于明清徽州族规家法、徽州家训资料的大量发现。

其次，徽学研究领域的拓展。有研究必有其领域，徽学研究者所作研究各有侧重。如王廷元、王世华的《徽商》研究了徽商，叶显恩的《明清徽州农村社会与佃仆制》研究了徽州佃仆制，唐力行的《明清以来徽州区域社会经济研究》研究了徽州社会经济，李琳琦的《徽商与明清徽州教育》研究了徽州教育，周晓光的《宋元明清时期的新安理学》研究了新安理学，卞利的《明清徽州社会研究》研究了徽州社会，如此等等。以这些研究成果问世为标志，徽学研究者先后展开了对徽商、徽州佃仆制、徽州社会经济、徽州教育、新安理学、徽州社会等的进一步讨论，推动徽学研究领域的不断拓展。在徽学研究中，徽商研究、徽州佃仆制研究、徽州社会经济研究、徽州教育研究、新安理学研究、徽州社会研究等是徽学中几种不同方面的研究。在相当长的一段时间里，这几个方面的研究一直占据着徽学研究的主要位置。然而，随着徽学研究的不断深入，徽州家谱研究、徽州家训研究、徽州村落研究等也越来越多，越来越受到徽学研究者的关注。与此同时，有关徽学研究新方向的开辟，以及既有研究领域的延伸，也一直在展开。徽学研究领域的拓展对明清徽州族规家法研究的影响显而易见：明清徽州族规家法研究有一个重要前提，这就是，明清徽州族规家法研究既是独立的、具体的，也是与徽商研究、徽州佃仆制研究、徽州社会经济研究、徽州教育研究、新安理学研究、徽州社会研究等相联系的，正是这种独立的、具体的和相互联系的状况，说明了明清徽州族规家法研究存在于徽学研究之中。徽学研究领域的不断拓展，势必促使明清徽州族规家法研究的兴起。也就是说，明清徽州族规家法研究的兴起，是徽学研究深化的结果之一。

第三，研究团队的发展。在徽学研究方面，徽学研究团队的发展，可能被认为是徽学研究自开端以来所取得的最大成就。这种成就表现为国内外徽学研究者人数的不断增加。其根源于徽学之中，因为它需要越来越多的徽学研究者努力予以深入研究。这种徽学建设的基本共识，已越来越为国内外史学界所认知，都在推进徽学研究，并将徽学研究队伍建设作为深入开展徽学研究的重中之重。加上徽学研究的吸引力，越来越多的研究者加入到徽学研究的行列，致力于徽学研究。随着徽学研究的不断深化，尤其是教育部批准的首批十五个普通高等学校人文社会科学重点研究基地之一安徽大学徽学研究中心成立以来，徽学研究团队建设取得很大进展。这从以下两次会议参会人数的变化即可见一斑：1994年，由安徽师范大学、安徽大学、安徽省社科院、安徽省社科联和黄山市人民政府联合举办的"首届国际徽学学术讨论会",吸引了国内外74名专家学者参会;而2021年经由光明日报社、安徽省委宣传部发起,在黄山市召开的"新时代、新使命、新徽学"第二届徽学学术大会,参会的国内外专家学者则达到了400多位。在徽学研究团队不断壮大的过程中,徽学研究领域通过越来越多徽学研究者积极作为而得以持续拓展,一个系统、完整的徽学研究体系正在不断完善之中。作为徽学研究体系中的一个方向,明清徽州族规家法研究也受到了关注,从实际的研究成果看,徽学研究者的努力已取得一些成效。例如,明清徽州族规家训资料的收集与整理,既体现在徽学研究中,也在徽州传统家训研究中得到加强。进入新时代的徽学研究为明清徽州族规家法研究的展开提供了新机遇,这就要求研究者不仅要广泛收集、整理明清徽州族规家法资料,还要深入思考族规家法的主旨要义,研究族规家法与现代社会建设如何互动,担当起宣传和展示明清徽州族规家法中的中华优秀传统文化的责任。

二、明清徽州族规家法研究之于徽学研究

对于明清徽州族规家法的研究,既有研究明清徽州族规的,又有研究明清徽州家训的,也有研究明清徽州族规家法的,但无论哪一方面的研究,其本质都是一种明清时期徽州人行为规范研究,都是徽学研究的一个方面。

徽学研究发展史上对明清徽州族规家法较为系统的研究,始于赵华富的《徽州宗族族规家法》,该文被《首届国际徽学学术讨论会文集》(黄山书社,1996)收录。而在此之前,无论是徽商研究、徽州教育研究,还是徽州社会研究,多是引用明清徽州族规家法,以证明所作研究提出的观点。这其中最具代表性的著作是张海鹏、王廷元的《徽商研究》,李琳琦的《徽商与明清徽州教育》,卞利的《明清徽州社会研究》等。也就是说,在赵华富的《徽州宗族族规家法》发表之前,明清徽州族规家法研究是零散的、不系统的。

毫无疑问,明清徽州族规家法的较为系统的研究,一定程度上得益

于赵华富开启的徽州族规家法研究。在这一研究之后，吸引了越来越多的研究者对明清徽州宗族族规家法的关注，形成了徽学界更为系统的明清徽州族规家法资料整理与研究领域。通过对明清徽州族规家法的收集、整理、研究，及至卞利的《明清徽州族规家法选编》、王世华的《徽商家风》、陈孔祥的《明清徽州家训研究》的出版，明清徽州族规家法已成为徽学研究中的重要内容。

学界关于徽学研究对明清徽州族规家法研究的影响已有基本共识，但明清徽州族规家法研究对徽学研究的影响却鲜有讨论。在这一问题上，笔者主要围绕徽学研究深化的需要、徽学的学科建设需要、徽学研究视野不断拓展的需要、徽学研究资料全面整理的需要四个方面，考察明清徽州族规家法研究对徽学研究的影响。

第一，徽学研究深化的需要。在徽学研究发展的进程中，明清徽州族规家法研究与徽商、徽州教育、徽州社会、徽州人物、徽州家风等研究是内在结合、相互补充的。徽学研究的深化离不开新的研究方向的开辟，徽学研究的每一次推进，都依赖于新研究方向的推动。20世纪60年代展开的明清徽州佃仆制和农村社会研究，引起徽学研究者的广泛关注，并推出一批高水平的研究成果，代表人物有叶显恩、章有义、韩恒煜、魏金玉、刘重日、曹贵林等。而在20世纪八九十年代徽商研究的发展过程中，徽商研究的成果是有分量、有力度的，如张海鹏、王廷元的《徽商研究》《明清徽商资料选编》，唐力行的《商人与中国近世社会》《商人与文化的双重变奏——徽商与宗族社会的历史考察》，王振忠的《明清徽商与淮扬社会变迁》，王世华的《富甲一方的徽商》，周晓光、李琳琦的《徽商与经营文化》等，引起学界广泛关注。改革开放以来，随着徽州社会、徽州社会经济史、徽州契约文书、徽州教育、新安理学、徽州宗族等研究的全面展开，徽学研究成果丰硕，加快了徽学研究发展的进程。由此可以看出，徽学研究每一次新局面的出现，都是伴随着新的研究方向展开的过程。显然，徽学研究的深化，需要明清徽州族规家法研究的深入。

第二，徽学的学科建设需要。王世华在《徽学概论》中提出："徽学是指以原徽州府下属歙县、休宁县、婺源县、祁门县、黟县、绩溪县六县的自然社会和历史文化为主要研究对象，旁及对受其影响的其他地域的各种文化现象的研究，进而探寻中国传统社会后期经济社会发展变化规律的中国史的分支学科。"①这一论述实际上阐明了徽学这门学科的研究范围、研究对象、研究目标以及徽学作为历史学分支的属性：徽学以徽州这一特定区域为土壤，必然要研究徽州的自然、社会、经济、科技、思想和历史文化。其中，徽州历史文化是徽学研究的重点领域。纵观徽州历史文化的发展进程，我们可以看到，徽州文化由于源远流长、博大精深，乃至丰富、独特、典型，因而能够引领风骚数百年。开发利用这一文化遗产极具学术价值和现实意义。正因如此，徽学研究才显得这般多姿多彩。这就要求徽学研究能够认知显性和隐性的徽州文化形态，能多角度、多层次地解读徽州历史文化，从不同视野进行探索，以求对徽学学科体系的完善、徽学研究的深化、徽学研究新成果的推出发挥积极作用。其中，明清徽州族规家法研究是一个值得关注的研究层面。赵华富、卞利、王世华在此方面所作研究已取得成效，为徽学研究领域的拓展、明清徽州族规家法研究的深入积累了一定的经验，提供了有效的方法和大量的资料。

第三，徽学研究视野不断拓展的需要。徽学是一门综合性的学科，以姚邦藻的研究成果《徽州学概论》为例，该书由中国社会科学出版社出版，研究内容涉及徽州文化、徽州人物、徽州文献、徽州档案、徽州文学、徽州宗族、徽州风俗、徽派建筑、新安画派、新安医学、徽州刻书等众多内容。诸如《徽州学概论》一类著作的出版，则是徽学这门综合性学科的表征。与此同时，徽学研究的范围不断扩大，明清徽州族规家法研究随之出现且全方位地融入徽学研究体系。在明清徽州族规家法研究方面，学界推出的成果，如上文提到的《徽州宗族族规家法》《徽商家风》《明清徽州家训研究》等，都属于徽学的范畴，族规、家法、家训均在徽学研究的范围内。由此可见，明清徽州族规家法已成为名副其实的"徽学之研究"，是徽学研究的组成部分。目前，明清徽州族规家法研究经过奠基、形成、发展阶段，大体形成了特有的研究框架，具有广阔的发展空间，其既研究族规，又研究家训，延伸了徽学研究者推进徽学研究的时间和空间，为徽学研究提供了新视角。

第四，徽学研究资料全面整理的需要。毋庸置疑，徽学研究已进入新时代。新时代徽学研究的深化、拓展，在很大程度上依赖于徽学研究资料的全面整理，尤其需要徽学研究新材料的发现。正如陈寅恪所言："一时代之学术，必有其新材料与新问题。取用此新材料，以研求问题，则为此时代学术之新潮流。"①换句话说，徽学研究资料的全面整理，尤其是徽学研究资料的新发现，成为徽学进行深入创新研究、可持续发展的重要保障。但由此带来的徽学研究者对徽学研究资料全面整理的新需求，与徽学研究资料整理、利用不全面、不充分的矛盾越来越明显。"不全面"指的是至今我们整理出的徽学研究资料仍然有限，"不充分"是指既有的徽学研究资料的充分利用仍有极大的空间。这就对徽学研究资料的全面整理提出了新要求，这也是21世纪徽学大发展带来的新问题。众所周知，研究资料的全面整理，既是一种既有资料的再利用行为，也是一种研究资料的新发现行为。因此，徽学研究资料的全面整理并非单纯的新资料发现问题，也涉及既有研究资料的再利用问题。我们既要重视徽学研究新资料的发现、收集、整理，也要关注既有资料的充分利用。值得注意的是，徽学研究实践中新资料的发现和既有资料的再利用，都有明清徽州族规家法这一资料。明清时期，徽州族规家法资料极为丰富，对其发现、收集、整理，在优化徽学研究资料结构、促进徽学研究资料增多、丰富徽学研究资料内涵等方面起着重要的作用，徽学研究资料全面整理也势必会有效推动明清徽州族规家法文本被不断发现。此外，既有徽学研究资料主要由徽州文书、徽州典籍文献和徽州地面文化遗存构成，这些资料内都有明清徽州族规家法存在，但并没有得到充分利用，这与长期以来学术界对徽学的研究缺乏对明清徽州族规家法深入研究有关。既有明清徽州族规家法资料的充分利用，将有助于增加徽学研究新的增长点，使明清徽州族规家法研究成为徽学研究的一大课题，进而推动徽学研究向纵深发展。

---

① 陈寅恪：《陈垣〈敦煌劫余录〉序》，载《金明馆丛稿二编》，读书·生活·新知三联书店2001年版，第266页。

三、明清徽州族规家法研究展望

学界对明清徽州族规家法的研究，大致经历了三个阶段：

第一阶段是从徽州宗族研究展开到1996年。徽学产生后，很长时间里，徽州的宗族是常见的研究主题。有关徽州宗族研究，最需要提及的是关于徽商与徽州宗族的资料整理。这主要是以张海鹏、王廷元主编的《明清徽商资料选编》（黄山书社，1985）为基础展开的。之后与徽州宗族有关的资料整理成果迭出，诸如安徽省博物馆编的《明清徽州社会经济资料丛编》第一集（中国社会科学出版社，1988），中国社会科学院历史研究所徽州文契整理组编的《明清徽州社会经济资料丛编》第二辑（中国社会科学出版社，1990），中国社会科学院历史研究所收藏整理的《徽州千年契约文书·宋元明编》（花山文艺出版社，1991）等，都为研究徽州宗族提供了极为丰富、珍贵的第一手资料。与此同时，有关徽州宗族的专题研究也在不断进行之中，特别是叶显恩的《明清徽州农村社会与佃仆制研究》（安徽人民出版社，1983），该书是国内最早论及徽州宗族的专著。从1983年到1996年，在徽州宗族研究领域，虽然没有展开明清徽州族规家法的专题研究，但为明清徽州族规家法研究的推进奠定了深厚的基础，也出现了明清徽州族规家法资料整理的编著和涉及明清徽州族规家法的论著。如周绍泉、赵亚光校编的《窦山公家议校注》（黄山书社，1993），促使徽州祁门县六都善和里程氏仁山门东房派的族规家法可利用价值凸显。叶显恩在其专著《明清徽州农村社会与佃仆制研究》第四章"徽州的封建宗法制度"中，论述了徽州宗族族规家法在宗法制中的独特作用，这为后来的明清徽州族规家法研究开启了一片思考的新天地。

第二阶段是从1996年到2014年。这个阶段可以说是明清徽州族规家法研究的形成阶段。1996年，赵华富发表论文《徽州宗族族规家法》，这是学界就明清徽州族规家法作出首次专题研究成果。此后，明清徽州族规家法引起了一些学者的关注，相关的研究成果不断涌现，代表作有卞利的《明清徽州乡（村）规民约论纲》（《中国农史》2004年第4

期),《明清徽州村规民约和国家法之间的冲突与整合》(《华中师范大学学报(人文社会科学版)》2006年第1期),《明清时期徽州的宗族公约研究》(《中国农史》2009年第3期);陈瑞的《朱熹〈家礼〉与明清徽州宗族以礼治族的实践》(《史学月刊》2007年第3期);周晓光、徐彬的《明清徽州家谱与徽州社会风俗》(《安徽史学》2011年第6期);常建华的《明代徽州的宗族乡约化》(《中国史研究》2003年第3期)等。赵华富的《徽州宗族研究》(安徽大学出版社,2004)则专辟一章专题讨论徽州宗族族规家法,刘伯山主编的《徽州文书》第一辑到第七辑也收集了相关族规家训的资料。但总体上在2014年前,除少数研究者研究明清徽州族规家法这一问题外,其他研究者很少关注。明清徽州族规家法虽然已经成为徽学研究者试图解释的对象,但这种解释却未能深入展开,难以建立特有的、有效的分析框架。因而,针对明清徽州族规家法的研究成果并不多见。

第三阶段是2014年至今。作为徽学研究的一个方面,明清徽州族规家法研究引起了广泛的关注,呈现出多角度、多方面、多成果的发展态势。这个阶段有三个重要的研究成果值得关注:一是王世华的《徽商家风》(安徽师范大学出版社,2014),以徽商家训、家规、家法为素材研究徽商家风,受到广泛关注;二是陈孔祥的《明清徽州家训研究》(安徽师范大学出版社,2021),对明清徽州家训研究的背景、价值、趋向、方法、前景以及深入性、全面性、针对性作了专门的阐述,引出了更多的话题;三是李俊杰的《明清族谱之家训研究》(安徽师范大学出版社,2020),提出通过整理明清族谱之族规家训,构建明清族谱之族规家训资料库,为后人对明清族规家训研究和传承奠定基础。尽管李俊杰的研究不是明清徽州族谱中的族规家训,但将明清徽州族谱中的族规家训与同一时期其他地区族谱中的族规家训融为一体展开讨论,这种研究方法完全适用于明清徽州族规家法研究。在此阶段,明清徽州族规家法研究得到越来越多徽学研究者的关注。洪虹的《明清徽州宗族匡正不良风气的举措——以族规家法为考察中心》(《佳木斯大学社会科学学报》2016年第4期)、王灿的《明清徽州族规家法的特征与功用探析》(《合肥工业大学学报(社会科学版)》2016年第6期)、陈时龙的《论六谕和明清族规家训论》（《安徽史学》2017年第6期）、祝虻的《从家训文献看晚明士大夫的治家认识——以方弘静〈家训〉为中心》（《安徽史学》2020年第1期）、姚晔的《明清时期徽州家法族规的地域特征及其成因》（《光明日报》2020年6月22日第14版）、徐彬的《明清徽州家规家训中的重本业之风》（《池州学院学报》2022年第2期）、房金环的《明清徽州族规家训的主要目的、实施特征及有效传播研究》（《阜阳师范大学学报（社会科学版）》2021年第4期）等，都体现了各自可取的研究视角和学术水平。此外，还有如陈平民的《徽州经典家风家训》（中国科学技术大学出版社，2018），杨永生、汪大白的《徽州名人家训》（安徽人民出版社，2020）等研究成果。与此同时，明清徽州族规家法原始资料的整理与研究也得到加强，其中卞利主持的"明清徽州族规家法选编"获得全国高校古籍整理研究项目立项资助；徐彬主持的"明清徽州传统家训资料整理与优秀家风研究"获得国家社会科学基金重点项目立项资助，也是这个阶段明清徽州族规家法研究的阶段性成果；卞利的《明清徽州族规家法选编》（黄山书社，2014），所收资料除了明清时期有关徽州族规家法外，还有民国元年至十年（1912—1921）部分徽州的族规家法，同样为研究者提供了第一手原始资料。

但从研究的资料、研究的学术性、研究的重点、研究的范围四个维度来说，明清徽州族规家法研究仍处在一个不够成熟的阶段，至少还存在四个亟待解决的问题。

一是明清徽州族规家法研究的资料问题。明清徽州族规家法能在徽学史上留下痕迹，得益于明清徽州谱牒的收录。明清时期，徽州谱牒的编纂异常活跃，存世的谱牒数量之多，国内罕有其匹。这些谱牒大多载有族规家法，诸如嘉靖《绩溪积庆坊葛氏重修族谱》中的《家规》、万历《古歙谢氏统宗志》中的《家规》、崇祯《休宁叶氏族谱》中的《保世·家规》、宣统《华阳邵氏宗谱》中的《家规》、道光《龙池王氏宗谱》中的《家法》、同治《武溪陈氏宗谱》中的《家法三十三条》等。异常丰富的存世谱牒是我们研究明清徽州族规家法的优势，但其尚未得到充分整理和应用。可以肯定地说，目前的明清徽州族规家法研究，已收集了很多资料，并整理出了一大批资料，这些资料的收集与整理，加深了我们对明清徽州族规家法的理解。然而这些发现仅是明清徽州族规家法遗存很少的一部分，资料收集与整理数量与我们所做研究对资料的需求仍有较大差距，亟待实现量上的突破、质上的提升。此外，明清徽州族规家法研究基础在整理资料，关键在应用资料，充分应用既有明清徽州族规家法资料，才是强化明清徽州族规家法研究之道。就此而言，明清徽州族规家法研究中现有资料的利用问题凸显，目前亟需用资料的研究来推广资料的应用。

二是明清徽州族规家法研究的学术问题。应该说，在徽学研究大发展的背景下，明清徽州族规家法研究的实践，成为徽学研究者拓展徽学研究领域的一大行动。在这一行动中，自1996年赵华富发表论文《徽州宗族族规家法》以来，在徽学研究的框架之内，关乎明清徽州族规家法的研究，迅速成为徽学研究领域的热门话题。然而，现阶段，明清徽州族规家法研究在学术方面还不尽如人意。结合当前明清徽州族规家法研究的现实情况，有两个方面问题值得注意。一方面，明清徽州族规家法研究成果有待深化。如今，徽商、徽州社会、徽州教育、徽州人物等研究受到学界高度关注，这几个方面的研究成果不断增多，质量不断提高；与之相比，明清徽州族规家法研究在成果上仍有不小差距，推出的学术成果数量有限。另一方面，明清徽州族规家法研究的关注点有待拓展。虽然目前明清徽州族规家法的类型、形态、特征、价值等受到关注，但涉入不深。明清徽州族规家法与徽商的兴盛、徽州世家大族的辉煌、徽州宗族制度的强化、徽俗的形成、徽州家风的传承、徽州蒙学的发达的关系研究，与中国族规家法的关系研究，以及与徽商、徽州教育、徽州社会、新安理学、徽州人物、徽州经济等研究的关系探讨，虽有涉入，但研究者不多，总体学术水平没有达到徽商、徽州教育、徽州社会、新安理学、徽州经济等研究的高度。

三是明清徽州族规家法研究的重点问题。明清徽州族规家法研究并非单纯的明清徽州族规家法存在的研究，它除了研究已被发现的明清徽州族规家法，还应研究明清徽州族规家法所折射出的宗族意志、家族利益、族长家长意志、族人家人认同等，要将重点转移到这些方面来，并围绕这些方面深入研究明清徽州族规家法形成的动因、发展的动向、实践的动机、传承的动力，以及明清徽州族规家法实践与徽商的兴盛、徽州世家大族的辉煌、徽州宗族制度的强化、徽俗的形成、徽州家风的传承、徽州蒙学的发达等的互动关系。

四是明清徽州本土与本土之外徽州人的族规家法研究一体化问题。"徽州学覆盖的地区大体可以分为三个层次，徽州本土是它的核心层次，中间层次涵盖沿长江、运河的市镇农村，其中心区乃是'无徽不成镇'的江南，外围层次则遍及全国远至海外了。"①从中可以看出，明清徽州族规家法是明清徽州本土与本土之外徽州人的族规家法之和。因此，明清徽州族规家法研究既要研究明清徽州本土族规家法，也要研究明清徽州本土之外徽州人的族规家法。然而，长期以来，基于明清徽州本土族规家法开展的研究较多，对本土之外徽州人的族规家法研究很少。明清徽州本土的与本土之外徽州人的族规家法研究一体化，将是明清徽州族规家法研究的另一路径。

明清徽州族规家法数量大、种类多、涉及面广，横跨明清两代，极为典型，是明清徽州族规家法研究取之不尽、用之不竭的资源。展望未来，明清徽州族规家法研究将是徽学研究的一个增长点，并将在以下两个方面有所建树：一是力求特色。这里的特色指的是学术思想特色、学术观点特色、研究方法特色。在学术思想方面，既关注明清徽州各宗族之间对族规家法的共性需求，也关注各宗族之间对族规家法的个性需求。在学术观点方面，明清徽州族规家法是明清时期徽州的族规家法，也是明清时期中国族规家法的一部分，应当在明清时期徽州历史环境下、中国族规家法背景中寻求结论。在研究方法方面，运用多学科方法，从系统论出发，将明清徽州族规家法研究放在纵横结合的历史坐标中，在纵向的明清时间与横向的徽州本土与本土之外空间中找到它的位置。二是有所创新。这里的创新，指的是学术思想的创新和学术观点的创新。对明清徽州族规家法作专门探讨，既为徽学研究提供必要的族规家法方面的徽州历史文献，也为徽学研究解读系列问题提供一个特有的学术视域。明清徽州族规家法研究整体上注重明清徽州族规家法的连续性追踪考察，为我们了解和弄清明清徽州族规家法发展的真实情况提供

---

① 唐力行:《明清以来徽州区域社会经济研究》,安徽大学出版社1999年版,第5页。

难得的第一手资料，也为中国族规家法研究的不断深入发展提供不可多得的信息和资料。得出的具有地方性特点的结论，也为中国族规家法研究提供了不可多得的个案和实证材料。有关明清徽州族规家法研究都应处在不同相关学科的分析之下，区别于既有研究方法，特别关注对于明清徽州族规家法的多学科视角分析。

第三节　明清徽州族规家法研究的对象

明清徽州族规家法研究的对象是什么？这是个学术问题，也是个现实问题。笔者认为明清徽州族规家法研究迄今未取得更多成果，在于未能针对明清徽州族规家法研究的对象进行深入、全面研究。既有研究未能对明清徽州族规家法研究的对象作出归纳，对明清徽州族规家法研究对象的关注也不多。本节试对明清徽州族规家法研究的对象进行系统分析，以期为明清徽州族规家法研究奠定现实基础。

一、明清徽州族规家法研究的直接对象

明清徽州族规家法研究的直接对象，就是明清徽州族规家法研究者所面对的客观存在。这个客观存在指的是明清徽州族规家法资料。也就是说，明清徽州族规家法资料是明清徽州族规家法研究者直接面对的对象。

所谓明清徽州族规家法资料，只是一种概括性的说法。我们习惯于将成文的明清徽州的族规家法，统称为明清徽州族规家法资料，而具体的明清徽州的族规家法资料的种类多样，各具特色。明清徽州族规家法资料的种类繁多，大致可以将其分为四个维度。

第一，明清徽州的家规、家典、家法、宗规、族规。明清徽州的家规、家典、家法、宗规、族规均有很多，家规如绩溪县积庆坊葛氏宗族家规、歙县黄山谢氏宗族家规、婺源县清华胡氏宗族仁德堂家规、休宁

县茗洲吴氏宗族家规等，家典如休宁县茗洲吴氏宗族家典、黟县鹤山李氏家典等，家法如祁门县文堂乡约家法、绩溪县东关冯氏宗族家法、婺源县龙池王氏宗族家法等，宗规如歙县泽富王氏宗族宗规、婺源县龙池王氏宗族宗规、绩溪县华阳舒氏宗族宗规等，族规如婺源县清华东园胡氏宗族族规、休宁县林塘范氏宗族族规、祁门县清溪郑氏宗族族规等，都值得我们进行深入研究。这些家规、家典、家法、宗规、族规中有许多规定，诸如"家之亲，父子、兄弟、夫妇、叔侄而已，必须父慈、子孝、兄友、弟恭、夫义、妇德，长幼有序。能尽是者，永无悖逆、争斗、骄妒、嫌隙之事矣"①，"族中子弟，有器宇不凡、资禀聪慧而无力从师者，当收而教之，或附之家塾，或助以膏火"②，"士而读，期于有成；农而耕，期于有秋；工执艺，期于必售；商通货财，期于多获，此四民之业，各宜治之以生者也"③等，都体现了明清徽州宗族为保持宗族长盛不衰所作的努力，至今仍不乏启迪和借鉴意义。

第二，明清徽州的规约、族约、戒约。明清徽州族规家法中不乏规约、族约、戒约，如休宁县西门汪氏墓祭规约、歙县岩寺百忍程氏宗族族约、祁门县竹溪陈氏宗族睦族戒约等。与明清徽州的家规、家典、家法、宗规、族规主要是通过刚性规定来约束族人行为不同，明清徽州的规约、族约、戒约主要是通过柔性规定来限制族人行为，其特征可以概括为宗族性、非强制性、潜在性和自觉性。这种柔性规定具体涵盖四个基本方面：生效的范围是本宗族，治理的方式是非强制性的，形成的影响是潜在的，终极的目标是把宗族意志转化为族人的自觉行动。

第三，明清徽州的家礼、定例、祀规、家范、家政、会规、墓祠规。家礼为家族、家庭礼仪，主要是《朱子家礼》中的通礼、冠礼、婚礼、丧礼在家族、家庭中的应用，如绩溪县南关许氏宗族惇叙堂家礼、棠樾鲍氏三族祠祭仪礼等。定例为家族、家庭例行的规矩、规定，如绩溪城西周氏宗族办祭发胙定例、祁门县清溪郑氏宗族祀产条例等。祀规为祭祀规则，如徽州汪氏宗祠祭祀规条、歙县潭渡黄氏宗族黄墩祭祀簿

---

① 万历《古歙谢氏统宗志》卷六《家规》，谢廷谅等纂修，明万历三十二年刻本。

② 雍正《茗洲吴氏家典》卷一《家规八十条》，吴翟等纂修，清雍正十一年刻本。

③ 乾隆《重修古歙东门许氏宗谱》卷八《家规》，许登瀛纂修，清乾隆十年刻本。

引等。家范为治族、治家的规范、风教，如绩溪县华阳舒氏宗族家范、新安武口王氏家范十条等。家政为管理家族、家庭居室与环境、服装与织物、食品与营养、理财与保健、文化与生活、人际关系的具体办法，如绩溪县南关许氏宗族惇叙堂家政、绩溪县梁安高氏宗族家政等。会规为家族、家庭成员必须遵守的规则，如歙县桂溪项氏宗族始祖会会规、绩溪城西周氏宗族文会序及规条等。墓祠规为家族、家庭墓祀规则，如婺源县湖山汪氏墓祠条议、休宁县藏溪汪氏宗族富昨保墓规等。这类族规家法多为家族、家庭订立的处理某一方面关系的单一性规范。

第四，明清徽州的谱例、谱规。谱例，又称凡例，为族谱、家谱纂修的原则、体例。谱规为家族、家庭修谱的规则。谱例、谱规是明清徽州重要的族规家法。"新安居万山中，风淳俗古，城郭村落率多聚族而居，故于族谊最笃，而世家巨阀尤竞竞以修谱为重务。"①明清时期，徽州世家大族都将修谱视为宗族的盛典。谱例如新安程氏会通谱凡例，歙县呈坎罗氏宗谱凡例，黟县古筑孙氏家谱凡例，祁门平阳汪氏宗谱凡例等。谱规如歙县临溪吴氏族谱谱规，祁门县武溪陈氏宗族家谱定规，绩溪县东关冯氏宗族谱启及修谱议规，绩溪县华阳邵氏宗谱"十不书"等。在修谱活动中，谱例、谱规以宗族修谱的针对性、适应性、原则性、要求性规定，成为明清徽州族规家法的组成部分。

回观明清徽州族规家法研究的直接对象问题，有两个区别不可回避：一是族规与家法的区别，二是族规与家训的区别。

先看族规与家法的区别。族规是宗族为维系族风、施行教化、治理宗族、壮大宗族而作出的制度安排，它以宗族制为核心，以血缘关系为纽带。家法是家族在子孙众多形成复杂的家族结构后，或兄弟同居出现共爨的"义门"后，为了避免本家族因兄弟子孙发生纠纷，导致家族破散衰败，而推出的重要家规。在由族规和家法组成的族规家法中，族规与家法之间的关系可谓密切，具有同源性和互补性，有的甚至可合并为所谓的宗族法或家族法。当然，族规与家法的区别也比较明显：一方面，两者的运用范围不同，族规适用于宗族，家法适用于家族；另一方面，两者涉及的内容也有区别，族规一般只涉及宗族中的事务，不涉及

---

① 嘉庆《歙县桂溪项氏族谱》卷首《汪太傅公序》，项启鍆等纂修，清嘉庆十六年木活字本。

宗族中各家族的事务，家法一般只涉及家族中的事务，不涉及所在宗族的事务，相较于家法，族规调整的范围更加广泛。

再看族规与家训的区别。族规与家训是当前家风问题讨论中的两个热点，两者之间不仅有密切的联系，也有明显的区别。家训指的是父祖长辈对子孙、家长对家人、族长对族人进行训诫的家训文书，以及父祖辈对子孙的教诲、家长对家人的训示、族长对族人的要求、兄长对弟妹的劝勉，以及后辈贤达者对长辈的建议、弟对兄的劝告等。对此，许慎《说文解字》中的解释是，"训，说教也。"①段玉裁注："说教者，说释而教之，必顺其理。"②族规指的是宗族法规、宗族禁戒，其名称各异、种类很多，为同姓后裔的行为规范。关于家训与族规的区别，笔者想强调的是：家训侧重于说服训导，不具有强制性，而族规侧重于规劝告诫限制，具有一定的强制性。如果对宗族与家族关系及其结构作出进一步的细分，则可以得到更多的答案。当"宗"与"家"一致，家训发展到具有族规性质时，家训就是族规，族规就是家训，两者是没有明确分野的。但在"家"是"族"的细胞时，具体到宗族中的一个家族之家训，"家训"与"族规"还是有区别的：前者的制订者是家长，后者的制订者则是族长，或族尊，或始迁祖；前者对本家族有效，后者则对本宗族有效；前者规范家族成员的日常行为，后者则规范宗族成员的日常行为；前者调整家族成员之间的关系，后者则调整宗族成员之间的关系；前者重说服训导，后者则重惩罚。

需要提及的是，明清徽州社会属于典型的宗族社会，其治理方式是"宗族""家族""家庭"三位一体，即"宗族"是"家族"的合法性外延，"家族"是"家庭"的合法性基础。在这种治理方式下，明清徽州社会的组织，以宗族为家，以家族为家，即"家庭""家族"统一于"宗族"；以宗族为主体制订的祖训、家训、家范、宗训、族训、族约、宗规、宗式、祠规、家法等，都无疑是族规家法。

---

① 许慎撰，徐铉等校：《说文解字》，上海古籍出版社2007年版，第106页。

② 许慎撰，段玉裁注：《说文解字注》，中州古籍出版社2006年版，第91页。

二、明清徽州族规家法研究的间接对象

前文已指出：明清徽州族规家法中的家规、家典、家法、宗规、族规、规约、族约、戒约、家礼、定例、祀规、家范、家政、会规、墓祠规等，这些客观存在都是明清徽州族规家法研究的直接对象。也就是说，明清徽州族规家法研究具有包容性，是一种综合性的研究。

在明清徽州族规家法研究的对象中，与直接对象相对应的是间接对象，对间接对象的讨论也是极为重要的。问题是，在以往的明清徽州族规家法研究中，学者们首先讨论的是所作研究的直接对象，而对间接对象的研究通常被忽略。明清徽州族规家法研究有两重对象：直接对象和间接对象，只有针对直接对象的研究，没有指向间接对象的研究，这就是有失全面、有待深入的研究。在此情况下，对明清徽州族规家法研究的间接对象进行梳理具有重要意义，既有利于寻求学术观点创新方向，也有利于研究层面的整体性设计。

明清徽州族规家法的实践是关乎实现宗族意志、维护家族利益、坚守族长家长立场、获得族人家人认同的宗族活动，必须通过强制性、规范性、程序性的活动加以实施。研究明清徽州族规家法，我们必须注意到对于所作研究的直接对象和间接对象的把握，以延续中国族规家法研究固有的学术传统。明清徽州族规家法研究的展开，不仅仅是对明清徽州族规家法客观存在的探讨，更涉及颇为复杂的宗族意志、家族利益、族长家长立场、族人家人认同。明清徽州族规家法研究者在讨论明清徽州族规家法时，并不纯然是为了研究而研究，从根本上看，这是揭示明清徽州宗族的意志、家族的利益、族长家长的立场、族人家人认同的一种尝试。据此，笔者将明清徽州族规家法研究的间接对象界定为：明清徽州族规家法所折射的已然逝去的明清徽州宗族的意志、家族的利益、族长家长的立场和族人家人的认同。

第一，明清徽州族规家法具有明清徽州宗族意志的属性。其所体现的宗族意志，并不是宗族意志的全部，而是其中被奉为明清徽州族规家法的那部分宗族意志。因此，要真正理解明清徽州族规家法，需要了解

明清徽州宗族意志，从明清徽州宗族的意志到宗族的行动，从宗族的要求到宗族的安排。明清徽州宗族意志成为明清徽州族规家法的研究对象，原因在于它为明清徽州族规家法的诠释提供了全部丰富性，可以推动研究者对于明清徽州族规家法思想性的理解。正是在此意义上，研究明清徽州宗族意志，无疑为我们提供了一种考察明清徽州族规家法的新视野。

第二，明清徽州宗族是明清徽州族规家法的主体。从明清徽州宗族利益的角度来看，族规家法就是明清徽州宗族实现宗族利益的工具。明清徽州宗族利益不仅是明清徽州族规家法制订的依据，也是明清徽州族规家法顺利实施的保障。即明清徽州族规家法的系列规定，无不反映明清徽州宗族的利益，都是对明清徽州宗族利益的维护与保障。明清徽州族规家法是否可以操作，能否发挥作用，都与其能否体现明清徽州宗族利益直接相关。明清徽州族规家法研究如果忽略明清徽州宗族利益，既无法对明清徽州族规家法做出全面的解释，也无法对明清徽州族规家法实践作出全面的说明。

第三，明清时期的徽州是典型的宗族社会。徽州是一个多家族聚居地区，据徽州世家大族谱牒和程尚宽《新安名族志》记载，徽州共有八九十个著名的族姓。这些族姓以父系血缘关系为纽带，处于封建制度下的族长、家长拥有绝对的权威。因此，明清徽州族规家法的发展、演变，族人、家人关系的调整，始终存在着两种必然性：一是站在宗族、家族利益的立场，强调宗族、家族的"一体"属性和"共同体"的共同性；二是站在族长、家长的立场，强调族长、家长的"核心"属性和族长、家长的主导性。在这种情况下，明清徽州"凡行家规事宜，家长主之，家佐辅之，监视裁决之，掌事奉行之，其余家众，毋得各执己见，拗众纷更者倍罚"[①]。正是由于如此，明清徽州族长、家长的立场对于我们深入研究明清徽州族规家法有着更加重要、更加突出的作用。

第四，族人、家人对族规家法的认同，是明清徽州族规家法发展的基础。作为族人、家人行为规范的明清徽州族规家法，对明清徽州家风认同的形成、家族认同的程度和家庭认同的性质，都发挥着较大影响。

---

① 民国《古黟环山余氏宗谱》卷一《余氏家规》，余攀荣等纂修，民国六年刻本。

如果建立牢固的族规家法认同，就会转化为对家风的认同、家族的认同。在宗族与家族一体的明清徽州，对家族认同，就是对宗族的认同。宗族越是巩固，家族越是稳定，族人、家人对族规家法的认同就越加牢固。反过来，族人、家人对族规家法越是认同，宗族愈加巩固，家族愈加稳定。所以说，明清徽州宗族巩固、家族稳定都与族人、家人的族规家法认同存在着直接或间接联系。因此，在推进明清徽州族规家法研究的进程中，不仅要研究明清徽州族人、家人对族规家法的认同程度，也要研究明清徽州族规家法对于宗族、家族凝聚的作用，从而形成一个以推进明清徽州族规家法研究为基本取向的族规家法认同生成机理。

三、从直接对象到间接对象：明清徽州族规家法研究的逻辑

明清徽州族规家法研究的对象，就是明清徽州族规家法研究的直接对象与间接对象相结合。作为明清徽州族规家法研究的直接对象，其本质在于把它的客观存在应用于具体的研究中。而作为明清徽州族规家法研究的间接对象，其本质在于把它所体现的宗族意志、家庭利益、族长家长立场、族人家人的认同在明清徽州具体化。明清徽州族规家法研究的直接对象与间接对象的区别是明显的，区分这两个对象也有学术上的意义。

第一，明清徽州族规家法是明清徽州族规家法研究的出发点。其本身具有双重性，即物质性和信息性。族规家法的载体具有物质性，研究者根据族规家法载体的物质性，可以从直接层面探讨明清徽州的族规家法。明清徽州族规家法本身内涵特有的深层信息，可以长期保存于某个或某些特有的介质之中，因而具有跨越时空功能的信息性。其深层含义是于明清徽州族规家法的研究中体现明清徽州宗族的意志、家族的利益、族长家长的立场和族人家人的认同。明清徽州族规家法研究一方面要突出族规家法的物质性，另一方面要突出族规家法的信息性，通常以前者为切入点，以后者为落脚点。明确了明清徽州族规家法研究的直接对象和间接对象，所作研究就会有的放矢。

第二，明清徽州留存的族规家法都是特定宗族、家族的族规家法，

带有特定的宗族思想、宗族意志、宗族立场。针对明清徽州族规家法的客观存在进行的研究，并不等于明清徽州族规家法研究的全部，这是由前面所叙述的直接对象与间接对象的关系决定的。所有的明清徽州族规家法研究，都要把明清徽州族规家法的策划者、制订者、组织者、推动者的思想、意志、立场以及参与者的认知包括在内。既有研究存在的一大问题，就是针对明清徽州族规家法的客观存在进行研究，并将其视为明清徽州族规家法研究的全部，忽略了研究的间接对象。为了弥补这一缺陷，除了要研究明清徽州族规家法研究的直接对象，也要研究它的间接对象，别无他法。这需要研究者在研究明清徽州族规家法研究的直接对象与间接对象之间开辟出一条新的通道。

第三，明清徽州族规家法研究的直接对象与间接对象很难截然分开。不仅是因为明清徽州族规家法研究的直接对象与间接对象彼此不可分离，也是因为在明清徽州族规家法研究中两者前后相联：没有前者，后者的工作难以进行；而没有后者，前者的工作便大打折扣。具体地说，就明清徽州族规家法研究的出发点而言，明清徽州族规家法研究的直接对象与间接对象研究相同，都是为了弄懂弄通说透明清徽州族规家法，进而获得启迪，以服务当下的政治、经济、文化、社会、生态发展的需要；就明清徽州族规家法的落脚点而言，明清徽州族规家法研究要求作全面、整体研究，既研究它的直接对象，又研究它的间接对象，旨在深化明清徽州族规家法研究，实现此项研究的终极目标。

由此可知，明清徽州族规家法研究主要有两个侧面。一是明清徽州族规家法研究的直接对象。明清徽州留存的族规家法在明清徽州族规家法研究中具有特殊的意义，让明清徽州族规家法"说话"，这是明清徽州族规家法研究的特征。明清徽州族规家法在理论层面上获得了理解，会反过来为其在明清徽州的存在提供合理性支持，从而为明清徽州族规家法研究提供最现实的动力。二是明清徽州族规家法研究的间接对象。这种研究提出影响明清徽州族规家法形成与发展的宗族意志、家族利益、族长家长立场和族人家人认同，并进行有针对性的理论阐发。这一研究理路，倚重于对明清徽州族规家法的再发现，将明清徽州族规家法理解成明清徽州宗族家族型、族长家长式、族人家人可接受性的族规家法。从这一视角来理解明清徽州族规家法，并在此基础上推出深层次研究成果。

第四节　明清徽州族规家法研究的方法

明清徽州族规家法研究，顾名思义，旨在研究明清徽州的族规家法，其展开更多是为了了解明清徽州族规家法的本身，挖掘其背后的故事和当代价值。明清时期的徽州族规家法体现当时徽州家族的家学、徽州社会的家风、中国社会的传统风尚，我们应梳理它们的发展历史，追溯它们的道德规范，探寻它们的文化渊源。由于明清徽州族规家法存在的文本性特点，研究者们起初只能联系特定的徽州区域，对存在的族规家法作出文本解读。但是由于这些族规家法名称众多、类型多样、各具特征、跨越不同时代，且在不同的文化背景下有不同的内涵呈现，所以需要不断优化明清徽州族规家法研究方法，以便对这些族规家法作出更加全面、准确的解释。

一、明清徽州族规家法研究方法的进展

长期以来，明清徽州族规家法研究方法经历了不断更新的过程。应当说，研究方法的不断更新是相关研究者经历和学界有目共睹的学术实践，且这些更新还在不断与时俱进。

总论明清徽州族规家法研究，如前文所述，有三个阶段：一是奠基阶段，时间大致从徽州宗族研究展开之时到1996年；二是形成阶段，时间大致从1996年到2014年；三是发展阶段，时间大致从2014年以来。处于不同研究阶段的明清族规家法研究的方法同异皆俱：一方面，明清徽州族规家法研究方法在研究的不同阶段，呈现了差异性；另一方面，明清徽州族规家法研究方法在其应用过程中，呈现了不断更新的变化。

在1996年之前的奠基阶段，研究者们利用明清徽州族规家法来加深

对所研究对象的理解，他们并没有专题研究计划，所以未引起学界对明清徽州族规家法更多的关注。对于明清徽州族规家法的应用，基本上都是引用，对于明清徽州族规家法的研究仅限于资料引用。典型的是，研究者们习惯于将明清徽州族规家法作为一种支撑材料，与其所作其他研究相联系。

这种研究方法，主要表现在徽学研究的成果中。这些成果，一方面，引用明清徽州族规家法，不仅开启了明清徽州族规家法研究，也推动了徽学研究的深入；另一方面，由于这些成果在论述观点时，引用了明清徽州族规家法，因此明清徽州族规家法开始受到学界的关注。

这种研究方法之所以出现在这一阶段，是因为这一阶段徽学研究逐渐为学界所重视，研究的问题也越来越多，需要可供说明问题的明清徽州族规家法支撑，所以这就出现了这种互动的研究方法，使明清徽州族规家法与其他徽学研究资料互证。张海鹏、王廷元研究徽商，李琳琦研究徽州教育，卞利研究徽州社会问题，就含有从明清徽州族规家法中发现了一些新材料，使用的就是这种方法。

在1996年到2014年的形成阶段，研究明清徽州族规家法的专家学者大多是徽学研究者，在研究方法上深受徽学研究方法的影响。他们把明清徽州族规家法研究看作徽学研究中的一个领域，并从明清徽州族规家法入手，在集中相关资料的基础上，通过历史学的考证、叙述方法，对明清徽州族规家法的制订、伦理道德的规范、生活行为的规范、对触犯族规家法者的惩处等加以论述。这一阶段，明清徽州族规家法研究带有深厚的徽学色彩。研究者们认为，徽学研究的有些问题可以用明清徽州族规家法来说明，明清徽州族规家法研究应当归属于徽学研究的范畴。此方法要求明清徽州族规家法研究者必须充分地占有明清徽州族规家法资料，分析它的各种发展形式，探寻这些形式的内在联系，并由此得出研究结论，推出研究成果。

从2014年开始，明清徽州族规家法研究方法在沿用历史学考证、叙述方法的同时，与法学、社会学、教育学、心理学、政治学、哲学等学科理论和方法也建立起密切联系。换句话说，明清徽州族规家法研究除了使用历史学的方法以外，还综合采用法学、社会学、教育学、心理学、政治学、哲学等学科的方法，并由此展开对明清徽州族规家法的跨学科研究。研究者们认为，多学科、多角度、多层次的综合研究能够提升明清徽州族规家法研究的层次和水平。

在2014年以来的发展阶段，还有另外三个特点：一是把明清徽州族规家法放在中国族规家法的范围内进行讨论；二是开始关注明清徽州族规家法在徽学研究中的地位和作用；三是不仅研究明清时期徽州本土的族规家法，也研究这一时期徽州本土之外徽州人的族规家法。

二、明清徽州族规家法研究方法的走势

20世纪80年代徽学界开展的个案研究，反映了徽学研究范式的转变。它强调宏观研究与个案研究相结合的方法，重视宏观研究与微观研究优势互补，将徽学研究对象的整体和个体分析置于重要的地位。2014年王世华出版了《徽商家风》，从书中能看到宏观研究与微观研究相结合之方法的应用。此书的出版，引起了学界关于徽商家风的广泛讨论，其中一个主要论题就是徽商优良家风的主要内容有哪些、有无当代价值、能否给人以启发。实际上，对徽商家风的分析及其宏观与微观相结合研究方法的把握与应用，为这一讨论提供了一个重要的方法视角。该书既对整个徽商家风进行分析，涉及徽商家风的孝亲、教子、友爱、勤俭、修身、创业、睦邻、诚信、助人、义行，又对单个徽商家风进行提炼，每一方面都通过家规、家训、语录、故事、插图等形式表现出来。从整个徽商家风去考察，又从单个徽商家规、家训、故事去验证，就是运用了宏观与微观相结合的研究方法。因而，将整个明清徽州族规家法研究建立在单个明清徽州族规家法研究之上，使宏观研究成为微观研究之集合，对于深入研究明清徽州族规家法至为重要。

随着明清徽州族规家法研究资料的搜集与整理工作的深入开展，出版的首本关于明清徽州族规家法的编著就是卞利的《明清徽州族规家法选编》（黄山书社，2014）。这本编著来之不易，诚如该书的后记所说："经过十多年的日积月累，案头上已经拥有了数百种徽州的族谱资料，

包括徽州族规家法在内的专题资料更是积累达百余万字之多。"①它为明清徽州族规家法研究资料的搜集，提供了专题资料整理与研究范式，这事实上也说明了明清徽州族规家法研究资料整理和研究的不可或缺。但研究者对明清徽州族规家法资料的需求，与现阶段明清徽州族规家法资料整理不充分的矛盾仍然十分突出。应该看到，明清徽州族规家法资料大都分散在徽州族谱之中或散落在民间，民间资料的整理与研究也特别重要，而民间资料的整理和研究方法多种多样。因此，从这个角度说，明清徽州族规家法资料的整理、研究工作仍然任重道远。

2021年，陈孔祥在《明清徽州家训研究》一书中构建了明清徽州族规家法与明清徽州家训二合一范式。这就是用归类说，构建明清徽州族规家法+明清徽州家训，或明清徽州家训+明清徽州族规家法的一种分析单元，用互补、互通、互融的路径将明清徽州族规家法与明清徽州家训合二为一，以应对明清徽州家训研究中的家训与族规家法的分离情况。在此之前，徽学界还没有运用系统论的方法来研究明清徽州族规家法与明清徽州家训的关系。通过这本书，明清徽州族规家法成了明清徽州家训的源头活水，明清徽州家训则成了明清徽州族规家法的一泓清泉。明清徽州族规家法纵向历经明清两代，横向分布徽州本土之内的一府六县，以及徽州本土之外的徽州家族，以此为分析工具研究明清徽州族规家法，反映其研究中局部思维向整体思维的一大转变。

三、明清徽州族规家法研究方法的整合

以上我们从系统性、整体性、发展性等方面，阐述了明清徽州族规家法的研究方法，实际上，多样化的研究方法是整体性的，不同方法之间相互依赖、相互促进。

明清徽州族规家法研究方法的科学性，是其得以深入开展的基础。科学的明清徽州族规家法研究方法应该是整合的，如果运用的方法彼此分离，就会出现各方法单个看起来是科学的，在整体上则不连接、不呼应、不协调，甚至互相冲突的现象。因此，多样化的研究方法从单个上

---

① 卞利:《明清徽州族规家法选编》,黄山书社2014年版,第668页。

看是科学的，从整体上看也是科学的，才具有真正意义上的科学性。这就需要我们对明清徽州族规家法研究的多样化方法进行整合，构建嵌入—融入—缝合—开放的整合体系。

第一，明清徽州族规家法研究的嵌入性与整合。明清徽州族规家法研究是徽学研究的一项子研究，受徽学研究的影响和制约，其形成和发展是徽学研究不断深化、拓展的结果。置于徽学研究的框架之下，要使明清徽州族规家法研究成功嵌入徽学研究实践，关键在于对徽学研究的系统方法进行整合，并将其应用于明清徽州族规家法研究实践。因此，要运用嵌入式整合方法，既把徽学研究方法作为一个整体，将其内部各个方法应用于明清徽州族规家法研究，又把明清徽州族规家法研究方法作为一个子系统，嵌入于徽学研究方法内，作用于徽学研究，以期实现 $1+1>2$ 的效果。

第二，明清徽州族规家法研究的融入性与整合。目前，徽学研究已经处在这样一个节点上：既进行比较研究、资料研究、定性研究、系统研究，又进行跨学科研究。跨学科研究既是徽学研究深化的必然要求，又是明清徽州族规家法研究转向综合、开放的必然结果。明清徽州族规家法研究方法构建，毫无疑问也要关注除徽学之外其他学科的研究方法。这需要深入研究徽学之外其他学科内含的方法，"凡是能运用的方法都应拿来为我们的研究服务"[1]。整合这些方法总的要求是，选择的方法要与明清徽州族规家法研究需要相适应。研究明清徽州族规家法，构建明清徽州族规家法研究方法体系，需要融入社会学、文化学、人口学、谱牒学、地理学、教育学、心理学等学科的方法，但这并不意味着我们可以不加选择地照搬照套这些学科的方法，把这些学科的所有办法都当成必须借鉴、不可不用的方法。"即使是适当的方法，在具体运用时，也不能机械地套用，而是要把一般的方法加以改造，做到融会贯通，使之适合于你的研究对象"[2]。

---

① 唐力行：《徽学研究的对象、价值、内容与方法》，载朱万曙：《论徽学》，安徽大学出版社2004年版，下编第80页。

② 唐力行：《徽学研究的对象、价值、内容与方法》，载朱万曙：《论徽学》，安徽大学出版社2004年版，下编第81—82页。

第三，明清徽州族规家法研究的缝合式与整合。新时代的明清徽州族规家法研究，就方法而言，应实现缝合式整合。缝合式整合是指研究方法的各组成部分实现交融，研究应用的方法在交融中达成一种平衡，以实现相互之间无缝结合的状态。研究方法的各组成部分必须是整合的，这种整合包括两个方面：一是研究方法的各组成部分要相互协调一致，即研究方法的各组成部分相互照应、有机统一。这也要求所研究应用的诸种方法，既不相互交叉，也不相互矛盾，而是实现无缝衔接。二是研究方法的各组成部分均要满足所作研究整体的需要。缝合式整合，既能解决所作研究方法的针对性问题，又能保持对明清徽州族规家法进行实质性的研究。对于明清徽州族规家法的研究，我们可以采取哪些方法，哪些方法更具有针对性、适应性、有效性，应做到心中有数。这就需要对应用的方法加以明确化、具体化，而不能把它泛化、简单化，更不能使研究方法中的各组成部分因发生游离而单独存在。

第四，明清徽州族规家法研究的开放性与整合。一方面，明清徽州族规家法是明清时期徽州本土族规家法与徽州本土之外徽州人族规家法之和。两者是相辅相成的，其形成与发展是相互促进的。没有徽州本土族规家法，徽州本土之外徽州人的族规家法难成气候；没有徽州本土之外徽州人的族规家法，徽州本土族规家法也不完整。另一方面，明清徽州族规家法是中国族规家法的一个组成部分，没有中国族规家法，就没有明清徽州族规家法，没有明清徽州族规家法，中国族规家法也不完整。明清徽州族规家法研究是中国族规家法研究的增长点，中国的族规家法是明清徽州族规家法生成的土壤。如此，明清徽州族规家法研究的分析模式关键在于分解族规家法的结构：明清徽州族规家法的结构是二元的，即徽州本土族规家法和徽州本土之外徽州人的族规家法。基础在于形成明清徽州族规家法研究的格局，基于中国的族规家法背景，明清徽州族规家法研究的格局是双重的，即纵向的分析和横向的比较。对明清徽州族规家法进行纵向的分析和横向的比较研究，将有助于明晰明清徽州族规家法研究的思路，推动明清徽州族规家法研究向纵深发展。

第五节　明清徽州族规家法研究的任务

任何学术研究都有其特有的任务。多年来，明清徽州族规家法的具体内涵、历史进程、当代价值等一直是明清徽州族规家法研究的重要内容。新时代深化明清徽州族规家法研究，不仅要考察明清徽州族规家法的内在精神及其与明清徽州社会的互动关系，而且要弘扬、光大中华民族优良家风、民风和社风。基于此，笔者对明清徽州族规家法研究的任务试作粗浅概括。

一、明清徽州族规家法研究的首要任务

我们从事明清徽州族规家法研究，首要的任务是探讨其具体内涵、阐述其发展脉络、讨论其实践方式、揭示其历史作用、剖析其实践经验及其局限性。对这些问题进行讨论，是徽学研究者研究明清徽州族规家法的常见思路。

探讨明清徽州族规家法的具体内涵，旨在凸显明清徽州族规家法的语义、结构和内容，在探讨与再探讨中，使其具体内涵更加明确。阐述明清徽州族规家法的发展脉络，旨在凸显明清徽州族规家法的形成、发展过程及其原因，在阐述与再阐述中，使其发展脉络变得更加清晰。讨论明清徽州族规家法的实践方式，旨在凸显明清徽州族规家法中的惩处与奖励，在讨论与再讨论中，使其实践方式更加明了。揭示明清徽州族规家法的历史作用，旨在凸显明清徽州族规家法的功能、影响和效用，在揭示与再揭示中，使其历史作用变得清晰可见。剖析明清徽州族规家法的实践经验及其局限性，旨在凸显明清徽州族规家法留下的经验和教训，在剖析与再剖析中，使其实践经验变得可以复制。

纵观多年来明清徽州族规家法研究的轨迹，无论是侧重于主要内涵、发展脉络与历史作用研究，还是侧重于实践方式、实践经验及其局

限性研究，它们都处于相互依存、互相联系之中。一种研究的效用往往受到另一种研究成果的影响，因此我们在研究中应保持各自的完整性，从侧重于某一方面的研究，拓展到与其他方面的研究兼顾，成为明清徽州族规家法研究的一个理路。

明清徽州族规家法的具体内涵、发展脉络、实践方式、历史作用、实践经验与局限性，在内容的构成上是一个整体，对其进行研究，既应从整体上推进，又应在个体上推动。如此研究，其成效关键有二：一方面，明清徽州族规家法研究推动了内含的具体内涵、发展脉络、实践方式、历史作用、实践经验及其局限性研究共同发展的格局，同时强调发挥这些不同研究的作用，它们结合起来构成了明清徽州族规家法研究得以持续的要素；另一方面，明清徽州族规家法研究的过程，也是内含的具体内涵、发展脉络、实践方式、历史作用、实践经验及其局限性研究各有侧重的过程，有效地推动了这些研究的发展，避免了研究相互分离。这符合明清徽州族规家法的整体性要求，同时与消除内含诸研究彼此分离的研究思路高度契合。

二、明清徽州族规家法研究的再高一层任务

我们从事明清徽州族规家法研究的再高一层任务是揭示其折射的宗族意志、家族利益、族长家长立场、族人家人认同程度，以及与明清徽州社会的互动关系。即在明清徽州族规家法研究过程中，如何理解明清徽州宗族意志、家族利益、族长家长立场、族人家人认同，如何看待明清徽州蒙学的发达、家风的传承、徽俗的形成、儒学的普及、宗族制度的强化、世家大族的辉煌、徽商的兴盛，找出这些因素对明清徽州族规家法形成与发展的影响，以及明清徽州族规家法形成、发展与明清徽州社会、徽州宗族、徽州家族兴旺发达的关联性、互动性，是明清徽州族规家法研究迈向深入发展的重要一步。

以此为视野，此前在明清徽州族规家法研究中被忽视的宗族意志、家族利益、族长家长立场、族人家人认同，将会受到越来越多的关注。对于这种情况，我们可以这样理解：明清徽州族规家法的形成与发展，

深受明清徽州宗族意志、家族利益、族长家长立场、族人家人认同的影响。这一影响不仅包括明清徽州宗族对制订和执行族规家法的重视，还包括明清徽州宗族家族的利益驱动，族长家长从上往下的规定，族人家人实现认同的需要。如果不从明清徽州宗族意志、家族利益、族长家长立场、族人家人认同的角度来思考明清徽州族规家法问题，将很难理解明清徽州族规家法为何在明清时期兴起后就获得了快速发展。

我们注意到，越来越多的徽学研究者从此视野展开研究，指出了明清徽州族规家法与明清徽州社会的互动关系。赵华富的《徽州宗族研究》以徽州宗族为研究对象，将徽州族规家法单列一章，指出明清徽州族规家法与明清徽州宗族的发展具有互动关系。李琳琦的《徽商与明清徽州教育》在回答相关问题时，试图对明清徽州族规家法与徽商兴盛、与明清徽州教育的发达的互动关系进行分析，认为明清徽州族规家法对徽商和明清徽州教育的影响较大。陈孔祥的《明清徽州家训研究》考察了明清徽州族规家训的功能，剖析了明清徽州族规家训对明清徽州蒙学的发达、家风的传承、徽俗的形成、儒学的普及、宗族制度的强化、世家大族的辉煌、徽商的兴盛发挥的重要作用。该书采用"明清徽州家训的深刻影响"叙事方式，强调明清徽州族规家训实践的全徽州维度，揭示了明清徽州族规家训与明清徽州社会的互动关系。卞利的《明清徽州社会研究》则引用明清徽州族规家法，深化了对明清徽州社会的研究。

在此视野下，一些相对重要的话题值得我们深入思考：第一，立足明清徽州宗族意志、家族利益、族长家长立场、族人家人认同，去了解明清徽州族规家法。要回答好这一问题，除了要了解弄清明清徽州族规家法折射出的明清徽州宗族意志、家族利益、族长家长立场、族人家人认同外，还要考虑到明清徽州族规家法在巩固这些方面所发挥的独特作用。第二，立足明清徽州宗族意志、家族利益、族长家长立场、族人家人认同之间的联系来研究明清徽州族规家法问题。但是，这种整体、系统的研究不能偏离明清徽州族规家法研究的主题，从而变成纯明清徽州宗族意志、家族利益、族长家长立场、族人家人认同的研究。第三，立足明清徽州族规家法的功能与影响，去解释明清徽州宗族意志、家族利益、族长家长立场、族人家人认同，即在此解释中推进明清徽州族规家法研究。另外，还需要我们关注明清徽州蒙学的发达、家风的传承、徽俗的形成、儒学的普及、宗族制度的强化、世家大族的辉煌、徽商的兴盛等"明清徽州社会事实"，并以此来研究明清徽州族规家法与明清徽州社会的互动问题。

三、明清徽州族规家法研究的更高一层任务

我们从事明清徽州族规家法研究，更高一层的任务是传承中华优秀传统文化，弘扬中华民族传统美德，为当代中国兴家风、淳民风、正社风提供借鉴。

在徽学的研究范式中，研究者们发现明清徽州族规家法不仅涉及的领域极为广泛，诸如治家、修身、睦邻、义行、交游、廉耻、仕官、婚姻、礼仪、处世等，而且涉及的内容也极为丰富，包括勤劳治家、习业农商、赈灾济贫、审择交游、励志勉学、扶孤恤寡、禁止闲游、禁止迷信等，这些规定合一，既是明清徽州社会的精神纽带，又是中华民族优秀文化的重要特质。流传下来的明清徽州族规家法堪为经典，不仅对传承中华民族优秀文化有重要作用，而且对弘扬中华民族传统美德也有着重要意义。

众所周知，明清徽州族规家法对明清徽州家族教育、明清徽州社会教化、明清时期国家治理等方面有着重要作用，不仅关乎明清徽州家风，也影响着明清徽州社会民风和中国社会社风。而家风连着民风、社风，研究明清徽州族规家法必然会触及明清徽州的家风、徽州社会的民风、明清时期中国社会的社风。明清徽州族规家法研究以其特有的历史性和现实性，直接为中国当代家风、民风、社风建设提供营养和借鉴。一方面，它深入总结、反思明清徽州族规家法的实践经验和教训；另一方面，它在给中国当代家风、民风、社风建设提供参考的同时，也在引导我们去思考和探索中国当代家风、民风、社风建设所需要的道德规范和实践范式。

党的十八大以来，以习近平同志为核心的党中央把家风建设摆在重要位置，特别强调家风是民风社风的根基和社会和谐的基础。《关于新

形势下党内政治生活的若干准则》中明确要求，"领导干部特别是高级干部必须注重家庭、家教、家风，教育管理好亲属和身边工作人员。"因此，我们可以把家训家规作为家风建设载体，重拾家风，重树家风，以传承中华民族优秀文化、传统美德。新时代下的家风建设引发了学界对明清徽州族规家法的深入研究。

与此同时，随着明清徽州族规家法研究的不断深入，越来越多的研究者主张，不仅要推出一批科研成果，还要以富有成效的研究来参与和推动中国当代家风、民风、社风建设实践，为中国当代社会主义文化大发展、大繁荣作出理论和实践贡献。在此背景下，明清徽州族规家法研究不仅要回应新时代人们对家风、民风、社风建设的新期待、新要求，而且要积极在中华民族优秀文化和传统美德的传承中推广其有益成果。

第二章　明清徽州族规家法的发展理路

明清徽州族规家法的发展，与明清徽州宗族的兴起、乡约的发达、族谱编纂的活跃密切相关。明清徽州族规家法有其特有的社会基础、历史脉络和演进规律。

第一节　明清徽州族规家法发展的社会基础

明清徽州宗族的兴起、乡约的发达、族谱编纂的活跃，是我们理解明清徽州族规家法形成与发展的社会基础所在。在明清时期徽州族规家法的语境中，宗族的兴起、乡约的发达和族谱编纂的活跃构成了一体三面，三者之间相互作用，共同奠定了明清徽州族规家法发展的社会基础。

一、明清徽州宗族兴起

作为特定的明清徽州族规家法，其赖以存续和发展的根基是明清徽州宗族。明清徽州宗族是明清徽州族规家法的倡导者、制订者和推行者。不论是明代徽州族规家法还是清代徽州族规家法，都具有宗族特征。前者如歙县泽富王氏宗族宗规、休宁商山吴氏宗族宗法规条、祁门清溪郑氏宗族族规、祁门文堂乡约家法、黟县环山余氏宗族家规、歙县黄山谢氏宗族家规、婺源江湾萧江江氏宗族谱训、祁门锦营郑氏宗族祖训、黟县南屏叶氏宗族祖训、休宁叶氏宗族家规等，后者如婺源龙池王氏宗族宗规、绩溪华阳舒氏宗族宗规、绩溪仙石周氏宗族家法、休宁新安朱氏统宗祠规家法、祁门武溪陈氏宗族崇公家法、休宁富溪程氏宗族祖训家规、歙县新州叶氏宗族家规、祁门中井冯氏宗族家规、黟县横冈胡氏宗族家规、休宁茗洲吴氏宗族家规等，这些族规家法的制订、推行无一例外都是徽州宗族制度的安排。

关于明清徽州宗族的来源，据赵华富的《徽州宗族研究》中的分析，分别是土著居民、山越人和外来居民、中原衣冠。需要提及的是，现存的明清徽州族规家法，大多来自"外来居民"——中原衣冠。例如，隆庆歙县泽富王氏宗族宗规，由歙县泽富王氏宗族组织制订，该宗族始祖仲舒，字弘中，来自并州祁县（今属山西晋中）。这种情况的出现，与"中原衣冠"大量迁徙徽州定居密切相关。据《新安大族志》《新安名族志》记载，徽州大族、名族的始迁祖绝大多数都是"中原衣冠"。《新安大族志》列出81个姓氏，《新安名族志》列入84个姓氏，在这些姓氏中，绝大多数都是"中原衣冠"①。由此，赵华富认为：徽州"外来居民虽然来自四面八方，但是'中原衣冠'是其主体。因为，除了径直从中原地区迁入徽州的封建仕宦和士大夫以外，在江南地区迁入徽州的居民当中，追根溯源其远祖许多也是'中原衣冠'。"②

赵华富在《徽州宗族研究》中谈到"中原衣冠"迁徙徽州定居的原因：逃避战乱、向往徽州山水、宦游徽州、隐居徽州。学界在讨论这一问题时并未出现不同的观点和解释，因此，对这四个方面的关注是我们对"中原衣冠"迁徙徽州定居之路解码的四个维度。

其一，逃避战乱。中国历史上，在中原地区战乱时期出现的"中原衣冠"南迁徽州定居共有四次。第一次是东汉末年"中原衣冠"的迁入，原因是中原军阀混乱、魏蜀吴三国鼎立。第二次是西晋末年"中原衣冠"的迁入，原因是"八王之乱""五胡乱华"和"十六国纷争"。第三次是唐朝末年"中原衣冠"的迁入，原因是黄巢大起义，结果是"中原衣冠"纷纷南迁。第四次是北宋末年"中原衣冠"的迁入，原因是女

---

① 赵华富：《徽州宗族研究》，安徽大学出版社2004年版，第45页。

② 赵华富：《徽州宗族研究》，安徽大学出版社2004年版，第7页。

真贵族征服中原、宋金对峙，结果是中原居民大规模南迁。不同时期的部分"中原衣冠"由于中原战乱先后迁入同一个地区——徽州，有其特定原因，主要是因为徽州地区位于南方山区，一府六县均处万山中，如黟县《南屏叶氏族谱》卷一《书馆》记载："徽州处万山中，而黟又在徽州群山之隘，略无平处。"这种自然地理环境，在带来徽州地区陆路交通不便的同时，也使徽州地区成为"无兵燹之虞"和"战争罕及"之地，被"中原衣冠"视为"世外桃源"。为什么徽州地区能成为"中原衣冠"的避难所和徙居地，从中可见一斑。

其二，向往徽州山水。徽州世称"吴头楚尾"。据王安石的《孙抗墓碑》记载："徽之郡在山岭川谷崎岖之中"。另据钱融堂的《记石梁》和黄仲则的《两当轩文集》记载：徽州境内"水之东入浙江者三百六十滩，水之西入鄱阳者亦三百六十滩"，"三百六十滩，新安在天上"[1]。徽州山水如画，自然风光为原生态，清秀本色，享誉世界。尤其是黄山，无处不景，无景不奇，被联合国教科文组织列入世界文化与自然遗产名录。徽州随处可见气势磅礴、幻若仙境的立体山水画卷，令人向往。从汉朝以后，徽州山水吸引很多以"中原衣冠"为主、来自更多地方的士大夫和仕宦迁徙徽州定居。如南朝梁时乐安博昌（今山东寿光）人任昉"以学问显，与沈约齐名，仕梁。天监中，出守新安。尝行春，爱富资山水之胜，遂家焉。"[2]南朝梁时出任新安太守东海郯（今山东郯城县西北）人徐摛，"其从昆弟侍中缙来游此邦，流连山水，子孙遂为土断"[3]，等等。

其三，宦游徽州。在徽州居官任职的士大夫，据赵华富《徽州宗族研究》统计多达三四十人，诸如"歙县岩镇闵氏始迁祖闵纮、贵溪陆氏始迁祖陆修、谢村谢氏始迁祖谢杰、向杲吕氏始迁祖吕谓、上丰宋氏始迁祖宋平、黄家坞黄氏始迁祖黄珀；休宁倪干倪氏始迁祖倪玄鉴、博村范氏始迁祖范传正、陪郭叶氏始迁祖叶尚或；婺源官源洪氏始迁祖洪经纶、严田李氏始迁祖李德鸾、陈家巷陈氏始迁祖陈一清；祁门锦溪仰氏

① 姚邦藻：《徽州学概论》，中国社会科学出版社2000年版，第23页。
② 程尚宽：《新安名族志》，明嘉靖三十年刊本。
③ 乾隆《新安徐氏宗谱》，徐裡纂修，清乾隆二年刻本。

始迁祖仰敬；黟县城西余氏始迁祖余荣；绩溪龙川胡氏始迁祖胡焱、双古井葛氏始迁祖葛晋、八都孔氏始迁祖孔端，等等"①。他们大都携家徙居徽州"终身不返"，而后成为徽州名族。这些人多来自外地，又多来自"中原衣冠"。程尚宽《新安名族志》记载的歙县棠樾鲍伸、歙县黄墩程普、绩溪龙川胡焱、歙县谢村谢衷、歙县岩镇闵纮、祁门锦溪仰元凤、休宁博村范履冰、婺源东关陈伯畛、绩溪八都市里孔端朝、婺源城东孙文质、祁门胥山饶斌等都来自中原。以歙县棠樾鲍氏为例，"其先青州人"，在东晋咸和年间（326—334），鲍弘"任新安郡守，因占籍郡城西门，继于郡西十五牌营建别墅"。到北宋中期，鲍荣"始筑书园于棠樾"。鲍居美、鲍居安"遂自西门挈家居焉"②。

其四，隐居徽州。徽州群山环绕，儒风独茂，显山露水，"千崖竞秀、万壑争流"，"程朱桑梓"，环境独特，资源丰富，是封建士大夫隐居的理想之地。从东汉末年到明清，隐居徽州的封建士大夫多来自中原。比如，唐末，金部郎廖嵩同郑畋、朱革"讨黄巢乱，道经新安，见山水清奇，意有属焉。嵩性爱鸟，尝养二乌，甚训出入，灵验人事。后辞职归隐，每潜祝乌，栖山为家，乃随乌至祁西，遂栖不去，因家焉。"③此类士大夫看中徽州山水，"有爱其山水幽奇，遂解印终身不返；亦有乐其高山万仞，爱弃官以家其间者焉"④。

徽州从唐宋时期开始就形成了一个宗族区域社会，嘉靖《徽州府志·风俗》中记载的"家多故旧，自唐宋来，数百年世系，比比皆是。重宗义，讲世好，上下六亲之施村落，家构祠宇，岁时俎豆"，就是一个例证。到明清时期，徽州宗族异常活跃，"聚族而居，或累数十世，祠宇之绵亘连云者，远近相望，不可枚举。"⑤"城郭村落率多聚族而居，故于族谊最笃，而世家巨阀尤竞竞以修谱为重务。"⑥"吾宗祭社、

---

① 赵华富：《徽州宗族论集》，人民出版社2011年版，第41页。
② 嘉庆《棠樾鲍氏宣忠堂支谱》，鲍琮纂修，清嘉庆十年刻本。
③ 程尚宽：《新安名族志》，明嘉靖三十年刻本。
④ 康熙《徽州府志》卷二《舆地·形胜》，清康熙三十八年刊本。
⑤ 绩溪金紫胡氏：《嘉庆重修家谱序》，载光绪《绩溪金紫胡氏家谱》，胡广植等纂修，清光绪三十三年木活字本。
⑥ 嘉庆《歙县桂溪项氏族谱》卷首《汪太傅公序》，项启鍧等纂修，清嘉庆十六年木活字本。

祭墓、祭于春秋，俱有田矣。"①与同时代其他地区宗族不同的是，"新安各姓聚族而居，绝无一杂姓搀入者，其风最为近古"②。"邑俗旧重宗法，聚族而居，每村一姓或数姓，姓各有祠，支分派别，复为支祠，堂皇闳丽，与居室相间。"③与同时期其他地区宗族活动不同的是，徽州宗族定期开展各种宗族活动，且活动种类多样，有元旦团拜、元宵、春社、春祭、标祀、中元、秋祭、冬祭、烧年、祖先诞辰、祖先忌日、迎神赛会等④。这些活动都是依据族规家法举办的，也是族规家法所要求的。如乾隆《重修古歙东门许氏宗谱》卷八《家规》确定"元旦团拜"为"元旦五鼓，拜谒家庙。族人少长咸集，鼓三通，礼生唱礼，挨次序立，四拜。礼毕，照行埒排列昭穆，相与对拜。毕，尊行立，次行拜，尊行答揖退；次行立，第三行拜，次行答揖退。"⑤万历《商山吴氏宗法规条》明确规定："祭祖日，取元宵、冬至二节，主祭三人，于礼当以宗子主祭。倘宗子幼稚及有过、礼貌不扬者，则以族长主之。"⑥总之，明清时期徽州宗族所举办的宗族活动，族人出现的身影无一例外都是宗族的需要和族规家法的要求，用来显示徽州宗族严格的血缘、尊卑、长幼、等级等秩序，是专门向族人提供的宗族活动。

二、明清徽州乡约发达

学术界对于明清徽州乡约的研究十分重视，这可在卞利的《明清徽州社会研究》中找到线索。阅读该书第二编《明清徽州的社会结构》，可以发现明清徽州乡约是历经明清而被普遍推广的一种民间组织形式，是在成文的规约、共同生活的秩序的基础上，自愿形成的基于地域或血缘关系而建立起来的一种民间组织⑦。其包括如下特质：其一，于时间

① 乾隆《重修古歙东门许氏宗谱》卷八《家规》，许登瀛纂修，清乾隆十年刻本。

② 赵吉士：《寄园寄所寄》，清刊本。

③ 民国《歙县志》卷一《舆地志·风土》，民国铅印本。

④ 赵华富：《徽州宗族论集》，人民出版社2011年版，第19页。

⑤ 乾隆《重修古歙东门许氏宗谱》卷八《家规》，许登瀛纂修，清乾隆十年刻本。

⑥ 万历《商山吴氏宗法规条》，作者不详，明万历钞本。

⑦ 卞利：《明清徽州社会研究》，安徽大学出版社2004年版，第73页。

上包括明清两代；其二，于发展进程上体现中国乡约的话语实践取得的阶段性成果；其三，于话语规则上以成文的规约为主，成文的规约也被赋予特别民间契约的重要意义；其四，于地域上具有特定性，明清徽州乡约为在徽州范围内建立起来的社群组织和生活共同体；其五，于血缘上具有连续性，即具有浓厚的血缘共同体基础，通常因血缘关系而存在于相应的宗族之中。

明清徽州乡约是明清乡约的组成部分，随着明清乡约的发展而发达，其内在的本质规定性，可表述为乡约在徽州一府六县范围内推行。由于徽州官府倡导和建立乡约，宗族和乡绅投身乡约建设，明清时期，徽州成为全国乡约建设的发达地区[①]。

乡约的根源可追溯到《周礼》的"读法之典"。黄熹在《乡约的命运及其启示——从吕氏乡约到南赣乡约》中引用他文说："乡约盖渊源于周礼读法之典，州长、党正、族师咸以时属民而读邦法"[②]。北宋神宗熙宁九年（1076），陕西蓝田吕大钧兄弟制订和推行《吕氏乡约》（又名《蓝田吕氏乡约》），这成为乡约话语实践的肇端。

《吕氏乡约》由《乡约》和《乡仪》组合而成。南宋朱熹将《乡约》和《乡仪》合并，并对其礼俗相交内容进行增损修订，提出《增损吕氏乡约》，为乡约推及乡民、被社会关注和推崇提供了基础性依据。明清时期，乡约进入快速发展阶段，"乡约的理论和实践达到一个高潮，并从民间自治逐渐演化为官治"[③]。

具体来说，乡约起源于北宋，增损于南宋，完善成熟于明清。明清乡约通过三个途径建立：

第一个途径是朝廷颁布榜文。如洪武三十一年，明太祖朱元璋钦定并印发《教民榜文》，明确规定："今出令昭示天下，民间户婚、田土、斗殴、相争，一切小事，须要经由本里老人、里甲断决。若系奸盗诈伪、人命重事，方许赴官陈告。"同时，建立了老人自治制度，提出乡

---

① 卞利：《明清徽州社会研究》，安徽大学出版社2004年版，第73页。
② 黄熹：《乡约的命运及其启示——从吕氏乡约到南赣乡约》，《江淮论坛》2016年第6期。
③ 陈立娟：《乡约缘起与演进中的话语实践》，《南昌大学学报》（人文社会科学版）2015年第6期。

里地方由老人自治，保障老人乡村自治的权威。在此制度框架下，乡里老人行使教化、管理地方权责，官员不得插手乡村日常事务，基层社会治理模式转变为以老人为中心，辅之于里甲，乡里由老人、里甲首长共同管理。依据《教民榜文》有关规定，这里的老人指的是"年五十之上，平日在乡，有德行，有见识，众所敬服者。"①

第二个途径是民办乡约。民办乡约的代表是山西潞州《仇氏乡约》，该乡约出现在明代正德年间。由于正德以后，明朝统治危机全面而深刻，社会中的儒生和官吏视乡约为济世安民良策，纷纷倡行乡约于乡里、任所②。山西潞州仇氏兄弟顺势而为，制订仇氏乡约，并推行于乡里。对于"居家有家范，居乡有乡约，修家齐家以化乎乡人"的追求，正是山西潞州仇氏家族的独特之处。山西潞州仇氏兄弟制订并推行的仇氏乡约，以蓝田吕氏乡约为蓝本，与仇氏家范相互配合，具有较强的可操作性。

第三个途径是官办乡约。以《南赣乡约》为例，该乡约颁布于明正德十五年（1520），由王守仁巡抚江西南赣时，为剿抚叛乱、安顿民众、维护社会秩序所推行。《南赣乡约》又称《阳明先生乡约法》，共计16条。《南赣乡约》与《仇氏乡约》有所不同，前者为官办乡约，后者为民办乡约。官倡民办乡约主要目的在于"特为乡约，以协和尔民"，除了教化、救济作用，更重要的是其具有维护地方安定、巩固社会秩序的作用。

第四个途径是皇帝制定。除了明太祖的《圣谕六条》，还有康熙的《圣谕十六条》、雍正的《圣谕广训》，同为乡约宣讲的内容，是全国各地宣讲圣谕的范本。

明清徽州乡约的形成和发展，是与明清乡约在全国推行与发展相伴随的。在明代成化年间，时任休宁知县欧阳旦较早开始推行乡约。据隆庆《率口程氏续编本宗谱》卷六《处士程公克正暨配孺人生茔志》记载："邑侯欧阳旦在任日，众举为乡约长。侯重其剸剧解纷之行，不以民伍视之。"此后，乡约开始被徽州府县官员倡导和推广。嘉靖年间，

① 张廷玉：《明史》卷七十七《志第五十三·食货一》，中华书局1974年版，第1878页。

② 曹国庆：《明代乡约推行的特点》，《中国文化研究》1997年春之卷。

应天巡抚陈凤梧行文南直隶各地，推广、建立乡约里社①。随着乡约在徽州推广，加上官府的支持和士绅的响应，徽州乡约迅速在各地建立起来。嘉靖二十八年（1549），歙县知县邹大绩颁布"立宗法以敦风化"告示；嘉靖二十三年（1544），曾任南京刑部主事的郑佐建立"岩镇乡约"；嘉靖三十九年至四十一年（1560—1562），婺源知县张榇"举行乡约，每月季会于紫阳书院，一时风动，几有无讼之化"②等事例，均具有代表性。从嘉靖末至隆庆时期，徽州乡约获得了长足发展，并取得了一定的成效。徽州宗族被纳入乡约系统，"在宗族设立约长，宣讲圣谕，重视以圣谕制订族规。"③建立的乡约如隆庆《文堂乡约家法》"惟以劝善习礼为重。不许挟仇报复、假公言私、玩衰圣谕"。延至清代，徽州官府在沿袭明代乡约制度的背景下，继续倡导乡约建设，如清乾隆年间，徽州知府何达善明令府属六县乡村"慎举绅士耆老足以典型闾里者一二人为约正，优礼宴待，颁发规条，令勤宣化导。立彰善瘅恶簿，俾民知所劝惩。"④这一时期，徽州各地的乡约再次获得快速发展，"仅休宁一地即建立起了180多个乡约组织"⑤。

明清时期，徽州乡约建设非常活跃，特别是其中设立约正宣讲六谕，引发各族开始编制族规家法，成为明清徽州族规家法大量出现的重要推动力量。一方面，明清徽州族规家法是随着明清官府推行乡约、宗族执行乡约而出现的，如休宁《范氏祠规》《古林黄氏祠规》《商山吴氏祠规》、婺源《沱川余氏祠约》等，都是在乡约制度影响下，依据圣谕编制的。另一方面，明清徽州族规家法的编制出现了一个显著的现象：乡约与族规家法合二为一，如祁门《文堂乡约家法》既是文堂陈氏乡约，又是文堂陈氏族规家法。祁门文堂陈氏在族内直接推行乡约，与族规家法相结合，旨在"请申禁约，严定规条，俾子姓有所凭依"⑥。在

---

① 王浩：《明代徽州的乡约推行与县域治理》，《江西社会科学》2021年第8期。

② 民国《婺源县志》卷十四《官师五·名宦》，佟思永等纂修，民国十四年刊本。

③ 常建华：《明代徽州的宗族乡约化》，《中国史研究》2003年第3期。

④ 乾隆《绩溪县志》卷三《学校志·乡约附》，成文书局中国地方志丛书，华中地区第723号，第122页。

⑤ 卞利：《明清徽州社会研究》，安徽大学出版社2004年版，第77页。

⑥ 隆庆《文堂乡约家法》，陈昭祥辑，明隆庆六年刻本。

这一实践进程中，祁门文堂陈氏和其他宗族一样，依据圣谕为宗族编约，宣讲《圣谕六条》，但在内容上有着确定无疑的祁门文堂陈氏特点。由此可见，明清徽州族规家法在一定程度上是在明清徽州乡约的影响下，或在明清徽州乡约建设中大量出现的。也就是说，明清徽州族规家法的编制与明清徽州乡约建设有密切的关联。

三、明清徽州族谱编纂活跃

明清徽州族谱编纂与同一时期其他地区族谱编纂的一个重要区别在于，族族有宗，家家修谱，"千年谱系，丝毫不紊"。

明清时期，徽州族谱编纂活动始终处于活跃状态。这一方面是由于明清统治者倡导地方修谱，族谱编修、家谱制作成为一种普遍的社会现象，"名门望族""普通百姓"都以撰修族谱为大事；另一方面，明清徽州宗族异常稳定、繁荣，"乡落皆聚族而居，多世族，世系数十代，尊卑长幼犹秩秩然，罔敢僭忒。尤重先茔，自唐宋以来，邱墓松楸世守勿懈，盖自新安而外所未有也。"[①]徽州名宗右族出于奠世系、序昭穆、辨族姓、别族类、考始祖、明支派、尊祖、敬宗、收宗的需要，都十分重视族谱的编纂。加上明清徽州宗族仕官和徽商主动、积极、踊跃参与族谱的编纂，他们或纂修族谱，或提供家谱编纂、付梓的经费，前者如明代礼部右侍郎程敏政纂修《新安程氏统宗世谱》、清代观察使许登瀛纂修《重修古歙东门许氏宗谱》等，后者如徽商鲍志道（歙县棠樾人）"修宗祠，纂家牒"[②]，徽商俞铨（婺源县龙腾人）"幼失怙，性耽书史，后经商赀裕，为支祖立祀田祭扫，修葺本支谱牒"[③]。因而造就了明清时期徽州谱系的兴盛。由此，纂修家谱，以尊崇人伦，成为明清徽州宗族、徽州仕官、徽商"绝不可等闲视之"的大事。道光《屏山舒氏宗谱》卷一《修谱义例》如是说："谱者，普也，非徒别同异、序昭穆，所以尊祖敬宗、睦族敦伦、谱昭先德、普训后世者也。但世远则世序

---

① 光绪《婺源县志》卷三《疆域志·风俗》，舒道观纂修，清道光二十四年木活字本。

② 嘉庆《棠樾鲍氏宣忠堂支谱》卷二一《鲍肯园先生小传》，鲍琮纂修，清嘉庆十年刻本。

③ 民国《重修婺源县志》卷四一《人物十一·义行上》，民国刊本。

忘，支分则情涣，故谱必十年一修，易世一修，以为继志述事之美，庶免涣情忘序之忧也。"

万历《三田李氏统宗谱》卷首《凡例》云："修谱者，以续间断，以清源委也。故李氏谱在宋则我制议操公有实录，至我明宣德，而汝南、汝材二公续之，为从实录，最为详悉。……其修大约昭三田宗谱考订续编，而更以邻筠所本，从实录者参补之，同者采，疑者阙。原已系谱者，不敢妄削；今之收系者，明注续登。倘有出入，是以祖宗为奇货而私殖也。先灵赫赫，则吾岂敢？"此处的"续编"包含了明清徽州族谱编纂的一大方面。明清徽州族谱重修是明清徽州族谱纂修中富有特色的活动，也是明清徽州族谱编纂持续兴盛的一个重要方面，明清徽州宗族具有编纂族谱的悠久传统。

宋代朱熹纂修的《新安婺源朱氏世谱》、吴浩纂修的《休宁商山吴氏重修族谱》、程祁修纂修的《绩溪程里程叙伦堂世谱》等，元代陈栎纂修的《陈氏谱略》、詹晟纂修的《婺源庆源詹氏族谱》、汪垚纂修的《新安汪氏庆源宗谱》、汪云龙纂修的《新安汪氏族谱》等，为明代徽州族谱编纂奠定了基础，在徽州族谱史上有重要地位，可惜仅被部分保存①。明代徽州宗族编纂族谱，据徽州文献记载，最早始于洪武元年，如"休宁回溪朱氏便于洪武建国初年有修谱之举。此后创修者赓连不绝"②。明代留存的徽州族谱有族谱、宗谱、世谱、支谱、统宗谱、会通谱等名称，据宋杰《徽州存世家谱的文献学分析》统计，明代徽州存世家谱除去重复版本共有388种，现存明谱绝大多数都是明代徽州宗族著述，正如赵万里所说："传世明本谱牒，大都是徽州一带大族居多，徽州以外绝少。"③清代徽州族谱编纂，沿袭明谱体例，有《绩溪枢密葛氏宗谱》《绩邑东关黄氏宗谱》《绩溪华阳邵氏统宗谱》《绩溪西关章氏族谱》《绩溪梧川汪氏宗谱》《绩溪塘川姚氏宗谱》《绩溪古校头周氏宗谱》《祁门金氏家谱》《祁门王氏重修宗谱》《歙县潭渡黄氏族谱》《休宁江村洪氏宗谱》《休宁西岸汪氏族谱》等，宋杰《徽州存世家谱的文献

① 赵华富：《徽州宗族研究》，安徽大学出版社2004年版，第218页。
② 陈瑞：《明代徽州家谱的编修及其内容与体例的发展》，《安徽史学》2000年第4期。
③ 天津《大公报（天津）图书副刊》，1934年第12期。

学分析》统计称，徽州存世的清代家谱共有843种，约占宋至民国徽州存世族谱总量1596种的一半之多①。

明清徽州族谱不仅种类多，数量大，而且涵盖了徽州一府六县。婺源有《清华胡氏统会族谱》《荆川明经胡氏五义堂宗谱》《续修胡氏文敏公谱》《严田李氏宗谱》《锦川欧阳氏宗谱》等，休宁有《范氏族谱》《江村洪氏宗谱》《东溪华氏宗谱》《西岸汪氏族谱》《流塘詹氏家谱》《茗洲吴氏家记》等，歙县有《桂溪项氏族谱》《读洲叶氏宗谱》《泽富王氏重修宗谱》《汪氏宗谱》《高阳许氏宗谱》等，祁门有《王氏重修宗谱》《王氏统宗世谱》《韩楚二溪汪氏家乘》等，绩溪有《仙石周氏家谱》《周氏宗谱》《塘川姚氏宗谱》《邑上西坑汪氏宗谱》等，黟县有《横冈胡氏支谱》《鹤山李氏宗谱》《碧山李氏宗派谱》《南屏叶氏族谱》《屏山舒氏宗谱》《湾里裴氏宗谱》等。随着明清徽州宗族纂修族谱频率不断增加，明清徽州社会形成了全社会重视、支持、参与修谱活动的风气。目前，明清徽州族谱在徽州地区的影响自不必说，凡国内有徽学研究的大学、研究机构，有谱牒收藏的档案馆、图书馆、博物馆等，多收藏了一些明清徽州族谱。明清徽州族谱为国内外学界广泛利用。

同时，明清徽州族谱编纂风气的兴盛，对明清徽州族规家法的发展起到了巨大的推动作用。存世的明清徽州族谱涉及的谱序、谱例、科第、世系图、传记、祠堂、祠产、像赞、祭祀等，显示了族谱效应。分散在明清徽州族谱中的族规家法有嘉靖《绩溪积庆坊葛氏重修族谱》卷三《家规》、隆庆《歙县泽富王氏宗谱》卷八《宗规》、万历《祁门清溪郑氏家乘》卷四《规训》、万历《歙县王氏统宗世谱》卷一《宗范十条》、康熙《黟县横冈胡氏支谱》卷下《家规》、雍正《歙县潭渡黄氏族谱》卷四《家训》、乾隆《重修古歙东门许氏宗谱》卷八《家规》、嘉庆《黟县南屏叶氏族谱》卷一《祖训家风》、道光《婺源龙池王氏宗谱》卷首《家法》、咸丰《黟县湾里裴氏宗谱》卷一《家规》、光绪《婺源武口王氏金源山头派宗谱》卷四《家范》等，这些集中反映了明清徽州族谱编纂取得的成就，在很大程度上促进了明清徽州族规家法的发展。

---

① 宋杰：《徽州存世家谱的文献学分析》，《安庆师范学院学报》(社会科学版)2010年第11期。

第二节　明清徽州族规家法发展的历史脉络

关于明清徽州族规家法发展的历史脉络问题，学界目前还没有作出积极的探讨。笔者依据既有文献，拟就明清徽州族规家法的起源、形成和发展等问题进行探讨，以期抛砖引玉。

一、明清徽州族规家法的起源

徽州早期历史上曾出现过山越，据司马光的《资治通鉴》卷五十六记载，"山越本也越人，依阻山险，不纳王租，故曰山越。"对此，班固的《汉书·地理志》解释得比较清楚。如该书中颜师古注引臣瓒所言，那时自交趾至于会稽七八千里，百越杂居，各有种姓，相对自成一统。

山越人为徽州最早的土著居民，其与徽州宗族的关系密切。宋淳熙《新安志》载："秦并天下，置黝、歙二县，属鄣郡。"秦始皇统一中国，于徽州地区设置的黝、歙二县，其归属在两汉时期经过多次变动，最终归属丹阳郡。从秦始到汉末，封建王朝对山越进行了长达四百余年的统治，但山越仍是"深险之地"，山越人也"犹未尽从"。孙吴称霸江东后，对山越人进行了前所未有的、更严厉、更残酷的汉化措施。手段之一便是军事围剿，翔实的记载见于《三国志》卷六〇《贺齐传》《陆逊传》《钟离牧传》《诸葛恪传》。建安十三年（208）至太平二年（257），孙吴政权先后"使贺齐讨黝歙"，派陆逊"宿恶荡涤，所过肃清"，遣诸葛恪"讨平山越"。随后，经过长期的讨伐，历经隋唐，山越人被逐渐征服。另有《后汉书·李忠传》记载："建武六年，迁丹阳太守。是时海内新定，南方海滨江淮，多拥兵据土。忠到郡，招怀降附，其不服者悉诛之，旬月皆平。忠以丹阳越俗不好学，嫁娶礼仪，衰于中国，乃为起学校，习礼容，春秋乡饮，选用明经，郡中向慕之。垦田增多，三岁间流民占著者五万余口。十四年，三公奏课为天下第一，迁豫章太守。"

由此可见，封建王朝汉化徽州土著居民山越人的手段，除了军事进剿，还有封建教化。"起学校，习礼容，春秋乡饮，选用明经"，通过封建教化的手段给被征服的土著居民山越人带来封建社会的道德规范、等级礼仪和统治秩序，促使山越人逐渐汉化。

在此过程中，频迁入徽的中原名门望族为扩大生存地域，强固宗族势力，征服山越人"令其更名改姓"，扩大了"有隶属关系的部曲和佃客队伍"。唐代以后，大量举家迁至徽州居住的中原名门望族也因此变"客"为"主"，徽州地区成为他们的一统天下。为了"镇静地方"，同时也为了"保境安民"，除了唐王朝统治者自上而下的社会控制之外，徽州宗族也参与进来，以其内部的宗族组织形式，对其生存的区域进行治理，维护了徽州民众共同的生活利益，带来了相对平等条件下的汉越融合，即姚邦藻《徽州学概论》中提及的："在民族区域自治的旗号下，古徽州历史上的长期积怨逐渐消融"。迁入徽州的中原名门望族与土著居民山越人和平共处的政治和社会局面逐渐形成。

徽州中原名门望族与徽州土著居民山越人和平共处，不但带来了徽州宗族意识的自觉，还促成了徽州宗法的理性化。淳熙《新安志》卷一《州郡·风俗》称："黄巢之乱，中原衣冠避地保于此，后或去或留，俗益向文雅。宋兴则名臣辈出。其山挺拔廉厉，水悍洁，其人多为御史、谏官者。"这一记载显示了宋代徽州经济、政治、文化发展的历史线索。宋元徽州宗族发展，也与这一时期徽州经济、政治、文化发展联系密切。两宋之际，又有大批中原名门望族迁入徽州，如宋代程宏祖、程瞻祖、程辛祖兄弟三人见绩溪仁里"溪山环翠，隐秀逼人"，"同自槐塘迁仁里"[①]。又如宋初胡延政"授绩溪令，恩敕中王。爱通镇山水，改名胡里镇，扁（匾）曰懋学堂，遂家焉"[②]。这些姓氏又在发展中形成多个家族，"少则几个，多则数十个，甚至上百个"[③]。在宋元时期即"家构祠宇，岁时俎豆"[④]，不仅"名臣辈出"，而且"名儒云集"。值得注

① 宣统《绩溪仁里程世禄堂家谱序》，载《绩溪仁里程世禄堂世系谱》，程宗宜等纂修，清宣统三年木活字本。

② 程尚宽：《新安名族志》，明嘉靖三十年刻本。

③ 赵华富：《徽州宗族研究》，安徽大学出版社2004年版，第45页。

④ 嘉靖《徽州府志》卷二之三《风俗》，明嘉靖四十五年刊本。

意的是，宋元时期，深受徽州文风昌盛、儒学蔚兴的影响，徽州名臣、名儒的家训意识加快了自觉的进程，"出现了不少训诫文书，其中著名的有朱熹的《训子帖》、方振文的《积善家训》、陈栎的《与子勋书》、唐元的《舟喻示儿桂芳》、程文海的《友敬堂箴》等"①。从源流上看，这些宋元时期徽州家训为明清徽州族规家法的形成与发展奠定了基础，并为明清徽州族规家法的制订提供了家训范例。

二、明清徽州族规家法的形成

明清徽州族规家法，其本质上是明清徽州宗族在族规家法走向宗族化的过程中出现的具有区域性的族规家法。明清徽州族规家法是明清时期徽州宗族组织制订的，这是无疑的。

明清徽州族规家法最早出现在明洪武年间。歙县东门许氏宗族在明崇祯年间重修古歙城东许氏世谱，收录了明洪武年间的《歙县东门许彦通等立宗祠标祀膳茔约》。崇祯《重修古歙城东许氏世谱》卷七就是歙县东门许氏《墓祭祀田约议》，系许氏宗族族长荣甫于明洪武十四年岁次辛酉三月吉日订立，同立族人为"彦通、愈卿、谷祥、仲友、益友、仲仪、坚寿、叔义、仲仁、仲廉、智师、季友、仲礼、善长"②。

明清徽州族规家法开始大量出现，大概是在明代中期。这一时期，徽州很多宗族都有族规家法，明清徽州族规家法编制的方式也从零星编制逐步变得成规模编制。例如，祁门《窦山公家议》《文堂乡约家法》，休宁《商山吴氏宗法规条》，《西门汪氏族谱》卷一《高齐府君家训》，歙县《泽富王氏宗谱》卷八《宗规》，歙县《重印新安大阜吕氏宗谱》卷五《桑园祭祀规》等都出现在明代中期。另外，这一时期，徽州族规家法不仅种类变得越来越多，而且还产生了一些原本没有的族规家法。如家议、家法、宗规、家训、祖训等，这些族规家法均成为族众的公约。既体现了徽州宗族的意愿，也极大地丰富了族规家法的种类，初步形成了明代中期徽州的族规家法体系。

---

① 陈孔祥：《明清徽州家训研究》，安徽师范大学出版社2021年版，第33页。
② 崇祯《重修古歙城东许氏世谱》卷七《墓祭祀田约议》，许光勋纂修，明崇祯八年家刻本。

需要提及的是，明清徽州族规家法开始大量出现，是否始于明代中期，这个问题是需要论证的。不仅需要讨论这种情况出现于明代中期的可能性，还需要论证明代中期这种情况的存在性。这个问题不能绕开。

明清徽州族规家法和同一时期其他地区族规家法一样，大都收编于谱牒中，也有少数宗族将族规家法单独付梓以便保存和应用。证据之一，明清徽州族规家法广泛见载于明清时期制定的徽州族谱，如嘉靖《休宁西门汪氏族谱》卷一《高齐府君家训》，隆庆《歙县泽富王氏宗谱》卷八《宗规》，崇祯《休宁叶氏族谱》卷九《家规》，康熙《黟县横冈胡氏支谱》卷下《家规》，雍正《歙县潭渡黄氏族谱》卷四《家训》，嘉庆《祁门中井河东冯氏宗谱》卷一《家规》，道光《祁门锦营郑氏宗谱》卷末《祖训》，咸丰《黟县湾里裴氏宗谱》卷一《家规》，宣统《绩溪仙石周氏宗谱》卷二《祖训十二条》等。证据之二，明清时期，有的宗族将族规家法单独付梓，如祁门善和里程氏家族的《窦山公家议》即是代表性的族规家法。这为我们推断明清徽州族规家法的大量出现始于明代中期提供了依据。

据此深入分析，我们发现，明清徽州族规家法于明代中期开始大量出现，实际上包含两条线索。收编在现存明清徽州家谱中的族规家法，大多数都是明代中叶以后的族规家法，这是由当时徽州宗族的发展需要决定的。单独付梓的徽州族规家法，如《窦山公家议》成书于明嘉靖年间。明代中期之前，现存徽州家谱均没有族规家法的记载；明成化之前，现存徽州文献对单独付梓的族规家法记载寥寥无几；明代中期以后，修编于此时的徽州家谱开始编录族规家法、存世至今的当时的徽州文献开始记载单独付梓的族规家法，都从侧面说明了明清徽州族规家法的大量出现开始于明代中期的可能性。而明代中期徽州家谱对于族规家法记载很多，如嘉靖《绩溪积庆坊葛氏重修族谱》卷三《家训》、万历《沙堤叶氏家谱》卷一《松岩公家训》、万历《祁门清溪郑氏家乘》卷四《规训》、万历《休宁茗洲吴氏家记》卷七《家典记》等，这都反映了明清徽州族规家法大量出现于明代中期的客观性。

尽管如此，明清徽州族规家法大量出现的起始过程问题，若仅以明清徽州家谱是否收编，或徽州历史文献是否有较多记载的时间来判定是不够的。以族规家法作为明清徽州宗族文化的内核，其形成应是明清徽州宗族社会控制、社会治理、社会发展的结晶。能够证明明清徽州族规家法大量出现于明代中期，或明清徽州族规家法大都出现在明代中期以后，远非明清徽州家谱和徽州历史文献记载所能涵盖。明代中期徽州宗族社会控制、社会治理和社会发展等情况，都值得我们综合考量。

徽州社会在新中国成立前一直是农业社会。罗愿的《新安志》云："新安为郡在万山间，其地险狭而不夷，其土骍刚而不化……大山之所落，深谷之所穷，民之田其间者，层累而上，指十数级不能为一亩，快牛刬耜不得旋其间，刀耕而火种之。十日不雨，则印天而呼；一遇雨泽，山水暴出，则粪壤与禾荡然一空，盖地之勤民力者如此。"明代前期徽州社会这种农业生产情况，可谓封闭而稳定，且自成特点。万历《歙志》考卷五之二《风土》记载表明，生活于明代前期的徽州居民大多"家给人足。居则有室，佃则有田；薪则有山，艺则有圃。催科不扰，盗贼不生；婚媾依时，闾阎安堵。妇人纺绩，男子桑蓬；藏获服劳，比邻敦睦。诚哉，一时之三代也。"①

但到明代中期，徽州社会一反常态，开始向亦农亦商社会演变。明代中期以后，中国社会商品经济的发展，对于人多地少矛盾特别突出的徽州社会，具有巨大的吸引力，越来越多"弃农经商""弃儒服贾"的徽州人投身于商业活动，贾游于四方，给徽州社会注入了新的活力。万历《歙志》传卷一〇之一《货殖》记载："今之所谓大贾者，莫有甚于吾邑，虽秦晋间有来贾淮扬者，亦苦朋比而无多，……吾邑千金之子比比而是，上之而巨万矣，又上之而十万百万矣"，即为例证。徽州社会在逐渐摆脱封闭和落后的同时，也出现了剧烈的社会变迁，传统的"民间椎少文、甘恬退、重土著、勤稼事、敦愿让、崇节俭"②，被"经商成习，告讦成风"③"金令司天，钱神卓地"④"人情丕变，万象一新"⑤替代，此正如万历《歙志》考卷五之二《风土》指出的"诈伪萌

①万历《歙志》考卷五之二《风土》，明万历三十七年刊本。
②万历《歙志·序》，明万历三十七年刊本。
③《歙纪》卷八《纪条示·杜棍谋以坚义济》，傅岩撰，明崇祯新安吴氏刻本。
④万历《歙志》考卷五之二《风土》，明万历三十七年刊本。
⑤雍正《岩镇志草·贞集·迁谈》，佘华瑞撰，抄本。

矣，讦争起矣，芬华染矣，靡汰臻矣"。明代中期以后的徽州社会"人繁约解，俗渐浇漓，或败度败礼者有之，逾节凌分者有之，甚至为奸为盗、丧身亡家者有之。以故是非混淆，人无劝惩，上贻官长之忧，下致良民之苦，实可为乡里痛惜者也。"①此时的徽州宗族认识到了这种社会现象的危害性，因此重视推出族规家法，并将其运用于徽州宗族社会控制。如隆庆《文堂乡约家法》中提出了解决社会风气颓废问题的具体措施，如"自约之后，凡我子姓，各宜遵守，毋得故违。如有犯者，定依条款罚赎施行，其永毋怠。"

明代中期以后，徽州宗族治理与徽州社会控制是同步进行的，正如隆庆《文堂乡约家法》的制订，也是因为"予闻文堂陈氏，风俗敦醇，近不若昔，父老有忧焉。仿行吕、仇遗轨，呈于官。邑伯衡南廖公梦衡嘉之曰：'庶其阖族行之，将以式通邑，日复振德，教思无穷，其志尼师之志而举行，成周卿大夫之职者乎？'既数月，四境骎骎行，而滥觞则文堂始。大夫锡极，士庶锡保极，可以风四方矣。"②此时的徽州宗族不仅演变为亦农亦商、以商为主的宗族，"新都业贾者什七八，族为贾而隽为儒，因地趋时则男子所有事，外言不入于捆。"③而且受到变化了的宗族风气的严重冲击，"出贾既多，土田不重；操资交捷，起落不常；能者方成，拙者乃毁；东家已富，西家自贫；高下失均，锱铢共竞；互相凌夺，各自张皇。"④这就意味着关于徽州宗族的治理，必然更多地转向对宗族风气的净化、宗族制度的巩固、宗族统治的加强，因此族规家法成了重要的应用工具。族规家法在宗族风气净化、制度巩固和统治加强的过程中，以其特有的优势和特定的功能引起了徽州宗族的广泛关注和重视。

明代中期以后，徽州人外出经商已成为趋势，徽州人生存的空间、生活的行为大多被商业经营所重新定义和塑造。徽州人外出经商，无论是"弃儒服贾"，还是"弃农从商"或"亦儒亦贾"，都不是孤立的，徽

---

① 隆庆《文堂乡约家法》，陈昭祥辑，明隆庆六年刻本。

② 隆庆《文堂乡约家法》，陈昭祥辑，明隆庆六年刻本。

③ 汪道昆：《太函集》卷一七《阜成篇》，明万历十九年刊本。

④ 万历《歙志》考卷五之二《风土》，明万历三十七年刊本。

州深厚的宗族观念、牢固的宗族制度促使徽州人去集体经商，他们充分借助宗族关系，结成了商帮集团，四出经商，足迹遍布全国。崛起的徽商衣锦还乡，荣宗耀祖，捐资建祠堂、修家谱、兴学校、置族田、出族规等，使宗族更加繁荣，宗礼制度更加巩固，宗族统治更加稳固。

综合上述史实可以推测，明清徽州族规家法大量出现于明代中期。这里需要补充的是，能够证明明清徽州族规家法大量出现于明代中期的，还有明代中期前后徽州族谱内容的变化。明代中期以前的徽州家谱，包括宋元徽州家谱，其内容包括"谱序、谱例、科第、恩荣、祖先考辨、世系图、世系录、传记、祖墓、支派、文翰等"，而明代中期以后徽州家谱的内容则增加了"祠堂、祠产、族规、村图、像赞、祭祀、行辈联、余庆录、领谱编号等"①。鉴于明代中期以后徽州家谱内容的变化，其间不重合交叉的内容，即有族规家法，这也印证了明清徽州族规家法是在明代中期以后大量出现并发展。

可以肯定，明代中期以后，随着明清徽州家谱的发展，徽州族规家法成为徽州家谱中的重要内容。这一时期的徽州家谱大多有族规家法，徽州家谱与徽州族规家法合二为一的趋势较为明显②。例如，明嘉靖四十四年刻本《绩溪积庆坊葛氏重修族谱》对于葛氏族谱中的族规家训进行释录，认为"谱世系者，所以叙本原、详族属也。惟本原叙，则知百世之身，一世之身也，而视百世犹一世；惟族属详，则知百人之身，一人之身也，而视百人犹一人。所以萃涣合暌者，端在是矣。然世教衰颓，人皆梏于有我，情岐欲绪，纷莫可纪。虽父子、兄弟喘息呼吸之相通者，亦攘分灭情，贼伦理而不顾。此在迩且然，矧远而百世；在亲且然，矧疏而百人者耶？则世系之谱亦徒焉耳矣。故谱系之后，继之以家训，又继之以家规也者，所以启迪之于先规也者，所以约束之于后，此即孔子道德齐礼意也。"③从中可以看出，明代中期以后，徽州家谱和徽州族规家法的相互联系与双向影响。

① 赵华富：《徽州宗族研究》，安徽大学出版社2004年版，第237页。

② 李俊杰：《明清族谱之家训研究》，安徽师范大学出版社2020年版，第5页。

③ 嘉靖《绩溪积庆坊葛氏重修族谱》卷三《家规》，葛文简等纂修，明嘉靖四十四年刻本。

三、明清徽州族规家法的发展

明清徽州族规家法从明代中期开始进入发展时期。这一时期，徽州族规家法不仅数量持续增加，而且种类日趋多样，单独付梓的族规家法也先后问世。根据明清徽州族规家法数量的变化和走势，可将其发展的历程分为两个时期。

（一）明代中后期徽州的族规家法

明代徽州族规家法于明代前期出现后，经历了明代中期和明代后期两个历史时期。

1. 明代中期徽州的族规家法

明代中期从正统到隆庆年间，即从1436年到1572年，经历了正统、景泰、天顺、成化、弘治、正德、嘉靖、隆庆八朝。

明代中期徽州族规家法的出现最早可能在成化年间。在我们发现的明代正统、景泰、天顺年间的徽州家谱以及其他文献当中，都没有徽州族规家法这一记载，而在明成化六年（1470），歙县泽富王氏宗族重续宗谱，在内容上增加了《泽富王氏宗规》。到明成化十八年（1482），程敏政撰《程氏贻范集》30卷问世，其中就有《程氏规范》，并且在其条目编制上有了新的划分，即立祠堂、祭祀、报本、祭田、教子孙、坟茔、朗诵男女训诫、家长、家产、戒赌博、掌事、典事、监视。成文于明成化年间的歙县东门《许氏宗族重议膳茔定规》也有代表性，即推出了《墓祭祀田约议》这个族规家法。该族规家法由族长于明成化十八年订立，规定："轮首收租之人，务于此簿该年将收过租谷数目、日期及还租人名，逐一端楷细书，下年以凭照验，切勿吝笔，以致争论。违者，乃畜类也。"[①]可以说明，明清徽州族规家法在明成化年间开始出现。

明成化以后，到嘉靖年间，徽州族规家法的制订与推行同样经历了

---

① 崇祯《重修古歙城东许氏世谱》卷七《墓祭祀田约议》，许光勋纂修，明崇祯八年刻本。

这样一个过程，即通过制订并推行族规家法来实现族规家法的发展。明弘治与正德年间休宁县下东金氏宗族《赡茔田租和标挂规约》、嘉靖《祁门汪氏家范》、婺源《清华胡氏家训》、绩溪《积庆坊葛氏家训》《积庆坊葛氏家规》等，都是在这个时期涌现的。这些族规家法不仅讲宗规、族规，而且开始出现训规。宗规、族规主要有休宁县下东金氏宗族《赡茔田租和标挂规约》、绩溪《积庆坊葛氏家规》等，训规主要有祁门《汪氏家范》、婺源《清华胡氏家训》、绩溪《积庆坊葛氏家训》等。无论是宗规、族规，还是训规，均以民间成文法形式出现和存在，在族内具有强制性，对族人也具有极强的约束力，是族人的行动指南。这说明弘治、正德、嘉靖年间的徽州族规家法内容比成化年间的更成熟，数量大幅增加。其中与徽州家谱有关的，有休宁县下东金氏宗族编制的《新安休宁文昌金氏世谱》、休宁西门汪氏宗族编制的《西门汪氏族谱》、祁门王氏宗族编制的《王氏重修宗谱》、婺源清华胡氏宗族编制的《清华胡氏统宗会谱》、绩溪积庆坊葛氏宗族编制的《积庆坊葛氏重修族谱》等。置于徽州宗族家谱之中的徽州族规家法，在丰富徽州宗族家谱内容的同时，也适应了徽州当时族规家法宗族化的需要。

隆庆年间，徽州推出了系列族规家法，其中最具代表性的是祁门文堂陈氏宗族的《文堂乡约家法》。不同于之前的谱规合一的徽州族规家法，形成于隆庆六年由陈昭祥编辑的《文堂乡约家法》，是一部单独颁行的族规家法。这部乡约家法虽是以祁门文堂陈氏宗族名义制定，但它与当时徽州其他宗族制订的族规家法不一样的地方，就是除了文堂陈氏宗族的族规家法外，还有很大一部分是自徽州而来、在祁门文堂推行的乡约，这一乡约构成了祁门文堂陈氏族规家法形成的基础。这部乡约家法的框架由《文堂乡约家法序》《文堂陈氏乡约》《文堂乡约序》《文堂陈氏乡约序》组合而成。在内容上，不限于文堂乡约，而是融入文堂陈氏宗族的族规家法，是一部将文堂乡约与文堂陈氏族规家法结合为一体的族规家法。很明显，祁门文堂陈氏宗族在制订《文堂乡约家法》时，选取文堂乡约，有其认知的重点，有其思考的问题，有其特有的原因，具体来说，就是"惟我文堂陈氏，自唐季居是土，俗尚简朴，颇近淳庞。迩惟斯文中替，豪杰不生，氏族既繁，风习日圮。有志之士思欲起而易之，盖三叹三已矣。兹幸父老动念，欲议复古乡约法一新之，属昭祥与弟侄辈商其条款，酌其事宜，定之以仪节，参之以演义，乐之以乐章，以复于诸父老。父老咸是其议，因以请于邑父母廖侯，侯复作成之。"①除了祁门《文堂乡约家法》，隆庆年间徽州还出现了包括族谱在内的族规家法，如歙县泽富王氏宗族的《王氏宗规》、婺源沱川余氏宗族的《劝诫三十一则》等。

2.明代后期徽州的族规家法

明代后期从万历到崇祯年间，即从1573年到1644年，经历了万历、泰昌、天启、崇祯四朝。

在万历年间，徽州族规家法在数量上迅速增加。之前未订立族规家法的很多宗族开始思考族规家法的正面效应给宗族带来的正能量，认为"夫族，凑也，聚也，使族人恩意相流凑而宗因以兴也，必资于约，约之不可缓也。"②"遵行圣谕者，明也；顺亲不违者，孝也；长幼循序者，悌也；继嗣本族者，礼也；赈济贫儒者，仁也；置田追远者，厚也；强弱致戒者，义也。兼是数者，敦行不失，诚所谓有典有则，贻厥孙谋者也。虽万石君之家声丕振，亦可臻矣，又何不足以追隆古之风哉？"③歙县休宁茗洲吴氏宗族、祁门清溪郑氏宗族、歙县黄山谢氏宗族、新安大阜吕氏宗族、祁门沙堤叶氏宗族、歙县谢氏宗族、休宁范氏宗族等都制订了族规家法。这些族规家法，尽管由不同宗族制订，但也存在共同的做法，即大多被置于族谱之中。以吕仕道的《重印新安大阜吕氏宗谱》卷五《桑园祭祀规》《松萝家规》、叶盛春的《沙堤叶氏家谱》卷一《松岩公家训》、郑之珍的《清溪郑氏家乘》卷四《规训》等为代表的徽州族规家法，使相应的宗族有族规家法可依，族人受到族规家法的保护，也受到族规家法的约束。值得注意的是，万历年间，徽州单独付梓的族规家法为数不少，以祁门善和里程氏宗族的《窦山公家议》和休宁商山吴氏的《商山吴氏宗法规条》为主要代表。其中《窦山

　　① 隆庆《文堂乡约家法》，陈昭祥辑，明隆庆六年刻本。
　　② 万历《休宁茗洲吴氏家记》卷七《家典记》，吴子玉编修，明万历十九年抄本。
　　③ 民国《重印新安大阜吕氏宗谱》卷五《桑园祭祀规》，吕龙光等纂修，民国二十四年木活字重印明万历本。

公家议》体现了祁门善和里程氏宗族应当怎样管理田地、山场、银谷、墓茔、祭祀等的智慧，其核心是制度保障，赏罚分明。"凡属兴废大节，管理者俱要告各房家长，集家众商榷干办。如有徇己见执拗误事者，家长家众指实，从公纠正，令其即行改过。如能奉公守正者，家长核实奖劝，家众毋许妄以爱憎参之，以昧贤否。"①

万历《商山吴氏宗法规条》由休宁县商山望族吴氏宗族制定。"休宁故多巨姓，吴最著，邑中族姓，吴几半。吴故多巨宗，商山之吴最著，比庐而居，连亘数里，称'吴里'也。""吾徽故多世家，或徒以富厚权力任侠争强，大而不知有礼。予叨从政府后，惧不能致世于礼以助明天子惇睦平章之化，睹吴氏之相先以礼也，忻治征焉，于是乎记之。"②其分为《商山吴氏宗祠记》《商山吴氏宗法序》《宗法规条序》和《礼仪》四部分，是休宁商山吴氏宗族响应当时徽州社会设乡约、讲圣谕的产物。该规条强调"大抵宗法之立，无非尊祖睦族，劝诫子姓，共成美族。各宜遵守，毋玩毋狎，则昭穆由此而序，名分由此而正，宗族由此而睦，孝悌由此而出，人才由此而盛，争讼由此而息，公道由此而明，私忿由此而释。不惟光耀宗祖，且垂训后世于无穷矣。为吾宗者，尚其勖诸"③。可见，休宁商山吴氏宗族编纂《商山吴氏宗法规条》主要是为了尊祖睦族、劝诫子姓、共成美族。

与之前徽州族规家法不同的是，万历年间，徽州族规家法不仅形式多样，而且名称、种类较多。当时所推行的规约、家记、劝诫、宗规、家训、条约、祠规、家规、宗范、族规、族约等都是徽州族规家法的主要内容。以歙县休宁《茗洲吴氏规约》《吴氏家典》、歙县岩寺《程氏宗祠族约》、祁门清溪《郑氏族规》、祁门沙堤《叶氏宗族松岩公家训》《郑氏祀产条例》、新安《王氏宗范十条》、新安大阜吕氏《桑园祭祀规》《松萝家规》等为代表，不同的族规家法都有其各自的规定。以歙北黄山《谢氏宗族家规》为例，该家规出自万历《古歙谢氏统宗志》卷六《家规》，系谢廷谅等纂修于明万历三十二年，纲目简明，仅分三个部

① 万历《窦山公家议》卷一《管理议》，程昌纂修，明万历三年刻本。
② 万历《商山吴氏宗法规条》，作者不详，明万历钞本。
③ 万历《商山吴氏宗法规条》，作者不详，明万历钞本。

分：第一部分为歙北黄山谢氏家规序，第二部分为家规，第三部分为谢氏家规后序。按照《谢氏家规后序》的说法："金华郡司马谢子受公《家规》一十八节，词直理明，诚传家之至宝也。公生平节概，迥出人表。然而是书岂啻公之子孙可法，而世之子孙皆可诵可行者也。苟能熟读玩味而有得焉，则修身齐家、居官为政之道不外乎此。其有裨于世教也非浅，盖可与司马温公《家训》并行于世。"①这为歙北黄山谢氏家规赢得广泛的赞誉。

万历以后，尤其是崇祯年间，一方面由于徽州宗族社会剧烈变迁带来的乡俗民风的变化，不仅对徽州宗族造成了巨大冲击，而且对徽州宗族治理、家风整治也提出了特定的要求。如崇祯《休宁叶氏族谱》卷九《家规》记载："一家人，父子、兄弟、夫妇相亲相狎，义胜易离，恩胜易玩，整齐最难。非有规以范之，未有不至于离且玩者，是以吾家教谕府君定《家规》十二条，为后世子孙法。深究风自火出，家人之理，以人生不越言行两端。日与家人接，亦只此二者而已。诚言有物而行有恒，身既正则一家自无不正，父父、兄兄、弟弟、夫夫、妇妇而家道正，正家而天下定矣。"另一方面，随着徽州社会矛盾问题日益突出，旨在解决这些问题、根除时弊、立身免祸、保家卫族的族规家法不断问世，徽州族规家法的编制持续受到重视。这一时期徽州的族规家法具有明显的时代印记，即"直接为立身、免祸、传家而立。其目的在于训诲子孙后代，使之洁身自爱、明哲保身、循规蹈矩、知足去贪、省言省事、淡泊名利、志存高远、自强自立，进而掌握立身、处世的本领，以防止家族衰败、没落。"②崇祯《休宁叶氏族谱》中的休宁叶氏族规《保世》就是以"保全身家"为目标的族规家法。该族规家法云："欺心坏法事，一毫断不可做。我太祖皇帝劝百姓们毋作非为，正欲吾民不犯刑宪，保全身家也。你若作非为，朝廷有律例，决不轻贷。"③

梳理崇祯年间徽州的族规家法，不难发现，确保宗族世系不紊、等级名分不乱、连接家族不断的传统，随之有序地被载入族规家法。在这

① 万历《古歙谢氏统宗志》卷六《家规》，谢廷谅等纂修，明万历三十二年刻本。
② 陈孔祥：《明清徽州家训研究》，安徽师范大学出版社2021年版，第21页。
③ 崇祯《休宁叶氏族谱》卷九《保世》，叶文山等纂修，明崇祯四年刻本。

个意义上说，崇祯年间徽州的族规家法也是为了延续家族血脉、传承祖上遗训的族规家法。崇祯歙县《潭渡黄氏宗族各派更定祠规》、崇祯休宁县《古林黄氏宗族祠规》等都延续了这一传统。为此，延续血脉传承，弘扬祖功宗德，以图强宗固族，不仅在徽州宗族内得到认同并产生了深远影响，还被徽州各宗族视为共同的"保世"价值理念。崇祯《歙县潭渡黄墩墓祠新规序》就明确规定："崇祠之建，所以报本展亲，而衍先泽、垂世守，于是焉在。盖人必有功德及乎生民，而后数十世子孙保之，故时移代更而源流可寻，以至美轮奂集，冠裳禋祀俎豆，永言不朽，固仁孝之思哉，亦功德之报也。然云仍繁衍，尝有始乎厘肃，卒乎惰颓者，故必先定其规模，使为之后者遵承勿替焉。"①不仅如此，崇祯年间，徽州的族规家法还提出众多举措，如"圣谕当遵""祠墓当展""族类当辨""名分当正""宗族当睦""谱牒当重""闺门当肃""蒙养当豫""姻里当厚""职业当勤""赋役当供""争讼当止""节俭当崇""守望当严""邪巫当禁""四礼当行"等。崇祯《古林黄氏重修族谱》卷一《祠规》云："右《祠规》一十六款，非明臆说，皆推圣谕之遗意也。正身范俗之条目备于此，事君事长之仪则准于此，极之至德要道，为圣为贤之精神，亦无不具会于此。故反复示之，以为祠规，使知此谱之修有不止于别源流、分疏戚、序世次已也。父以教子，兄以诏弟，见善则迁，见过则改。我祖不没之灵，有作福而无作灾，名教中不亦有余乐哉？"在此类规定的背后，是徽州宗族发展理念、宗族利益认知、宗族治理态度、宗族建设需求的共同推进。

（二）清代徽州的族规家法

清代徽州族规家法在发展中取得了长足进步，并得到完善。在这一时期，徽州族规家法历经康熙、雍正、乾隆、嘉庆、道光、同治、光绪、宣统年间，均产生了数量可观的族规家法。康熙年间，徽州族规家法对明代既有继承又有发展，大致有宗训、祠规、家规、家礼、家训等，以绩溪周坑周氏宗训、歙县潭渡黄氏宗族祠规、黟县横冈胡氏

---

① 雍正《歙县潭渡孝里黄氏族谱》卷五《祖墓》，黄玄豹重编；黄臣槐等校补，清雍正九年校补刻本。

宗族家规、歙县潜川汪氏惇本祠祭祀条规及标挂祀典、绩溪旺川曹氏宗族家训等为代表。康熙以后，徽州宗族对族规家法进行更加全面、系统的编制。雍正年间的歙县《潭渡黄氏家训》《潭渡黄氏祠约》、休宁《茗洲吴氏家规》《江村洪氏祠规》《西岸汪氏祠规》等，乾隆年间的歙县《棠樾鲍氏三族祠祭仪礼》《东门许氏宗祠祭礼》《东门许氏宗祠条规》《东门许氏家规》、绩溪《仁里程氏重建宗祠条约》、婺源《云川王氏新增祠规》等，嘉庆年间的祁门《中井冯氏家规》、歙县《桂溪项氏分给条规附不给规》《棠樾鲍氏宣忠堂堂约》、婺源《凤山查氏文会规条》、绩溪《旺川曹氏家训》、黟县《南屏叶氏祖训家风》等，道光年间的祁门《锦营郑氏祖训》、婺源《龙池王氏庭训》《龙池王氏祠训》《龙池王氏家法》、绩溪《仁里程氏祠规》《新安琅琊王氏规约》、徽州《汪氏宗祠祭祀规条》、婺源《湖山汪氏墓祠条议》等，同治年间的歙县《堨田汪氏条规》《新馆鲍氏祠规》、绩溪《华阳舒氏祠规》《华阳舒氏宗规》《华阳舒氏庭训》、祁门《武溪陈氏崇公家法》等，光绪年间的绩溪《南关许氏惇叙堂家训》《梁安高氏祖训》《东关冯氏家法》《余川汪氏祠规》、歙县《新州叶氏家规》、休宁《新安朱氏统宗祠规家法》、婺源《环溪吴氏禁约》等，宣统年间的绩溪《泉塘葛氏祠规》、歙县《义成朱氏祠规》《义成朱氏祖训》、祁门《韩楚二溪汪氏宗规祀典》、绩溪《仙石周氏家法》《华阳邵氏家规》《上庄明经胡氏规训》《华阳邵氏五论训箴》《仙石周氏祖训》、休宁《富溪程氏祖训家规》等，加上康熙年间颁行的徽州族规家法，集中反映了清代徽州族规家法的全貌。从雍正到宣统年间，徽州宗族编制族规家法的内容越来越全面，几乎涵盖了各种类型的族规家法。前文提到的家训、宗训、祖训、家范、家规、族规、家典、家礼、祠规、规约、族约、家法、家政、会规、家礼、宗范、祀规等，都成为徽州族规家法的内容。可以说，凡是族规家法涉及的种类，清代徽州族规家法都已涉猎，并在社会上产生了一定的影响。

在清代徽州族规家法大发展的过程中，徽州各县都十分重视族规家法的编制，并推出相应的族规家法，起到了关键的作用。突出表现是清代徽州六县都有族规家法存世，代表性的如歙县的《读洲叶氏宗族祠堂劝诫条规》《仙源吴氏宗族家规》《唐氏三族祖茔祭祀规条》《歙西金山宋村宋氏宗族祠规》《磻溪盛氏宗族规例》《新安东关济阳江氏宗族祠规》《济阳江氏宗族家训》《潭渡黄氏宗族祠规》《上源洪氏宗族家政遗训》《陶氏宗族祖训遗规》《新安武口王氏宗族宗规》等，休宁的《江村洪氏宗族祠规》《东溪华氏宗族宗规》《徐氏珊溪藕塘二族引义》《流塘詹氏宗族家训》《西岸汪氏宗族祠规》《茗洲吴氏宗族家典》等，婺源的《严田李氏宗族条例》《敦煌郡洪氏宗族规条》《豫章罗氏宗族家规》《锦川欧阳氏宗族族规》《翀麓齐氏宗族祠规》《槐溪王氏宗族宗规》《龙池王氏宗族宗规》《双杉王氏宗族祀典》《武口王氏宗族祖训》《新安太原王氏宗族家规》《星源银川郑氏宗族家范》《湖山汪氏宗族墓祠条议》等，绩溪的《积庆坊葛氏宗族家规》《西关章氏宗训》《仙石周氏宗族家法》《塘川姚氏宗族宗训》《绩邑上西坑汪氏祖训》《梧川汪氏宗族家礼》《华阳邵氏宗族家规》《绩溪邑东关黄氏宗族宗法》《坦川洪氏宗族祠规》《枢密葛氏宗族祠规》《梁安高氏宗族家法》《荆川明经胡氏宗族祖训条约》《南关许氏宗族家政》《上川明经胡氏宗族家训》等，黟县的《横冈胡氏宗族家规》《南屏叶氏宗族祖训家风》《屏山舒氏宗族志道公十训》等，祁门的《王氏宗族家规》《苦竹王氏宗族家范》《韩楚二溪汪氏宗族宗规》《金氏宗族家训》《榨里戴氏宗族家训》《关西方氏宗族家训》等。

清代徽州族规家法成系列的另一个重要标志是：能否提出并解决宗族特有的系列问题。清代徽州族规家法在制订和推行过程中，除了解决徽州宗族存在的一些共性问题，也重视对徽州宗族存在的个性问题进行系统诠释，或者运用族规家法来解决徽州宗族个性问题，形成了徽州宗族语境下的系列问题意识，提出了徽州宗族的解决本宗族系列问题的各项措施。由休宁县富溪程氏宗族于清宣统三年制定的《富溪程氏宗族祖训家规》就对宗族中存在的问题作出说明，强调遵守祖训、推行家规的重要性和必要性。该祖训家规在《程氏训规后叙》中云："吾家世守先训，衣冠文献，绳绳不乏。无何迩来生齿繁多，风气颓靡，间有溺于流俗而不自知者。虽有长老振作，才智辅相，终亦难逭齐傅楚咻、一暴十寒之弊。深思痛省，宁不慨欤！由是奉《圣谕》于堂上，俾顾諟而儆惕焉。犹恐有志修省者不得大路而行、正门而入，莫之适从，复宣祖训，继以申训而戒饬焉。为之条规，使知其率由焉；为之条约，使知其惩劝焉。"[1]针对宗族发展中的共性问题和突出问题，休宁《富溪程氏宗族祖训家规》既提出了倡导性的要求，也作出了禁止性规定，督促族人"孝父母""友兄弟""谨夫妇""教子孙""睦宗族""和乡里""勤问学""重本业""崇礼教""推周恤"[2]。清代徽州族规家法中的各项规定，不仅阐明了族规家法与宗族治理的内在联系，也强化了宗族建设和发展的迫切要求，有力消除了宗族不稳定因素，增强了宗族的凝聚力，巩固了宗族的统治秩序。

　　清代是徽州族规家法发展的鼎盛时期。康熙和雍正皇帝对清代徽州族规家法的发展产生了决定性的影响。康熙八年（1669），康熙皇帝颁定《圣谕十六条》。《圣谕十六条》中指出颁发此十六条的目的是为"法古帝王，尚德缓刑，化民成俗"。雍正皇帝注释《圣谕十六条》为《圣谕广训》，号称"皆四书五经之精义"，并颁行全国，成为当时的道德行为规范。康熙《圣谕十六条》和雍正《圣谕广训》为清代徽州宗族制订族规家法提供了指导思想和理论依据。清代徽州各族规家法都是徽州宗族贯彻康熙《圣谕十六条》和雍正《圣谕广训》的实施细则，体现出的思想观念和实践方式主要是："上谕十六条，圣人之言，广大精微。万言《广训》，明切谨密，修身齐家之道，迁善远罪之方，总不外此。宗祠内，每月朔，宜敬谨讲说，务要明白痛切，使人感动，共成美俗，庶无负圣天子尚德缓刑、化民成俗之至意。"[3]

　　清代徽州族规家法之所以达到鼎盛，与清代徽州族谱的兴盛，以及徽州宗族大都将族规家法写进族谱有关。宋杰《徽州存世家谱的文献学分析》显示，清代徽州存世家谱共843种，约占宋元明清民国徽州存世家谱总量的一半之多。翻阅这些家谱可以发现，家谱中的内容大多都有族规家法。清代徽州家谱收录的族规家法，据卞利的《明清徽州族规家法选编》分析，有家训、宗训、祖训、庭训和规训，如康熙《周氏重修

① 宣统《富溪程氏中书房祖训家规封丘渊源考》，作者不详，清宣统三年钞本。
② 宣统《富溪程氏中书房祖训家规封丘渊源考》，作者不详，清宣统三年钞本。
③ 宣统《富溪程氏中书房祖训家规封丘渊源考》，作者不详，清宣统三年钞本。

族谱正宗》卷一《宗训》，雍正《潭渡孝里黄氏族谱》卷四《家训》，嘉庆《黟县南屏叶氏族谱》卷一《祖训家风》，道光《锦营郑氏宗谱》卷末《祖训》，光绪《梁安高氏宗谱》卷十一《祖训》，光绪《绩溪东关冯氏家谱》卷首《祖训》，宣统《古歙义成朱氏宗谱》卷首《祖训十二则》，道光《龙池王氏宗谱》卷首《庭训》，道光《龙池王氏宗谱》卷首《祠训》，同治《华阳舒氏统宗谱》卷一《庭训八则》，宣统《上川明经胡氏宗谱》下卷之《规训》等；有家规、家典、家法、宗规、族规和祠规，如崇祯《休宁叶氏族谱》卷九《家规》，雍正《茗洲吴氏家典》卷一《家规八十条》，嘉庆《祁门中井河东冯氏宗谱》卷一《家规》，咸丰《湾里裴氏宗谱》卷一《家规》，宣统《华阳邵氏宗谱》卷十七《家规》，道光《龙池王氏宗谱》卷首《家法》，同治《武溪陈氏宗谱》卷一《家法三十三条》，光绪《梁安高氏宗谱》卷十一《家法》，宣统《仙石周氏宗谱》卷二《家法》，道光《龙池王氏宗谱》卷首《宗规》，同治《华阳舒氏统宗谱》卷一《家规十则》，宣统《韩楚二溪汪氏家乘》卷二《文献宗训》，乾隆《济溪游氏宗谱》卷二十五《祠规》，崇祯《古林黄氏重修族谱》卷一《祠规》，康熙《婺南中云王氏世谱》卷五《祠规》，雍正《歙县潭渡孝里黄氏族谱》卷六《祠规》，雍正《江村洪氏家谱》卷十四《祠规》等；有规约、族约和戒约，如崇祯《重修古歙城东许氏世谱》卷七《墓祭祀田约议》，乾隆《重修古歙东门许氏宗谱》卷八《规约》，乾隆《重修古歙东门许氏宗谱》卷八《规约》，光绪《绩溪县南关许氏惇叙堂宗谱》卷十《宗祠规约》，雍正《歙县潭渡孝里黄氏族谱》卷六《祠祀·附祠约》，道光《仁里程敬爱堂世系谱》卷首《条约》等；有家礼、定例、家范、家政、会规和墓祠规，如雍正《潭渡黄氏族谱》卷六《祠祀》，雍正《潭渡黄氏族谱》卷五《祖墓》、乾隆《新安徐氏墓祠规·祀首事宜》，乾隆《新安徐氏墓祠规·备祭则例》，乾隆《重编棠樾鲍氏三族宗谱》卷一百八十三《棠樾西畴书院仪礼》《祠祭仪礼》，嘉庆《棠樾鲍氏宣忠堂支谱》卷十七《祀事》，道光《程敬爱堂世系谱》卷三《祭例》，道光《新安汪氏宗祠通谱》卷四《祭祀规条》，光绪《歙西碣田汪氏家谱》卷一《理主条规》，光绪《绩溪县南关许氏惇叙堂宗谱》卷八《家礼》，光绪《梁安城西周氏宗谱》卷首《祭礼》《办祭颁胙例》，同治《华阳舒氏统宗谱》卷一《家范十条》，光绪《绩溪县南关许氏惇叙堂宗谱》卷八《家政》，嘉庆《桂溪项氏族谱》卷二十二《祠祀》，道光《汪氏湖山墓祠记·善后条规》等。

概而言之，明代和清代徽州都有大量族规家法问世，相比较而言，出自清代的徽州族规家法占了明清徽州族规家法的大部分。明清徽州出现了大量的族规家法，这些族规家法体大思精，详备之极，所关注的问题领域涉及修身治族的诸多方面。诸如"崇孝养以敦族""序长幼以顺族""别内外以闲族""勤耕种以裕族""敦教训以淑族""谨丧祭以厚族""正婚姻以宜族""恤患难以周族""匡习尚以维族""禁投纳以宁族"①，等等。与此同时，清代徽州族规家法还提出了为人处世中应当注意并引以为鉴的问题，诸如"孝顺父母""友爱兄弟""和睦邻族""区别男女""保守坟墓""谨循礼节""辨正名分""专务本业""崇尚朴素""敬重师傅""戒勿争讼""整理公堂"②等，均是明清徽州族规家法留给我们的修身治家、为人处世之大要。

明清徽州族规家法及其出处一览表

序号	时间	地点	族规家法名称	族规家法出处
1	明正统	休宁	范氏宗族合同禁约	《休宁范氏族谱》卷五，范涞纂修，明万历三十三年刻本
	明成化		瑶村各祖茔合同禁约	
	明万历		林塘宗祠申明请王坦先茔禁约	
	明万历		林塘宗规	
	明万历		族规	
2	明景泰	祁门	墓山地券约	《竹溪陈氏墓祀录》卷三，陈光纂修，明嘉靖十三年刻本
	明嘉靖		墓山田地新约	
3	明成化	休宁	吴氏世守坟茔规戒序	《休宁县市吴氏本宗谱》卷十，吴银、吴津等纂修，明嘉靖七年家刻本

---

① 民国《曹氏宗谱》卷一《旺川家训十则》，曹成瑾等纂修，民国十六年木活字本。

② 宣统《古歙义成朱氏宗谱》卷首《祖训十二则》，汪菊如等纂修，清宣统二年木活字本。

序号	时间	地点	族规家法名称	族规家法出处
4	明成化	绩溪	规范	《绩溪新安蜀川陈氏宗谱》卷一,陈明和纂修,明成化刻本
5	明弘治	歙县	富山吕氏修理坟祠警约	《新安吕氏宗谱》卷五,(明)吕继华等纂编,民国二十四年木活字本
6	明嘉靖	绩溪	家规 家训	《绩溪积庆坊葛氏重修族谱》卷三,葛文简等纂修,明嘉靖四十四年刻本
7	明隆庆	歙县	宗规	《歙县泽富王氏宗谱》,八卷,明隆庆六年刻本
8	明隆庆	祁门	文堂乡约家法	《文堂乡约家法》,不分卷,陈昭祥辑,明隆庆六年刻本
9	明万历	休宁	商山吴氏宗法规条	《商山吴氏宗法规条》,不分卷,作者不详,明万历钞本
10	明万历	休宁	宗祠规约	《重修休邑城北周氏宗谱》卷九,周思松等纂修,明万历二十四年刻本
11	明万历	婺源	贞教第七	《萧江全谱》,五卷、附录五卷,江旭奇等纂修,明万历三十九年刻本
12	明万历	休宁	家典记	《休宁茗洲吴氏家记》卷七,吴子玉编修,明万历十九年抄本
13	明万历	婺源	劝戒三十三条 勤俭忍畏四言	《沱川余氏乡约》,三卷,余懋衡演、余启元校,明万历刻本
14	明万历	绩溪	重议登源标祀事宜	《汪氏世守谱》,汪行广等主修,汪顺煌等纂修,民国四年木活字本
15	明万历	休宁	宗规	《休宁宣仁王氏谱》,王宗本等纂修,明万历三十八年刻本
16	明万历	歙县	族约篇第九	《歙西岩镇百忍程氏本宗信谱》卷十一,程弘宾等编纂,明万历十八年刻本

序号	时间	地点	族规家法名称	族规家法出处
17	明万历	祁门	田地议	《窦山公家议》,程昌纂修,明万历三年刻本
18	明万历	歙县	家范	《王氏统宗世谱》,王廷昉纂修,明万历三十五年刻本
19	明崇祯	歙县	墓祭祀田约议	《重修古歙城东许氏世谱》卷七,许光勋纂修,明崇祯八年家刻本
20	明崇祯	休宁	古林黄氏宗族修墓通知帖	《古林黄氏重修族谱》,四卷,黄文明纂修,明崇祯十六年刻本
21	明崇祯	歙县	徽州府禁约	《潭渡孝里黄氏族谱》卷五,黄玄豹重编,黄臣槐等校补,清雍正九年校补刻本
	清康熙		潭渡黄氏宗族洪坑祖墓约	
	清雍正		祠祀	
			家训	
22	明崇祯	休宁	保世·家规	《休宁叶氏族谱》卷九,叶文山等纂修,明崇祯四年刻本
23	明崇祯	婺源	家训	《朱氏统宗谱》,朱邦相、朱国祯等纂修,明崇祯年间抄本
24	清康熙	黟县	家规	《横冈胡氏支谱》卷下,胡璟等纂修,清康熙四十三年刻本
25	清康熙	祁门	安山谢崇善秩下谢正谟等立封山育林禁约合同	《康熙谢氏腾契簿》,转引自卞利:《徽州民间规约文献精编·村规民约卷》,安徽教育出版社2020年版,第150—151页
26	清康熙	绩溪	宗训	《周氏重修族谱正宗》卷一,周思老、周思宣、周齐贤等纂修,清康熙五十五年刻本
27	清康熙	婺源	祠规	《婺南中云王氏世谱》,八卷,王作霖、王揖元纂修,清康熙四十五年刻本
28	清康熙	歙县	附纪·祠规	《歙西金山宋村宋氏族谱》卷末,宋德泽纂修,清康熙五十九年刻本

序号	时间	地点	族规家法名称	族规家法出处
29	清康熙	歙县	家训	《方氏族谱》,方怀德等纂修,清康熙四十年刻本
30	清雍正	休宁	祠规	《江村洪氏家谱》卷十四,洪昌纂修,清雍正八年刻本
31	清雍正	休宁	家规八十条	《茗洲吴氏家典》,八卷,吴翟等纂修,清雍正十一年紫阳书院刻本
32	清乾隆	婺源	家范	《星源银川郑氏宗谱》,郑永彬、郑起炜等纂修,清乾隆四十年木活字本
33	清乾隆	休宁	家训	《隆阜戴氏荆墩门家谱》,不分卷,戴秉清主修,清乾隆三十三年抄本
34	清乾隆	歙县	许氏家规	《重修古歙东门许氏宗谱》卷八,许登瀛纂修,清乾隆十年刻本
35	清乾隆 清乾隆	歙县	祠规 孙村祖墓禁示	《新安大程村程氏支谱》卷下,程豫等纂修,清乾隆五年刻本
36	清乾隆	休宁	休宁县正堂应吴氏宗族四支会具呈颁行严禁作践侵害吴氏祖坟告示碑	《吴氏正宗谱》,不分卷,吴允榕纂修,清乾隆十二年刻本
37	清乾隆	婺源	环田禁碑	《星江严田李氏九修宗谱》,十六卷,李鸿瑞、李元瑞纂修,清光绪七年木活字本
38	清乾隆	婺源	澐公墓傍因胡姓窃木辟地永禁告示	《济阳江氏统宗谱》,卷六,江峰青等纂修,民国八年木活字本
39	清乾隆	黟县	八都巧塘湾禁碑 龙山禁碑	《屏山朱氏宗谱》卷八,朱懋麟等纂修,民国九年木活字本
40	清乾隆	婺源	教本堂祠规	《星源银川郑氏宗谱》,郑永彬、郑起炜等纂修,清乾隆四十年木活字本
41	清乾隆至道光	婺源	山案禁约	《环溪吴氏家谱》卷四,吴光昭等纂修,清光绪三十年木活字本

序号	时间	地点	族规家法名称	族规家法出处
42	清嘉庆	歙县	敦本户规条	《棠樾鲍氏宣忠堂支谱》,鲍琮纂修,清嘉庆十年刻本
43	清嘉庆	祁门	箬溪王履和堂养山条规	清嘉庆《环溪王履和堂养山会簿》
44	清道光	新安	丧礼礼制十条附溺女歌	《新安瑯琊王氏宗谱》卷首,王大鸪纂修,清道光二十九年刻本
45	清道光	祁门	禁约	《祁邑苦竹王氏宗谱》卷一,王地山等纂修,清道光二十七年刻本
46	清道光	绩溪	祠规 祭祀条例	《仁里程敬爱堂世系谱》卷二、卷三,程绍部等主修,清道光九年刻本
47	清道光	休宁	家规	《新安孙氏宗谱·孙氏支谱》卷六,孙毓华、孙德昭等纂修,清道光十五年刻本
48	清道光	婺源	家法 祠训	《龙池王氏宗谱》卷首,王全芝等纂修,清道光二十六年刻本
49	清道光	婺源	祖训	《武口王氏金源山头派支谱》,不分卷,王廷楚等纂修,清道光五年木活字本
50	清道光	徽州	家训	《曹氏统宗本宗二谱合录》,不分卷,曹树从抄纂,清道光十六年抄本
51	清咸丰	黟县	家规 祠规	《湾里裴氏宗谱》卷一,裴有耀、裴元荣等纂修,清咸丰五年木活字本
52	清咸丰	婺源	家范	《槐溪王氏支谱》卷六,李振苏纂修,清咸丰六年木活字本
53	清同治	绩溪	祠规 家范	《华阳舒氏统宗谱》卷一,舒安仁等纂修,清同治九年木活字本
54	清同治	歙县	家训	《金山洪氏宗谱》卷一,洪承科、洪必华修,鲍杏林纂,清同治十二年致祥堂刻本
55	清同治	祁门	家法	《武溪陈氏宗谱)卷一,胡廷瑞纂修,清同治十二年刻本

序号	时间	地点	族规家法名称	族规家法出处
56	清同治	歙县	家训	《长陵祝氏宗谱》,祝有禧主修,清同治十二年木活字本
57	清光绪	休宁	定例	《葆和堂需役给工食定例(功善抄存)》,清光绪十五年抄本
58	清光绪	绩溪	家规	《绩溪塘川姚氏宗谱》卷一,姚良礼等纂修,清光绪二十七年木活字本
59	清光绪	绩溪	祠规	《梁安城西周氏宗谱》,周之屏等纂修,清光绪三十一年木活字本
60	清光绪	绩溪	宗训	《绩溪古校头周氏宗谱》,周原纂修,清光绪六年木刻本
61	清光绪	绩溪	家训	《绩溪县南关许氏惇叙堂宗谱》卷八,清光绪十五年木活字本
62	清光绪	绩溪	祖训	《梁安高氏宗谱》卷十一,高富浩纂修,清光绪三年刻本
63	清光绪	绩溪	祠规	《大谷程氏宗谱》卷一,程常宪主修,清光绪四年刻本
64	清光绪	婺源	祠规	《婺源翀麓齐氏族谱》卷二,齐之偀修,清光绪十二年刻本
65	清光绪	绩溪	祭规	《绩溪东关黄氏续修宗谱》卷十,黄俊杰纂修,清光绪二十二年木活字本
66	清光绪	绩溪	宗法	《绩邑东关黄氏宗谱》卷首,黄槐纂修,清光绪二十三年刊本
67	清光绪	祁门	家规	《王氏重修宗谱》卷一,王森财等主修,清光绪十五年木活字本
68	清光绪	歙县	禁碑	《唐氏三族祖茔祭祀谱》,唐必桂纂修,清光绪八年木活字本
69	清光绪	绩溪	祖训	《绩溪东关冯氏家谱》卷首,冯景坡等纂修,清光绪二十九年木活字本

序号	时间	地点	族规家法名称	族规家法出处
70	清光绪	休宁	新安朱氏统宗祠规家法	《新安朱氏宗祠记》,不分卷,佚名,清光绪抄本
71	清光绪	绩溪	祠规	《绩邑北门张氏宗谱》,张沛泽等纂修,清光绪十三年木活字本
72	清光绪	绩溪	规条	《锦谷程氏宗谱》卷四,程希贤等纂修,清光绪三十年木活字本
73	清光绪	婺源	祠规	《婺源狮麓齐氏族谱》卷二,齐之偡修,清光绪十二年刻本
74	清光绪	绩溪	宗训	《梧川汪氏宗谱》卷一,汪宗瀚等纂修,清光绪二十二年木活字本
75	清光绪	歙县	家规	《歙县仙源吴氏宗谱》卷一,吴永凤等纂修,清光绪五年木活字本
76	清光绪	休宁	宗规	《休宁东溪华氏宗谱》,卷二,作者不详,清光绪六年木活字本
77	清光绪	黟县	遗训	《黟县汪氏小宗谱》,六卷,汪曾立等纂修,清光绪六年刻本
78	清光绪	黟县	家训	《欧阳氏族谱》,锄经阁梓行,转引自陈平民《徽州经典家风家训》,第511页
79	清光绪	歙县	修省斋公家规	《新州叶氏家谱》,不分卷,叶希铭辑,清光绪三十三年石印本
80	清宣统	休宁	家规	富溪程氏宗族祖训家规
81	清宣统	绩溪	家规	《华阳邵氏宗谱》卷十七,邵玉琳、邵彦彬等纂修,清宣统二年木活字本
82	清宣统	歙县	祖训十二则 祠规	《古歙义成朱氏宗谱》卷首,汪菊如等纂修,清宣统二年木活字本
83	清宣统	绩溪	家规	《璜上程氏宗谱》卷首,程步云等纂修,清宣统三年木活字本

序号	时间	地点	族规家法名称	族规家法出处
84	清宣统	绩溪	规训	《上川明经胡氏宗谱》下卷,胡祥木等纂修,清宣统三年木活字本
85	清宣统	绩溪	祠规	《泉塘葛氏宗谱》卷末,葛光汉编修,清宣统三年木活字本

第三节　明清徽州族规家法的演变规律

纵观明清徽州族规家法的演变轨迹,我们注意到,明清徽州族规家法呈现出平民化、多元化、系统化的演变规律。

一、明清徽州族规家法的平民化转向

从全国视角来看,明清徽州族规家法的平民化转向,是在中国族规家法的平民化转向中呈现出来的。为了更好地理解明清徽州族规家法的平民化转向这一变式,首先需要了解中国族规家法形成与发展过程,以及其完成平民化转向的过程。

梳理中国族规家法的变化,我们可以发现,中国族规家法在明代以前大多是名臣、名儒制订的,如黄庭坚的《家戒》、欧阳修的《家诫二则》、司马光的《温公家训》《居家杂议》、袁采的《袁氏世范》、陆游的《放翁家训》、朱熹的《朱子家礼》、范仲淹的《义庄规矩》等。这一时期出现的义门家法、家规,如江州《陈氏家法》、浦江《郑氏规范》等,也是在名儒的指导和参与下订立的。这无须太多论证,仅需要简单介绍浦江《郑氏规范》的制订过程,就可以知道这种情况的存在。当时最有影响力的"义门"家法、家规,当属浦江郑氏的《郑氏规范》。浦江郑氏家族曾被朱元璋赐以"江南第一家",并在此后接受旌表。郑氏"到明代天顺三年（1459）因火灾而分居。合族同居十三代，历时三百三十二年"①，先后制订的族规家法有郑大和的《规范》五十八册、郑钦的《后录》七十则、郑玄的《续录》五十余则。这些规范是在浦江名儒柳贯、吴莱等人的帮助指导下制定而成，虽然称不上名臣、名儒规范，但深得儒家的精髓，一经流世，便在社会上产生巨大的影响。"士大夫们为这些规范题写的诗文，就编成了《麟溪集》二十二卷"②。

进入明代，特别是明代中叶以后，中国族规家法的编制实现了由名门望族编制到普通宗族参与进来的历史性转变。推动这个历史性转变的动因是：宗族组织的平民化，家谱编修的民间化，封建王朝的鼓励，地方官员的倡行。这个阶段，出自民间的、名臣名儒的族规家法不断增多，其中不乏名作名篇，如王元春的《湖州王氏族规》、曹端的《家规辑要》、霍韬的《霍渭厓家训》、庞尚鹏的《庞氏家训》等。随着族规家法的不断发展，明代中期、后期由普通宗族制订的族规家法越来越多，成为一种趋势。清代以降，普通宗族订立的族规家法大量增加，总数远远超过名门望族订立的族规家法，族规家法编制的"主体多样化、趋向平民化"现象更加突出。纵观中国族规家法发展的轨迹，我们可以看出这样的线路图：从名门望族的族规家法，推广到普通宗族的族规家法，逐步走向大众化和平民化。

加入地区因素之后分析，可以看到这样一个现象：明清徽州族规家法的平民化转向是同一时期不同地区中最为迅速的。通过研究明清徽州族规家法的编制主体的变化，可以加深对这一现象的理解。如前文分析所示，徽州有关普通百姓订立的族规家法，大量出现在明清徽州家谱中。明代中叶以后，明清徽州族规家法进入寻常百姓家，徽州开始出现较多的大小宗族订立的族规家法，如婺源《龙池王氏宗族祠训》《清华胡氏宗族仁德堂家规》、绩溪《东关冯氏宗族家法》、祁门《韩楚二溪汪氏宗族宗规祀典》、歙县《金山宋村宋氏宗族祠规》、休宁《江村洪氏宗族祠规》、黟县《湾里裴氏宗族祠规》等。这一时期徽州族规家法具有平民化倾向。由于明代徽州普通宗族制订的族规家法不断出现，明代后

---

① 费成康：《中国的家法族规》，上海社会科学院出版社1998年版，第17页。

② 费成康：《中国的家法族规》，上海社会科学院出版社1998年版，第17页。

期徽州族规家法平民化倾向加快发展，出现了很多出自非名门望族的族规家法。到清代，族规家法受到徽州大小宗族广泛关注，由普通百姓制订，并得到本宗族认可的族规家法纷纷印发实施，体现出更为明显的平民化倾向。宋元至明代中叶，现存徽州文献均未记载普通宗族制订的族规家法，这也说明明代中叶至清代徽州族规家法迅速平民化这一问题。

这里还有一个关键问题需要说明，明清徽州族规家法的平民化转向呈现在中国族规家法的平民化转向中，那么，同为平民化转向各有什么特点呢？这一关键问题，有赖于厘清明清徽州族规家法与中国族规家法的平民化转向之间的异同问题。我们认为，明清徽州族规家法的平民化转向与中国族规家法的平民化转向既有联系，又有区别。相对于中国族规家法逐步平民化，明清徽州族规家法则为迅速平民化。

以明清徽州族规家法为代表的区域性族规家法，作为中国族规家法的重要组成部分，它既是中国族规家法逐步发展的产物，同时也是中国族规家法进入明清时期快速发展的成功案例。然而，明清徽州族规家法经历它的快速发展状态，并成就其自我扩展的过程，并不是随机应变，恰恰相反，它经历了明清徽州族规家法的持续展开。这种展开一方面是明清徽州宗族对族规家法的制订与推行，另一方面又体现出它还在明清这个特定时期中，通过不断补充完善来达成它的成熟。这里我们用明清时期休宁茗洲吴氏宗族为例加以印证。明清休宁茗洲吴氏宗族从茗洲吴氏八世祖吴槐撰写《茗洲吴氏家记》，到茗洲吴氏九世祖吴瑗撰成《茗洲吴氏家记》，到茗洲吴氏十二世祖吴汝遴厘正《吴氏家典》，再到茗洲吴氏后人吴翟于康熙十二年（1673）编纂《茗洲吴氏家典》，见证了明清时期族规家法发展的徽州速度及其连续性。以茗洲吴氏族规家法为支撑，呈现出两个明显的变化，分别是茗洲吴氏族规家法不断完善和茗洲吴氏族人有族规家法可依。据徽州有关文献记载，吴槐撰写的《茗洲吴氏家记》，已成十二卷，其中卷七《祠述记》和《家典记》，为《茗洲吴氏家典》的编纂奠定了基础。吴瑗于明万历十二年撰成的《茗洲吴氏家记》，是对前人编纂的《茗洲吴氏家记》的修订、补充。吴翟继续先祖之志，以朱熹《家礼》为底本，编定了《茗洲吴氏家典》，在刊刻后公开行世。《茗洲吴氏家典》载家规八十条，规定了冠婚丧祭的礼节，成为茗洲吴氏子孙后代遵循的法典。该书后序称："明年持书，请正仪封张公。……一见许可，订赐叙行世。会张公内转，事未果。书之藏于箧笥者，盖又二十年矣。癸丑春，郡侯窦葵林先生理学渊源，承请紫阳书院会讲。因出《家典》求证，既蒙鉴赏，复遣吏赍叙文，力劝梓行，无何窦公又以挂误去。族党姻好闻之，率鼓舞输赀助梓。"

二、明清徽州族规家法的多元化转变

明清徽州族规家法作为明清徽州宗族的法规、公约，受到了明清徽州宗族的高度重视，成为明清时期徽州人的行动指南。由此，明清徽州社会形成了有关族规家法的规训谱系。在明清徽州社会，有的宗族制订了单一性的族规家法，如歙县城东许氏宗族制订的《城东许氏重议膳茔定规》、休宁下东金氏宗族制订的《赡茔田租和标挂规约》、休宁商山吴氏宗族制订的《商山吴氏宗法规条》等，有的宗族分族规和规训分别制订族规家法，如绩溪积庆坊葛氏宗族制订的《积庆坊葛氏家训》《积庆坊葛氏家规》、绩溪仙石周氏宗族制订的《仙石周氏祖训》《仙石周氏家法》、绩溪塘川姚氏宗族制订的《塘川姚氏家训》《塘川姚氏家规》、绩溪华阳邵氏宗族制订的《华阳邵氏家规》《华阳邵氏家训》等，还有的宗族将族规家法各项规定融合为一体并加以制度化，更有甚者根据宗族治理不同需求，从相应的维度，分别制订不同名称及类型的族规家法，如歙县新安武口王氏宗族制订的《武口王氏宗规》《武口王氏宗范》《武口王氏庭训》、祁门苦竹王氏宗族制订的《苦竹王氏家范》《苦竹王氏祠规》《苦竹王氏禁约》、婺源槐溪王氏宗族制订的《槐溪王氏宗规》《槐溪王氏庭训》《槐溪王氏家范》等，这些都是明清徽州族规家法多元化发展的结果。

明清时期，徽州族规家法呈现多元化转变。除了休宁《流塘詹氏家训》、婺源《新安武口王氏庭训》《槐溪王氏庭训》、祁门《红紫京兆金氏家训》、歙县《潭渡黄氏家训》《上源洪氏家政遗训》等，通过制订歙县《陶氏祖训遗规》、黟县《湾里裴氏家规》、休宁《茗洲吴氏家典》、绩溪《南关许氏家政》《梁安高氏家法》、祁门《清溪郑氏族规》《祁门王氏家范》、婺源《豫章罗氏家规》等，形成了与明清徽州宗族发展有关的族规家法框架。这一系列的族规家法构成了明清徽州较为全面的族规家法体系，各宗族纷纷制订族规家法，为明清徽州族规家法多元化转变做出了积极贡献。

与此同时，明清徽州族规家法的多元化转变，还和中国族规家法的多元化发展趋势相适应。明清徽州族规家法的多元化发展并非明清社会中的新问题，或特有问题，而是中国族规家法多元化发展的产物。比较分析中国族规家法的发展历程，我们不难发现其中的道理。在汉晋时期，世家大族崛起，重视家约、戒书、家诫的编纂，这一时期出现了汉初任公及邴氏家约、班昭武侯的诫书、杜预的家诫等。在隋唐时期，伴随着国家的统一、政治的稳定、文化的繁荣，族规家法成为官宦世家治家之圭臬、处世的规范，这一时期出现了家族的家训、家法等，如颜之推的《颜氏家训》、赵鼎的《家训笔录》、陈崇的《陈氏家法》。在宋元时期，随着名臣、名儒的重视，以及族规家法的进一步发展，族规家法在此背景下出现了世范、规范、居家杂议、家劝录、谱例等，袁采的《袁氏世范》、郑文融的《郑氏规范》、司马光的《居家杂议》、新安刘氏的《家劝录》、钱惟演的《谱例》等均为经典之作。到明清时期，随着家谱编制的兴起，有影响的族规家法成批出现，族规家法在新的背景下又实现了多元化的快速转变，由此形成了鼎盛局面，进而又促进了族规家法的迅速发展。这一时期的族规家法有家规、家典、宗规、宗法、家范、规条、祠规等，如绩溪《塘川姚氏家规》《梧川汪氏家礼》《东关黄氏宗法》、歙县《新安吕氏祀规》《读洲叶氏宗族祠堂劝诫条规》、祁门《苦竹王氏家范》、婺源《槐溪王氏宗规》、休宁《商山吴氏规条》、黟县《湾里裴氏祠规》等。中国族规家法出现的这种变化，不仅使族规家法的内涵更加丰富、种类更加多样，而且也使其在封建宗族中的地位更加突出、作用更加重要。

笔者在这里提出中国族规家法，一方面是为了说明明清徽州族规家法顺应了中国族规家法多元化发展的趋势，另一方面也是为了说明明清徽州族规家法的多元化发展并不是对中国族规家法的"还原"和"复制"，而是更加强调明清徽州宗族的主体性，按照明清徽州宗族的目的要求，重新"编制"更具徽州区域性、更符合徽州宗族需要的族规家法。也就是说，明清时期徽州人对族规家法有特定的角度、特定的理解方式和注释方式。如明万历祁门县清溪郑氏宗族在《清溪郑氏规训引》中所表达的看法："吾家世业儒，不得已则为商，为农，为工，为贾，奚以光乎前，奚以裕乎后？既弗克，遗之以世之所宝，而道又自愧于有谷之贻。于是监（鉴）古今之家训，拨时势之机宜，昭修齐之懿范，垂久大之弘规，庶所遗之近道，而求光前裕后之计者，亦宝之此而已矣。冀后昆之克遵祖训而世守勿失者，亦宝之此而已矣。"①明清徽州族规家法没有局限于中国族规家法本身，而是关注与明清徽州宗族实际需求的结合，在编制中渗透着制订者的独立评判与守望，彰显着中国族规家法的徽州味道，并进一步影响着明清徽州宗族的多元化发展。

由此可见，明清徽州族规家法的多元化发展，既具有中国族规家法发展的多元化特征，又具有区别于中国族规家法逐步多元化发展的特点。明代中叶以后，徽州族规家法不断涌现，宗族规训文化迅速渗透徽州大小宗族。而作为徽州族规家法的制订者、推行者、倡导者的徽州宗族，在明清徽州族规家法迅速多元化发展中，起到了关键的主导作用。明清时期，徽州既有中国族规家法的影响，也有程朱理学的熏陶，更有名门望族族规家法的范例。在这样的区域性环境中，明清徽州族规家法多元化特点可概括为以下两个方面：一是明清徽州族规家法于形成和发展之时，即以多元化成果问世。此时的徽州族规家法既有家训、祖训、庭训、规训，又有家规、家典、家法、族规、祠规、族约、规约等，它们大多以不同的体例相互区别。二是随着这些族规家法被广泛用于实践，又推动了徽州族规家法多元融合发展。明清时期，徽州宗族推出各种族规家法，这些族规家法由于"新安为朱子桑梓之邦，民多读朱子之书，服朱子之教。其所著《家礼》一书，凡冠昏（婚）丧祭诸大典，炳如日星，允宜遵而行之久矣。"②其内容涉及徽州宗族生活的各个方面，体现在忠、孝、礼、义、信、廉、耻等条规中，被徽州宗族落到实处，彼此相互联系、互为补充，共同构成了明清徽州族规家法谱系。正是这

① 万历《祁门清溪郑氏家乘》卷四《规训》，郑之珍辑，明万历十一年刻本。

② 民国《鹤山李氏宗谱》卷末《家典》，李世禄等纂修，民国六年木活字本。

种谱系的形成，各种族规家法的兴起，使明清徽州成为中国族规家法最为成熟、发达的地区。

三、明清徽州族规家法的系统化转换

明清徽州族规家法的系统化转换，应该说是在中国族规家法发展的系统化框架内实现的。中国族规家法发展的系统化框架，主要由"三个系统化"构成：一是族规家法思想系统化。颜之推《颜氏家训》的问世，展示了中国族规家法思想体系的形成与发展的轨迹。《颜氏家训》"系统总结了前人家庭教育理念成果，括出了教子论、学习论、修身论和治家论等家庭教育的理论和范畴，从而形成了我国完整的家庭教育理论体系。"①二是族规家法内容系统化。中国族规家法内容系统化形成的时间，可追溯到隋唐以后，其突出表现是隋唐以后的族规家法日渐成为论及修身、治家、处世、立业、齐家等涉及宗族社会生活方方面面的族规家法。《颜氏家训》就适应了族规家法的需要，"主要以儒家学说为依托，对子女教育、兄弟关系、家庭治理、读书学习、文章伦理、考据训诂、医学养生等各个方面的家庭教育实践进行了系统的总结"②。"此书虽辞质义直，然皆本之孝弟，推以事君上，处朋友乡党之闲（间），其归要不悖《六经》，然旁贯百世。至辨析援证，咸有根据。"③三是族规家法条目系统化。中国族规家法从无篇目到有篇目，从无条目到有条目，即是对这第三种情况最直接、最客观的说明。总的来说，两汉时期即有族规家法分篇目，如班昭的《女诫》除了序言，共分七篇。魏晋南北朝隋唐时期则有更多的族规家法分篇目，且所分篇目更多，如颜之推的《颜氏家训》，共有七卷，分为二十类，这在当时绝无仅有。以后出现的族规家法专论，尤其是族规家法著作，大多分篇或分卷或分条制订，涉及的家庭教育的内容面面俱到④。如袁采的《袁氏世范》，原名

---

① 王长金：《传统家训思想通论》，吉林人民出版社2006年版，第7-8页。
② 陈孔祥：《明清徽州家训研究》，安徽师范大学出版社2021年版，第23页。
③ 颜之推撰；王利器集解：《颜氏家训集解》，上海古籍出版社1980年版，第545页。
④ 陈孔祥：《明清徽州家训研究》，安徽师范大学出版社2021年版，第51页。

《训俗》，分《睦亲》《处己》《治家》三卷，每卷又有若干条，"皆冠以标题，简明处世之道、睦亲治家之理，精确详尽，明白切要"①。

明代中叶以后，徽州出现了很多族规家法。这些族规家法是在中国族规家法系统化发展的大背景下，形成了完整的族规家法思想体系。如休宁《茗洲吴氏家典》就通过"家规""宗子议""冠礼议""昏礼议"等方面对族规家法思想作了全面的论述。由此，不难看出明清时期徽州族规家法思想的系统化特征。

族规家法内容系统化是中国族规家法不断发展的结果和标志之一，这种结果和标志对明清徽州族规家法内容系统化的形成和发展产生了重要影响，使明清徽州族规家法呈现出内容上的系统化特征。无论是黟县的《环山余氏家规》、歙县的《东门许氏家规》，还是新安的《吕氏训典》等，无一例外都强调族规家法的重要性，都强调族规家法的不可替代性，都以儒家思想为依托，以践行儒家思想为线索，将孝悌、忠信、礼义、廉耻等作为族规家法不可分割的重要内容。如休宁《茗洲吴氏家典》，分八卷，既强调家规的重要性，又强调家礼的重要意义，视忠、孝、仁、义、礼等为族规家法的内容。正如徽学研究资料辑刊《茗洲吴氏家典》所云："全书遵照三《礼》和朱熹的《家礼》的义理、制度，结合本地的'时俗'予以斟酌损益，既发挥儒家'礼意'，又确立一系列具体操作的程式，以便施行，是一部融理论于实践的礼书。"②

明代中叶以后，徽州宗族编制族规家法即开始注重运用系统的方法，推出了大量的内设篇目与条目系统性的族规家法。进入明代后期，徽州宗族不拘泥于既有族规家法，也在不断调整、修改、制订族规家法，从内设篇目与条目系统性要求出发，新修订、制订一大批族规家法。这样，明清徽州族规家法大多分篇目，篇目之下再分条目的族规家法逐渐增多。通过比较和分析清代徽州族规家法与明代徽州族规家法，我们发现清代徽州的族规家法大多分条目，代表性的族规家法有绩溪《旺川曹氏家训》、休宁《茗洲吴氏家典》、歙县《济阳江氏家训》《东门许氏家规》、黟县《南屏叶氏祖训家风》、绩溪《鱼川耿氏家族规则》

① 翟博：《中国家训经典》，海南出版社1993年版，第474页。

② 吴翟撰；刘梦芙点校：《茗洲吴氏家典》，黄山书社2006年版，第12页。

等。这些族规家法大多分条目或分卷或分篇目制订，例如绩溪《旺川曹氏家训》由"积阴德""惇孝养""重迁葬""端蒙养""尊师德""慎嫁娶""睦亲党""励名节""崇朴俭""黜异术"等条目组成。绩溪《鱼川耿氏家族规则》则以章节出现，将内容分为七章，依次是"组织事项""调查事项""遵守事项""劝导事宜""禁戒事项""扶助事项""戒法事项"。究其编排的规律性，我们可以发现它与中国族规家法的编排规则几乎完全相同。明清时期徽州族规家法不仅坚持了中国族规家法的编排规则，而且坚持了中国族规家法以儒家思想为核心的传统，使各方面条目、篇目和章节前后一致，先后一致，形成了一个完整的整体。

　　这里需要指出的是，族规家法分篇目与条目编纂，明清时期其他地区也有其例，如《菱湖孙氏王支三房墓祭规约》《毗陵长沟朱氏祠规》《海昌鹏坡陆氏颁胙条约》《湘阴狄氏家规》《镇海柏墅方氏师范堂义塾规则》《宁乡熊氏祠规》等。这类族规家法的编纂讲究分篇目和条目，基本都是分篇目，或条目，或篇目与条目交叉，一般是篇目与条目彼此互见。但这类族规家法的编制具体到所涉及的地区，大多没有形成大的气候，一般数量有限，限于某一或某几个具体的族规家法，这与明清徽州族规家法发展的全域性及其内设篇目、条目的系统化差别较大。明清时期，徽州各宗族的族规家法编制是非常普遍的现象，尤其是清代徽州族规家法分篇目和条目的族规家法更为常见。

第三章　明清徽州族规家法的内容构成

明清徽州族规家法训诫体系完备，德治与处罚相济，所包含的内容特别丰富，与同一时期其他地区族规家法相比有其特殊性。迄今，学界在明清徽州族规家法研究的内容构成上仍是仁者见仁，智者见智，尚未达成共识。鉴于此，有必要对明清徽州族规家法的内容进行梳理和概括。本章择其要者加以分析和归纳。

第一节　伦理道德规范

在明清徽州族规家法里，伦理道德规范具有层次性，既包括事君以忠、孝顺以先、处事以义，还包括待人以礼、睦友以信。这几种伦理道德规则，具有共生与互动的密切联系。

一、事君以忠

《论语·八佾》记载"定公问：'君使臣，臣事君，如之何？'孔子对曰：'君使臣以礼，臣事君以忠。'"事君以忠是一种为臣尽忠的观念和机制，是孔子为封建社会的君臣秩序确定的政治规矩。

明清徽州族规家法传承了孔子所明确的事君以忠的规矩，将事君以忠列为明清徽州社会长治久安的终极之道，要求"凡分猷宣力，靖献不遑，恪恭厥职，不二不欺，无论崇卑内外，总皆公尔忘私，国尔忘家，如诸葛武侯所云：'鞠躬尽瘁，死而后已。'此乃所谓纯臣，乃所谓忠臣。"①

明清徽州族规家法强化臣事君以忠的力度，主要表现为提出和完善有关事君以忠方面的规定。万历《沙堤叶氏家谱》卷一《四箴》指出："总总民生，匪君弗治。不笃忠贞，何以昭事？惟我后昆，遵王之义。因时尽道，随分矢志。赋役常输，服政尽瘁。勉作尔忠，庶几无愧。"万历《萧江全谱》之《附录》卷五《贞教第七》强调："以忠孝遗子孙者昌，以智述导子孙者亡。以谦接物者强，以善自卫者良。"道光《龙池王氏宗谱》卷首《家法》记载："求忠臣者，必于孝子之门，公尔忘私，国尔忘家，非云忠孝难以两全，正谓君亲本无二致。"明清徽州族规家法中诸如此类规定，均是在维护君臣关系中行之有效的方式，成为促使臣事君以忠的直接方法。

"事君则以忠，当无贰无他，以乃心王室；当有为有守，而忘我身家。为大臣，当思舟楫霖雨之才；为小臣，当思奔走后先之用；为文臣，当展华国之谟；为武臣，当副干城之望。"②事君以忠是明清时期入仕的徽州人的追求，因而对落实族规家法"在位而恪供乃职，始不负于朝廷，乃有光于宗祖"③等要求，一直是明清时期徽州人科举入仕的目标。于是，对于臣事君以忠这一要求的落实，导引出事君以忠的系列规定和具体操作。由此，徽州籍仕官当中忠臣辈出尤为引人注目。

明清徽州族规家法也对平民百姓的"忠"作了解释。"忠上之义，担爵食禄者固所当尽；若庶人不傅质为臣，亦当随分报国，趋事输赋，罔敢或后，区区蝼蚁之忱，是即忠君之义。"④这主要体现在明清徽州社会中纳赋与服役的一体上。由于赋税力役之征，为国家法度所系，如何纳赋与服役成为明清徽州社会稳定与发展的重要问题，纳赋和服役合于一体，受到明清徽州族规家法的保障。"朝廷赋税，须要应时完纳，无烦官府追比。倘拖欠推捱，致受笞扑拿系，毋论于体面有伤，且非诗礼

---

① 同治《华阳舒氏统宗谱》卷一《庭训八则》，舒安仁等纂修，清同治九年木活字本。
② 道光《龙池王氏宗谱》卷首《祠训》，王全芝等纂修，清道光二十六年刻本。
③ 民国《明经胡氏龙井派宗谱》卷首《祠规》，胡宝铎等纂修，民国十年刻本。
④ 宣统《华阳邵氏宗谱》卷十七《家规》，邵玉琳等纂修，清宣统二年木活字本。

之家、好义急公者所宜。各有钱粮之族丁，悉宜深省。"①

二、孝顺以先

明清时期，徽州宗族在制订族规家法时特别重视孝顺父母这一要求："五伦之中，亲与天、地、君并列，可知亲者，与天地同德。念罔极之深恩，愧此生之难报。人俱含齿戴发，顾甘不如反哺、跪乳之禽兽，可乎？然孝非奉养之谓也，凡为子者，当敬身如执玉，爱日以抒诚。时凛冰渊之训，体视听于无形，尽心竭力，得亲顺亲，乃可谓孝矣。"②"百行孝为先"。孝在中国传统文化中的特有地位，使明清徽州族规家法倡导的孝顺父母、尊敬长辈被徽州人所认同。孝被认为是"父母，生身之本，故须事养，疾则医治。苟饥寒疾苦略不介意，与犬马何异？若遇亲丧，岁时随分孝祭，不可专泥风水，火焚其尸。不祭不葬，非孝也。此后之为子者第一大事，所当深念。"③

明清徽州关于"孝"的族规家法，有三个层面的含义。在爱父母层面，指的是"别人爱惜我，我便感他好意，要爱惜他。你想父母生我养我，是何如爱惜我，我不爱惜父母，爱惜何人？如或爱惜妻子，不爱父母。你无父母，那来的妻子？所以孝第一要爱惜父母。"在敬重父母层面，指的是"我是他的儿子，父母所以止须爱我，不必敬我。但爱父母而不敬重父母，那怕父母衣丰食足，还有一大半不孝，这等孝顺与禽兽也差不多。你看禽兽小时也爱父母，但不知恭敬，所以孝子第二要敬重父母。"在守身层面，指的是"已经爱惜父母、敬重父母，若还为非作歹，或被人殴伤，或犯王法，或面上做好人，暗中做不端之事，以致明遭宗族笑骂，暗遭鬼神怨谴，岂不玷辱父母？所以孝子第三要守身。"④

如何孝顺父母是明清徽州关于孝的族规家法的主题，其包含着一些具体的规定，这些规定是明确的、具体的、可操作的。如为人子者应该:"当于平居则供奉衣食,有疾则亲尝汤药,有事则替其劳苦,和颜悦色,以承其心志,务要父母身安神怡,不致忧恼。父母偶行一事,不合道理,有违法度,须要柔声正气,再三劝谏,务使父母不得罪于乡党。如或不从,越加敬谨,或将父母平日交好之人请来,婉辞劝谏,务使父母不得罪于乡党,不陷身于不义,而后止。"①

孝子顺孙在明清徽州社会获得了巨大的赞誉。明清徽州社会孝子众多,在一定程度上得益于族规家法的正面引导,族规家法推出的奖惩措施在其中起到了重要作用,"忠孝节义与有功于族,及科甲显著之人,毋论辈数尊卑,当时视为榜样,后世奉作仪型,合族钦敬,此在百世不祧之列,不仅焜耀一时已也。"②还有一个很重要的原因在于,不孝父母之人将受到族规家法的严惩。"不孝父母,不敬伯叔,不和兄弟,及败坏祖产、玷辱家声与奸淫犯义等事,即邀同族众,早为戒约。如实不悛,即禀官究治,或逐出不许入祠,毋令效尤,致他人沾染。"③

三、处事以义

"义者,所以处事也。"就是说,义是为人处事的准则和标准,这是人生之本,需要严格遵守。从明代徽州到清代徽州,义的准则、标准一直受到高度重视。随着明清徽州族规家法相关规定的制订与实施,徽州人对这一准则、标准有了进一步认识,义乃"天地间正大之理,以之决死生,则临难无惧;以之衡取予,则见利不贪。轻财重义,则伦理无伤;疏财仗义,则贫寒戴德。公义所在,勿以私恩而徇情;大义所存,勿以怨仇而戕众"④,成为明清时期徽州人的共识。

虽然明清徽州族规家法对义的规定在表述上不尽相同,如道光《龙池王氏宗谱》卷首《家法》云:"尚义之与任侠,固大不同。任侠者,邻于慷慨,不无过举;尚义者,审事几揆轻重,非穷理尽性不能。"万

---

① 宣统《富溪程氏中书房祖训家规封丘渊源考》,作者不详,清宣统三年钞本。
② 宣统《古歙义成朱氏宗谱》卷首《祠规》,汪菊如等纂修,清宣统二年木活字本。
③ 宣统《古歙义成朱氏宗谱》卷首《祠规》,汪菊如等纂修,清宣统二年木活字本。
④ 同治《华阳舒氏统宗谱》卷一《庭训八则》,舒安仁等纂修,清同治九年木活字本。

历《沙堤叶氏家谱》卷一《四箴》则说："古往今来，惟义可久。轻财乐善，炳耀宇宙。惟我后昆，制心须厚。吝骄必祛，藩篱即剖。挂剑明心，捐舟恤友。存尔大义，人情无负。"但它们对义的重视，对道义的推崇，尤其是对仁义的极度关注，则是相同的、一致的。明清徽州族规家法在重义这一问题上达到了高度统一。

明清徽州族规家法重义各有侧重，但其核心目的却是以义处事、积德行善。如乾隆《重修古歙东门许氏宗谱》卷八《家规》颇重视敦义睦族，提出敦义睦族之要求，凡族人"必喜相庆、戚相吊，岁时问遣，伏腊宴会，排难解纷，周急爱护。"光绪《绩溪县南关许氏惇叙堂宗谱》卷八《旧家规》则重视"敦笃恩义"，对如何敦笃恩义作出规定，要求子孙、弟侄"必孝顺父母，尊敬长上。夫妇谨闺门之则，卑幼尽抚育之方。倘父母有过，当怡声下气以几谏，不可陷亲于不义。父母在，不许各居烟爨。"

何为重义？绩溪《明经胡氏龙井派宗谱》卷首《祠规》如是说："仁人正谊不谋利，儒者重礼而轻财。然仁爱先以亲亲孝友，终于任恤。辟家塾而教秀，刘先哲具有成规；置义田以赈贫，范夫子行兹盛举。倘有好义子孙，捐义产以济孤寡，置书田以助寒儒，生则颁胙，殁给配享，仍于进主之日，祠内酌办祭仪，请阖族斯文迎祭以荣之，以重义也。"明清徽州族规家法重义，重视表彰义行、善举。编入徽州地方志和谱牒的人物义行传记数以千计，足见明清徽州族规家法的重义规定影响之大。

四、待人以礼

待人以礼在明清徽州族规家法中的直接反映，就是明清徽州关于礼的族规家法的大量出现。清代《歙县东门许氏宗祠祭礼》《棠樾鲍氏三族祠祭仪礼》《绩溪县南关许氏宗族惇叙堂家礼》《徽州汪氏宗祠祭祀规条》《婺源县凤山查氏宗族清明祀典》等是其中的代表。这些关于礼的族规家法，既体现着明清时期徽州人对礼的看法，又成为这一时期徽州家礼的文本载体。

"养生送死，自有一定礼制，智者过，愚者不及，皆非也。且如祭葬之类，宜遵《文公家礼》，不丰不俭，乃为合中。贤、智之过，不称有无、只欲自家争体面，亟宜戒之。"①道光《龙池王氏宗谱》卷首《家法》的这段记载，揭示了礼的重要性和必要性。而同治《华阳舒氏统宗谱》卷一《庭训八则》："经礼、曲礼三百三千，先王之所以范围乎人者，抑何严欤？夫人之处世，大而有纲常名教，小而有日用细微。吾惟于大者，凛遵名分而不踰，小者恪守成宪而不越。防淫节性，别嫌明微。恭敬为礼之本，谦让为礼之实。"这段记载，透露出礼的规范与明清时期徽州人的行为规则在待人以礼这一点上的连结与重合。

明清徽州族规家法强调用朱熹的《家礼》作为制订礼仪、推行礼仪的准则。"礼者，天地自然之秩，人事当然之则，大而冠婚丧祭，小而动止语默，显而王公卿相，微而闾巷家室，无处无日不能无，礼可以别嫌疑，明是非。……冠婚丧祭，当遵《文公家礼》。"②清宣统休宁富溪程氏宗族《祖训家规》明确提出了凡族内冠、婚、丧、祭之仪，均得遵守朱熹的家礼以行。

随着冠礼、婚礼、丧礼、祭礼的制订，明清徽州宗族依据族规家法将这四礼付诸实施，并提出了明确的要求。如同治《华阳舒氏统宗谱》卷一《家范十条》所说："养生送死，先圣自有定制，可以行之万世而无弊。智者或太过，愚者或不及，皆非也。且如葬祭之类，自有《文公家礼》仪节，不丰不俭，乃为中道。何近世惑于邪说，略不以此为意？岂是大家体面？英俊合宜知之，凡葬祭仪式及祭品等件，并遵朱夫子仪节，不可妄为太过，吝而不及，失其中道。"

"新安里各姓别，姓各有祠，祠各有谱牒，阅岁千百，厘然不紊。用能慈孝敦睦，守庐墓，长子孙，昭穆相次，贫富相保，贤不肖相扶持，循循然，彬彬然，序别而情挚。"③从中可以看出，明清徽州礼仪中对待人以礼在规则上的约束，还导引出一个被誉为"礼仪之邦"的徽州，这也是明清徽州对以往社会中形成的礼仪文化的接纳。

---

① 道光《龙池王氏宗谱》卷首《家法》，王全芝等纂修，清道光二十六年刻本。
② 宣统《富溪程氏中书房祖训家规封丘渊源考》，作者不详，清宣统三年钞本。
③ 民国《新安月潭朱氏族谱》卷首《月潭朱氏族谱序》，朱承铎纂修，民国二十年木活字本。

五、睦友以信

"与朋友交，言而有信"，明清徽州族规家法对睦友以信这种传统文化也有具体的规定。"饬纪敦伦，友亦人伦之一也。所谓友者，非徒衔杯酒、接殷勤而已，贵在有中孚之实焉！试观古人一诺千金、片言九鼎，偶然相订，久要不忘。若元伯之与巨卿，虽千里如睹面也。今之交友者，口是心违，朝翻暮覆，挟投赠之虚文，掩猜嫌之隐念。彼正大光明者顾如此，其暧昧乎？宣圣有言，人而无信，不知其可为子弟者，其勖之。"①这段话为睦友以信这一文化传统限定了明确的范围，并由此确定了睦友以信的行为规则。

明清徽州族规家法中关于"信"多有解释，如道光《龙池王氏宗谱》卷首《家法》称："无欺之谓信。试观阴阳寒暑、日月晦明，何曾有一毫假借？故欲人信我，切莫欺人。果能不欺，则至诚可感豚鱼，而况同类？"对于朋友也多有说明，如宣统《华阳邵氏宗谱》卷一七《五伦训箴》称："损友敬而远，益友宜相亲。所交在贤德，岂论富与贫？君子淡如水，岁久情愈真。小人口似蜜，转眼如仇人。"明清时期，睦友以信是徽州宗族利用族规家法治族的原则，也是这一时期徽州人讲信修睦的原则，使诚实守信成为徽州社会的一种风尚。

明清徽州关于睦友以信的族规家法，除了有与人为善的规定外，交邻处友也是其重要内容，而族规家法的重视与强化，更是不可不提的保障措施。乾隆《重修古歙东门许氏宗谱》卷八《家规》云："居必有邻，人必须友以成，是二者保家、淑身之道也。交邻以和睦，交友以信义，所谓患难相恤、疾病相扶持，皆和睦之积也，抑亦有相周之义焉。所谓德业相劝、过失相规，皆信义之推也，抑亦有通财之义焉。吾之贫也，将有望于人；吾之非贫也，得不施之于人乎？否则，凌虐比邻，非所以自固；昵比匪人，非所以自淑，是在交与者。慎之，择之。"这段记载透露出与人为善和与邻为友同步，以及明清徽州族规家法对于睦友以信的理解。因此，睦友以信作为交友的规范、准则，得到徽州人广泛认同

① 同治《华阳舒氏统宗谱》卷一《庭训八则》，舒安仁等纂修，清同治九年木活字本。

并践行自然是题中应有之义。明清徽州族规家法相关规定的一个特点，是既强调睦友以信的重要性，又强调会友失信的危害性。就后者而言，明清徽州族规家法注意得较早，比同一时期其他地区族规家法更重视对失信问题的纠正，当时的矫正措施是"今日者，言则非虚，夸即谀佞；行则非说，随即反复。欺诈成风，外人讪笑。推其害之所极，经济因无信而阻滞，事业亦以无信而堕落。信用既失，困难随之矣。嗣后，务率其族之人，言必期其践，行必征诸实。即至事实变更，履行障碍，亦必有确实之证据，明白之表示，直视欺人为负心莫大之恶，庶乎近道矣，故复次之以尚信。"①

第二节　宗族秩序规范

明清徽州族规家法对宗族的秩序作了细分，并确定了宗族秩序规范的标准，其中族类当辨、序以昭穆、名分当正、区别内外、序尊卑长幼被视为维护宗族关系不可或缺的因素。

一、族类当辨

辨识是否同宗同族，在明清时期的徽州一直是族人面对的首要问题，是认识宗族延续的前提和关键。明清徽州宗族始终认为，只有把不同宗族或杂居一处的同姓，或移居本村的外来户，或继同姓子为嗣之人搞清楚了，宗族才会有期望的方向，宗族发展才会后继有人，才会有充分的保障和发展的后劲。因此，明清徽州宗族特别重视对宗族及族人的识别，谓族类当辨。

明清徽州族规家法始终强调族类当辨的功能定位，提出"类族辨物，圣贤不废。世以门第相高，间有非族认为族者，或同姓而杂居一

明清徽州族规家法研究

---

① 民国《鱼川耿氏宗谱》卷五《家族规则》，耿全等纂修，民国八年木活字本。

里，或自外邑移居本村，或继同姓子为嗣，其类匪一。然姓虽同而祠不同入，墓不同祭，是非难淆，疑似当别。倘称谓亦从叔侄、兄弟，后世若之何？此谱中所以严为之防，非得已也。"①在族类当辨中所加的这些当辨的几个具体问题，实际上表达了该族规家法的制订者——徽州宗族在宗族的地域、血缘等方面的要求。

明清徽州族规家法对族类当辨的规定，既有训诫，也有训导。崇祯《古林黄氏重修族谱》卷一《祠规》就指出："非我族类，其心必异，且神不歆非类。末世有认非族为一族者，或有同姓杂居里闬者，或有继别姓为后者，有继同姓为后者，种种不一，世远易淆，谱内正当严为剖析注明，使源流清白，指掌可辨，非敢以门第相矜也。"这就是说，明清徽州族谱根据不同的情况，针对非族为一族者、同姓杂居里闬者、有继别姓为后者、有继同姓为后者等提出明确要求，确定族类当辨的具体遵循。从这种意义上说，明清徽州族规家法规定的族类当辨有训导的一面。但无论族类当辨的规定如何强调，明清徽州宗族执行族规家法一直是"民不祀非族，辨之必严"。

二、序以昭穆

明清时期，徽州宗族把序以昭穆提升到与族类当辨并重的位置，并被纳入族规家法。明清徽州族规家法强调序以昭穆以敦伦理，并就如何序昭穆作出相应回答。"凡高、曾、祖、考四室神主，谨遵朱子《家礼》，高、曾、祖、考迭为昭穆，五世而迁。"②这凸显了序以昭穆作为宗庙之礼的宗族属性，标志着徽州宗族人员聚会场所昭穆班次、班位的确立。

明清徽州族规家法规定的序以昭穆，其要义在于"昭穆"二字。序以昭穆，就是按昭和穆分序列定班次班位。具体规定为属于昭者在左，属于穆者居右，所谓左昭右穆，班次分明。这种昭穆分序列定班次班位，意味着宗庙祖宗的神位要依照昭穆排列。如清光绪《绩溪县余川汪

---

① 万历《休宁范氏族谱·林塘宗规》，范涞纂修，明万历三十三年补刻本。
② 宣统《上川明经胡氏宗谱》下卷之《规训》，胡祥木等纂修，清宣统三年木活字本。

氏宗族祠规》明定:"凡高、曾、祖、考四室神主,谨遵朱子《家礼》,高、曾、祖、考迭为昭穆,五世而迁。凡高、曾、祖、考妣,无论嫡配、继配,有子、无子,自应入祠。即纳妾有子及无子而有贤德者,其妾亦准其附入祠。若其妾无子并无贤德者,不在入祠之列。"①宣统《华阳邵氏宗谱》卷十七《家规》明定:"凡族人五世外,皆合之祠堂,序以昭穆,则始祖常祀,同姓常亲。倘宗族有事,宜禀之宗长,会于宗祠,当兴者,从公议行。设有忿争,听从处分,不可径自告官,以伤祖宗一体之义。"

与《礼记·大传》"合族以食,序以昭穆"这一记载相一致,按昭穆分序列、班次,在明清徽州族规家法中还有另一种解释,即合族宴会上要按照昭穆分班、序齿排座次。受此影响,明清徽州的饮宴礼仪极尽巧思安排,而且桌次座次安排主次有别,连敬酒顺序都有讲究:"凡父母生辰,长子整席,请父母坐,长子夫妇及群弟夫妇为一行,男东妇西;子妇为一行,皆北面再拜,兴,长子奉酒跪父母前,从俗进颂祝之词。父母受酒,众皆跪。长子复位,再拜,兴,礼毕。如兄嫂生辰,弟率妻先行礼,兄嫂立而答。礼毕,子侄以下行礼,乃坐受之。""凡贺岁,父母坐,子孙一辈为一行,同拜讫,第一行男东妇西立,第二行拜如前,以次拜讫,东西男妇相对揖礼毕。祠堂合族元旦行礼仿此,但族长不坐。第一行拜后,皆立东序西面;第二行拜讫,皆立西序东面,以次拜讫,同揖而退。"②显然,理解了昭穆之制,即能了解宴会上座次的尊卑。

三、名分当正

正名分是明清徽州社会维持宗族秩序的一种选择,是影响徽州宗族秩序的重要因素。明清徽州各宗族关于正名分的要求基本相同,大都认为名分当正。"尊卑有等,长幼有伦,毋论礼见、燕见,进退威仪,言

---

① 民国《余川越国汪氏族谱》卷十八《祠规》,胡祥木编纂,民国五年木活字本。
② 光绪《绩溪县南关许氏惇叙堂宗谱》卷八《家礼》,许文源等纂修,清光绪十五年木活字本。

论称谓，各从其职，毋敢亵狎"①，此为正名分的题中应有之义。在明
清时期，尽管徽州各宗族有所不同，但正名分的要求并无区别，通过正
名分来维持宗族秩序的做法大同小异。

明清徽州宗族之正名分要求，是在徽州族规家法的保障下落地的。
我们从明清徽州族规家法相关规定中可以看出，明清徽州宗族对正名分
用意之实。如崇祯年间，休宁《古林黄氏重修族谱》卷一《祠规》之
"名分当正"条指出："一族之中，叔侄、兄弟，名不正则言不顺。晚近
谄傲风沿，此或阿谀以为固然，彼或狎昵以为常态，岂礼也哉？故族不
问远近、席次先后，俱照班行序列。礼既画一，情亦相安，故家名族礼
宜如此。又有尊庶为嫡、跻妾为妻者，纲常大坏，只贻讥耳。且有同族
义男凌犯疏房贫弱，本主恬不知怪，反为护短。族谊败乱，莫此为甚，
且其渐尤不可长，急宜正之。"该规条强调通过正名分来实现宗族内部
伦常秩序的和谐。

关于正名分的族规家法为徽州宗族维持宗族秩序提供了正名分族
训，也为徽州遵守名分、礼数无偏提供族规。相关惩罚的措施也在正名
分过程中被宗族充分考虑，就是选择性地惩罚纠正，以实现对不守名分
问题的干预。

四、区别内外

区别内外，就是严格区别内部和外部、里面和外面。出自明教中人
《好逑传》第十七回："故男女授受不亲，家庭内外有别，此王制也，此
古礼也。"这种王制、古礼被儒家弘扬成为儒家礼教，存在于男女有别
的道德、行为、修养等规范要求当中。明清徽州族规家法中有关规定，
即刻着这种封建礼教的烙印。

在明清时期的徽州，男女内外有别的现象特别普遍，关于区别内外
的族规家法不断增多。那个时期，存在的男女内外有别现象并非徽州特
有，而是中国封建社会各地区共同存在的现实。同一时期的其他地区也
和徽州一样想方设法固化男女内外有别这一秩序，虽然地区各异，但相

---

① 嘉庆《黟县南屏叶氏族谱》卷一《祖训家风》，叶有广等纂修，清嘉庆十七年木活字本。

关措施却有很多共同之处。而不同之处则在于涉及区别内外，徽州各族几乎都有族规家法可依。如清嘉庆绩溪县旺川曹氏家训就明列"别内外以闲族"条文，云："先王制礼，凡以为内外闲者甚备，宫室各处，道路各由，授不亲，坐不离，姑姊妹女子已嫁而返，兄弟弗与同席同器。男子昼无故不处私室，妇人无故不窥中门。有出中门，拥闭其面。夜行以烛，无烛则止，谨之至也。凡童仆不得辄入内庭，亲戚、贵宾不可于私室相见。今此仪不讲，闺帏背驰尤甚，离村看剧，走庙焚香，女巫、优婆，欢同密戚，甚至招诱斋堂，投师进教，朝礼夜课，男女杂沓，尤事之可痛恨者。"①此为该宗族区别内外提供依据。

不仅如此，明清徽州族规家法在对内外有别的重要性进行说明的同时，更推行男女的行为准则，以实现对违规男女的训诫，从而保证明清徽州社会内外有别的确定性。万历《休宁茗洲吴氏家记》卷七《家典记》就把关于内外有别的解释重点放在"实施上"，指出："族以私居舍不便，诸族子及邻家子、佃仆有事关白，不免直入房舍内，殊为燕亵渎然。不知随处皆有内外，以厅宇、私舍言之，厅宇为外，私舍为内；以私舍言之，门阃之外为外，阃之内为内。自今族男子毋许进族妇房阃内，叔毋得进嫂房阃内。有事或相接关白，则于门阃外候立白事。诸子孙违者，罚银三分。倘有伯叔等在舍中，诸少妇亦毋得入伯叔等舍中。违者，罚手巾一条。"

五、序尊卑长幼

明清徽州宗族具有古徽州特性的本源性传统，它在明清徽州不仅是教化单元、生育单元、经济单元、福利单元，更是秩序单元。明清徽州宗族非常重视序尊卑长幼，其对明清徽州宗族的影响深刻。"吾宗规范，赖先世贻令，甚为严肃，宜益遵循。一家之中，长幼有序，尊卑有礼。男子无故不入内廷，女子无故不游外户，则礼防严而风俗敦厚矣。"②

这里的序尊卑长幼涉及序尊卑和序长幼两个方面。在明清徽州族规

---

① 民国《曹氏宗谱》卷一《旺川家训十则》，曹成瑾等纂修，民国十六年木活字本。
② 万历《古歙谢氏统宗志》卷六《家规》，谢廷谅等纂修，明万历三十二年刻本。

家法中，尊卑和长幼都有严格的顺序。"凡我一家之中，必父父、子子、兄兄、弟弟、夫夫、妇妇各安其位，斯可也。如生我者为父母，及诸伯叔父母，皆是父；我生者为子孙，及诸堂从子孙，皆是子也。先吾生者为兄，后我生者为弟，父母生育，一体而分，由亲及疏，虽堂伯叔缌麻兄弟，无不怡怡有恩。"①

尊卑指的是地位或辈分高低，长幼指的是世系的先后，也称辈分的高低或年长与年幼。鉴于两者的区别和各自相应的作用，明清徽州族规家法大多分别列出专条加以强调，并作出不同的规定，提出不同的要求。如绩溪县旺川曹氏家训明列"序长幼"专条："序长幼以顺族。夫有父母即有兄长，能为孝子，即能为悌弟。……去顺效逆，所以速祸也，戒之。"②祁门《河间凌氏宗谱》卷一《家训条款》则明列"序尊卑"专条："凡宗族人等，不惟我之父兄当敬也，伯父、叔父、从兄、族兄亦莫不然；不惟我之子弟当爱也。从弟、族弟、从侄、族侄亦莫不然。推及姑姊妹族、祖母族、母族、妻族，亦莫不然。随行隔坐，恭听慎应，见必衣冠，不敢露顶跣足；遇必拱立，不敢径行过越。若卑幼骑坐，须下行礼，俟尊长过，方得自便。违者，罚之。"③

按照明清徽州族规家法有关规定，在明清徽州宗族社会所构成的宗族秩序中，序尊卑和序长幼是徽州宗族维护宗族秩序的两个重要环节。族众是这两个环节中的行动者，分别扮演着族规家法规定的相应角色。如"凡族人相遇于道，尊长少立，卑幼进揖，仍立路旁，以俟其过，毋得傲忽，疾行先长，以蹈不恭"④，"宗族间尊卑少长，其序固有定分而不可紊者，或有尊长年少、卑者年长，而至于年高有德者，在尊者亦须礼敬，不可少有凌忽之心"⑤，"人以类聚，名分攸宜。名有长少，分有尊卑。以少凌长，狂悖之知。以卑犯尊，暴慢之为。尊之敬之，惟德

① 光绪《绩溪县南关许氏惇叙堂宗谱》卷八《旧家规》，许文源等纂修，清光绪十五年木活字本。

② 民国《曹氏宗谱》卷一《旺川家训十则》，曹成瑾等纂修，民国十六年木活字本。

③ 民国《河间凌氏宗谱》卷一《家训条款》，凌雨晴等纂修，民国十年刻本。

④ 万历《歙西岩镇百忍程氏本宗信谱》卷十一《族约》，程弘宾等编纂，明万历十八年刻本。

⑤ 光绪《绩溪县南关许氏惇叙堂宗谱》卷八《旧家规》，许文源等纂修，清光绪十五年木活字本。

之基"①。

　　明清徽州宗族秩序规范还包括别嫡庶、主仆分严等。其中，别嫡庶强调正妻及其所生子女，与姬妾及其所生子女的差别："妻妾之分，不可不谨。妻之为言齐也，于夫有敌体之义；妾之为言接也，于夫有服事之义。故妻虽陋不可过轻，妾虽美不可过宠，家道之兴废，实肇于此。倘有宠妾凌妻者，投鸣族长，当共斥之。"②这也是明清徽州族规家法为别嫡庶采取的具体措施。主仆分严，就是严主仆之分。主仆之分，在明清徽州尤其严格，如万历《商山吴氏宗法规条》中记载："主仆分严，徽称美俗。近来各乡巨室之仆，每每侵渔致富，赎身出屋，越礼犯分，抗僭无比，自今即当预为之防。倘有此等，宗正、副访出，将赎身之物追入祠中公用，仍拘原仆，听宗正责罚。或有豪奴凶恶，抗忤主辈，有伤大体，宗正、副即行拘入祠中，从重责罚。"如何处理主仆之间的关系，也成为明清徽州宗族考虑的问题之一，主与仆所作所为要遵守族规家法相关规定，如道光《龙池王氏宗谱》卷首《祠训》中记载："至于有婢，但令给事内室，不可溺情艳婢，以生奔乱之阶；不可忍心锢婢，以干天地之怒。有仆，但令服役外庭，不可纵容悍仆，以滋悖逆之事；不可豢养俊仆，以致觊觎之萌。如是，则可以为四民，可以敦五伦，可以立礼义廉耻之防，可以作丧葬嫁娶之准。"由此，明清徽州社会中的主人和仆人形成了密切的依附关系。

第三节　婚姻家庭规范

　　明清时期，徽州宗族制订的族规家法提出了正婚姻、谨夫妇、肃闺门、慎嫁娶、厚姻里、守婚礼等婚姻家庭规范。明清徽州各族规家法无一不重视婚姻与家庭关系，在此规范体系下，这几种婚姻家庭规则占有相当的比重。

---

① 宣统《富溪程氏中书房祖训家规封丘渊源考》，作者不详，清宣统三年钞本。
② 宣统《上川明经胡氏宗谱》下卷之《规训》，胡祥木等纂修，清宣统三年木活字本。

一、正婚姻

对于正婚姻，明清徽州族规家法中有较为完善的说法。光绪《梁安高氏宗谱》卷十一《祖训》就明列"正婚姻"专条，强调"男女居室，人伦之始，要门户相当，家风清白。男婚不宜过早，女嫁不可太迟。娶妻求淑女，不要美色，不图厚奁；嫁女择佳婿，莫结势豪，莫贪厚聘。至同姓不婚，我高氏曾以胡姓入继，故高、胡永不为婚，后有入继者，当永以为法，不可隐匿，违悖祖训"。正婚姻涉及男女婚姻的质量和稳定性，关系到家庭、家族是否兴旺发达，所以光绪《绩溪东关冯氏家谱》卷首《祖训》说："有夫妇，然后有父子。先王制嫁娶之礼，同姓不婚，所以厚别而明人道也。凡为婚配者，娶媳务求淑女，淑字不易当，总要性情和柔；嫁女但择佳婿，佳者甚难得，总要言动笃实，不可计较钱财，不可攀结豪富。凡家世清白，门户相当，辈行相配，便可做亲。至于婚姻之道，不可失时，尤凡为父母者所宜知。"这可以看作是明清徽州族规家法对正婚姻之义的细致诠释。夫妻婚姻不只是男女之间的事，更是宗族生命的延展。因此，明清徽州关于正婚姻的族规家法为徽州人议定婚姻制订了一个很详细、具体的行为标准："王化起于闺门，大道造端夫妇。婚姻者，人道之始，可不重欤？侧闻昔人绪论，如嫁女必当胜吾家，娶妇必求不若吾家。又嫁女择佳婿，娶妇求贤淑。又婚姻而论财，夷虏之道，此虞北海、王河汾、程伊川诸先生之言也，吾族人常奉为圭臬，守而勿替。倘有不孝子弟，贪财灭义，不别清污，如娼优、仆隶等类，妄为结纳，玷辱宗祊者，族众当令其改适，否则以家法从事。"①只要清楚了其中的道理，也就明白了明清徽州宗族为何强调正婚姻。议定婚姻是一方面。事实上，正婚姻还有一个重要内容，即对夫妻双方婚姻行为作出种种限定，所以道光《龙池王氏宗谱》卷首《宗规》说："族之婚姻，娶妇必择其贤，嫁女须教以德。先贫后富，先富后贫，命也。若贪利议婚，或以女许贱姓，或娶贱姓之女，皆所当禁。"

---

① 宣统《上川明经胡氏宗谱》下卷之《规训》，胡祥木等纂修，清宣统三年木活字本。

二、谨夫妇

在明清徽州族规家法中，对谨夫妇的要义有清晰的表述。如宣统《富溪程氏中书房祖训家规封丘渊源考》中对这一要义有直截了当的表述："夫妇者，正家之始，天地之大义。而妇者又家之所由盛衰也，上以奉祭祀、事舅姑，下以育子孙、继宗嗣，衣服饮食，皆所需焉，关系匪轻。其可忽乎？故古人娶妇必择其性行、家法而不论于财势，必谨于媒妁而不贪于苟合。苟为不然，多有不肖背盟之讼，索求失望之争。"①

谨夫妇，不仅要强调夫和妻柔，也要注重夫和而义，妻柔而正。如宣统《富溪程氏中书房祖训家规封丘渊源考》规定："絜矩之道，亦宜存省，故必倡之以孝敬，率之以谦谨，导之以和顺，劝之以勤俭。恩以安之，义以正之，和而勿流，严而勿暴。事有未善，必先谕之；谕之弗率，然后戒之；戒之不从，明以正之。然必先之于身，身不行道，而能行之于妻子者，未有之也。噫！妇性之僻，妒忌为最；男子之偏，色欲为甚，乖戾反目，于斯为多。"②

鉴于夫妇为人伦之始，夫妇关系居五伦关系之首，因此明清徽州族规家法把夫妇关系看得极重，并明列"夫妇"专条，将"夫妇"单列，对夫妇关系的界限作出判定，强调"夫妇为人伦之始。夫者，妇之纲也，夫孝父母，则妇自孝舅姑；夫睦兄弟，则妇自睦姒娌。夫唱妇随，凡事类然"③，以体现夫妇关系的重要性和特殊性。

明清徽州关于谨夫妇的族规家法以特定的关注约束着夫妇的行为，也以特定的评断掌控着夫妇的声誉。由于夫妇关系的特殊性，使得在族规家法中，赋予了夫妇身份的特殊道德期待。夫道之正被理解为"不以疾贫背盟如廷式，不以贵显忘旧如宋宏，不惑财丰如裴坦，不惑妾媵如君实"。妇道之正则被理解为"宁断鼻截耳，不以盛衰存亡易心如曹令女；宁勤劳孝养，不以宦娶旷弃改节如鲍女宗；疾废不夺志如宋女；逮

① 宣统《富溪程氏中书房祖训家规封丘渊源考》，作者不详，清宣统三年钞本。
② 宣统《富溪程氏中书房祖训家规封丘渊源考》，作者不详，清宣统三年钞本。
③ 民国《济阳江氏统宗谱》卷一《江氏家训》，江峰青等纂修，民国八年木活字本。

下不专妒如太姒"①。可见，夫妇双方各有行为规则和评断标准，相比较而言，妇女则受到不公正的对待，一旦出现"不循妇道，有视翁姑如路人，或至悖逆者；视妯娌如仇敌，或至殴詈者；视丈夫如儿孩，事为皆出其口者，或嫌恶如恶臭，甚则常怀异志者。又有妒悍阴毒，不容妾媵，宁陷夫于无后者；诬造长舌，悖乱亲属，甘罹家庭于倾覆者"②，便被全社会非议和指责。

三、肃闺门

明清时期，徽州宗族惯以"肃闺门"的规定治族。此间，徽州关于肃闺门的族规家法陆续推出，对于肃闺门的规定亦日趋完善，以致在徽州社会形成了以肃闺门传承清白家风的局面。在此意义上，崇祯《休宁叶氏族谱》卷九《家规》作出如下一段有关"肃闺门以正家"的规定："纵使家道贫富不齐，如馌耕、采桑、操井臼之来，势所不免，而清白家风自在，仪度自别。近见伤伦败俗之家，往往自闺门不肃始。故欲正家者，不可不肃闺门。"

明清徽州关于肃闺门的族规家法始终固持一种归因定式：将祸福之兴、万化之源，理解为始于闺门，并因此形成了对闺门的整肃。宣统《仙石周氏宗谱》卷二《石川周氏祖训》如下记载可为例证："男女居室，人之大伦，所以人家最重是门风。如果闺门不正，那怕他富贵，也可羞可恶；如果男女有别，那怕他贫贱，也可荣可敬。"③

明清徽州族规家法对肃闺门的规定，常与慎嫁娶、正婚姻、谨夫妇等规定互为补充，但有其特定的取向，包括对"闺门不睦""闺门不肃"者的惩处与纠正，要言为"闺门之中，正始之地也。幸而娶妇之贤，宜室宜家，而家道之成也，恒必由之。其或娶妇不贤，所谓家人睽必起于妇人，所谓妇有长舌，为厉之阶，不事姑嫜，不顺夫子，仇妯娌而欺比邻，慢尊长而贼奴婢，放纵无耻而坏我门风。嫉妒尤甚，而索人宗嗣。

---

① 宣统《富溪程氏中书房祖训家规封丘渊源考》，作者不详，清宣统三年钞本。
② 宣统《富溪程氏中书房祖训家规封丘渊源考》，作者不详，清宣统三年钞本。
③ 宣统《仙石周氏宗谱》卷二《石川周氏祖训》，周善鼎等纂修，清宣统三年木活字本。

妇道至此，为之夫与为之舅者尚优容之，以长其恶，其于正始之义何有哉？吾宗不幸而有此妇，初犯责其夫，再犯戒其妇，三犯谕其父母，告诸宗庙而出之。"①

四、慎嫁娶

明清徽州族规家法始终关切的嫁人与迎娶关系问题，不仅延展至清末民初，而且上升为明清徽州社会的普遍关切。

在面对嫁人与迎娶关系问题上，明清徽州社会倡导慎嫁娶传统，倡行"嫁女必须胜吾家，胜吾家，则女之事人必钦必戒；娶妇必须不若吾家者，不若吾家，则妇之事舅姑必执妇道。""凡议婚姻，当察其婿与妇之德性若何，勿苟慕其富贵，诚以婿佳妇贤，家道之所由兴也。"②

在处理嫁人与迎娶关系方面，明清徽州族规家法提出了需要注意的事项，包括"尤当问其先世之家法，父母之素行何如。苟为积善之门，家教端肃，子女必有成立，贫富可勿计也。若其世代积恶，徒以强横致富，则子若女皆沴气所钟，余孽所存，天将于斯彰厥报焉。何可苟慕其一时之盛，而轻与之联姻也？又议婿不且太蚤，十年之内，存亡变故，多不及料，此指腹割衿未必非豪侠之过。"③

根据明清徽州关于慎嫁娶的族规家法规定，婚姻乃人伦大事，即使贫困也不能与匪类人为婚。此处的匪类者，"昔为娼优、隶卒，曾犯奸盗、诈伪及为人家奴者"，不可不谨而察之。另外，嫁娶也不能贪慕声势，攀附富贵。"倘其家非清白，族非诗书，即目前幸而骤邀富贵，声势赫然，譬如无源之水，无根之木，一转盼间而消歇者，多矣。况富贵家之子女，性情必多骄惰，一时择之不慎，日后贻累必深，虽悔无及。"④

---

① 乾隆《重修古歙东门许氏宗谱》卷八《家规》，许登瀛纂修，清乾隆十年刻本。
② 道光《曹氏统宗本宗二谱合录》，载民国《曹氏宗谱》。民国《曹氏宗谱》卷一《旺川家训十则》，曹成瑾等纂修，民国十六年木活字本。
③ 道光《曹氏统宗本宗二谱合录》，载民国《曹氏宗谱》。民国《曹氏宗谱》卷一《旺川家训十则》，曹成瑾等纂修，民国十六年木活字本。
④ 民国《吴越钱氏七修流光宗谱》卷一《家训》，钱文德等纂修，民国三年木活字本。

明清徽州关于慎嫁娶的族规家法同样关注择嫁娶的必要性，并提出了明确的解释视角和具体的解答路径："婚礼最严门阀，近世惟贿是务，有贱而富者，或娶或嫁，概所甘心，是自贱也。虽然妇从夫贵犹可言，女从婿贱，遂贱及父母祖宗，不可言矣。族有此等，以不孝论罚。其肖子贤孙不鸣公改正者，厥罚维均。此之不可不择。"[1]这是明清徽州社会慎重嫁娶的根本原因所在。

五、厚姻里

"姻者，族之亲；里者，族之邻。远则情义相关，近则出门相见。宇宙茫茫，幸而聚集，亦是良缘。况童蒙时或多同馆，或共嬉游，比之路人迥别。凡事皆当从厚，通有无，恤患难，不论曾否相与，一切以诚心和气遇之。即使彼曾待我薄，我不可以薄待。"[2]鉴于此，明清徽州族规家法特别强调"姻里当厚"。

这里的姻里当厚，首先是指族之亲之间的互帮互助，互通有无。族之亲虽分不同类型，但相互之间并非各自孤立无援，而可互为帮扶。除了相互之间的日常往来，族之亲更应该患难相恤，有无相济。即使是族中之人也应如此，如光绪《新州叶氏家谱》卷首《修省斋公家规二十条》中的规定："自今族有贫乏者，宜相周给，患难必极力救援。吉凶庆吊，不可失礼。其有鳏寡孤独，勿使流落失所。凡遇岁时伏腊，必随物丰俭，设席相会，大小必赴，庶几情不相疏。"

姻里当厚其次是指族之邻之间各有恩信，相互宽待，和睦相处。结婚是建立家庭，那么如何融入邻里成为后续发展的关键。为此，明清徽州族规家法强调："'民吾同胞，物吾同与。'盖同是乾坤父母一气生养出来，自然休戚相关，即如践伤一个鸡雏，折残一朵花枝，便勃然动色。物产且然，而况同类而为民乎？民已不忍，又况同居一处，而为乡里之人乎？夫乡里之人，朝夕相见，出入相友，守望相助，内如妇女妯娌相与，幼如童稚侪辈相嬉，年时节序，酒食相征逐，其和好亦是自然

---

① 康熙《婺南中云王氏世谱》卷五《祠规》，王作霖等纂修，清康熙四十五年刻本。

② 万历《休宁范氏族谱·林塘宗规》，范涞纂修，明万历三十三年补刻本。

的本心，不加勉强而然。"①

由此不难发现，明清时期，徽州族规家法对于厚姻里是特别注重的，既作出了解释，又提出了具体要求。万历《休宁范氏族谱·林塘宗规》规定："若恃强凌弱，倚众暴寡，靠富欺贫，捏故占人田地、风水，侵山林疆界，放债行利，违例过三分息，滚骗敛怨，皆薄恶凶习。天道好坏，尤急戒之。"

六、守婚礼

遵守婚礼是婚姻家庭规范中与其他规范同等重要的规范。明清徽州婚姻之礼，涉及九道程序，即说媒、行聘、请期、搬行嫁、开脸、迎亲、拜堂、闹洞房和回门。婚礼的过程，大致可分为说媒、订亲、成礼、合亲四个阶段。对此，明清徽州族规家法作出了具体规定，要求"凡我族新婚，自亲迎后第二次来，嫁女之主人先告祠首，启祠门引婿，以香拜见祖宗。虽嫁女者因家贫未能请酒，祠首不得为难。至再醮之婿，虽富豪不许行庙见礼，所以正纲常、重名节也。"②

明清徽州婚姻之礼与同一时期其他地区的婚姻之礼大体相同，但在一些细节上存在差异。相比较而言，明清徽州族规家法规定下的婚姻之礼原则上从俗，"但俗之大违乎礼者，亦可不从。如山乡嫁女于婿，临行时，女母以锁钥置女鞋中，并以假发长跪号泣，以纳婿袖中，非礼可笑，礼法者断不可行。"③

给遵从婚姻立规，另一个关键还是为如何遵从婚姻之礼确定遵循。明清徽州关于守婚礼的族规家法强调："凡婚娶须门户相对，嫁女宜稍胜于我者，娶妇宜稍不如我者。女家稍不如男家，免新妇骄傲翁姑夫婿也。嫁女论礼而不论财，娶妇论德不论色，不可慕人之豪势而存依傍之心，不可羡人之富有而起沾染之见。"④

---

① 隆庆《文堂乡约家法》，陈昭祥辑，明隆庆六年刻本。
② 光绪《绩溪县南关许氏惇叙堂宗谱》卷八《家礼》，许文源等纂修，清光绪十五年木活字本。
③ 光绪《绩溪县南关许氏惇叙堂宗谱》卷八《家礼》，许文源等纂修，清光绪十五年木活字本。
④ 光绪《绩溪县南关许氏惇叙堂宗谱》卷八《家礼》，许文源等纂修，清光绪十五年木活字本。

第四节　日常生活规范

明清徽州族规家法提出的日常生活规范，是明清时期徽州人日常生活行动的指南，内容丰富，由多个层面的规定融合而成。

一、恪尽职守

有学者曾指出，在中国封建社会，国家承认的正当职业是士、农、工、商。在明清时期的徽州亦是如此，其所体现的是"士农工商皆是正业"的职业观念，这在明清徽州族规家法里也得以充分体现。如崇祯《古林黄氏重修族谱》卷一《祠规》就指出："四民所业不同，皆是本职。惰则废，勤则修。"在明清徽州族规家法中，载有很多"务正业""安生业""守正业""严术业""勤生业"等条目，其中"以勤而兴""以怠而废""自强不息""孜孜为善""必求其事之成、艺之精"等职业行为规范，使得明清时期的徽州人对职业行为关键问题的认知契合于明清社会职业发展之趋势，从而将职业选择、利用与职业行为规范有机地结合起来。

明清徽州族规家法中的职业选择、恪守，主要体现在以下三个方面：一是明确从事士、农、工、商的重要性和联系性。如光绪《梁安高氏宗谱》卷十一《祖训》指出："人家子弟，无论贫富智愚，不可无业，无业便是废人。又不可不守正业，不守正业便是莠民。正业不外士农工商，因材而笃，皆可成家立业。"这充分说明了职业对于个人和家庭的重要性，以及对于社会稳定和发展的影响。二是为不同职业人群的职业选择做了有区别的目标定位。如乾隆《重修古歙东门许氏宗谱》卷八《家规》规定："士而读，期于有成；农而耕，期而有秋；工执艺，期于必售；商通货财，期于多获。"对家人、族人的职业选择提出差异性目标，强调"各治生业"的必要性。三是强调族人根据自己的实际情况选择职业，发挥自己的应有价值。如隆庆《文堂乡约家法》强调："人生在世，须是各安其命，各理其生，如聪明，便用心读书；如愚鲁，便用心买卖；如再无本钱，便习手艺及耕种田地，与人工活。"

此外，在商人经商的过程中，明清徽州族规家法的有关规定也成为徽州人经商的行动指南。万历《休宁范氏族谱·统宗祠规》中的"商者不得纨绔冶游，酒色荡费"，万历《萧江全谱》之《附录》卷五《贞教第七》中的"为商者必安于出入经营"，均要求徽州人在从事商业活动时，应从实际出发，遵守"简洁、简朴、简约"的原则，厉行节俭节约，力戒铺张浪费、形式主义，形成健康、朴实的作风，保障资源的可持续利用。

二、四业当勤

在明清徽州族规家法看来，四业当勤就是"子弟之俊秀者，固当奋志向上，自强不息。其不能者，亦须各治一艺，鸡鸣而起，孜孜然必求其事之成、艺之精而后可"①。四业当勤的实质，集中表达了明清徽州族规家法对"四业"的重视与推崇，如道光《龙池王氏宗谱》卷首《家法》就明确指出："天下之事，莫不以勤而兴，以怠而废。"

从四业当勤这一侧面看，明清徽州族规家法建立在徽州家族对"四业"重要性和必要性的深刻理解之上，建立在徽州人对"四业"之要的深刻把握之上。康熙《婺南中云王氏世谱》卷五《祠规》中指出："禹圣惜阴，夏鼎开基；陶公运甓，中原坐复。大者如此，况吾侪一手一足间乎？力作必有其时，先时而勤，方能及时而获，生财止有此数。欲补不足，必先留其有余，人人务此，则布帛、菽粟胜于膏粱、纨绮。铢积寸累，家道皆饶矣。此之不可不教。"因为勤业能起家，勤业能兴家，勤劳能致富，明清徽州族规家法明列专条，引领徽州人"读书而不达，则退而教授乡里，以收笔墨之获。教授之外，或习医方，以享仁术之利。其次也，若不能读，又不能耕，则于百工技艺之间，必择一业以自处，甚而至于力作营工以自活。勤作虽劳，获得虽菲，能精而专之，即

① 道光《龙池王氏宗谱》卷首《家法》，王全芝等纂修，清道光二十六年刻本。

恒业矣，而其心亦不失为恒心也"①。

明清徽州族规家法对于四业当勤的规定，为徽州人安生业、勤耕种、精技艺提供了制度保障。明清时期，徽州人体兼四业的实践充分证明，徽州人为什么"族中子弟，士农工商，各有恒业，非年高稚弱，及有事羁留而在家闲游者，老成必督责焉。"②"有田者，或自耕，或督仆从耕之，或召人耕之；无田者，或租佃田地耕之。蓄水以防旱，积谷以防饥，种蔬以备菜，藏畜以资养，栽桑麻以备布帛，树木植以备十年之计，则俯仰有赖，赋税不至无籍矣。""自今工艺不止一途，但当各守己业，终身不变，庶几为治生之长策矣。无常业者，罚之。"③之所以能如此，最重要的是因为明清徽州关于四业当勤的族规家法得到了有效推行。

三、崇尚节俭

从明清徽州族规家法关于崇尚节俭的规定看，明列"崇尚节俭"专条的族规家法有很多，如道光《曹氏宗谱》卷一《旺川家训十则》、宣统《古歙义成朱氏宗谱》卷首《祖训十二则》、宣统《上川明经胡氏宗谱》下卷之《规训》、康熙《婺南中云王氏世谱》卷五《祠规》、万历《休宁范氏族谱·林塘宗规》等，都将"崇尚节俭"或"节俭当崇"作为专条列入。

纵观明清徽州关于崇尚节俭的族规家法，无一不是为了家庭、家族、国家，无一不顺应"克勤于邦，克俭于家"的传统，回应徽州人提高修养、珍惜资源、保护环境的期待与关切，充分彰显徽州社会崇俭抑奢的美德。如万历《休宁范氏族谱·林塘宗规》记载："老氏三宝，俭居一焉。人生福分，各有限制。若饮食、衣服、日用起居，一一朴啬，留有余不尽之享，以还造化，优游天年，是可以养福。奢靡败度，俭约鲜过，不逊宁固，圣人有辨，是可以养德。多费多取，至于多取，不免

---

① 民国《吴越钱氏七修流光宗谱》卷一《家训》，钱文德等纂修，民国三年木活字本。

② 嘉庆《黟县南屏叶氏族谱》卷一《祖训家风》，叶有广等纂修，清嘉庆十七年木活字本。

③ 民国《河间凌氏宗谱》卷一《家训条款》，凌雨晴等纂修，民国十年刻本。

奴颜婢膝，委曲徇人，自丧己志；费少取少，随分随足，浩然自得，是可以养气。且以俭示后，子孙可法，有益于家；以俭率人，敝俗可挽，有益于国。"

引导族人正确对待财富，正确消费积蓄，是明清徽州族规家法关于崇尚节俭规定的显著特征。如"财者，难聚而易散也，故一朝而可以散数世之储。苟服饰而工丽都，燕会而极鲜浓，物力无由取给，乃倾囊倒廪以希观美，而不知有物之积难应无穷之费也。若赌博、宿娼倾家，尤为易焉。吾宗子弟，当崇俭。"[①]"理财之道，入之无数，不如出之有节。苟能节用，则所入虽少，亦自不至空乏。尝见世之好华靡而不质实者，鲜不坏事。光武以帝王之家而犹戒公主勿用翠羽，子弟辈须知，渐不可长。凡土木之事，不得已而后作；服饰之类，只宜以布为美；妇人首饰，不必华丽。能如此，则是守富之道。"[②]这些规定，都体现了明清徽州族规家法对财富的尊重、珍惜和爱护，这也是中华民族节俭传统所推崇的财富价值观、致富观、消费观在明清徽州社会的真实体现。

四、禁止游惰、赌博

在明清徽州族规家法中，族人远离游惰、赌博的实现，主要体现在禁止游惰、赌博的行动上。这是明清徽州社会遏制游惰赌博的良方妙药。

一是禁止游惰。明清徽州族规家法对游惰的危害性和禁止游惰的重要性作出全面剖析，其中关于游惰的训诫，成为禁止游惰的关键措施。如康熙《横冈胡氏支谱》卷下《家规》记载："凡人劳则思，思则善心生；逸则淫，淫则忘善，忘善则恶心生。是生人之善恶，视乎用心之勤惰，而初非一定之性也，明矣。……惟是聚邻而处，比户而居，父勉其子，兄诫其弟，务以各勤职业为心，而勿逸、勿休之意，自足以家喻而户晓之也。岂犹有游手荡佚之虑乎？则儆游惰之为急也。"

二是禁止赌博。赌博害人害己，败家败德。禁止赌博是维护家风、

① 宣统《华阳邵氏宗谱》卷十七《家规》，邵玉琳等纂修，清宣统二年木活字本。
② 道光《龙池王氏宗谱》卷首《家法》，王全芝等纂修，清道光二十六年刻本。

促进族风、净化社风的重要措施。没有赌博的禁止，也就没有良好的家风、族风，更无良好的社风。明清徽州族规家法坚持把禁止赌博作为重要内容，在推行关于禁止赌博的族规家法中，强调"子侄各安生业，须寻向上一着。凡赌博、嬉游一切逾于礼法之事，务宜谨戒。各家父兄亦须董敕训诲。"①

明清徽州族规家法既有禁止游惰的规定，又有禁止赌博的规定，而将禁止游惰和禁止赌博紧密地兼顾结合起来加以规定，则体现了明清徽州族规家法对于禁止赌博与禁止游惰的重视。如乾隆《重修古歙东门许氏宗谱》卷八《家规》明列"游戏赌博"专条，指出"今之游荡戏侮者异于是，职业不修，放僻邪侈，迎神赛会，游灯索钱，生事地方，诈骗酒食，使人不敢言而敢怒。至有为梨园子弟，男作女装，务以悦人，大伤体面。而构徒聚党，登场赌博，坏人子弟，而亦自坏其心术，破毁家产，荡析门户。若此之流，沉溺既久，迷而弗悟，宜痛戒治，使其改行从善，不亦可乎？"不仅提出要禁止游惰赌博，而且将禁止游惰与禁止赌博合并为禁止游惰赌博纳入族规家法当中，为在禁止游惰的同时，也为禁止赌博提供了一种新的可能。

五、禁止迷信

这里的迷信，指的是封建迷信。无论是相信虚构邪说，还是盲目追捧神祇，都会腐蚀人们思想，扰乱社会秩序，影响社会稳定，进而阻碍科学传播。禁止迷信是一个难以回避的问题。

明清徽州关于禁止迷信的族规家法，是明清时期徽州宗族所建立的一套破除迷信的规则、抵制迷信的规范，指导族人摒弃迷信的准则；是反对迷信的倡议书，反对迷信活动的禁止令。

第一，明清徽州族规家法禁止在葬祖、祭祖中搞迷信活动。如宣统《仙石周氏宗谱》卷二《石川周氏祖训》规定："凡葬祖、祭祖，儒家自有正礼。僧道邪说，概不可信。近世僧道又添出恶习，聚众金鼓，狂奔呼喊，作暴戾之气，引妖魅之风，乃王法所当禁者，更不可行。至于男

① 康熙《横冈胡氏支谱》卷下《家规》，胡璟等纂修，清康熙四十三年刻本。

女入教持斋，非但伤风败俗，而且贻祸宗党，凡我族永行禁止。"

第二，明清徽州族规家法严绝异术。如宣统《上川明经胡氏宗谱》下卷之《规训》规定："凡僧尼巫觋之属，最易蛊惑人心，不可与之入门，小则滋祸福之惑，大则为奸盗之媒，不严绝之，是养乱也。"

第三，明清徽州族规家法强调对鬼神敬而远之。如嘉庆《祁门中井河东冯氏宗谱》卷一《家规》记载："立心须持正大，于鬼神敬而远之，如淫祀、迎赛等类，皆非礼义之正也。且鬼神聪明正直，善者福之，恶者祸之，但务为善，鬼神自然降福，不必祷祀也。苟不孝、不忠、不义、不信，虽千百祷祀，百鬼神方怒之不暇，何福之有？"这种记载对鬼神既没有肯定，也没有否定，但阐明了明清时期徽州人对待鬼神的态度，体现出徽州人的智慧。

第四，明清徽州族规家法要求远离佛老。如道光《龙池王氏宗谱》卷首《家法》中认为："佛老之说，最惑人心。人死岂有轮回之理？修斋供佛，何益于事？若以为孝，则一切小人皆能之。苟谓必如是，父母方脱地狱，则又以父母为有罪之人矣。世有孝子而罪其父母者乎？"

禁止迷信，对明清徽州宗族乃至整个徽州社会来说意义深远：一方面，将禁止迷信列入族规家法，族人都要遵守这一规定；另一方面，明清徽州族规家法禁止迷信，指出迷信的危害性，突出禁止迷信的重要性，为族人认同并共同遵守。

六、禁溺女婴

明清徽州族规家法中明列"禁溺女婴"专条，认为"世俗溺女，最可痛恨。彼来投生，父母何仇而致之死？若云家贫，甘苦可以同尝，一丝一粒皆有分定；若云难嫁，荆钗裙布可以从夫；若云出腹，生子则得子，有一定之命，岂不思残忍不仁，天必斩其嗣。此等人，天理尽绝，人心尽丧，罪恶与杀人同科，可不戒哉"[1]。从这则记载我们可以看出，明清徽州族规家法禁溺女婴的目标，即是去除溺女陋习。

---

　　① 宣统《华阳邵氏宗谱》卷十七《家规》，邵玉琳等纂修，清宣统二年木活字本。

明清徽州族规家法强调禁溺女婴，有其特有的意义。在明清徽州社会存在的陋习之一，就是自溺其女。如光绪《绩溪县南关许氏惇叙堂宗谱》卷八《家训》记载："徽、宁第一恶俗，在自溺其女。彼本性凶恶莫过，豺狼虎豹尚不自食其子，人而自溺其女，比豺狼虎豹更凶。若不禁止，成何家族？彼溺女的解说，一说不育女好早生男，一说免赔嫁资，一说贫不能养，都是胡说。"明清徽州关于禁止溺婴的族规家法，不仅仅是要阻止溺死女婴，说到底是要戒除溺女陋习。

明清徽州关于禁止溺婴的族规家法既包括对溺死女婴的抨击、批判，也包括对溺死女婴者的惩戒、处治；既讲清楚溺死女婴的危害性，又指出溺死女婴问题的成因，找出禁止溺婴的办法。而为什么禁溺女婴、如何禁溺女婴正是明清徽州关于禁溺女婴的族规家法的目标，体现出明清时期徽州人对生命的敬畏。光绪《梁安高氏宗谱》卷十一《祖训》有关规定就贯穿着这一主线。该《祖训》指出："人之善事，莫大于救人命；人之恶事，即莫大于杀人命。然有心杀人，罪更深于无心杀人；有心杀无怨之人，罪更甚于杀有怨之人；杀无怨而为至亲之人，尤甚于杀疏远之人。世俗之溺女者，父子至亲，婴孩何怨？乃竟立意杀之，而不肯宥其恶，极矣！……故族中有溺女者，其罪通天，虽别人戒杀放生，皆是无益。盖在他处有育婴堂，尚免载湑，吾乡无之，惟赖宗族设法禁止，随时告诫，功德无量。"

明清徽州族规家法中关于日常生活行为的规条，除了上述各条外，还有禁止偷盗、保护林木、尊敬耆老、毋专己利、勿谈人短等规定，共同构成"日常生活规范"。其中，禁止偷盗，既面对偷盗问题现实，又立足于禁止偷盗传统，有关规定具体、明了。"天地之间，物各有主。乃有不轨之徒，临财起意；纳履瓜田，见利生心；整冠李下，鼠窃狗偷。此等匪人，宜加惩戒。如盗瓜菜、稻草、麦杆（秆）之属，罚银五钱；盗五谷、薪木、塘鱼之属，罚银三两，入公堂演戏示禁。其穿窬夜窃者，捉获有据，即行黜革。"①保护林木，受到广泛重视，旨在保护资源、保护生态、保护环境，所作规定大都异常严厉。"凡墓林养山以及苗竹、春笋，荫庇坟茔，资生裕课，断不可轻易侵害。至于一星之火，

---

① 民国《明经胡氏龙井派宗谱》卷首《祠规》，胡宝铎等纂修，民国十年刻本。

燎及原野；且且锄根，柴草无存，则纵野火、挖柴椿以为生人之计，断不可为者。祠堂请示严禁，突为地方而设，尔等犯法，决不为强暴宽恕也。倘各家已下养山，有利于挖柴椿者，听其自便，不在此例。"①尊敬耆老，各项规定无不体现明清徽州所固有的敬老尊老美德、风尚。"年之贵乎天下久矣。朝廷尚有敬老之礼，乡里可无尚齿之风？今酌立定制，年登七十者，春、冬二季，颁其寿胙；八十以上，渐次加倍，其式详载规例谱。且筋力就衰，举动艰苦，入祠拜祖，初祭时四拜，跪毕退坐西塾，值事仆奉茶水以安之。敬耆老也。"②毋专己利，突出"久利之事勿为，众争之地勿往"的必要性，追寻"毋贪利"的本心、初心，形成的规定都是抵抗利益诱惑的计策。"遇事必反覆审详，求其至是，使人已胥安。若我事事要便宜，则人事事不便宜矣。我受其利，人必受其害，而我终亦不能享其利，专利之所以酿祸也。近譬之方，宜敬而听之。"③勿谈人短，就是不闻人非，不视人短，不言人过，标明为人不可丧失的原则，作出的规定要旨在于回应这种关切。"好议论人短长，妄是非时事，此浇薄之流马伏波，深为子弟诫焉。况言人不善，如后患何？子舆氏之言，尤为子弟所宜佩。"④

第五节　兴学重教规范

　　明清时期，徽州崇文重教，有关兴学重教的规范在族规家法中占有重要地位，是明清徽州族规家法中的重要内容，关于兴学重教的族规家法，主要涉及兴文教、崇学校、尊师道、预蒙养、振士类等方面。

---

① 光绪《葆和堂需役给工食定例（功善抄存）》，清光绪十五年钞本。
② 民国《明经胡氏龙井派宗谱》卷首《祠规》，胡宝铎等纂修，民国十年刻本。
③ 咸丰《湾里裴氏宗谱》卷一《家规》，裴有耀等纂修，清咸丰五年木活字本。
④ 咸丰《湾里裴氏宗谱》卷一《家规》，裴有耀等纂修，清咸丰五年木活字本。

一、兴文教

明清徽州族规家法关注文教的兴衰，认为"一族之中，文教大兴，便是兴旺气象"，强调"古来经济文章，无不从读书中出"①，指出"故凡子孙，不可不使读书。惟知读书，则识义理。凡事之来，处置得宜，如游刃解牛，自有余地。其上焉者，可以致身云霄，卷舒六合；下焉者，亦能保身保家，而规为措置，迥异常流，自无村俗气味"，"无竹犹未俗也，无书则必俗矣。人求免于村俗，不可一日无书"②。这里表述的是明清徽州族规家法在训诫实践中对于子孙读书的要求所达到的高度。由此可见，明清徽州族规家法选定了通过读书振兴文教的路径。

明清徽州族规家法中的读书观具有认识论的高度，不仅阐明了子孙应当如何读书，而且阐述了为何要读书："子孙不患少，而患不才；家业不患贫，而患喜张；门户不患衰，而患无志；交游不患寡，而患从邪。不肖子孙眼底无几句诗书，胸中无一段道理，心昏如醉，体懈如瘫，意纵如狂，行卑如丐。败祖宗之成业，辱父母之家声；乡党为之羞，妻子为之泣。岂可入我祠而葬我茔乎？"③因为"子孙才，族将大"，如此便符合族人的认识法则。

明清徽州族规家法对读书的强调，最值得一提的就是其所述的读书之人并非一般认为的仅是名门望族子弟，读书与贫寒子弟也有关，但离不开宗族的培植和扶持。在明清徽州族规家法有关规定中，着力要解决的是如何解决寒门子弟读书难的问题？如何让寒门子弟读书变为现实？明清时期，徽州的教育机会之所以相对平等，并成为徽州文化的重要特色之一，实与明清徽州族规家法有关规定的保证而使全族贫寒子弟也能入学有关。而究其实，这体现了明清徽州宗族对贫寒子弟的资助与督促，即按照族规家法的规定，来确保"子孙不论贫富，年六七岁，即令亲师教以诗书，使知礼义。以至长大，问学有成，气质亦变。大则立身

---

① 光绪《绩溪东关冯氏家谱》卷首《祖训》，冯景坡等纂修，清光绪二十九年木活字本。

② 嘉靖《绩溪积庆坊葛氏重修族谱》卷三《家训》，葛文简等纂修，明嘉靖四十四年刻本。

③ 光绪《绩溪西关章氏宗谱》卷首《家训》，章维烈等重修，清光绪二十九年刻本。

扬名，以显父母，次亦必为谨厚之士，可免废坠家业，且行事亦不失故家气味，其资性鲁钝者，学果不通，亦必责以生理，拘束心身，免使怠惰放逸，陷于邪僻"①。

二、崇学校

明清徽州族规家法中记载的明清时期徽州宗族的学校教育思想，包括对学校教育、办学规律的认识和理解。如康熙《横冈胡氏支谱》卷下《家规》强调学校教育的必要性和紧迫性，写道："性秉于天，厥曰有恒；习移乎人，因类以就。所以人非圣贤，非学以为之裁成，未有不流为下愚而莫之救者也。古者庠序、学校各异其名，而要皆以广励为心，以谆切为教，使人尽忠厚俗，尚淳庞，诚盛举也。……我族中崇尚学校，固已窥其一斑矣。自兹以往，惟祈父戒其子，兄诲其弟，孝慈友恭之大，纲常仪节之重，以与之朝夕讲明之，庶几不负学古有获之益乎？则崇学校之为急也。"

明清徽州族规家法将子弟入学上升到子弟成长、家族兴旺的高度，指出子弟入学与子弟成长紧密相连，强调子弟成长对家族兴旺至关重要。有关规定诸如"今之教，子弟入小学者，决当自五六岁始。"②"子生五岁，便当令入乡塾，穿深衣，作长揖，坐立进退，教以儒者风度。"③"八岁有小学之教，十五岁有大学之教，是以子弟易于成材。"④"子孙自六岁入小学，十岁出就外傅，十五岁加冠，入大学，当聘致明师训饬，必以孝悌忠信为主，期底于道。"⑤"子弟七岁以上，则入小学，从师读书习礼，收其放心，养其德性，使知孝弟忠信礼义廉耻之事。"⑥这些规定都是为促使子弟成长、宗族兴旺而提供的族规家法支

---

① 光绪《绩溪西关章氏宗谱》卷首《宗训》，章维烈等重修，清光绪二十九年刻本。
② 民国《鱼川耿氏宗谱》卷五《祖训》，耿全总理、耿介撰修，民国八年木活字本。
③ 宣统《上川明经胡氏宗谱》下卷之《规训》，胡祥木等纂修，清宣统三年木活字本。
④ 崇祯《休宁叶氏族谱》卷九《家规》，叶文山等纂修，明崇祯四年刻本。
⑤ 雍正《茗洲吴氏家典》卷一《家规八十条》，吴翟等纂修，清雍正十一年木活字本。
⑥ 光绪《绩溪县南关许氏惇叙堂宗谱》卷八《旧家规》，许文源等纂修，清光绪十五年木活字本。

持，成为实现这一目标的有效方式。

除了子弟入学的规定，明清徽州族规家法还为家塾、族塾、学塾、教馆的创办与运行提供保障。有关家塾、族塾的族规家法，更是从根本上厘清了家塾和族塾两者之间的区别和联系。这些族规家法明列"家塾""族塾"专条，明确规定"家塾即小学堂，以育体德，养蒙也。师必择于诸母之哲达堪保傅者合教，族内男女，八岁以至十岁，期三年满，各分入大学、族塾"，"族塾即正学，以育材智，升造也。族男女，年十一岁则分教，别内外，男曰力行，女曰实求，各五年期，习普通，毕业乃务专门，定志为士、商、农、工、军五民。师傅必品学兼优公认充当，功课必积分升降，程度必宽简而恒阅，六日一休息"①。

三、尊师道

明清时期，徽州的族规家法中经常提到"尊师道"。光绪《绩溪县南关许氏惇叙堂宗谱》卷八《家训》中就有"重师儒"，宣统《古歙义成朱氏宗谱》卷首《祖训十二则》中也有"敬重师傅"，光绪《塘川姚氏宗谱》卷一《家规》、《塘川姚氏宗谱》卷一《新辑家规》、《梧川汪氏宗谱》卷一《宗训》等都提到"尊师道"。明清徽州族规家法中的"尊师道"，就是尊师重道。明清徽州族规家法还说"隆师友"，即是说"夫师以陶铸我，友以砥砺我。虽古圣帝明王，如黄帝事成子，虞舜事善卷，禹事西王国，汤事务光，文武事姜望，皆执弟子礼，未尝自圣焉。今人不逮古人远甚，奈何？弁髦其师，吐茝其友，是自弃于贤君子，以故愚益愚也。《易》曰：'困蒙，吝；童蒙，吉。'玩其所以吝，所以吉，斯崇儒重道之礼，不可不讲也。"②

明清徽州族规家法中的尊师重道，不仅是"重师傅""亲师友"，而且要"慎师友"。光绪《梧川汪氏宗谱》卷一《宗训》记载："不特就傅延师，宜加慎择，即彼所同窗，亦宜致辨。"光绪《绩溪县南关许氏惇叙堂宗谱》卷八《家训》、宣统《上川明经胡氏宗谱》下卷之《规训》、

---

① 宣统《韩楚二溪汪氏家乘》卷二《宗训》，汪衍桎等纂修，清宣统二年木活字本。

② 光绪《塘川姚氏宗谱》卷一《家规》，姚良礼等纂修，清光绪二十七年木活字本。

宣统《古歙义成朱氏宗谱》卷首《祖训十二则》、宣统《华阳邵氏宗谱》卷十八《家规》等，都强调就傅延师宜加慎择。引人注目的是，明清徽州族规家法中的"慎师友"，重在选择明师益友，旨在教导子孙如何修身齐家、做人处世、光宗耀祖。"中人之性，得教则习于善，失教则流于恶。为父者当督之，使归仁厚，不可姑息。资禀清明者，择明师益友，辅之上达。即资质庸常，亦要教之识字识数，令其习农工商贾之业。切不可任其游手好闲、讥谤谑浪及结匪酗酒、习枪弄拳，以入不肖之途。"①此类记载能体现出明清徽州族规家法中"慎师友"的目标导向。

明清时期徽州各宗族的尊师重道，基本上都是按照族规家法的有关规定进行，这种规定是徽州宗族规范尊师重道的基本准则，各宗族教子弟"必先戒姑息，择严师，则蒙得其养，由有造而进成德，虽不能为圣贤，亦可为端人正士，而无忝厥祖矣"②。换句话说，就是"凡我族人有子弟者，当要择师竭力教养习学。达则为之上人，不达者亦通明理，行正道，做好人，不致鲁莽愚顽，终身有益。人生幼小无知，内有贤父兄，外有严师友，未有不成者也"③。各宗族都教导子弟从小要懂得尊师重道。

四、预蒙养

明清时期，徽州宗族制订并推行的族规家法，不难发现"预蒙养"这一专条的存在。这一时期，徽州宗族接受了"预蒙养"理念，并将之写进族规家法。例如，休宁林塘范氏宗族编纂《休宁范式族谱·林塘宗规》，第八条即为"蒙养得豫"。所谓"蒙养得豫"，用现代汉语来说，就是蒙童教育。该宗规强调"闺门之内，古人有胎教，又有能言之教，父兄又有小学之教、大学之教，是以子弟易于成材。今俗教子弟者何如？上者教之作文，取科第功名止矣，功名之上，道德未教也；次者教

①　宣统《华阳邵氏宗谱》卷十七《家规》，邵玉琳等纂修，清宣统二年木活字本。
②　光绪《东溪华氏宗谱》卷二《宗规》，作者不详，清光绪六年木活字本。
③　万历《重修城北周氏宗谱》卷九《宗祠规约》，周思松等纂修，明万历二十四年刻本。

之杂字、柬笺，以便商贾书计；下者教之状词活套，以为他日刁猾之地。是虽教之，实害之矣。吾族中各父兄须知子弟之当教，又须知教法之当正，又须知养正之当豫。"①这是休宁林塘范氏宗族在家训实践中总结出的非常重要的蒙童教育规则。遵循这一规则，休宁林塘范氏宗族提出了"七岁便入乡塾，学字、学书，随其资质。渐长，有知觉，便择端悫师友，将养蒙诗、孝顺故事日加训迪，使其德性和顺，他日不必定要做秀才、做官，就是为农、为工、为商，亦不失为醇谨君子"的宗族战略措施。

明清徽州族规家法强调预蒙养，这比较符合明清徽州的情况，因为明清徽州各宗族制订的族规家法对预蒙养的规定大同小异。例如，绩溪梧川汪氏宗族制订的《梧川汪氏宗谱》卷一《宗训》对预蒙养的规定是："士大夫教子弟，是第一紧要事。童蒙时，便宜淡其浓华之念。子弟中得一贤人，胜得数贵人也。"绩溪《荆川明经胡氏续修宗谱》卷一《祖训十三条》指出："子以传后，为子者，不可不教以义。方幼稚，即要择师，端其蒙养。有资者，策励以玉成之。即庸常，亦要训其识字或货殖、田亩，使各执一艺。"这条规定与绩溪《梧川汪氏宗谱》卷一《宗训》对预蒙养的强调并无明显区别。可以说，明清徽州族规家法强调的预蒙养，不仅适用于明清徽州某一宗族，也适用于明清徽州其他宗族。

明清徽州族规家法中的"预蒙养"和"重家学"实际上可以互用，两者之间在一定程度上可以画等号。对家学中的蒙养，同治《华阳舒氏统宗谱》卷一《家范十条》中有比较清楚的阐述："天下之本在国，国之本在家，家之本在身。格物致知，诚意正心，皆所以修身也。《易》曰'蒙以养正，圣功也。'家学之师，必择严毅方正者为师法。苟非其人，则童蒙何以养正哉？"由此可见，明清徽州族规家法中的"预蒙养"和"重家学"高度匹配，而匹配的基础是共同的教子导向。

五、振士类

明清徽州族规家法是明清时期徽州宗族强化子孙教育的重要载体和主要形式，深受科举制影响，强调励学仕进。在此问题上，明清徽州族规家法是从读书治学、科举入仕的既定目标出发，通过教子、仕进开道，为振作士类立规。振士类的明清徽州族规家法主要是从助学应试前提出发，比如"族中子弟，读书三五年，如果天资高妙，与天资平等而志大心专者，其家贫无力，则祠董于祀租每年拨助学资。如祀租无余，则于上户、亲房劝其扶助，中举则偿其本。"①然后再围绕科举奖励引导子孙走上仕进之路，具体措施如"族有初进学者，众具贺仪伍钱，为衣巾之助。其进学者，则二倍之，以覆壹两五钱，入众；有中举者，输拾伍两；中进士者，输三拾两。有岁贡纳粟出仕者，输银柒两；有吏员出仕者，输银伍两"②。

助学与科举奖励的实施不仅为明清徽州宗族提供了教子孙、重诗书、勤问学、育人才的契机，也使得明清徽州关于振士类的族规家法更加完整。明清徽州族规家法之于振士类规则而言是与教子孙、重诗书、勤问学、育人才等条款紧密相连。正如万历《萧江全谱》之《附录》卷五《贞教第七》中"育人才"所言："族中子弟，天资颖异，富者自行择师造就，贫者，祠正、副于祭内量贴灯油。四季会考，敦请科第者主其事，以次给赏纸笔，以示劝勉，其费皆动支祠银。"同时，在族规家法制订的过程中，子孙训诲、诗书阅读、劝学勤学等问题得到了一次次的强调，不仅强化了明清徽州关于振士类族规家法的影响力，也使明清时期徽州人认识到自己所担负的育人重任。在此背景下，徽州宗族子弟仕进的重要性愈加突出。

明清徽州关于振士类的族规家法较好地体现了仕进理念，通过各种积极措施，鼓励族中子弟成为应举的主动参与者，而不是被动的接受者。具体来说，明清徽州宗族明确将奖励幅度、资助额度写入族规家

---

① 光绪《绩溪县南关许氏惇叙堂宗谱》卷八《家训》，许文源等纂修，清光绪十五年木活字本。
② 万历《休宁茗洲吴氏家记》卷七《家典记》，吴子玉编修，明万历十九年抄本。

法，如"其学成名立者，赏入泮贺银一两，补廪贺银一两，出贡贺银五两，登科贺银五十两，仍为建竖旗匾，甲第以上加倍。至若省试，盘费颇繁，贫士或艰于资斧，每当宾兴之年，各名给元银二两，仍设酌为饯荣行。有科举者，全给；录遗者，先给一半，俟入棘闱，然后补足。会试者，每人给盘费十两"①等，一律在族内公开，且对奖励幅度和资助额度作了明确规定。这可视为明清徽州宗族子弟参与应举过程的一个侧面。

第六节　违规处罚办法

明清时期，在宗族关系维护、宗族稳定保障中，违规处罚办法一直发挥着巨大作用。明清徽州宗族始终重视违规处罚办法的应用，并把它与宗族发展、宗族形象、宗族利益密切结合。虽然不同的族规家法推出的违规处罚办法不尽相同，但因目标相同、依据相同，也呈现有共性的特征。概括起来，普遍采用的违规处罚办法大体上可分为六类。

一、警示类

这类处罚方式是一种较轻的处分措施，以公开严厉的批评教育为主，一般不触及皮肉，也不涉及财物，但被训诫者必须改正，不得再犯。情节严重者，将会受到精神方面的惩处。

（一）叱责

明清徽州族规家法明确提出了"叱责"训诫措施。叱责，即斥责与教训相结合的处罚方式。轻者当面斥责，重者严加训斥，甚至加以羞辱。如嘉靖《绩溪积庆坊葛氏重修族谱》卷三《家规》记载："族人争

---

① 民国《明经胡氏龙井派宗谱》卷首《祠规》，胡宝铎等纂修，民国十年刻本。

讼，不可逞气，遽扰官府。须各以事理白之族中尊长及知事者，托之处剖，则是非曲直自有定论。其是者、直者固得自伸，非者、曲者亦当降心下气，听众劝谕，犹胜于轻造公庭，反获罪戾。或轻眇族人，恃势好讼，被屈之家即于官府拆告，族众名目，公为呈禀。又有一等狼心孤迹之人，每于宗族间舞弄机智，挑唆祠讼。若此所为，虽无人祸，必有天刑，或有访出得实者，众共叱辱之。"

（二）纪过

明清徽州族规家法讲究区分"纪善"与"纪过"。"约所立纪善、纪恶簿二扇，会日，公同商榷。有善者，即时登簿；有过者，初会姑容，以后仍不悛者，书之。若有恃顽抗法、当会呈凶，不遵约束者，即是侮慢圣谕，沮善济恶，莫此为甚！登时书簿，以纪其恶。如更不服，遵廖侯批谕，家长送究。"[1]出自明清徽州族规家法的纪过，处罚方式大体上分为两种：一种是"在宗祠中悬挂粉牌，将有过失者的姓名、过失直书牌上，通告全体族人"；另一种是将有过者的劣迹记入宗谱。隆庆《文堂乡约家法》就规定："子弟凡遇长上，必整肃衣冠，接遇以礼，毋得苟简土揖而已。间有傲慢不逊、凌犯长上者，本家约正、副理谕之。不悛，告诸约正、副正之。再不悛，书于《纪过簿》，终身不许入会。"据此，明清徽州宗族在处罚违规者时，经常运用"纪过"的方式，如明代休宁县松萝门吕氏宗族对于违规者在训斥后，仍置"瘅恶薄"，"有过必记之，以惩创人之逸去。由此相率劝勉，则一家皆善士，而为礼义之门、世德之族矣"[2]。

（三）在神前悔改

依据明清徽州族规家法规定，明清徽州宗族对违规者的处罚决定，基本上都由宗正、副议定。由此，各户或有子孙忤犯其父母、凌犯长上、犯伦败俗、掘损盗砍等事故，"先须投明本户约正、副理论。如不

① 隆庆《文堂乡约家法》，陈昭祥辑，明隆庆六年刻本。
② 民国《重印新安大阜吕氏宗谱》卷五《松萝家规》，吕龙光等纂修，民国二十四年木活字重印明万历本。

听，然后具投众约正、副，秉公和释，不得辄讼公庭，伤和破家。若有恃其才力，强梗不遵理处者，本户长转呈究治。"①意思是说，各宗族如有此等恶人，"虽被害者懦弱，不能申诉，各宗正、副不许容隐，即当代为陈禀始祖之前，悉听宗正、副据理剖断，毋纵毋枉。"②违规者被责令在神前悔过，即由宗正、副议定。责令违规者在神前悔过，指的是罚令他们在祖宗面前反思、悔过。"祭神如神在，尽至敬也。凡在祭时跛立傍语、顾盼谑笑、当拜不拜，及执事礼仪不恭、赞引错喝者，皆慢上而勿众也，皆整班纠仪举，祭毕，罚神前拜八拜赎过。"③这类规定符合这里所称的"在神前悔改"。

二、羞辱类

对违规者进行精神惩罚，以促使他们改过自新，这是明清徽州族规家法推出的又一个惩罚措施。这类惩罚方式"不是给予正面教育，而是毁损受罚者的人格和名誉，使他们蒙羞受辱，从而促使他们反思其过错，并因害怕出丑而不敢重犯"④。

(一) 鸣鼓攻之

明清时期，徽州宗族大都在族规家法框架内对违规者"鸣鼓共攻"。如万历《商山吴氏宗法规条》规定："圣谕六言，至大至要，木铎以徇道路，妇峻亦当禀持。即有至愚至鲁之辈，纵难事事孝顺，亦岂可作忤逆？虽难事事尊敬，亦岂可肆侵侮？虽难事事和睦，亦岂可日寻争斗？……以若所为，上玷祖德，辱及门风，贻诮路人。彼顽恬不知怪，为之族长、宗正者，宁无觍乎？今后有此辈，初当理谕之，不改，鸣鼓攻之；三不改，合族赴公廷首，治之不贷。"对这种规则的遵守，决定了徽州宗族对违规者"鸣鼓共攻"必然深受此种规则的规范。首先，

① 隆庆《文堂乡约家法》，陈昭祥辑，明隆庆六年刻本。

② 万历《商山吴氏宗法规条》，作者不详，明万历钞本。

③ 万历《商山吴氏宗法规条》，作者不详，明万历钞本。

④ 费成康：《中国的家法族规》，上海社会科学院出版社2002年版，第108页。

在族内鸣鼓聚众，公布违规者的违规行为。其次，组织家人和族众，对违规者进行谴责和声讨。最后，往往施以拳脚，使违规者受到皮肉之苦。

（二）众共弃之

明清徽州族规家法把"众共弃之"作为处罚方式，获得徽州人的认同与遵守。如隆庆《文堂乡约家法》规定："每会，各户约长，约正、副，早晨率分下子姓，衣冠临约所，毋许先后不齐，亵服苟简，以负远迩观望。若各户下有经年不赴约及会簿无名者，即为梗化顽民，众共弃之。"据此，违规者将被贬抑，"即有变患之加，亦置弗理"，处处低人一等，难以抬头仰望。

（三）登门斥辱

这种处罚方式与"鸣鼓攻之"相区分。由于斥辱的地点不同，所以"鸣鼓攻之"与"登门斥辱"在族规家法中没有相互替代。明清徽州族规家法有"鸣鼓攻之"的规定，也有"登门斥辱"的规定。如万历《商山吴氏宗法规条》记载："妇人怀嫉妒之情，丈夫有沉惑之僻，家世之败坏，起于妇人之长舌，而澜于丈夫之沉惑。今后，各支妇女，如有抵触翁姑、夫妇反目、姒娣戕伤、朝夕詈骂、不守闺阃礼法者，诚为悍妇。若不痛加禁治，必致仿效成风。初犯，责罚夫男；再犯，宗正、副会族众登门斥辱本妇，改过则已。"在明清时期的徽州社会，用"登门斥辱"的方式对违规者进行惩罚并不是个别的、小范围的。"宗正、副会族众登门斥辱"，足以让违规者颜面扫地、自惭形秽。

三、体罚类

体罚是对违规者的身体进行责罚的惩罚。明清徽州族规家法关于体罚的规定，主要通过笞打、罚跪、杖责等办法予以实施。"体罚，是族规家法最典型的惩罚方式"①。

(一) 笞打

笞打即用鞭、杖或竹板抽打违规者的身体。明清时期，徽州宗族对违规者的笞打设有限定："古者宗法立而事统于宗。今宗法不行，而事不可无统也。一族之人有长者焉，分莫逾而年莫加，年弥高而德弥邵，合族尊敬而推崇之，有事必禀命焉，此亦宗法之遗意也。有司父母斯民，势分相临，而情或不通。族长总率一族，恩义相维，无不可通之情。凡我族人知所敬信，庶令推行而莫之敢犯也。其有抗违故犯者，执而笞之。"②即是严格的族规论断，由族规家法明确规定。其中"小过鞭扑"最能体现这种处罚的特点："古人扑作教刑，又云'蒲鞭示辱'。盖以过之小而鞭扑行焉，辱之也，教之也，非有伤残于肌肤，使之惩创以自新也。父兄之于子弟，隐忍含容，以至渐流于恶，是贼之也。凡因小过、情有可宥者，而欲尽抵于法，亦非所以爱之也。莫若执之于祠，祖宗临之，族长正、副斥其过而正之，箠楚以加之，庶其能改而不为官府之累，其明刑弼教之行于家者乎？"③

(二) 罚跪

明清徽州族规家法对罚跪设定规则："十六岁以上男子怒骂尊长，因尊长殴之而回手者；十六岁以上男子动手与妇女戏侮者；十六岁以上男子不饥寒而犯窃者；十六岁以上男子于祖坟山采细木为薪者。以上族长或其亲长，令跪祠堂祖宗前，用细竹枝成把笞其背，伤皮而不伤骨。不用竹板，恐成板花，或受伤也。笞之，仍令跪香服罪，并跪叩所犯尊长，戒不再犯。"④如果族人遵守族规家法规定，这种处罚一般不会发生。这种处罚方式，存在两种形式：在家庭，罚跪的地点不限；而在家族，罚跪的地点通常是祠堂。罚跪祠堂的时间"自燃香一寸的时间至燃

---

① 费成康：《中国的家法族规》，上海社会科学院出版社2002年版，第111页。
② 乾隆《重修古歙东门许氏宗谱》卷八《家规》，许登瀛纂修，清乾隆十年刻本。
③ 乾隆《重修古歙东门许氏宗谱》卷八《家规》，许登瀛纂修，清乾隆十年刻本。
④ 光绪《绩溪县南关许氏惇叙堂宗谱》卷八《家法》，许文源等纂修，清光绪十五年木活字本。

香若干支，甚至更长的时间"①，谓之"跪香"。如光绪《绩溪县南关许氏惇叙堂宗谱》卷八《家法》规定："十六岁以上男子初犯怒骂尊长者，十六岁以上男子与妇女口出戏言无礼者，妇女得罪于翁姑者。以上族长引至祖宗前跪香，教而遣之。"

（三）杖责

比较笞打、罚跪，杖责是一种较重的处罚。依据明清徽州族规家法规定，在明清时期的徽州，杖责的执行通常在两种情况下进行：成人以下，如得罪尊长，或戏谑女子，或窃人物件，其父兄随时在家自加杖责，仍令长跪服罪；成人以上如得罪父母尊长、窃取族内物件，聚赌、笑谑妇女、在族外奸淫妇女，则由分长或族长引入支祠或宗祠祖前，杖以竹板。"杖之轻重多寡，视其罪之大小，身之强弱。既责，仍诚心化导，务期悔悟。"②明清徽州族规家法对杖责的规定，不仅仅在于杖责要求，也在于杖责适用。"妻得罪夫男，弟得罪兄长者，重责。""开赌、宿娼、酗酒，重责。""行止不端，有实迹者，重责。""凶暴斗狠，重责。""凡小子无知，得罪父母，得罪尊长，交结匪人，或与女子戏谑及窃人物件者，由父兄在家杖责惩诫。"③这里的"重责"，就是指杖责。

四、财物类

财物类处罚是一种财产处罚，涉及违规者财产权的剥夺，包括罚银、罚物、赎回、赔偿等。在明清时期的徽州，罚银、罚物、赎回、赔偿等均由族规家法规定。

（一）罚银

明清徽州族规家法对于罚银的规定，如嘉靖《绩溪积庆坊葛氏重修族谱》卷三《家规》明确规定："冠巾有不到者，罚银二分"，"盗卖众

---

① 费成康：《中国的家法族规》，上海社会科学院出版社 2002 年版，第 111 页。

② 光绪《梁安高氏宗谱》卷十一《家法》，高富浩纂修，清光绪三年刻本。

③ 光绪《绩溪东关冯氏家谱》卷首《祖训》，冯景坡等纂修，清光绪二十九年木活字本。

产及侵占者，罚银十两"，"盗砍木植者，罚银一两；负赖银两者，罚银一两。""苟或醉酗忿争，各桌之人即行戒止，众于来日评断曲直。其相争者，各罚银一钱，同桌不劝止者，罚银三分。""如轮该管办不行任事者，罚银三钱。不该管办来揽任事者，亦罚银三钱。""或有徇私刻众，不与同事八人知会者，罚银一两。"依据此类规定，在明清徽州，对于在家坐视祠堂祭扫不往者、清明祭祖不到者、砍伐住基坟茔木植者、擅移祠堂桌椅器物门扇之类出堂外入私舍者、众产有私自盗卖者、私将佃仆出卖他姓者等都处以罚银。至于罚银是否加倍，要看具体情况，诸如"已冠拖延不入拜祖者"，"失于先入银而即娶亲者"，"私聘，希躲前银，至于嫁日，终不以掩"①等情况，罚银加倍。

（二）罚物

罚物在明清徽州具有可执行性。明清徽州族规家法对于罚物的规定，不仅具体，而且标准明确。如万历《休宁茗洲吴氏家记》卷七《家典记》规定："管年之房，十日一洒扫。有坏漏处，将公堂银依时修缮，虽时时暂有费，然费少而实宁永也。祠楼下左右，毋许诸妇经布，其匠人经布、杂作使用，听之，但不许租用桌凳。其门阑屋前庭墀，不许晒谷、晒苎、浆线、放猪于内。违者罚，罚米三升。"又规定"自今族男子毋许进族妇房阃内，叔母得进嫂房阃内，侄母得进伯叔母阃内。有事或相接关白，则于门阃外候立白事。诸子孙违者，罚银三分。倘有伯叔等在舍中，诸少妇亦毋得入伯叔等舍中。违者，罚手巾一条。"明清徽州族规家法规定的罚物，形式多样，包括罚修祠堂、罚修宗谱、罚买祭品等，如经宗族公断，违规者必须认罚。

（三）赎回

明清徽州宗族将赎回处罚纳入族规家法，规定了对私行鬻卖祠内祭田及各处山场庄业、变卖近宅冢基地田产等行为进行赎回处罚。如康熙《横冈胡氏支谱》卷下《家规》规定："祠内祭田及各处山场庄业，俱系祖宗创遗，务期永远遵守。若私行鬻卖，则破坏体面，滋生衅端，开罪祖宗多矣。违者，立令赎回，仍削其谱名，永不许入祠。"根据明清徽州族规家法，佃仆如私自出卖他姓也受该族规家法约束。如万历《休宁茗洲吴氏家记》卷七《家典记》规定："佃仆，毋许私将出卖他姓，以致败坏体统，启生讼端。有违此者，罚，罚银壹两，仍责令赎还。"

（四）赔偿

明清徽州宗族执行赔偿处罚的基础是族规家法。依据明清徽州族规家法有关规定："族人损坏族中公产，滥用宗祠、义庄经费，以及损坏、盗卖族谱等，通常都要赔偿，直至加倍重罚。"①如万历《休宁茗洲吴氏家记》卷七《家典记》记载："众堂桌椅、器物、门扇之类，只于厅堂备用，毋许擅移出堂外入私舍。违者，罚，每一件罚银一钱入箧。其各门门钥，俱管年之家承管。所众器物，岁暮上轮下接，交替之时，取具收领一纸。如有损坏遗失，责令年首修赔。"

五、资格和权利类

这类处罚和以上各类处罚都不同，可将之归入资格和权利类。这类处罚通过剥夺或限制族人在族中的某些资格或权利，对违规者进行处罚，涉及斥革、革胙、革谱、出族、逐出等。

（一）斥革

所谓斥革，就是开除或革除。明清徽州族规家法规定的斥革处罚，大体包括两个层次：一是革除职衔，二是斥退祭祀。前者为剥夺违规者担任某些职务的处罚，后者为剥夺违规者入祠参与祭祀、收藏族谱等族权的处罚。明清徽州宗族在族规家法中规定了革除职衔与斥退祭祀的边界。而对斥退祭祀的规定则更加全面，这就是明清徽州族规家法关于斥退祭祀办法的可操作性。如宣统《上川明经胡氏宗谱》下卷之《规训》

---

① 费成康：《中国的家法族规》，上海社会科学院出版社 2002 年版，第 110 页。

将判处"革出，毋许入祠"的违规者明确为："不孝于其父母、祖父母者"，"恃强逞暴、无礼于亲长者"，"同姓为婚暨娶奴仆之女为妻者"，"无故嫁娶者"，"盗卖祖宗祭产及侵占祖坟、盗砍祖坟荫木者"，"奸占族人妻女者"，"卖其女或其兄弟叔伯子侄之女与人为婢妾暨为娼妇者"，"为亲长而强逼孀妇改嫁者"，"为他姓证讼、诬害族人者"等。

（二）革胙

革胙就是革除违规者在祭祀后领取胙肉等食物的权利。明清徽州宗族的祭祀仪式，按祭地分类，可分为祠祭和墓祭。明清徽州族规家法对于"革胙"的规定，主要围绕祠祭和墓祭作出。如乾隆《重修古歙东门许氏宗谱》卷八《家规》就分列有"春秋祭祀"和"清明墓祭"专条，对于"春秋祭祀"，明确"今立定规，五鼓聚齐，祭以黎明，而凡威仪、仪物之类，立纠仪礼生二名，以察其致祭之仪，尽志尽物，期于感格。黎明而祭不举者，罪其轮首之人；过时不至，与祭而衣冠、礼仪不肃者，罚其胙，仍书于瘅恶匾，某人于春、于秋怠一祭，三犯而治以不敬之罪。"对于"清明墓祭"则明确："古之墓祭，非礼也，后世举而不废者，祖宗体魄所在。欲子孙识其处，盖亦所系之重也。吾宗坟墓非一处，标祀亦非一日所能遍也。……甚至分胙之际，饮而丧仪，醉而败德，讥讪轮首，侮慢尊长，是宜查明，以罚其胙。有登舟而不至墓所者，其罚同。"[1]"革胙的次数少则为一次，多则达数年，甚至有终身革胙。"[2]

（三）革谱

革谱指的是在族谱上削其名，永远不许入祠。明清徽州宗族根据族规家法的规定，对违规者进行革谱处罚，受罚对象主要是贪墨闻者、出卖公产者、逐出祠堂者、弃卖祖冢坟地于异姓者、货鬻族谱于非族者、禽心兽行者、积世恣恶者等。革谱近似于"不书"。明清徽州族规家法规定"谱有六不书"，即"弃卖祖冢坟地于异性，货鬻族谱于非族，谓之'弃祖';前人叛逆抄没，而余党苟全于世者，谓之'叛党';积世恣恶，代遭刑狱者，谓之'刑犯';彝伦渎乱，男女无别，禽心兽行者，谓之'败伦';不顾祖宗名义，惟图狗行全躯，甘为人下者，谓之'背义';不肖无耻，甘与下贱为婚者，谓之'杂贱'"①。以上六个方面均被视为玷辱祖宗，"有一于此，黜而削之。"无论是"革谱"还是"不书"，都意味着家谱中没有违规者的名字，他们的家族成员身份将不再被家族承认。

（四）出族

出族与革谱近似，但较之于革谱，其包含更多的内容。在明清时期的徽州，这种处罚里有一个重要因素，就是族规家法的规定。写在明清徽州族规家法之中的"出族"，有"出族"和"永远出族"之分。前者如民国婺源《济阳江氏统宗谱》卷一《江氏家训》规定："子孙犯家规，始须从容训导，令其悔悟。不悛，则扑之，扑之仍如故，甚至反常叛道者，送官惩治，或斥革出族。"受到"出族"处罚的违规者，如能悔过自新，若干年后可恢复族籍。而"永远出族"之罚，则为"革出族外，永不收复"。"出族"处罚还有一个特点，就是受到处罚的违规者，"生则不许入会，死则不许入祠"②。

（五）逐出

逐出处罚，在明清徽州族规家法中有明确的规定。如光绪《梁安高氏宗谱》卷十一《家法》记载："悖逆不孝，其罪最大，而父母在，又不能逐出，姑从宽，由分长、族长捆入祠堂重责，悔悟即已。倘终父母之世，曾不悔悟，于其父母没后，即将此子逐出境外，革去祠胙，生前死后，永不归宗。后虽或有别功，或其子孙有功，皆不准赎。如其妇非不孝，则生前同逐，而其妇死后，仍准入谱。"由此可见，逐出就是勒令违规者离开家庭或家族居住区。被逐出家庭居住区的违规者，可在当地生活。被逐出家族居住区，即被宗族驱逐的违规者，生前死后永不归

---

① 光绪《祁门胡氏族谱》卷首《凡例》，胡廷琛纂修，清光绪十四年木活字本。
② 隆庆《文堂乡约家法》，陈昭祥辑，明隆庆六年刻本。

宗。"会受到驱逐之罚的族人，往往是犯了当时的人们认为是极为可耻的罪恶"①，如子孙悖逆者、凶杀劫盗者等，都是宗族驱逐的对象。

　　除了上述几种处罚方式外，明清徽州族规家法中还有一种处罚方式为送官呈治。明清徽州族规家法中的送官呈治，又称呈官惩治、鸣官究治、送官究治、呈公究治。这种处罚方式的特殊之处在于，被处罚对象为极少数屡教不改、极端恶劣的不肖子孙，处罚者不是宗族，也不是家长、族长，而是官府。所谓送官呈治，就是由官府来实施对家长或族长送交官府的违规者的惩罚。可以说，送官呈治是在明清徽州族规家法规定中单列出来的一种处罚方式，它与上述几种处罚方式一样，同是明清徽州族规惩罚体系的组成部分。由于不同宗族存在差异，各宗族制订的族规家法在送官呈治上各有不同。例如，万历《商山吴氏宗法规条》规定："族中或有一等棍徒，名为轿扛，引诱各家骄纵败子酗酒、习优、宿娼、赌博，不顾俯仰，必致倾家破产丧身而后已。此等恶俗，犹为可恨，宗正、副约会族长，呈官惩治。"而光绪《绩溪东关冯氏家谱》卷首《祖训》则规定："子妇殴打父母、舅姑，乃伦常大变，非家法所得而治，当由房长、邻右立刻捆逆子、逆妇，送官重治。"受此限制，明清时期，徽州宗族给予违规者"送官呈治"处罚大都具有极强的针对性。

---

① 费成康:《中国的家法族规》,上海社会科学院出版社2002年版,第115页。

第四章　明清徽州族规家法的特征分析

明清徽州各宗族尤其是名门望族，都会根据本宗族需要订立并推行族规家法。明清徽州族规家法是明清时期徽州宗族基于宗族需要而制定的"法规"，也是确保徽州社会稳定的不可替代的工具。其是明清徽州宗族意志的体现，助力明清徽州社会治理实践，文化积淀根深底厚，具有明显的地方性特征和区别于同一时期其他地区族规家法的特质。

第一节　族规家法出场的徽州逻辑

明清徽州族规家法的发展，正是由于切合这一时期徽州宗族需要，一经制订就得到了徽州族众的普遍认同和拥护。族规家法促使徽州百姓有规可守、徽州宗族有序可循、徽州社会有制可依，集中反映了明清徽州族规家法制订、适用和实施的内在逻辑。

一、族规家法制订的徽州逻辑

明清徽州族规家法的主要制订者是族长。如隆庆《潭渡黄氏族谱》祠祀《附公义规条》，"公议宗祠规条计三十二则，乃八堂尊长（八个支派的族长）暨文会诸公（乡绅）于康熙甲午仲春下浣七日议定，自当永远遵守。"但在明清徽州社会中，徽州族规家法的制订者也有乡绅。这里的乡绅，又称缙绅，是活跃在徽州各乡的官吏或读书人，可统称为乡间的绅士。他们的地位在徽州宗谱中也有明确的规定，如祁门《方氏宗谱》卷首《族规》在指出"士"居四民之首的特殊地位的同时，也强调读书人之作用的不可替代性："宗族所赖维持而勿替者，斯文而已。重斯文则族日盛，薄斯文则族寝衰，此古今之明验也。今族中子弟苟有出人头地者，富则优以礼节，贫则资以钱财，名曰灯油。……切不可自己无人读书遂生妒忌。盖诗书不负三代，其人敬重诗书人，其家即生诗书子也。"

以往学界比较注意族长对族规家法的制订，往往忽略或不太注意族规家法制订者中还有乡绅。具体到明清徽州，乡绅制订或参与制订的族规家法其实很多。乡绅不仅是族规家法的制订者，而且也是族规家法的宣讲者，如隆庆《潭渡黄氏族谱》祠规《附公义规条》记载："乡故有三八会，每遇初三、十八日，聚子弟于祠，申以孝悌姻睦之谊。有不法者惩之，严气正性实心举行，风俗为之丕变。"由族长制订的族规家法与乡绅制订的族规家法具有同样的效果，这不仅因为族长是由族人推选的乡绅，还因为族长是乡绅编纂族规家法的组织者、推动者、实践者。无论是族长制订的族规家法，还是乡绅制订的族规家法，都是宗族社会的行为规范、族人的行为准则，然后通过推行族规家法，进而规范宗族的秩序，维护宗族的稳定，促进族人发展。明清徽州宗族的族长和乡绅，都重视族规家法的制订与推行，以奖励族人在忠、孝、节、义等方面的善行，惩处忤逆、奸淫、匪贼、凶暴等各类违规行为。绩溪《明经胡氏龙井派祠规》中的"彰善四条"与"瘅恶四条"规定，就很好地展现了明清徽州族规家法的要求与奖惩办法。这里将其内容照录如下：

训忠：扬名显亲，孝之大也，然能仕而父教之忠，在位而恪共乃职，始不负于朝廷，乃有光于宗祖。节俭正直，靖共之大节，宜追肃慎柔嘉，烝民之遗规尚在，而且夙夜匪懈，进退有思。有此贤能子孙，生则倍常颁胙，殁则给其配享，以训其忠也。

训孝：众之本教曰孝，其行曰能养，其养必兼之能敬，敬而将之以礼，始无愧为完人，乃得称为孝子。啜菽饮水，但求能尽其欢；夏清冬温，又在不违其节，而且丧祭有礼，庐墓不忘。有此仁孝子孙，生则颁胙，殁给配享，仍为公呈请旌，以教孝也。

表节：妇人之道，从一而终，一与之齐，终身不改。泛柏舟而作誓，矢志何贞！歌黄鹄以明情操，心何烈！倘有节孝贤妇，不幸良人早夭，苦志贞守，孝养舅姑，满三十年而殁者，祠内酌办祭仪，请阖族斯文迎祭以荣之。其慷慨捐躯殉烈者亦同，仍为公呈请旌，以表节也。

重义：仁人正谊不谋利，儒者重礼而轻财。然仁爱先以亲亲孝友，终于任恤。辟家塾而教秀，刘先哲具有成规；置义田以赈贫，范夫子行兹盛举。倘有好义子孙，捐义产以济孤寡，置书田以助寒儒，生则颁胙，殁给配享，仍于进主之日，祠内酌办祭仪，请阖族斯文迎祭以荣之，以重义也。

忤逆：父母之恩，欲报罔极，乃有博弈，纵饮好货，私妻凤夜，既忝所生，朝夕不顾亲养，甚且妇姑不悦，反唇相稽，此等逆子悍妇，一经投纸入祠，即行黜革。

奸淫：人之有偶，不可乱也。乃有纵欲者流，名教不恤，坏族名风，破人节行，甚且中冓难言，新台有刺。此等人面兽行，或经投纸入祠，告讦有据，即行黜革。至若士耻固不可言，女耻尤不可说，见金夫而不有乘垝垣而嘱迁。如此女流，亦不许进主。其娶宗妇及同姓者，并加黜革。

匪贼：天地之间，物各有主。乃有不轨之徒，临财起意，纳履瓜田，见利生心，整冠李下，鼠窃狗偷。此等匪人，宜加惩戒。如盗瓜菜、稻草、麦杆（秆）之属，罚银五钱；盗五谷、薪木、塘鱼之属，罚银三两，入公堂演戏示禁。其穿窬夜窃者，捉获有据，即行黜革。

凶暴：身体发肤，受之父母，不敢毁伤。乃暴戾之徒，逞英雄之概，凶戾无词；恃气矜之隆，恶终弗顾，自召其殃，甘投法网。此等并皆黜革。投缳自溺，皆与同条。惟捐躯殉烈别有旌嘉，无辜受灾，不在此例。①

---

① 民国《明经胡氏龙井派宗谱》卷首《祠规》，胡宝铎等纂修，民国十年刻本。

明清徽州族规家法是明清时期徽州宗族法规、公约的集中体现。在明清徽州宗族史上，从明代到清代，徽州宗族为了使制定的族规家法更具合法性和权威性，往往采用由官府认可、宗族颁行的做法，具体就是利用宗族的特殊地位，争取官府的支持和认可，然后由官府给告示，宗族打着官府的旗号，令族人无条件遵从。如"直隶徽州府歙县，为恳申祠规，赐示遵守事。据二十一都五图约正朱文谟同族长朱明景等连名具呈前事，呈称：本家子侄丁多不一，恐有不务生理、横暴乡曲、不孝不悌、忤尊长、违禁、赌博、酗饮、嫖荡、斗打、争讼等情，祠立家规，犯者必戒。恐有刁顽违约，不服家规诫罚，仍肆强暴，不行改正，虑恐成风，后同族长粘连祠规呈叩天台，伏乞垂恩，准申祠规，赐印赐示、刻扁、张挂，以儆效尤，概族遵守等情。据此，拟合给示严禁。"①这种做法在官府的支持、认可下展开，发挥着官府保护宗族行使族权、族规家法得到官府认可而具有法律效力等方面的重要作用。

二、族规家法适用的徽州逻辑

明清徽州族规家法中关于族规家法适用的规定较为明确、具体。如黟县《鹤山李氏宗族》记载："我族旧例：凡正月初四、七月十五以及冬至，族人咸集宗祠祭祖。嗣后，每年当于此三日高声对众宣讲，令人人饫闻其训，归家则父诫其子，兄勉其弟，夫励其妻，庶几家喻户晓，敦让成风。"②由此可见，明清徽州族规家法适用于本族，只对族人有效。对明清徽州族规家法的适应范围，明清徽州各宗族在族规家法中作出的划分基本相同，"国典之设，首重科条；家法之修，当垂成例。爰遵祖制，重整良规，属在子孙各宜循守。"③各族规家法对于本族规家法适用范围的划定都有一个较为明确的宗族意识。

明清徽州族规家法为明清时期徽州宗族所确立，并在族内适用。这种适用准则在明清徽州族规家法中得到阐明。如万历《重修城北周氏宗

① 竭田《朱氏祠志·县给告示》，许承尧钞本，安徽省博物馆藏。
② 民国《鹤山李氏宗谱》卷末《家典》，李世禄等纂修，民国六年木活字本。
③ 民国《绩溪城南方氏宗谱》卷二《祠规》，方树等纂修，民国八年木活字本。

谱》卷九《宗祠规约》记载："右《宗训》一十八条，乃先府君述祖宗遗训，用以规戒后人，垂示永久。今不肖重述其概，备载于谱，使吾族子姓须时常记念，永为彝训。仍于春、秋祭祀，宗族会集之时，对众讲究，务在详明遵行，方为孝子慈孙也。"依据该规定，只要是"吾族子姓"，不论其行为发生在哪个家庭，宗族的族规家法都具备适用效力，因此制定、推行该族规家法的徽州宗族便拥有了奖惩事项的管辖权和族人行为的处置权。

至于明清徽州宗族对于奖惩事项的管辖权和族人行为的处置权，则在执行族规家法中不断拓宽。在明清徽州族规家法规定中，徽州宗族认为，族规家法的适用和管辖权形成的条件是只要"有背约者，阖族阻止之。阻之不可，再议拟家法以治之可耳！"①但是，在族人行为约束中，族人违约往往是一系列行为，这些行为涉及很多方面，如得罪尊长、悖逆不孝、殴斗伤人、窃人物件、所行凶暴、行止诡异、聚赌、酗酒、乱伦、诓骗、宿娼等。这些行为有的发生在族内这个家庭，有的发生在族内其他家庭，即行为环节和要素可能在族内不同的家庭。在明清时期的徽州，族人的行为必须达到何种程度才能使徽州宗族行使族规家法呢？对此，明清徽州族规家法规定大同小异，形成了族规家法解释方法的适用模式，指出"家法以尊治卑，不得以卑治尊。凡族中子弟犯家法，叔伯、父兄得以家法治之。若叔伯、父兄犯家法，子弟晚辈不得籍口祖宗之名，以下犯上。""家法治轻不治重，家法所以济国法之所不及。极重至革出祠堂，永不归宗而止。若罪不止此，即当鸣官究办，不得僭用私刑。山乡恶俗，有重责伤人及活埋者，此乃犯国法，非行家法也。""然必每年宣讲家训，每岁遵行家礼，每事举行家政，然后可以行家法。若不讲家训，是不教而杀；不行家礼，是无风化；不举家政，是无恩泽。"②族人行为如触及凶恶莫制、怒骂尊长、为匪不法、出卖族谱、冒认宗支、淫秽逆伦、掘伤祖墓、远山盗葬、阴结匪党、行踪诡秘、盗人食物、男子不孝父母、妇人不孝舅姑等，都要受到族规家法的惩罚。

① 光绪《绩溪县南关许氏惇叙堂宗谱》卷十《宗祠规约》，许文源等纂修，清光绪十五年木活字本。

② 光绪《绩溪县南关许氏惇叙堂宗谱》卷八《家法》，许文源等纂修，清光绪十五年木活字本。

通过族规家法来规范族人的行为是明清时期徽州宗族的普遍做法。与此相适应，明清徽州宗族治理族规家法方式逐渐形成并巩固。这就决定了明清徽州族规家法具有以宗族为主导的强制性特征。在明清徽州宗族看来，族规家法具有绝对的权威性，任何族人都不能对族规家法提出质疑和私议，这就要求"为子者，必孝顺奉亲；为父者，必慈祥教子；为兄弟者，必以友爱笃手足之情；为夫妇者，必以恭敬尽宾对之礼。毋徇私乖义，毋逸游荒事，毋枉法犯宪，毋信妇言以间和气，毋学博弈以废光阴，毋耽酒色以乱德性。"①不遵圣谕、不展祠墓、不辨族类、不正名分、不睦宗族、不重谱牒、不肃闺门、不厚姻里、不豫蒙养、不务正业、不供赋役、不止争讼、不崇节俭、不禁邪巫、不行四礼等行为，严重动摇了族规家法的权威，必须禁止。这一方面要求族规家法的执行权必须由族长、祠首掌握，另一方面，把族人的行为置于族规家法的约束之下，族人只要触犯了族规家法，都必须接受族规家法的惩罚。

明清徽州族规家法不仅在世家大族使用，在寻常百姓家同样流行，不局限于宗族、家族，而被徽州地方政府广泛用于规范社会秩序。明清徽州族规家法也因此成为族人乃至徽州人立身处世的教材。"辑谱必载家训，然多蹈袭陈言，阅之亦觉生厌。兹特制五言古诗十二章，每章二十韵，只如俗说，俾人易晓。凡族中子弟于就傅后各录一本，令之熟读。"②徽州族规家法成为调整族人的约定，"家规之设，所以约束族人也。规之当循者难以指数，安能一一胪列？谨就尊祖敬宗敦本睦族之大端，与族众商酌裁为十二条，亦觉简而能该，我族务各凛遵，勿以纸上空谈而忽之也。"③族规家法成为徽州宗族进行内部控制的打开方式、基本准则，"祠之有规，犹治国之有律令，制器之有规矩准绳。故规矩准绳具而后方员平直可按而成，律令具而后纪纲法度可援而治，祠规具而后道德风俗一始成。其为故家巨室，三者其理同也。"④因而受到徽州社会的普遍重视。

---

① 隆庆《歙县泽富王氏宗谱》卷八《宗规》，作者不详，明隆庆六年刻本。
② 嘉靖《朱氏宗谱》卷首《家训》，朱世恩纂修，明嘉靖间刻本。
③ 嘉靖《朱氏宗谱》卷首《家训》，朱世恩纂修，明嘉靖间刻本。
④ 乾隆《济溪游氏宗谱》卷二十五《重刻游氏祠规》，游永等纂修，清乾隆三十三年木活字本。

明清徽州宗族严格执行族规家法，但宗族在族内推行族规家法时，常常不得不借助官府的力量。这种做法首先体现在族规家法制订上，制订族规家法要取得官府认可，以强化族规家法的权威性，增强族规家法的合法性基础。明清徽州宗族认为"王法者，朝廷所设以治吾民者也。无王法，则天下乱。苟平日不畏王法，恐一旦犯法而不自知。及遭刑戮，悔之晚矣，此君子所以怀刑也。故为绅、为士、为民，皆当畏法。畏法则敬官府，早完粮。苟非万不得已，不可轻与人结讼，自能远耻辱而保身家矣。"①所以宗族比较注重寻求官府的支持和倡导，以推动族规家法的制订。祁门《文堂乡约家法》的制订即是围绕这一思路展开的，该族规家法指出，文堂陈氏宗族"爰聚通族父老，会议闻官，请申禁约，严定规条，俾子姓有所凭依，庶官刑不犯、家法不坠，或为一乡之善俗，未可知也。自约之后，凡我子姓，各宜遵守，毋得故违。如有犯者，定依条款罚赎施行，其永毋殆。"②其次，在族规家法执行上，明清徽州族规家法主张"既立家法，斯于必行，又恐行之不善，或行家法而遂僭国法？……盖国法有五刑之属，而家法不过杖责与驱逐二条。若罪不止此，即非家法所得而治矣。假使泥家法之名，因而置人于死，如打死及活埋之事，此行家法而僭国法也。何谓行家法而反坏家法？杖责、驱逐皆祖父施于子孙、尊长施于卑幼者。假使尊长有过，而卑幼遂假家法之名以施于尊长，是欲行家法而先为悖逆，此行家法而反坏家法也。故家法止于杖责、驱逐，若罪不止此，则送官究治，不得私立死刑。"③将其主张转化为实践，明清徽州族规家法确定了"送官究治"的绝对情形，如清代歙县《程氏德卿公匣规条》规定："嗣后司匣者倘有亏空等事，分长及支众等即行查核追理。如亏空银钱，追偿银钱，不得援前陋弊，以屋宇、山地作抵。如恃强硬抵，即以欺祖论。公同呈官究治，断不宽容。"依据明清徽州族规家法有关规定，明清时期，徽州人如有盗砍祖坟荫木、强横不法、私将坟山典卖、渎乱伦纪、盗卖祠产、魃收祠租、染指怀私等违背族规家法的行为，都要接受官府惩治。

① 光绪《梁安高氏宗谱》卷十一《祖训》，高富浩纂修，清光绪三年刻本。
② 隆庆《文堂乡约家法》，陈昭祥辑，明隆庆六年刻本。
③ 光绪《梁安高氏宗谱》卷十一《家法》，高富浩纂修，清光绪三年刻本。

明清徽州族规家法的适用，还表现在明清徽州宗族通过族规家法进行的惩罚是慎重的。明清时期徽州族规家法大多具有"教"的特点，进行惩罚多是针对屡教不改的情况。如歙县《潭渡孝里黄氏族谱》卷四《家训》规定："卑幼不得抵抗尊长，其有出言不逊、制行悖戾者，会众诲之。诲之不悛，则惩之。"祁门文堂陈氏《文堂乡约家法》也规定："有过者，初会姑容，以后仍不悛者，书之……如更不服，遵廖侯批谕，家长送究。"徽州其他族规家法大多也有类似的规定。这些规定非常清楚地表明，明清时期徽州族规家法即使是进行惩罚，也是以教为先，所做的惩罚"诚不得已也"①。可以看出，明清徽州族规家法的适用，既强调"严"，又主张"宽"，既是"严的依据"，又是"宽的依据"。"严的依据"体现在明清徽州宗族严格执行族规家法，巩固本宗族持续存在及其在徽州的影响力。"宽的依据"体现在明清徽州族规家法的应用当宽则宽，严中有宽，宽中有严，宽严有度，宽严相济，可以起到惩罚极少数、教育大多数的作用，对于提高族规家法的实施效果具有重要的意义。

三、族规家法实施的徽州逻辑

明清徽州族规家法是明清时期徽州宗族的公约，也是徽州宗族的禁戒，明确有宗族的底线，不得违反和抵制。如祁门《方氏宗谱》卷首《族规》中所说："大凡家法不立，则事条难成；义方不训，则子孙罔淑。余族自始祖以来，家敦孝弟，族尚淳良，而忠厚之遗历久弗替。第恐族繁人众则心志难齐行履乖违。爰集其有裨于人伦，关于风化者，分列条规，俾通族子孙有所持循，庶几祖宗之流风永存也，如不遵者，男则罚银，女则罚布，顽则鸣公究治，决不宽恕。"在明清徽州，几乎所有宗族都要通过族规家法的推行来进行治理。正所谓"夫规之为言戒也，又言式也，事有不趋于时，不合于理，不可纵也，故戒之。戒之而趋于时，合于理，可世守矣，故式之。此规之所由立而人之所当遵也。

① 颜之推：《颜氏家训·教子》，载翟博：《中国家训经典》，海南出版社2002年版，第125页。

其或有干于此者，则礼罚炳炳在也，条陈于后，期毋犯。"①

明清徽州宗族不仅重视族规家法的制定，更重视族规家法的施行。这是明清徽州宗族维护宗族统一、强化宗族控制、调节宗族关系、化解宗族纠纷的现实需要。实施族规家法是明清徽州宗族基于特定的目标和需要采取的措施。

明清徽州是一个宗族社会，徽州宗族承担着宗族的管理职能，如修祭事、训祠首、保祠产、护龙脉、振士类、厚风俗、敬耆老、正名分等。绩溪《明经胡氏龙井派宗谱》卷首《祠规》有职守四条和名教四条，就是这方面的内容。

职守四条：

> 修祭事。凡春分、冬至二祭，前期三日，祠首共入祠，肃办祭事。值事仆二人洒扫祠宇，拭几席，涤祭器。次日，具帖请斯文习仪。前期一日，斯文入祠，视涤濯，于几席、壶酌、边豆之属不洁，嘱仆重涤濯，仍必薄责示惩，乃习仪。习仪毕，共旁坐，小饮乃退。祭之日，质明行事。如仪不备，或污秽不整，罚值年各银壹钱。仪备而礼生不举，罚礼生，停其散胙。习仪不到者，无散胙；祭祖不与者，不归胙。有于此时挟忿争嚣者，罚纸一块，仍令跪拜祖前谢过。祭毕，发签颁胙。颁胙毕，请各礼生及头首入祠散胙，值事仆二人行酒，不猜拳，不给烛，犯者，罚出祭胙。祭之明日，管事人入祠，同算费用，面折登账，此祭祀之事不可不修也。他如祭器、祭品、值年例谷、进木主礼，以及膳礼生散胙、归胙诸成式，详载诸规例谱，灯、酒例亦同。

> 训祠首。祠之废兴，系于祠首，非人则害大，日久亦弊生。爰酌管祠定例，斯文分班轮流交代时，各项器用俱照清单点付。如有失落、敝坏，责令赔补修整。其逐年收租、粜谷一切费用账目，接管人面同算明登账，然后投匣封贮，管匣、管钥、管封、管印各任其事，无得通情凑便。事不称职，犯者罚银壹两。有怀私者，查明攻出，仍揭书祠壁，黜革不许入祠。至族内间有口角，或请调和，

① 万历《祁门清溪郑氏家乘》卷四《规训》，郑之珍辑，明万历十一年刻本。

必须直道而行，照依祠规赏罚。如有强梗，呈官究治。大要修祠宇、省坟墓、核产业、勤算租、整祭器、明用度，遵前人所已行，发前人所未发。毋贪利徇情，毋畏势凌弱，则勤足办事，公足服人，而祠赖以兴矣。有能如此，给配享荣之，管祠人勉旃毋勿。

保祠产。祠之有产业，皆先人批置，以为祭祀二事，匪颁之用也。产业不明，则侵占之患生，而吞租之弊起。故总理祠务者，必先将祠产查明字号、税额、步数，以便校数收租。其田地、山塘、屋礁以及祖墓余地，有侵占者，在异姓，托人理论，如有强梗，呈官究治；有派下，责令归还，仍量占业所值之数，罚其银两。如不遵条，即行黜革，生死不许入祠。有吞租者，在异性，照前办事；在派下，揭书祠壁，生停其胙，殁停其牌。俟交还时，方许进主。以上诸项，管祠人如有徇情容隐，照前罚例。又桂枝书院上有义祖牌位，不得停宿优人，以至污秽，祠首通情，责罚不恕。此祠内产业，不可不知保守也。

护龙脉。阴、阳二基之关盛衰大矣。然吉地本自天成，辅相正需人力。倘龙穴沙水一处受伤，则体破气散，焉能发福？堪舆家示人堆砌种树之法，皆所以保全生气也。吾族阴、阳二基，宜共遵此法，尤必严禁损害。倘有贪利忮刻之徒，或掘挖泥土，或砍斫薪木，不分己地、人地，罚银一两入祠，仍令其禁山安宅。首报者，赏银二钱；知情故隐者，罚银三钱，以护龙脉也。

名教四条：

振士类。凡攻举子业者，岁四仲月，请齐集会馆会课，祠内支持供给。赴会无文者，罚银二钱；当日不交卷者，罚一钱，祠内托人批阅。其学成名立者，赏入泮贺银一两，补廪贺银一两，出贡贺银五两，登科贺银五十两，仍为建竖旗匾，甲第以上加倍。至若省试盘费颇繁，贫士或艰于资斧，每当宾兴之年，各名给元银二两，仍设酌为饯荣行。有科举者，全给；录遗者，先给一半，俟入棘闱，然后补足。会试者，每人给盘费十两。为父兄者，幸有可造子弟，毋令轻易废弃。盖四民之中，士居其首，读书立身，胜于他务也。

厚风俗。里名胜母而曾子不入，邑号朝歌而墨翟回车。无他，俗不善也。昔陈述古先生戒仙居民有云："为吾民者，父义母慈，兄友、弟恭、子孝，夫妇有恩，男女有别，乡闾有礼，子弟有学。贫穷患难，亲戚相救；婚姻吊丧，邻保相助。无惰农业，无作盗贼，无学赌博，无好争讼。无以恶凌善，无以富吞贫。行者让路，耕者让畔。颁白者不负戴于道路，则为礼义之俗矣。"此先正之格言，风俗之厚，尽此尔后人其奉为圭臬也。

敬耆老。年之贵乎天下久矣。朝廷尚有敬老之礼，乡里可无尚齿之风？今酌立定制，年登七十者，春、冬二季，颁其寿胙；八十以上，渐次加倍，其式详载规例谱。且筋力就衰，举动艰苦，入祠拜祖，初祭时四拜，跪毕退坐西塾，值事仆奉茶水以安之。敬耆老也。

正名分。下不干上，贱不替贵，古之例也。然间有主弱仆强、主懦仆悍者，逞其忿戾，不顾统尊，或至骂詈相加，甚且拳掌殴辱。虽非犯其本主，然以祖宗一体之例揆之，是则凌其本主也。族下如有此婢仆，投明祠首，祠首即唤入祠内，重责示惩，仍令其叩首谢罪。倘本主不达大义，护短姑息，合族鸣鼓攻之，正名分也。①

要对复杂、繁难的宗族进行有效管理，对宗族生活领域的一切事务实现全面控制，是十分困难的。如祭祀的组织、权力的分配、秩序的维护、教育的展开、财产的管理、纠纷的化解等，都是难题。明清徽州宗族却有其特定的做法，即采用依据族规家法、执行族规家法的办法来实行管理与控制。明清徽州宗族认为"祖训家规，诒谋深远，为子孙者所当百世遵守。"②"欲合通族之谊，则家规不可不严，家礼不可不讲。"③

① 民国《明经胡氏龙井派宗谱》卷首《祠规》，胡宝铎等纂修，民国十年刻本。
② 雍正《歙县潭渡孝里黄氏族谱·录刊隐南公谱凡例》，黄臣槐等校补，清雍正九年校补刻本。
③ 同治《歙县金山洪氏宗谱》卷一《金山洪氏宗谱序》，洪承科等纂修，清同治十二年刻本。

"今日之所以教家，即他日之所以教国。此虽先世之遗训，而为子弟者，宜世守而勿失，敢有故违不遵者，家长先责之以理。抗而不服者，闻诸公庭，依律发落。"①可见，制订和推行族规家法是明清徽州宗族巩固家族统治、促进家族兴旺发达的根本。

明清徽州宗族推行族规家法讲究方法。除了严格执行族规家法外，也通过定期宣讲族规家法来实现治理目标，维护宗族秩序，提升宗族管理效果。为了确保族规家法有效发挥作用，明清徽州宗族制定了族规家法定期宣讲制度。伴随这种制度日趋完善，并转化为实践后，逐渐成为明清徽州宗族成员的自觉行为习惯。如黟县环山余氏宗族："每岁正旦，拜谒祖考。团拜已毕，男左女右，分班站立已定，击鼓九声，令善言子弟面上正言，朗诵训诫。训男云：人家盛衰，皆由乎积善与积恶而已。何谓积善？……腊祭，至饮福时，亦行此礼。其有无故不出者，家长议罚。"②

明清徽州宗族宣讲族规家法绝不是只有"宣"和"讲"。除了"宣""讲"族规家法，徽州宗族还注重宣讲与警示教育接轨，将警示教育的内容列为族人的行为规范。如黟县《古黟环山余氏宗谱》卷一《家规》规定："每月朔日，家长会众谒庙，将前月内行过事迹，或善或恶，或赏或罚，详具祝版，告于祖庙，庶人心有所警醒。"为加强这一做法的有效性和针对性，该家规还有如下规定："立《劝惩簿》四扇，监视掌之。族内有孝子顺孙、义夫节妇及有隐德异行者，列为一等；务本力穑、勤俭于家，为第二等；能迁善改过、不得罪乡党、宗族者，为第三等。每月朔，告庙毕，即书之《善录》。族有违规扑罚者，随事轻重，每月朔，告庙毕，即书之《记过簿》。其有勇于服善而能改复，书《劝善录》以美之。三录不悛者，倍罚。三年会考，如终不悛，而倍罚；不服者，则削之，不许入祠堂，仍榜其名于通衢。"③

"扬善"表达了徽州宗族的立场和诉求，"惩恶"为徽州宗族干预族人的道德生活提供了工具。"扬善"和"惩恶"的教化功能都比较显著，

---

① 民国《绩溪程里程叙伦堂世谱》卷十二《家范》，程敬忠纂修，民国二十九年叙伦堂铅印本。

② 民国《古黟环山余氏宗谱》卷一《家规》，余攀荣等纂修，民国六年刻本。

③ 民国《古黟环山余氏宗谱》卷一《家规》，余攀荣等纂修，民国六年刻本。

根据宗族的意志和需要，旗帜鲜明地"扬善"和"惩恶"，可以调节宗族关系，强化族人行为。"扬善"和"惩恶"延展了明清徽州宗族的权力、势力和能力，也有效推动了家族家风、家教向纵深发展。黟县南屏叶氏宗族的族规家法实践就是例证："祖宗详立家训，美善多端，阖族奉行，阅世二十，历年数百，罔敢懈怠。"①

颜之推《颜氏家训》中提出："凡人不能教子女者，亦非欲隐其罪恶；但重于诃怒，伤其颜色，不忍楚挞惨其肌肤耳。""笞怒废于家，竖子之过立见。"即爱教结合，训导与体罚并重。明清时期徽州族规家法继承了这一思想，并坚持对违规、违法的家人和族人实行族规家法。如休宁《茗洲吴氏家典》规定："子孙赌博、无赖及一应违于礼法之事，其家长训诲之。诲之不悛，则痛箠之；又不悛，则陈于官而放绝之；仍告于祠堂，于祭祀除其胙，于宗谱削其名，改者复之。"②

第二节　明清徽州族规家法运用的典型实践

明清时期，徽州族规家法得到徽州宗族的长期应用，在提高徽州百姓道德修养，规范徽州民众社会行为，稳定徽州宗族秩序，净化徽州社会风气等方面都起到了重要作用。不难看出，明清时期徽州族规家法的优势明显，并得到了有效发挥。从明清徽州族规家法应用的整体情况来考察，徽州族规家法在应用上所表现出来的策略与其他地区的族规家法有所不同，有其自己的特征。

一、尊重祖宗留下的祖训家风

明清徽州族规家法发展的一般规律可以概括为：以祖宗留下的祖训家风为基础，不断解释这些祖训家风的价值内涵，让明清徽州社会发展

① 嘉庆《黟县南屏叶氏族谱》卷一《祖训家风》，叶有广等纂修，清嘉庆十七年木活字本。
② 雍正《茗洲吴氏家典》卷一《家规八十条》，吴翟等纂修，清雍正十一年刻本。

的需求在族规家法中获得相应回应，以获得其形成与发展的依据。因此，明清徽州宗族在制订与推行族规家法过程中始终尊重老祖宗留下的祖训家风。如绩溪县旺川曹氏宗族就追维往训，加著《训辞》十则，编成《旺川家训十则》。"盖正内正外，此身可范于家，而兴让、兴仁，一家可推于国，非细故也。"①黟县南屏叶氏宗族对于祖训家风，"阖族奉行，阅世二十，历年数百，罔敢懈怠。其所以正人心、厚风俗者，至周且详也。"②并将之敬录于族谱，以族规家法记录祖训家风，旨在正人心、厚风俗、育新风。

尊重祖宗留下的祖训家风，关键在于认真对待宗族的祖训家风地位，以及宗族赋予族人的责任和义务，才能让族人积极主动传承、践行祖训家风，让祖训家风传承成为族众共同的责任，这是明清徽州族规家法在应用中给出的答案。明清徽州族规家法的形成和发展，在一定程度上可以说是祖训家风在徽州宗族扩展的结果。比如绩溪梁安高氏宗族在编纂族规家法时，确认祖训家风的崇高地位，鉴于祖训家风在宗族中备受重视，直接将祖训十条成文为族规家法，指出祖训十条"每年春、秋二祭后，宣读一过，各派祖屋，书贴一纸，不可视为具文。"③绩溪荆川明经胡氏宗族以祖训十三条为族规家法亦同样表明，传承祖训家风，不仅有助于明清徽州族规家法的形成和发展，而且有助于族规家法的有效实施，保持族规家法的传统价值与现实性的一致性。

这可从明清徽州族规家法的形成和发展中得到印证。在"形成"方面，明清徽州族规家法可依据祖训家风，或在祖训家风的基础上，由祖训家风编辑而成。这是因为徽州各族薪火相传，都恪守祖训家风，而这种祖训家风是明清徽州族规家法形成的前提和基础。由于祖训家风警戒有道，井井可观，凿凿可据，明清徽州宗族无不将之编入族规家法，以传承徽州宗族始终不变的信条。在"发展"方面，明清徽州宗族坚持弘扬祖训家风，在编纂族规家法时，以祖训家风为依据，将祖训家风发扬光大，实现祖训家风内容的更新，这就使得明清徽州族规家法越来越丰

---

① 民国《曹氏宗谱》卷一《旺川家训十则》，曹成瑾等修，民国十六年木活字本。

② 嘉庆《黟县南屏叶氏族谱》卷一《祖训家风》，叶有广等纂修，清嘉庆十七年木活字本。

③ 光绪《梁安高氏宗谱》卷十一《祖训》，高富浩纂修，清光绪三年刻本。

富、完善。如绩溪上川明经胡氏宗族族规家法的发展就经历了多次转型："《旧谱》有家规十二条，具体而微。光绪初，铁花先生等更考古训，揆乡情，创为《祠规二十四条》，其于古昔合族教令，虽不知其何如，然固吾一族之合群法也。谨并录原文而以宗祠祭器、祭品附之，亦铁花创行也，作《规训》一卷。"①

由此观之，明清徽州族规家法并不是创造出来的，它们是在祖训家风的基础上逐渐形成的。正是由于延续了祖训家风，因此能得到宗族上下的普遍认同。这样，明清徽州族规家法就不再只是一些生硬呆板的规定、条款的集合体，而是表征着明清徽州宗族对祖训家风独到的理解、解释方式。正如黟县环山余氏宗族在《余氏家规》中指出的，"吾族列祖所订《家规》，其大纲有十：曰严宗庙，曰省茔墓，曰重祭祀，曰正彝伦，曰崇礼教，曰辩内外，曰睦族邻，曰重输纳，曰禁游侠，曰御僮仆。其纲又别为目，计共四十三条，悬于祖庙，使子孙观览取法，亦古人规正之意。其后族丁繁衍，付之枣梨，以期传播多而谕晓易。立教垂训，既详且备。兹编宗谱，更应仰体先志，载之篇首，昭示百世，庶展卷存触于目，惕于心，得以遵循而不悖也。"②可以说，明清徽州族规家法是徽州宗族对其祖训家风进行引介与推广的族规家法，是徽州宗族按照祖训家风的"本来面目"试图不断"还原"或"增减"的族规家法。如绩溪东关冯氏宗族编纂的《冯氏家法》就写道："此敕命一道，乃吾繁公，字子华，太始祖也，见于吴辉，即今鸿飞里门冯叙伦堂宗祠篇端之上。前修谱时，未有录入。今于民国六年孟夏月吉时特补录之，以传后世子孙之宝为志。"③绩溪涧洲许氏宗族的《许氏祠规》则阐明："右列二十条，皆从旧牒祠规、前贤宗规与夫近事之宜整者，酌量参订，通族核定，以示劝诫。苟能遵行不怠，所以睦族敬宗者，胥在乎此。愿宗人共勉之。"④

明清时期徽州族规家法之所以体现为祖训家风的再现、延伸与拓

① 宣统《上川明经胡氏宗谱》下卷之《规训》，胡祥木等纂修，清宣统三年木活字本。
② 民国《古黟环山余氏宗谱》卷一《家规》，余旭晟纂修，民国六年刻本。
③ 光绪《绩溪东关冯氏家谱》卷首《祖训》，冯景坡等纂修，清光绪二十九年木活字本。
④ 民国《涧洲许氏宗谱》卷十《祠规》，许桂馨等纂修，民国三年木活字本。

展，有两方面原因：一是明清徽州宗族编纂族规家法体现了祖训家风的传承与发展，二是明清徽州宗族以提炼、补充、完善、拓展的方式和"如其所是"的态度对待祖训家风。如此，明清徽州宗族编纂的族规家法，大多已不再满足于照搬或全收祖训家风，而是更加关注祖训家风的传承与发展，推动祖训家风不断提档升级。绩溪南关许氏宗族编纂的《惇叙堂旧家规十条》就是这一提档升级的具体事例，该家规十条"旧谱未有，今则参经传缀成增入，无非欲人易晓也，其可忽诸？"规定："凡我同族之人，于前数条各宜熟玩详审，以相劝勉，互相告戒，同归于为善，以挽回太古之淳风，陶成仁厚之善俗。"

二、重视理学思想的传承

理学肇始于北宋仁宗年间，由宋初"三先生"（孙复、石介、胡瑗）发其端。《黄氏日钞》卷四十五《读诸儒书》载："宋兴八十年，安定胡先生（胡瑗）、泰山孙先生（孙复）、徂徕石先生（石介），始以师道明正学，继而濂洛兴矣。故本朝理学虽至伊洛而精，实自三先生而始。"而开创者则是周敦颐，《宋元学案》卷十一《濂溪学案》载："孔、孟而后，汉儒止有传经之学。性道微言之绝久矣。元公（周敦颐）崛起，二程嗣之，又复横渠诸大儒辈出，圣学大昌。故安定、徂徕卓乎有儒者之矩范，然仅可谓有开之必先，若论阐发心性义理之精微，端数元公之破暗也。"理学自北宋仁宗年间兴起以后，历经宋、元、明三朝长达六百年的发展演变，先后形成了程朱理学、陆王心学、气学、实学四大流派。其中程朱理学对徽州社会的影响尤其。

程朱理学，系宋代理学的主流派别，首创者程颢、程颐，集大成者朱熹。徽州是"程朱阙里"。据《祁门善和程氏谱》记载，程颢、程颐的祖籍是歙县篁墩，该谱称二程"胄出中山，中山之胄出自新安之黄墩，实忠壮公（程灵洗）之裔。"朱熹的祖籍又是徽州婺源，由于这方面的原因，徽州人对程朱理学顶礼膜拜，如歙县"承紫阳学风，夙重理学"①，绩溪"自朱子以后，多明义理之学"②，祁门"自宋元以来，理学阐明，道系相传，如世次可辍"③，婺源"自紫阳朱夫子以理学大儒生于其乡，至今俗尚儒学，诵弦声比户"④。这种状况，其他地区没有可与之比拟的。

徽州人"读朱子之书，服朱子之教，秉朱子之礼，以邹鲁之风自待，而以邹鲁之风传之子若孙也"⑤，涌现出一批又一批名儒。南宋有朱熹（婺源人）、程鼎（婺源人）、吴锡畴（休宁人）、江润身（婺源人）、程大昌（休宁人）、吴儆（休宁人）、程洵（婺源人）、滕璘（婺源人）、滕珙（婺源人）、汪清卿（婺源人）、程先（休宁人）、程永奇（休宁人）、汪莘（休宁人）、许文蔚（休宁人）、祝穆（歙县人）、吴昶（歙县人）、谢璡（祁门人）等。宋元之交与元代有程逢午（休宁人）、程若庸（休宁人）、胡方平（婺源人）、胡一桂（婺源人）、陈栎（休宁人）、许月卿（婺源人）、胡斗元（婺源人）、胡炳文（婺源人）、倪士毅（休宁人）、郑玉（歙县人）、曹泾（歙县人）、汪克宽（祁门人）、程复心（婺源人）等。元明之际与明代有朱升（休宁人）、赵汸（休宁人）、唐仲实（歙县人）、程敏政（休宁人）、范涞（休宁人）、朱同（休宁人）、汪道昆（绩溪人）、金声（休宁人）等。明末清初有杨泗祥（休宁人）、江恒（歙县人）、汪知默（歙县人）、江永（婺源人）、汪学圣（休宁人）、陈二典（祁门人）、谢天达（祁门人）、吴苑（歙县人）、吴曰慎（歙县人），汪佑（休宁人）、汪浚（休宁人）、程瑶田（歙县人）、施璜（休宁人）等。这些理学名儒对程朱理学的诠释、发展与维护，无一例外地都扮演着一种传承者和卫道者的角色，所著书籍如程大昌的《毛诗辨证》，程逢午的《中庸讲义》，程龙的《尚书毛诗二传释疑》《礼记春秋辨证》，吴昶的《易论》《书说》，程永奇的《六经疑义》，胡炳文的《四书通》《易本义通释》，程若庸的《性理字训讲义》，胡方平的《易本义启蒙通释》，胡一桂的《易本义附录纂疏》《人伦事鉴》，程复心的

① 民国《歙县志》卷七《人物志·儒林》，石国柱主修，许承尧总纂，民国二十六年版。
② 乾隆《绩溪县志》卷一《风俗》，清乾隆二十一年刊本。
③ 康熙《祁门县志》卷一《风俗》，张嫒纂修，清康熙二十二年刻本。
④ 民国《重修婺源县志》卷一《乾隆乙亥邑志序》，葛韵芬修，江峰青纂，民国十四年刻本。
⑤ 雍正《茗洲吴氏家典》，吴翟等纂修，清雍正十一年木活字本。

《四书章图》等，均以"经"取义，以"理"说经，寻求程朱理学的大义与道理，致使南宋以后的徽州社会长期被程朱理学影响。明清时期徽州族规家法重理学局面的形成，显然也是程朱理学影响的结果。

程朱理学以儒学的伦理道德为本位，对儒学既有继承，又有发展。其中有一个核心命题："万物皆只是一个天理"，断言："万物皆有理，顺之则易，逆之则难"[①]，"天下物皆可以理照，有物必有则，一物须有一理"[②]，"凡眼前无非是物，物物皆有理。如火之所以热，水之所以寒，至于君臣父子间皆是理"[③]。由此可见，程朱理学是很重视儒学原则世俗化、生活化的。而在明清时期的徽州，既有程朱理学的影响，又有传统儒学的熏陶。在这样的文化氛围下，形成了在徽州理学传承中有重大作用的族规家法。雍正《潭渡孝里黄氏族谱》卷四《家训》中列出的《示子修等读书之道》就贯穿着程朱理学的"格物穷理"思想，指出："人生非大无良，未尝无一善可取。但不能尽致知穷理之功，故遇事之来，一顷处得妥贴，一顷又处得不妥贴，必也。使天下之理无所疑于吾心，然后因而应之，自无所疑于其事。穷理之道在何处，不过看书时着意。假如读《舜往于田》数章，便知他当日父顽母嚣、弟傲难处之时，他处之如此。我若能效他，父子、兄弟犹有处不来者乎？……凡书属于伦常者，不可不着意看，又不可徒看而不思躬行。况人最初之性，原无不善之理，圣愚本同一性，汝等但当即物穷理，扩充其本来之善，毋自弃而甘流于乡人之可鄙也。"光绪《绩溪东关冯氏家谱》卷首《祖训》即以儒家学说为依据，所立各条都在阐释理学人伦道德。该祖训强调"孝父母""友兄弟""敬祖宗""睦宗族""正婚姻""严闺阃""务勤俭""兴文教"。明清徽州族规家法的这些规定，在阐释理学思想的同时，也注重贯彻理学思想，促使理学思想在宗族社会的转化。万历《古歙谢氏统宗志》卷六《家规》即贯彻了理学思想，并据此提出了有效措

---

① 程颢，程颐撰；潘富恩导读：《二程遗书》卷第十一《明道先生语一》，上海古籍出版社2000年版，第170页。

② 程颢，程颐撰；潘富恩导读：《二程遗书》卷第十八《伊川先生语四》，上海古籍出版社2000年版，第242页。

③ 程颢，程颐撰；潘富恩导读：《二程遗书》卷第十九《伊川先生语五》，上海古籍出版社2000年版，第301页。

施，即"先贤之训，章宪万世，使谨厚子侄遵而行之，何德不修？何事不端？但以言之谆谆，听之漠漠，放旷不检，以入小人之流而坠先业，亦或身家不保，可胜言哉？予不揣菲陋，僭作《家规》一十八事，附于族谱，以训童蒙，以便观法。然谱系藏于箧笥，不可常玩，视为空言。爰别录成帙，令子孙初学之时即诵此规，迨长而端其性，习守其规范，不恣睢，不骄惰，修身慎行。为善人，为达士，为廉官，为名臣，则或庶几一助。文词深奥，尤恐幼稚难晓，故以目前切事，衍以浅近之言，使知规戒，未必无小补云。"这种做法使深奥的理学思想以一种随手可得、通俗易懂、简单明了的形式普及于徽州宗族社会。

还有一点很值得注意，那就是明清徽州族规家法在普及理学思想的同时，不断地宣传传统儒学思想，并以传统儒家经典为依据传家训立规矩。明清徽州族规家法有的是解读传统儒家经典的结果，如万历年间歙县黄山谢氏宗族"尝考《嘉言篇》，杨文公、颜氏俱有《家训》，吕氏有《童蒙训》，马援还书，范质作诗以戒其侄，诸葛武侯、胡文定公、康节先生俱有书以戒其子，皆欲其孝悌忠信、礼义廉耻，以敦夫仁人君子之行，成乎温雅谦和之德，虑之深，言之切"。①乃作《家规》一十八事，附于族谱。有的是照着范本制订的，如光绪年间绩溪县东关冯氏宗族鉴于"昔王孟箕先生立有《讲宗约会规》，王士晋先生立有《宗规》，详载《五种遗规》中。自家庭以及处事接物之道，罔不赅备，于此见人生一举足而不可忘祖宗之训也。爰仿其意，立《冯氏祖训》十条"②。有的是把儒家伦理转变为各种行为规范和规章制度，如绩溪《石川周氏祖训》中的十二条、婺源武口王氏《庭训》中的八则、黟县《余氏家规》中的四十三条等，均是儒家伦理的转化。以休宁叶氏《家规》为例，该家规以先儒说的"家难而天下易，家亲而天下疏"开宗明义，把"谨言行以法家""平好恶以齐家""重伦理以教家""正名分以范家""豫蒙养以兴家""肃闺门以正家""敦忍让以和家""教诗礼以传家""务勤俭以成家""禁邪巫以闲家""息争讼以保家""积阴德以世家"③作为"十二

① 万历《古歙谢氏统宗志》卷六《家规》，谢廷谅等重修，明万历三十二年刻本。
② 光绪《绩溪东关冯氏家谱》卷首《祖训》，冯景坡等纂修，清光绪二十九年木活字本。
③ 崇祯《休宁叶氏族谱》卷九《保世》，叶文山等纂修，明崇祯四年刻本。

条"家规，阐述了儒家伦理转化与"家道正""天下定"的关系。这些都表明，重视继承和发展儒学思想，是明清时期徽州族规家法形成与发展中的一大特点，也是明清时期徽州族规家法对中国族规家法在儒家思想的传承方面的又一呼应。

三、注重教育与政治的结合

有关教育的规定，在明清时期徽州族规家法中是无处不在的，而且这个时期是徽州教育达到鼎盛的一个时期。正如道光《徽州府志》卷一《风俗》所云：徽州"人文辈出，鼎盛辐辏，理学经儒，在野不乏。"无论这一时期徽州的各族规家法在具体的规定上有什么不同，但有一点却是共通的，即均对教育给予了极大的关注，并作出大致相同的规定。在明清徽州族规家法看来，"宗族之望，子孙贤也；子孙之贤，能读书也。能读书则能识字，匪特可以取科第、耀祖宗，即使未仕，亦能达世故、通事体而挺立于乡邦，以亢厥宗矣。……前人明训如此，凡我族属，宁惜以一经教子？"①明清徽州族规家法不但搭建了宗族教育观的基本框架，而且为宗族教育深入实践提供了措施保障。如宣统《上川明经胡氏宗谱》下卷之《规训》规定："子生五岁，便当令入乡塾，穿深衣，作长揖，坐立进退，教以儒者风度。凡《孝经》《小学》诸书，先令熟读。日讲古人故事，以端其志趣。久则少成若性，异日必为伟器。若幼时姑息，纵其嬉游，荡其心性，恐子弟已坏，培养无基，后虽欲教之，无论抗悍不驯，即稍知悔悟，终是少年习气未除，难以语于圣功之正矣。"乾隆《重修古歙东门许氏宗谱》卷八《家规》规定："今后凡遇族人子弟肄习举业，其聪明俊伟而近于贫者，厚加作兴。始于五服之亲，以至于人之殷富者，每月给以灯油、笔札之类，量力而助之，委曲以处之，族之斯文又从而诱掖奖劝之，庶其人之有成，亦且有光于祖也。况投我木桃，报以琼瑶，又何惮而不为乎？"在这些规定里，明清徽州族规家法以一种特定的期待表达了一种教育为"人家之首务"的规则："凡我族人有子弟者，当要择师竭力教养习学。达则为之上人，不达者亦通明礼、行正道、做好人，不致卤莽愚顽，终身有益。人生幼小无知，内有贤父兄，外有严师友，未有不成者也。"①

需要提及的是，明清徽州族规家法的一大特征是其常常将教育与政治非常紧密地联系在一起，从整体上推进了明清徽州教育。从族规家法与圣谕联系的角度，圣谕进入族规家法，成为明清徽州族规家法的核心思想和乡约宣讲的主要内容，这在崇祯《休宁叶氏族谱》卷九《保世》中看得特别清晰，其列有"圣谕专条"，指出"恭惟我太祖高皇帝，开辟大明天下，为万代圣主，首揭六言，以谕天下万世。第一句是孝顺父母，第二句是尊敬长上，第三句是和睦乡里，第四句是教训子孙，第五句是各安生理，第六句是毋作非为。语不烦而该，意不刻而精，大哉王言！举修身齐家治国平天下之道，悉统于此矣。二百年来，钦奉无斁，而又时时令老人以木铎董振传诵，人谁不听闻？而能讲明此道理者鲜。于是，近溪罗先生为之演其义，以启聋聩。祝无功先生令我邑时，大开乡约，每月朔望，循讲不辍，期于化民善俗。又即罗先生演义，删其邃奥，摘其明白易晓、可使民由者，汇而成帙，刻以布传。虽深山穷谷，遐陬僻壤，靡不家喻户晓。"②

明清徽州族规家法的制定和推行，既有徽州宗族的推进，也有徽州官府的认可和支持，在族内确立了族规家法的合法性和权威性。在明清徽州族规家法那里，衡量教育成功与否的标准虽然有多个，但主要还是以应举为中心，"盖族内有读书人，则能明伦理、厚风俗，光前而裕后……又不但科第仕宦为宗族光已也。"③族之有仕进，犹人之有衣冠，身之有眉目也。"④"其间有资质可进，父兄贫不能教，群子弟中贤者为之教焉，不论束脩，以企同归于贤，亦大族昌后之兆。"⑤可以看出，明清时期徽州族规家法对科举入仕的重视，最终关怀在于宗族的延续兴盛，在于宗族的荣耀，至于令子弟读书、业儒、问学，只是完成这个目标的具体手段而已。

① 万历《重修城北周氏宗谱》卷九《宗祠规约》，周思松等纂修，明万历二十四年刻本。
② 崇祯《休宁叶氏族谱》卷九《保世》，叶文山等纂修，明崇祯四年刻本。
③ 光绪《梁安高氏宗谱》卷十一《祖训》，高富浩纂修，清光绪三年刻本。
④ 雍正《茗洲吴氏家典》卷一《家规八十条》，吴翟等纂修，清雍正十一年木活字本。
⑤ 光绪《歙县仙源吴氏家谱·家规》，吴永凤等纂修，清光绪五年木活字本。

试图在族规家法实践中"收族""亢宗"的明清徽州宗族，都从"家族本位政治"中找到了合理的论证。"家国一体"的观念随即以官府的规范、认可和倡导表达出来，成为明清徽州宗族执行族规家法的合法依据。由此，休宁《叶氏族谱》卷九《保世》、绩溪《余川越国汪氏族谱》卷十八《祠规》、《重修城北周氏宗谱》卷九《宗祠规约》、绩溪《华阳舒氏统宗谱》卷一《家范十条》等记载的"修身、齐家、治国、平天下""欲治其国者，先齐其家""天下之本在国，国之本在家，家之本在身""国、家初无二理，今日之所以教家，即他日之所以教国""家齐而后国治""一家仁，一国兴仁""一家让，一国兴让""治国在齐其家""以法齐其家""格物而后知致，知致而后意诚，意诚而后心正，心正而后身修，身修而后家齐，家齐而后国治，国治而后天下平""古之人明明德于天下者，先治其国，欲治于其国，先齐其家"等，被无数人奉为座右铭。正因为如此，明清时期徽州宗族绝大多数都将"家齐而国治""天下之本在国，国之本在家，家之本在身""修身、齐家、治国、平天下""家、国一道也，国有法，家有规""国家惟正之供，自有定制，例分上、下二忙，投柜完纳"等列为族规家法内容，并将其作为族规家法的理念。如黟县《环山余氏家规》、绩溪《南关许氏家规》、绩溪《石川周氏祖训十二条》、休宁《宣仁王氏宗规》等，均有此方面内容的类似表述。这些表述毫无疑问都是对中国传统族规家法体现出的家国一体观念的传承与发展。

这里的"家国一体"最明显的特征是族权与政权的互补互用。对于明清徽州宗族而言，族规家法能调整和调节宗族关系；对于徽州官府的社会治理而言，明清徽州族规家法可巩固和维护乡村统治秩序。因而，明清徽州族规家法成为国家权力选择介入乡村治理和地方官府对乡村"无为"而治的重要手段。在明清徽州族规家法中，我们能够找到徽州宗族协助官府治理宗族事务的条款，如万历《休宁范氏族谱·林塘宗规》将"赋役当供"作为专条列入族规家法，明确规定："以下事上，古今通谊。赋税力役之征，国家法度所系。若拖欠钱粮，躲避差徭，便是不良的百姓。连累里长，恼烦官府，追呼问罪，甚至枷号，身家被亏，玷辱父母。又准不得事，仍要赋役完官，是何算计？故勤业之人，将一年本等差粮，先要办纳明白，计经守印押，收票存证，上不欠官钱，何等自在？亦良民职分所当尽者。"我们还能找到徽州宗族严格遵从圣谕来处理宗族事务的条款，如"风俗美恶，系于所习；移风易俗，在乎豫教。父兄教之未素而遽绝之，中者、才者不忍也。今后，但有子弟不遵圣谕，经犯过恶，各房长指事詈责之。不改，鸣于该门尊长，再三训戒之。又不改，于新正谒祖日，鸣于宗祠，声罪黜之。罪重者，仍行呈治，然止黜其身，弗及其子孙。"①另外，我们甚至还能找到徽州宗族以国法为依据制订族规家法的条款，这在万历《祁门清溪郑氏家乘》卷四《规训》中得到体现，该规训云："吾家自祖以来，其奉先睦族遇下，各有定额。但行之既久，不能无敝，其通变损益以趋时者，今日不得不然也。于是上遵国法，远稽祖训，近采众议，酌成家规。"在整个明清时期，徽州族规家法的实施都得到地方官府的支持，甚至由地方官府出示颁行，徽州族规家法纳入国法体系，也使其各项规定能够真正确立起来并逐一落地。

第三节　明清徽州族规家法的文化特质

由于明清徽州族规家法植根、发端于明清徽州文化的土壤之中，因此明清徽州文化所具有的地域文化模式，理所当然地对明清徽州族规家法产生了深远的影响，明清徽州的族规家法文化特质不同程度地呈现在徽州宗族特定的构建之中。

一、德礼并重的治族形式

明清徽州族规家法重视德治。德治之"则"，散见于明清徽州族规家法之中。一方面，明清徽州族规家法记载了徽州社会的"德"，并将

　　① 万历《休宁范氏族谱·林塘宗规》，范涞纂修，明万历三十三年补刻本。

"德"列为族规家法的第一要义。如绩溪县旺川曹氏宗族的《旺川家训十则》记载称："夫无本之华，其荣不久；无源之润，其流不长。而本厚源深，则必视乎德矣。然所云德者，行道而得诸心，非如近世买物放生之谓。故阳市之，不如其阴积之也。凡存心举事，务公直宽恕，切勿自占便宜。常以利人济物为念，而又不求人知，不期天报，只见得道理合当如此。一切善行，虽小必为，久之积累深厚，未有不发祥自身、昌大其后者。……此实家训中第一义也，其敬志之毋忽。"①另一方面，明清徽州族规家法将"德"的标准具体化，便于徽州宗族对族人进行道德教化，化族人的不良心性，积族人的大好功德，这也就是光绪《梁安高氏宗谱》卷十一《祖训》所谓"世人算命、看相、做风水，皆欲富贵昌盛。然命相已定，算之、看之不能变好。风水即能发人，而阴地由于心地，心不好，亦不能得地。可见，欲富贵昌盛，惟有广积阴功。家道富厚者，赈饥寒、恤孤寡、施棺椁、修桥路，皆功德也。至于贫人，安有此力？不知贫人积德，其功倍于富人，但终身存好心，量力做好事，而且与父言慈，与子言孝，与夫言义，与妇言贞，劝人为善，戒人为恶，处处可积功德，正不必富贵而后能积功德。"

　　重视礼教是明清徽州族规家法的另一特征。明清时期，朱熹的理学占据主导地位，被尊奉为官学。朱熹的理学与徽州渊源极深，这在客观上导致了徽州人对朱子之学的推崇。其中《朱子家礼》被徽州宗族视若族礼，奉为圭臬。受之影响，明清徽州族规家法存在明显的崇礼倾向，并以《朱子家礼》为金科玉律。如万历《萧江全谱》之《附录》卷五《贞教第七》记载："我族自敔公以来，颇称殷盛，诸凡孙子更宜礼义相先，谦恭和厚，冠婚丧祭一遵《文公家礼》。出入进退，往来交际，与凡家常起居事上接下，不可轻率放旷，愆仪败度，有失世家体面，得罪亲朋。"明清徽州族规家法关于"礼"的规定，是徽州宗族实践儒家人伦的制度章程，为徽州人尊礼、崇礼提供了具体条文的价值维度。中国礼仪文化之所以能向徽州民间深入渗透，正是因为明清徽州关于礼的族规家法得到了广泛推广和应用。徽州因此成为礼仪之邦，成为"礼下庶人"的典范。

① 民国《曹氏宗谱》卷一《旺川家训十则》，曹成瑾等纂修，民国十六年木活字本。

重视德治与重视礼治的结合形式就是德礼并重。德礼并重治族思想是明清徽州宗族文化的主要特征，对明清徽州社会的影响深远。这里的德治和礼治，就是明清徽州宗族关于治族的两种不同的思想主张。在明清徽州族规家法中，德治和礼治有着严格的区分。主要表现在：德治是一种道德规范，即以道德感化为手段，依照道德观念对族人的行为进行约束，如道光《龙池王氏宗谱》卷首《家法》中所言：

孝：生我者谁？育我者谁？择师而教我者谁？虽生事葬祭，殚力无遗，未克酬其万一。苟其或缺，滔天之罪，尚何可言？

弟：易得者赀财，难得者同气。乃或以赀财之故，而伤同气之谊，是谓难其所易，而易其所难，其惑孰甚？

忠：求忠臣者，必于孝子之门，公尔忘私，国尔忘家，非云忠孝难以两全，正谓君亲本无二致。

信：无欺之谓信。试观阴阳寒暑、日月晦明，何曾有一毫假借？故欲人信我，切莫欺人。果能不欺，则至诚可感豚鱼，而况同类？

礼：人之有礼，犹物之有规矩，非规矩不能成物，非礼何以成人？故凡一身之中，动息作止，慎毋以细行忽之。

义：尚义之与任侠，固大不同。任侠者，邻于慷慨，不无过举；尚义者，审事几揆轻重，非穷理尽性不能。

廉：好利谓之贪，沽名亦谓之贪，世有却千金而不顾者，名心未忘，可谓廉乎？四知是畏，当取以自勖。

耻：羞恶之心，人皆有之，斯为改过迁善之几。苟漠然无所动于中，岂非小人而无忌惮者乎？故曰：人不可以无耻。[①]

这种注释强调德治的价值理性，强调道德约束的严肃性，突出人与人之间相互监督的作用。而礼治则是一种社会秩序，解决方式不仅适用于"君君、臣臣、父父、子子；兄兄、弟弟、夫夫、妇妇"这种具体社会制度的维护，也适用于违反礼法行为的处罚，终极目标是建立礼治社

① 道光《龙池王氏宗谱》卷首《家法》，王全芝等纂修，清道光二十六年刻本。

会。依据明清徽州族规家法的有关规定，这种社会的理想状态应是"尊卑上下，秩然不紊；吉凶宾嘉，有典有则；视听言动，蹈矩循规，则身修而家亦于是齐矣。"①

明清徽州族规家法中同时强调德治和礼治的为数很多。这些族规家法既有德治的说教，又有礼治的规诫，引人注目之处在于其字里行间对德和礼的诠释和具体要求。如万历《重修城北周氏宗谱》卷九《宗祠规约》既讲清崇德之道，又提出冠礼、婚礼、丧礼、祭礼之法。兹录如下：

冠礼：吾姓族众人繁，居住不一，以致冠礼之废久矣。今创宗祠，遵行冠礼，凡子弟冠者，先一日禀知尊长，举族中一位贤能者作宾，闲于礼者执事，俱冠者亲请。至期，赴祠堂，随班行礼毕，惟命冠者拜谢。合用香帛之类，本等衣巾，俱冠者自备。盖冠礼由来所尚，以责成人之道，定不可废。但古礼人厌其烦，多不能举。今择简易，凡我子姓，务宜遵行。

婚礼：婚姻之礼，自古重矣。今之世情偷薄，贫富不一，其《家礼》纳采、问名、亲迎之设，废之久矣。今既不能举，然本族伦序常礼定不可废，但娶妇之家先期一日请闻，阖族通知迎亲问候，事毕而散。听其娶妇之家择日姑舅领新妇同众谒祠，参拜宗祖。合用香帛，婚者自备，行四拜礼。

丧礼：丧事之礼，先人悉以《文公家礼》行之。第今族中贫富不一，然为风俗之坏，专以佛事为尚，使古礼多废。殊不知佛始于汉明帝时惑乱中国，明帝之前而有千百世，宁无生死轮回者乎？此浮屠诳诱之言，不足信也。凡我子姓，遵守祠规，随其贫富，称家有无，葬之以礼，祭之以礼，各尽人子之心。如衣衾、棺木、择地、圹记、砖灰之类，固不可缺，惟墓志石尤当紧要，亦不必请文，浼族中擅书者，用青石两片。

祭礼：尝闻士有田则祭，无田则荐。又曰："有牲则祭，无牲则荐。"盖庶人无常牲而有常荐，春荐韭，夏荐黍，冬荐稻，取其

① 同治《华阳舒氏统宗谱》卷一《庭训八则》，舒安仁等纂修，清同治九年木活字本。

新物相宜，以尽报本反始之敬也。宗祠祭祀，以有定规，不必重述。吾族家庙，遇节祭、荐新、忌日，当事死如事生同，不必强为烝尝，谅力陈设，庶羞务在精洁，致祭诚心。[①]

相较于同一时期其他地区的族规家法，明清徽州族规家法有关德治、礼治相结合的程度更为紧密。在明清徽州族规家法中，德治和礼治是一个整体，二者有机结合组成了一个互补系统。其中道德是礼仪的基础，礼仪是道德的外在表现。道德和礼仪互为里表，构成了德治与礼治施行的内外统一。明清徽州族规家法将德治和礼治作为一个整体，对于宗族意义以及宗族可持续发展的保障方面，多有成就。万历《休宁范氏族谱·林塘宗规》即抓住德治与礼治最显著的统一性，得出了结论并提出了明确的要求。该宗规指出："吾家伦理，上赖祖宗垂训，礼法森严，子姓雍肃，向来并无不孝不弟、暴横败伦、酗酒撒泼、引诱唆讼、奸盗诈伪等事，故能祔食一堂，共飨祭拜。以后，子孙如有经犯前项过恶，即系忤逆祖宗，非我族类。除奸盗听族长、房长率子弟以家法从事外，余犯与众黜之，生不得齿于宗间，殁不得祔于家庙。其有自悔、自愤，改行迁善者，众仍收录，以开自新之门。"[②]

明清徽州宗族通过执行族规家法，坚持德治和礼治相结合，实现了对宗族的有效治理。徽州人尊德、崇礼、重义，严格遵守本宗族的族规家法，反过来又强化了德治和礼治相结合对宗族发展的促进作用，使德治和礼治相得益彰。在此过程中，徽州宗族和族人都明显受到族规家法有关规定的强烈影响。明清时期，徽州族规家法高度发展并达到鼎盛，其有关规定构建了道德礼仪型家族的模式：积阴德以世家和教诗礼以传家。这在崇祯《休宁叶氏族谱》卷九《家规》中有更为具体的解释："德必积而后兴，自一念以至念念，一事以至事事，无非积功累仁，真诚恳至。不求人知，不责人报，必如是而后谓之积阴德。谓之积阴德，庶几世世食报于无穷矣。故欲世家者，不可不积阴德。""教诗礼以传家。传者，传之世世，永无穷也。……人苟涵濡于温柔敦厚之教，则无

① 万历《重修城北周氏宗谱》卷九《宗祠规约》，周思松等纂修，明万历二十四年刻本。
② 万历《休宁范氏族谱·林塘宗规》，范涞纂修，明万历三十三年补刻本。

明清徽州族规家法研究

躁急浮轻，自然心气和平，出言有斐而不紊；循习于恭俭庄敬之教，则无邪倚傲慢，自然德性坚定，卓然竖立而不仆。既非顽俗鄙俚，又非波靡轻浇，传之世世，岂不为诗礼名家哉？故欲传家者，不可不教诗礼。"①明清时期，徽州宗族及其族人为了延宗、亢宗，按照这种模式，进行了"德礼之家"建设。徽州宗族对儒家伦理道德的传承，对《朱子家礼》的运用，就实实在在地落到了"宗族生活"方面。

二、抵制佛、道呈显确定性

抵制佛、道，反对迷信、破除迷信，不仅反映了明清时期徽州社会的职业观，而且是整个徽州各宗族发展中的重要一环，徽州族规家法中关于抵制佛、道的内容非常丰富。绩溪县旺川曹氏宗族《旺川家训十则》主张"黜异术"，认为"凡僧尼巫婆之属，最易蛊惑人心，不可与之入门，小则滋祸福之惑，大则为奸盗之媒。不严绝之，是养乱也。程伊川曰：'居官者，凡异色人等，皆不宜与之相接。巫祝媪尼之类，尤宜疏绝。'诚以其有妨于官守也。居官且然，矧士庶民之家乎？"②绩溪南关许氏宗族的家训提出"杜邪风"，规定："凡葬祖、祭祖，儒家自有正礼，僧道邪说，概不可信。近世僧道又添出恶习，聚众金鼓，以鄙俚言辞狂奔呼喊，作暴戾之气，引妖魅之风，乃王法所当禁者，更不可行。至于男女入教特斋，非但伤风败俗，而且贻祸宗党，可怕，可怕。"③徽州其他宗族的族规家法相关规定也是如此。

明清徽州族规家法构建的抵制佛、道的方式可分为三类：一是将僧、道视为不务正业。如万历《休宁范氏族谱·林塘宗规》记载："士农工商，所业虽不同，皆是本职。惰则职业隳，勤则职业修，内可慰父母、妻子依赖之心，外可免姗笑于姻里。然所谓勤者，非徒尽力，实要尽道，如士者，则须先德行，次文艺，……不得越四民之外为僧道，为

---

① 崇祯《休宁叶氏族谱》卷九《家规》，叶文山等纂修，明崇祯四年刻本。

② 道光《曹氏统宗本宗二谱合录》，载民国《曹氏宗谱》。民国《曹氏宗谱》卷一《旺川家训十则》，曹成瑾等纂修，民国十六年木活字本。

③ 光绪《绩溪县南关许氏惇叙堂宗谱》卷八《家训》，许文源等纂修，清光绪十五年木活字本。

胥隶，为优戏，为椎埋、屠宰等件。犯者，即系故违祖训，罪坐房长。"二是贬斥佛老之学，认为"佛老之说，最惑人心。人死岂有轮回之理？修斋供佛，何益于事？若以为孝，则一切小人皆能之。苟谓必如是，父母方脱地狱，则又以父母为有罪之人矣。世有孝子而罪其父母者乎？"[①]三是摒弃丧葬做佛事的习俗，明文规定："丧礼久废，多惑于佛老之说。如俗所谓转灯、拜忏、做道场之事，务皆绝之。其仪式宜遵《文公家礼》。""亲死而作佛事，是不孝也。……世人亲死而祷浮屠，是不以其亲为君子，而视为积恶有罪之小人也。何待其亲之不厚哉？就使其亲实积恶有罪，岂赂浮屠所能免乎？族人宜味斯言而共禁之。"[②]

明清徽州族规家法抵制佛、道的体系相对完整，其中也包含对佛、道危害性的认识，对抵制佛、道的系统构想，如崇祯《休宁叶氏族谱》卷九《家规》记载："师巫邪术，律有明条。……况百姓之家乎？族中凡遇僧道邪术，勿令至门。一切超荐、诵经、拜北斗、披剃等俗，并皆禁绝。至于妇女，识见庸下，其媚神徼福尤甚于男子。且风俗日偷，僧道之外，又有斋婆、卖婆、尼姑、跳神、卜妇、女相、女戏等类，穿门入户，人不知禁，以致哄诱费财，甚有犯奸盗者，为害不小。"对以儒礼治理佛、道的深刻理解，如同治《华阳舒氏统宗谱》卷一《家规十则》认为："丧礼久阙，世俗多信浮屠，超荐用鼓乐徂送，悖谬甚矣。今按礼文，子之丧亲，朝夕奠哀哭泣。送殡举乐，岂可安乎？若以佛法为超度，是以亲为罪人也，今皆屏绝，仪式并遵儒礼。"

明清时期的徽州，由于存在一些陋俗，"超荐、诵经、祷词等事，比比皆然。僧道之外，又有斋婆、尼姑、跳神、卜妇等项，穿门撞户，不知禁忌，诱哄欺诞，甚有奸盗，种种非僻之事，须眉丈夫当痛戒预防。凡遇此等邪说，严加叱逐，庶免意外之侮。"[③]抵制佛、道环境变得更为棘手，但徽州宗族坚持推行关于抵制佛、道的族规家法，凡遇此等邪说，都严加叱逐，并积累了丰富的抵制佛、道的经验。事实上，抵制佛、道的有关规定，在明代中期即已出现并有所强化。明清徽州族规家

① 道光《龙池王氏宗谱》卷首《家法》，王全芝等纂修，清道光二十六年刻本。
② 民国《鹤山李氏宗谱》卷末《家典》，李世禄等纂修，民国六年木活字本。
③ 崇祯《古林黄氏重修族谱》卷一《祠规》，黄文明纂修，明崇祯十六年刻本。

法在问世时就明确，抵制佛、道是为了杜邪风，远佛老，厚风俗。此后，明清徽州族规家法"抵制佛老"的主张则更加成熟和系统。族人被要求"虽当贫乏，不得令人寺观为僧、为道，自斩嗣续。毋狎屠竖，以启残忍之心。不得目观非礼及妖幻、符咒之书，凡涉戏谑、淫亵语者，即焚毁之。又不得从事交结，以保助闾里为名而恣行己意，以致轻冒刑宪，堕圮家业。……不得惑于邪说，溺于淫祀，以邀福于鬼神。"[1]不仅体现出明清徽州族规家法相关规定的针对性、强制性，还说明了明清徽州族规家法对抵制佛、道有更为全面、细致的理解。这里所体现出的徽州宗族抵制佛、道的思想，也是明清徽州族规家法不同于同一时期其他地区族规家法的要义所在。

三、强化宗族的集体议定模式

明清徽州族规家法形成中的集体议定特征非常明显，宗族中有了更多人的参与，以求提高族规家法的权威及其被遵守的程度。这种集体议定，根据明清徽州族规家法编制的方式，可以分为如下几种形式：

第一种形式，会同堂弟侄等订立族规家法。如雍正《歙县潭渡孝里黄氏族谱》卷四《家训》记载："吾堂自元七府君分居以来，衣冠奕世，礼让相承，允乎乡间之光矣。不幸中曹回禄，人事不齐，礼坏俗颓，日为益甚。……自解组归来，深为此惧，乃集同堂弟侄，共立条约，以警将来。众皆曰：'唯，可以行矣。'此虽不敢媲美吕氏之乡约、苏族之亭规，然而升堂入室，庶或由斯，邱文庄所谓'大家变于小户'，吾知必可以免也"。所谓"规约者，约同堂之人也。"

第二种形式，召集族属商订族规家法。如宣统《富溪程氏中书房祖训家规封丘渊源考》记载："吾家自宋中书舍人府君起家，迨今五百祀也，世守祖训，钦遵圣谕，由是义声文献赖以弗坠。历吾高祖而降，孙枝蕃盛，虽服逾祖免，而同堂共居犹自若也。窃恐生齿日繁，人情日异，于是倡会族属，振复祖训，纪之以条规，申之以惩劝。"

第四章　明清徽州族规家法的特征分析

---

① 雍正《歙县潭渡孝里黄氏族谱》卷四《家训》，黄臣槐等校补，清雍正九年校补刻本。

第三种形式，组建编纂队伍编制族规家法。如婺源《清华园胡氏勋贤总谱》卷三十《杂录》记载："今身等修祠、修墓，欲使将来事事就绪，爰公举总理十有三人，既立规条十则，责令房长、家长俾各遵守。如不遵者，分理拈阄具呈。其阄定退缩者，固当悉照家规。但恐有各怀私意，使阄定任事之人独受其责。或靳费不应，或阳为众而阴为私，则蹈前覆辙，必至败事。日后，如有仍前覆辙者，许经事之人执此理论，责令败事之人赔偿费用。违则呈治拨族，以不孝论，仍众偿经事之费，使不被累。公议合同一样九张，付分理九人各执为照。"

第四种形式，会同各门长制订族规家法。雍正《歙县潭渡孝里黄氏族谱》卷六《祠祀》二十三则，即是五门门长、文会于"康熙五十八年二月十三日在祠中列祖之前公同议定。支下子孙，务须永远遵守。如有紊乱祠规、变坏成例及玩忽怠惰不遵者，俱以不孝论。慎之，勉之。"①

上述四种形式基本展现了明清徽州集体议定族规家法的概貌。根据我们对明清徽州族规家法的分析，明清时期，徽州流行的族规家法大多来自集体议定。明清徽州族规家法发展的历程，始终与宗族制度安排的集体议定密切相连，这就使得明清徽州族规家法在发展过程中，既受到徽州传统文化的浸润，也同时为明清徽州族规家法嵌入了族人归属于宗族的文化。明清徽州族规家法的编制作为一种与明清徽州生活密切相关的文化活动，是明清徽州宗族有目的地实现宗族社会控制、维护宗族社会秩序的一种制度安排。这种制度安排所蕴含的约束、教化价值，积淀出了具有明清时期徽州宗族人文特点的众议精神。

博采众议的编制方法。这种方法在明清徽州族规家法编制中都得到了不同程度的应用，如祁门县清溪郑氏宗族"自祖以来，其奉先睦族遇下，各有定额。但行之既久，不能无敝，其通变损益以趋时者，今日不得不然也。于是上遵国法，远稽祖训，近采众议，酌成家规。夫规之为言戒也，又言式也，事有不趋于时，不合于理，不可纵也，故戒之。戒之而趋于时，合于理，可世守矣，故式之。此规之所由立而人之所当遵也。其或有干于此者，则礼罚炳炳在也，条陈于后，期毋犯。"②显示出

① 雍正《歙县潭渡孝里黄氏族谱》卷六《祠祀》，黄臣槐等校补，清雍正九年校补刻本。
② 万历《祁门清溪郑氏家乘》卷四《规训》，郑之珍辑，明万历十一年刻本。

众议之法被明清徽州宗族采纳。正因如此，明清徽州族规家法大多数是议行条规，并在此基础上不断得到完善。如乾隆《重修古歙东门许氏宗谱》卷八《规约》记载："嘉靖壬子之秋，族兄朴庵尚质告诸族人曰：'人本乎祖，始祖之祭，久不复举，诚为阙典。欲复其礼，非祭田不足以供祭祀之费，其祭以七遑公为主，大宣义公、三进士公为配焉。岁以春秋二仲月之望，制为礼式，严立条件，使子孙知有所法而世守焉。'朴庵倡为此举，使先世久废之典一旦举而复行，可谓贤矣。尚望后之贤者继先世之志，守今日之规，子孙绳绳，引而勿替，庶不坠先人孝友之泽，以成礼义之风，则宗祀飨于无穷，而子孙必蒙其福矣。"

集思广益的尝试。在明清徽州族规家法的编制中，以众议、公议、同立等为主的编制方式，无论是它们的规则要求，还是条款的呈现，体现着明清徽州宗族通过思想引领族众的治族之道。崇祯《重修古歙城东许氏世谱》卷七《墓祭祀田仪约》即将这一治族之道融入族规家法的编制之中，指出："我宗与墓祭者，咸有分胙，间有艰跋涉者，祭祖则不前，领胙则竞进，殊无敬祖之心，何止失礼之节？故议定：至遑公墓所，发令胙筹；不至者罚胙。故近年少不拜墓之子孙，法之善也。"

博采众议的编制方法应用和集思广益的尝试，均始终贯穿于明清徽州族规家法的发展之中。明清时期，诸多的族规家法都不同程度地凸显出"阖族公定"的特色。雍正《江村洪氏家谱》卷十四《祠规》就被江村洪氏宗族认定为"阖族公定"。将该祠规中的各项条款提升为一种阖族公定的宗族规范，内化为族人的行为习惯，使族规家法和条款转化为教化族众的重要手段，并成为普及族规家法实践的标志。此类族规家法的编制理念与各项要求，凸显了"博采众议""集思广益"的推广效果，使得明清徽州族规家法的文化特色更加突出。

明清徽州族规家法的各项规定，既是宗族制定的公约，又是族众认定的宗规；既体现了徽州宗族的意志，又不失为一种展现族众伦理诉求之举。随着公定族规家法、执行族规家法成为一种趋势，明清时期的徽州出现了族规家法的广泛普及及其迅速平民化的推广模式，反映出明清徽州族规家法集体议定的文化特质。明清徽州族规家法因宗族推行而得到落实，各项规定因赢得族众认同而得以实施，族风、习俗因宗族规约而有所支撑。一个族约规定一个宗族秩序，其中的道理是显而易见的。因此，明清徽州各族规家法都强调族规家法的公议，族人遵守族规家法的自觉，并就遵守族规家法给族众提出了警示。如"家训必须粗言俗语，妇孺皆知。又必每年春分、冬至祭祀以后宣讲一次，其有关风俗非浅。后世子孙，慎勿视为具文，庶男女皆知向善，而我后克昌矣。①""巨族之振，振以世，其家岂无所自哉？每观人立心良、行事正，家人相与，兴仁兴让，长幼有序而体恤有恩，其家未有不兴者。反是，则相睽相贼，衰败随之矣。家乘俾传之有永，特为演皇祖六谕，以示宪章；四礼仪节，以遵画一；世守家规，以昭燕贻。家乘既终，提撕彝训，后人勿以虚文视之，庶世世相承，弥昌弥炽，以光前裕后者于是乎在，作保世第九。②""以上祖训十条，每年春、秋二祭后，宣读一过，各派祖屋，书贴一纸，不可视为具文。③""以上祖训十条，颁发各派祖屋实贴。每年祭祖后，即在祖屋，择晓文义者宣读一过，讲解一遍，各宜诚心恭听。回家而后，父各以此教子，兄各以此教弟，夫各以此教妇。反复开导，时时检点，务须事事遵行，尽除前非，尽改恶习。同族之中，有过相规，有善相劝，不可自暴自弃，视为具文。④""以上条例，务在必行，传自祖宗，载在家谱，非徒具文。今申饬以后，本族子孙当体先人之垂训之心，恪守遵行，庶几祖功宗德犹有厚望也。慎之，勉之。"⑤这在一定程度上，推动明清徽州宗族实现了可持续的等级和谐状态。

① 光绪《绩溪县南关许氏惇叙堂宗谱》卷八《家训》，许文源等纂修，清光绪十五年木活字本。
② 崇祯《休宁叶氏族谱》卷九《保世》，叶文山等纂修，明崇祯四年刻本。
③ 光绪《梁安高氏宗谱》卷十一《祖训》，高富浩纂修，清光绪三年刻本。
④ 光绪《绩溪东关冯氏家谱》卷首《祖训》，冯景坡等纂修，清光绪二十九年木活字本。
⑤ 康熙《横冈胡氏支谱》卷下《家规·壮卿公老家规》，胡璟等纂修，清康熙四十三年刻本。

第五章　明清徽州族规家法的亢宗功能

迁入徽州的世家大族绝大多数是"中原衣冠"。自"中原衣冠"迁入后，徽州地区出现了很多名门望族，仅《新安名族志》中记载的就有程、汪、朱、范、方、鲍、江等84姓。[①]这些名门望族大多数形成于宋元时期，鼎盛于明清时期。

明清徽州世家大族的繁荣，受到多种因素的影响，如徽州经商风习的形成，学校教育的普及，科举考试制度的建立与健全，地方官府政策的引导和激励等。在这些影响因素中，明清徽州族规家法是明清时期徽州世家大族繁荣的制度保证。

第一节　重修谱以承祖宗世系

修谱是传承、延续祖宗世系的一种重要形式。这种形式具有双重作用：第一，不用其他方式替代修谱方式；第二，不用修谱方式替代其他方式。因此，对修谱的理解，就是对祖宗世系以修谱方式历代传承、延续的理解。从这一角度出发，研究此问题蕴含的基本观点是：修谱区别于修祖坟、修宗祠的特有形式的独特价值，在于它是明辨祖宗世系传统的明清徽州文化自觉与文化自信。明清徽州族规家法正是在这一意义上把握修谱、解释修谱，并确认修谱在家族发展中的地位和价值。

---

① 赵华富：《徽州宗族研究》，安徽大学出版社2004年版，第45页。

一、将修谱纳入家族发展布局

明清时期，徽州世家大族为传承、延续祖宗世系，非常重视纂修家谱。如歙县泽富王氏于明隆庆六年纂修了《泽富王氏宗谱》，休宁林塘范氏于明万历三十三年纂修了《休宁范氏族谱》，休宁古林黄氏于明崇祯十六年纂修了《古林黄氏重修族谱》，绩溪仁里程氏于清道光九年纂修了《仁里程敬爱堂世系谱》，歙县东门许氏于清乾隆十年纂修了《重修古歙东门许氏宗谱》等。徽州其他世家大族，如休宁县城北周氏宗族、歙县潭渡孝里黄氏宗族、绩溪南关许氏宗族、新安陈氏宗族等，都有家谱传世。

明清徽州世家大族纂修家谱，以"记载家族世系和事迹、传承延续祖宗世系"理念为基础，又有谱规或谱例这一族规作为依据。在家谱纂修上，明清徽州世家大族都很重视将"修谱事项"纳入其中，并以谱规或谱例加以规范。该做法注重依据谱规或谱例纂修家谱，着力改变纂修家谱无规可依的状况。明清徽州世家大族针对修谱提出了谱规或谱例，如歙县临溪吴氏族谱谱规、祁门锦营郑氏族谱律条、绩溪大谷程氏族谱规条等。毫无疑问，修谱是明清徽州世家大族关注的一个极为重要的主题。

明清徽州世家大族修谱的谱规或谱例，是明清徽州族规家法体系的重要组成部分，将谱规或谱例列入族规家法，既是明清徽州世家大族修谱的保障措施，也是明清徽州族规家法发展的重要支撑。明清徽州社会是一个典型的宗族社会，无族规家法不成方圆，只有进行严格的族规家法保障，才能避免谱规或谱例被束之高阁。

针对修谱这个主题，明清徽州族规家法还列出专条加以确认并作出解释，指出"谱之修，为其族大繁衍，迁居者多。若不葺续，诚恐世远人殊，富族欺贫而不认，贫族畏富而不亲，必致相遇如途人。予乃秉心会众，采搜的确，仿旧补缀，是吾族者书之，非吾族者不载。若其贪贿，妄收非族及其诽谤者，天厌之，天厌之。"强调"宗谱乃收宗族、厚风俗而无下流，讵知贫者售其谱书，莫能制焉。冬至之日，乃一阳之

明
清
徽
州
族
规
家
法
研
究

始，当以设筵会、族陈谱，曰明谱会，庶使贫族而不售谱，以见族大义远无失。"①这表明明清徽州社会已把纂修家谱与各宗族发展联系在一起，特别是明清徽州族规家法中谱规或谱例的规定，如"宗谱者，谱吾宗之正派也""作谱以系之，总见一派流传"②"谱以彰既往而励方来，传其所信，斯足征也""谱之作，所以明亲秩分而收族也，而尊祖敬宗之义实系焉"③等，彰显了纂修家谱对本宗族发展的促进作用。明清徽州关于修谱的族规家法，均涉及宗族发展问题，说明纂修家谱与宗族持久发展有内在联系。

明清徽州社会修谱成风，其把修谱的重要性即"家之有谱，犹国之有史也。国非史无以昭实录，家非谱无以明世系"④落到实处，极大地提升了家谱的"产量"，出现"新安多望族，族各有谱"的局面。其中，引人关注的是，明清徽州世家大族提出的"续修家谱"系列规约，以充分发挥明清徽州族规家法的功能与作用。在这一续修家谱规划中，还包含了一个续修家谱的时间安排，如道光《屏山舒氏宗谱》卷一《修谱义例》规定："谱必十年一修，易世一修"。考证明清徽州族规家法有关规定，对于续修家谱的间隔时间安排，有规定十年一修、三十年一修的，也有规定六十年一修的，虽时间不尽相同，但都有明确条款注明要求定期续修家谱，即要在规定的时间续修家谱。事实也证实，明清徽州各世家大族所修家谱大都建立在旧谱之上，以续间断，以清源委，进而以新谱代替旧谱。

明清时期，修谱之风遍及徽州一府六县，具体到不同的世家大族，其特点是家谱多次重修，版本不同，不同版本之间既有联系又有区别，这一现象在明清徽州社会普遍存在。如祁门"善和程氏小宗之谱，在宋则有复公之谱，在元则有仁寿公之谱，在国初则有弥寿公之谱，永乐初则有道同公之谱。新安总谱，则有景泰间槐塘孟公之《会通谱》，成化间休宁谕德敏政公之《统宗谱》。"⑤这样的续修家谱似乎就给家谱的发

---

① 隆庆《歙县泽富王氏宗谱》卷八《宗规》，作者不详，明隆庆六年刻本。

② 道光《锦营郑氏宗谱》卷首《条律》，郑道选纂修，清道光元年木活字本。

③ 崇祯《临溪吴氏族谱》卷八《谱规》，吴元孝纂修，明崇祯十四年刻本。

④ 万历《曹氏统宗世谱·序·嘉靖十二年汪鋐序》，曹诰纂修，明万历四十三年刻本。

⑤ 嘉靖《祁门善和程氏谱》卷首《凡例》，程昌纂修，明嘉靖二十四年刻本。

展定了调：体现于世家大族的生活，成为世家大族的一种行为，立足于家族世系传承之中，经历了多次的修改而为子孙后代所传承。这样的续修家谱得以普及，即使没有故事没有人物，也能吸引社会的普遍关注。明清徽州世家大族之所以令各方钦羡，又星罗棋布于徽州各地，雄视一方，这无疑得益于其以追求修谱为延续家族发展取向这一家策。

二、明确修谱宗旨与管理规定

明清徽州族规家法明确的修谱宗旨，或许正如万历《重修城北周氏宗谱》卷九《家训》所说："序昭穆、辨尊卑、萃涣散、联属人心、志事实也，使后世子孙知宗派源流，不忘所自。"明清徽州关于修谱的族规家法，都把修谱的过程看作是一种序昭穆、考世系、联新疏、明源流、知迁留的过程。所谓"修谱正以序昭穆，明守法也。凡继嗣者，必审其名分相宜。"[①]

如果深入分析，能发现明清徽州族规家法关于修谱宗旨的一些更深层次的内容。万历《休宁范氏族谱·谱祠》称："谱牒所载，皆宗族祖父名讳，孝子顺孙目可得睹，口不可得言。收藏贵密，保守贵久。每岁春正三日祭祖时，各带所编发字号原本，到统宗祠会看一遍。祭毕，各带回收藏。"道光《屏山舒氏宗谱》卷一《修谱义例》称："世远者，其情易疏；族繁者，其宗易紊，故必赖谱以明之。上可以溯世系于既往，下可以联族属于将来，而厚风俗、敦教化之道亦在其中。"此类重视修谱之言，可以印证明清徽州族规家法重视修谱的三个目的：其一，寻家族之根，溯姓氏之源；其二，统合同姓之人，图生存，求发展；其三，传承家族之业，保护子孙后代绵延不绝。因此，明清徽州族规家法之所以重视修谱，是要收族、凝族、育族、睦族、兴族、强族，此为明清徽州世家大族的远大目标；族规家法中的"溯世系于既往""联族属于将来"等语，则体现明清徽州世家大族的共同追求，即继承家族传统，凝聚家族继往开来，促进家族可持续发展。

明清徽州族规家法不仅重视修谱，而且重视管谱。明清徽州之所以

① 崇祯《休宁戴氏族谱》卷首《凡例》，戴尧天重编，明崇祯五年刻本。

留存大量的家谱，其深层次的原因是这些家谱受到族规家法的保护。如崇祯《古林黄氏重修族谱》卷一《祠规》中明确提出："谱之所载，皆宗族父祖名号，为子孙者，目可得而见，口不可得而言。收藏贵密，各宜珍重，以便永远稽查。如有侵污，则系慢祖，众议酌罚，另择本房收管。或有不肖子孙卖谱、盗写觅利，致使真赝混淆，支派紊乱，得罪祖宗极矣，众共绌之，不许入祠拜墓，仍会族众追谱惩治。"明清徽州族规家法中此类规定对谱牒的保护措施给出了明确的结论。

第一，领谱必编字号，以便日后稽查。如崇祯《临溪吴氏族谱》卷八《谱规》记载："谱编三十一号，爵、德、齿三房各领十部，元孝以辑谱之勤，领一部。其各房中又各分领，则在本房自为酌议，务求得人，并严觉察，以永世守。"

第二，分支领谱，务必珍藏，妥善保管，否则受罚。如崇祯《临溪吴氏族谱》卷八《谱规》规定："各房收谱，务什袭珍藏，每年于标祀团公日，各执赴公所会验，污坏者，罚银；损失叶数者，罚银；私借他族誊抄者，定以非我族类，叱逐之。或有遗弃、转鬻者，除叱逐外，众共经官究治，仍坐本房房长，子姓押查，退出。"

第三，在宗谱保管方面，吸取已有的经验和教训，做到"慎收藏，避潮湿"，防范水灾、虫伤。每年冬至，都要"检晒一次，驱蠹鱼，出霉气"。①

第四，实行宗谱会验，定于甲年冬至，如验有"污秽、霉烂、鼠啮、虫伤，每次罚足钱四千八百文，为会验人酒食，戳'验罚'图记。下次会验，仍如前例。"②

第五，形成惩罚的运行机制，如光绪《大谷程氏宗谱》卷一《谱规》规定："家有谱，犹国有史，所系匪轻。或不孝子孙慢藏失之，贪利鬻之，若是者，宜声其罪。失之者，倍罚谱银，为守者劝。鬻之者，追回原谱，再革出祠，为贪者戒。"

第六，成立专门的组织或机构修谱，如谱局、谱馆、谱堂等。如宣统《韩楚二溪汪氏家乘》卷十《谱局规章》记载："局设侯潭中村积翠

---

① 光绪《大谷程氏宗谱》卷一《谱规》，程常宪纂修，清光绪四年刻本。
② 光绪《大谷程氏宗谱》卷一《谱规》，程常宪纂修，清光绪四年刻本。

山房，以便主修诸家附近照料，俟竣装订，乃移于二溪宗祠仰鲁堂。"

　　明清时期，徽州世家大族为血脉相承计，为家族发展计，大都表现出"以谱牒为先"的情形，致使修谱成风，成为明清社会的徽州现象。明清徽州世家大族修谱宗旨毋庸置疑，是与家族长久发展相联系的。这种密切联系使徽州谱牒"纂前垂后，关系甚大"①，意味着"使名分正而彝伦叙，宗族睦而礼义敦，千载犹一代，九族犹三亲"②，也意味着"使恶者有所惩，吉凶相告，患难相恤，疾病相扶，孝弟行于家则身修而家齐，忠义行于国则国治而天下平。"③在这样的情形下，身处家谱深刻影响下的明清徽州世家大族，不仅要考虑纂修的家谱是否符合谱规，更会考虑修谱是否对家族长期发展有利，这就增强了明清时期徽州人的修谱意识，也提升了这一时期徽州人对家族发展的高期望值。相比之下，徽州人对这种高期望值的兑现能力是比较强的。通过明清时期徽州人高期望值的兑现，明清徽州世家大族的发展得到保障，宗族家业得以发扬光大，有效地促进了明清徽州世家大族的繁荣发展。

三、修谱与祖宗世系传承之间的连接

　　制订并实施明清徽州族规家法，涉及纂修家谱的重要原因之一，就是明清徽州世家大族的族长、家长乃至族人、家人意识到，应将纂修家谱与祖宗世系传承紧密地联系起来。例如，宣统《华阳邵氏宗谱》卷十七《家规》记载："谱牒之设，所以昭世系，辨尊卑。时既远也，宜世加修辑，尤宜宝藏，不可轻鬻他族，俾鱼目有乱珍之弊。"这一记载表明，明清徽州世家大族发展所面临的关键问题之一，就是如何激励子孙后代寻根溯源，继承祖辈的光荣传统，团结家人、族人继往开来，从纂修家谱中寻求根明源清和家族家庭血脉相承。一些与之相联系的问题就是，明清徽州世家大族为何子孙多而不乱，世系远而无穷？明清徽州宗

---

　　① 万历《新安吕氏宗谱》卷五《族谱总论》，明万历五年修，民国二十四年重刊。
　　② 正德《新安毕氏会通族谱》卷首《序·正德三年毕文琛序》，毕济川纂修，明正德四年刻本。
　　③ 正德《新安毕氏会通族谱》卷首《序·正德四年毕馨(休宁闵川毕氏重修会通世谱)序》，毕济川纂修，明正德四年刻本。

谱记载的祖宗世系和先辈族人们的典型事迹，为什么能成为教育族人、家人及其子孙后代的生动教材？明清时期徽州人热心寻根问祖，他们寻根问祖最重要的方式为什么是编修、收藏家谱？徽州世家大族如何让族人、家人及其子孙后代对家谱视若珍宝？明清时期徽州人的寻根问祖意识为什么能生生不息？为什么族人、家人及其子孙赞同并支持纂修家谱？

  事实上，明清徽州各世家大族始终着力于解决这些问题。总的来说，他们坚持详世系、分支派、遵定式、定编次、序昭穆、崇文翰、尊邱墓、明绍嗣、重节孝、纪芳名、给字号；他们反复强调"有美不扬，是没祖也，无美不扬，是诬祖也，实事求是，不忘祖也"，通过反复实践，把世系活动连接至族人、家人。例如，传承祖宗世系的一个重要方面就是将家谱妥善珍藏，以使家族源流世系便于稽考。为此，明清徽州世家大族作出明确规定，提出具体要求，并将之纳入族规家法规制。如嘉靖《祁门王源谢氏孟宗谱》卷首《凡例》规定："谱法，当谨其迁徙之由，以防散逸之弊。于所迁祖，随其郡邑乡里并疏其下，有行实、文章，亦附见，俾有所考，知宗派所自来，庶尽尊祖收族之义。"宣统《韩楚二溪汪氏家乘》卷二《凡例》规定："谱成，总卷、共部，照依所刊名目，骑连钤记，挨付各名受领，务宜珍藏，幸无假滥，以致非类乘间顶系，开罪祖宗。其谱须对领，逐部收齐。苟有遗失者，当二溪祠众公正声明核实。"因此，在明清徽州社会，"珍藏家谱"被推崇为传承祖宗世系的必选性措施，效果是显而易见的。

  明清徽州世家大族纂修家谱，有一种追求，就是祖宗世系的传承。明清徽州家谱的内容，涉及谱论、姓氏起源、家族堂号、世系表、家族名人、名人著作、族规家法等，所提供的详细记录，几乎涵盖各项有关祖宗世系传承的事宜，从尊祖考、辨昭穆、昭前烈、明先德、重世守，到正名分、重人伦、厚风俗、显祖功、扬宗德，甚至于祖宗世系传承活动应该如何开展等。如清嘉庆黟县古筑孙氏家族"向有清明会，支丁祭扫祖茔者，照筹给胙。兹议立冬至会、届节，合族人祭始祖，设《添丁簿》。祭之日，各支添丁者报名并年庚登簿，出丁钱四十文入会，会中给清明胙筹二根，庶后日重修家谱无遗无伪。"①

　　由于纂修家谱的目标、目的明确，明清徽州世家大族大都重视纂修家谱，而且为传承祖宗世系保留了有关仪节。如雍正《潭渡黄氏族谱》卷首《凡例》所说："祖训家规，诒谋深远，为子孙者所当百世遵守。故凡旧谱所蒐未尽载者，兹皆录入。虽后世日趋简易，未能一一遵循，然录之于谱，亦爱礼存羊之意也。"因为纂修家谱与祖宗世系传承之间的连接是如此紧密，为传承祖宗世系，徽州世家大族往往定期续修家谱，以使子孙后代有谱可循。如乾隆《新安徐氏宗谱》卷首《凡例》指出："凡修谱，定期每六十年。今我徐氏永以甲子年为规，须于二年之前，各族有志者预行通订，蚤发传启，汇齐修梓，庶甲子告成可无愆期，望各族后贤共勉之。继往开来，均有重赖。"

第二节　谨祭祀以凝聚血缘宗情

　　明清时期，徽州宗族制订的族规家法，是一种宗族法规，用以约束和教化族人。祭祀条款写入明清徽州族规家法，为明清时期徽州人行祭祀之礼、尽报本之诚、抒扬善之志，提供了徽州方案。明清徽州族规家法的执行，特别是对明清徽州族规家法祭祀条款的认同适用，对于徽州宗族血脉传承、关系维持、祖德昭述、意识培养、家风弘扬、后代荫护、凝聚不散起着重要的作用，有助于宗族血脉传承、生生不息，以及家风、族风代代承袭。

一、徽州人祭祀务在报本追远

　　报本追远是关系明清徽州宗族永续发展的千年大计，也是推进明清徽州宗族治理、凝聚宗族力量、实现家族基业的重要措施。明清徽州族

① 嘉庆《古筑孙氏家谱》卷首《凡例》，孙家晖纂修，清嘉庆十七年刻本。

规家法将祭祀之礼引入宗族法规，确立了"报本追远"的祭祀目的。如道光《龙池王氏宗谱》卷首《祠训》记载："夫人不可忘本。本者，吾之祖宗也。祖宗培植深厚，然后子孙昌大绵延，如树木之有根，根深则蒂自固；如水之有源，源远则流自长。"再如道光《锦营郑氏宗谱》卷末《祖训》"睦祭祀"条指出："祭祀，所以报本也。凡我庶民，立春、清明、季秋、冬至，皆可尽一念之诚。苟失祭祀，则是忘祖宗，忘祖宗则不孝，不孝则家道乖戾，岂可乎？"这类规定明确了报本追远是祭祀的一大目标，并通过族规家法相关规定予以实施，进而形成了祖先祭祀的徽州民俗。"每岁元旦，率少长以叙团拜之礼。立春、冬至，遵依礼祭祖，不可荒略。"①

相较于天神祭祀、地祇祭祀，祖先祭祀则是祭祀祖先亡灵，以祈求荫庇的行为。祖先祭祀既是报本反始的需要，又是知恩报恩的需求，是祭祀祖先传统的有力传承。祖先祭祀在明清徽州族规家法中的安排，明确了祭祀祖先的慎终追远属性和社会教化价值，在指引徽州人追忆先祖、传承孝道、涵养德性、庇护子孙等方面，提供了族规家法依据。"凡祖考神灵入祀者，从昭穆列之，毋得僭逆。不惟出与庙绝，如生非祖脉及干名犯义者，均不得入。丧德者，虽老死弗入；立德者，虽早亡亦附。此固于报本追远之典，而寓劝善惩恶之机者也。今日之子孙，即日后之祖考，可不修德立行，以培没世享祀之基欤？"②

明清徽州在祭祀实践中不断探索祖先祭祀的族规家法适用范围，积累了很多祭祀祖先的经验。有的遵循祖训，"凡我庶民，立春、清明、季秋、冬至，皆可尽一念之诚。"③有的执行规训，"凡祭祀，春以春分日举行，冬以冬至日举行，高、曾、祖、祢用牲，旁亲用庶馐。一切仪节，谨遵朱子《家礼》。有无故不到及怠慢失仪者，罚。"④有的坚守家规，以多种方式开展祭祀活动，除了春秋祭祀、春祈秋报，还有清明墓祭，强调"古之墓祭，非礼也，后世举而不废者，祖宗体魄所在。欲子

① 道光《龙池王氏宗谱》卷首《宗规》，王全芝等纂修，清道光二十六年刻本。
② 民国《河间凌氏宗谱》卷一《家训条款》，凌雨晴等纂修，民国十年刻本。
③ 道光《锦营郑氏宗谱》卷末《祖训》，郑道选纂修，清道光元年刻本。
④ 宣统《上川明经胡氏宗谱》下卷之《规训》，胡祥木等纂修，清宣统三年木活字本。

孙识其处，盖亦所系之重也。吾宗坟墓非一处，标祀亦非一日所能遍也。""有舟往者，有陆行者，是宜群族人而扫松楸也。……有登舟而不至墓所者，其罚同。"①有的推崇祭礼，坚持三元祭、岁除祭，"祭之日，首事者悼旦趣办，促行礼，不可过亭午，其品物亦须精洁如式。诸族子孙俱青服鞋袜以临祭，违者罚，罚银壹分。故不出与祭者罚，罚银二分。如先一日出家及老耄病甚者，不以此论。"②还有的重立标挂祀典，"每岁往祀，以一族或二族首事，初六日，俱至城中会齐，令一人至河滨买舟。当携之物，俱先发至舟中，令一二人看守，泊于深渡，余皆轿至登源。祭毕，初七日午后，舟中会齐，首事者须令一仆夫持帖待于河西之梁。迟不至者，有罚。"③

需要注意的是，明清徽州祖先祭祀主要有两种形式，一种是墓祭，"墓祭，礼欤，人之死也，体魄归地，魂气上升。既迎其魂而祭之庙矣，则墓祭非礼也。"④另一种是祠祭，"例于清明、冬至节祭之前二日，祀首躬帅人役，洒扫厅堂、门宇、各龛前尘网，厨灶洁净。预定主祭执事，花名粘壁，即行通知，以便习礼。令善书者恭写祝版如新式。凡祠中等事，预办正齐，得毋临时仓卒，失礼取罚。"⑤从总体上看，明清徽州关于祭祀的族规家法，更加重视祠祭。第一，明清徽州世家大族大都建有祠堂，在明清徽州族规家法那里，"孝莫大于敬祖，敬祖莫大于修祀，祀莫先于祠祭。有事于祠，所以尊祖敬宗而致其如在之诚也。"⑥第二，明清徽州世家大族大都立有祠规，诸如婺源《江湾萧江氏宗族祠规》、休宁《古林黄氏宗族祠规》、歙县《潭渡黄氏宗族祠规》、婺源《星源银川郑氏宗族祠规》等。凭借宗族祠规各项规定，明清徽州宗族厚植了"祠祭"这一精神联系纽带，在规范明清时期徽州人在精神上维系和延续祖先关系问题方面作出了具体的回应，成为明清徽州祠祭的重要族规家法保障。第三，明清时期，祠祭流行于徽州一府六县，徽州最

① 乾隆《重修古歙东门许氏宗谱》卷八《家规》，许登瀛纂修，清乾隆十年刻本。
② 万历《休宁茗洲吴氏家记》卷七《家典记》，吴子玉编修，明万历十九年抄本。
③ 康熙《潜川汪氏悼本祠溯源家谱》卷六《享祀记》，汪士鉉纂修，清康熙三十八年刻本。
④ 嘉靖《绩溪积庆坊葛氏重修族谱》卷七《墓祭规叙》，葛文简等纂修，明嘉靖四十四年刻本。
⑤ 万历《重修休邑城北周氏宗谱》卷九《宗祠规约》，周思松等纂修，明万历二十四年刻本。
⑥ 民国《吴越钱氏七修流光宗谱》卷一《家训》，钱文德等纂修，民国三年木活字本。

为重大的祭祖活动即为祠祭。祠祭有春祭、中元、秋祭、冬祭,徽州族规家法规定了祠祭之礼,直接约束参与祠祭的族人。祠祭即在祠堂内祭祀,宗祠既是徽州人寻根问祖之圣地,又是徽州人联络宗亲、化解矛盾、增进和谐、增强团结之宝地。

二、在祭祀中呈现徽州人天性

明清徽州社会的世家大族,多是从北方中原迁入的。这些世家大族有祭祀祖先的传统,该传统在明代以前即在徽州社会长期存在。从明代以前徽州世家大族祭祀祖先活动的轨迹中可以看出,徽州世家大族对祖先的祭祀,从东汉末年至明代之前一直没有中断。

值得注意的是,明代以后,徽州世家大族对祖先的尊崇与祭祀比以前更重视、更规范、更兴盛。伴随着祖先祭祀活动的深入开展,不但徽州世家大族建设祠堂的速度加快,针对祖先祭祀的制度安排也逐渐完善。明清时期,徽州宗族祠堂成批出现,祭祀活动十分兴盛,从而出现了这样的局面:明清徽州的世家大族"家必有庙,庙必有主。月朔必祭,荐新必祭,立春、冬至、忌日必祭。祭时,须仁孝诚敬,如在之思。祭品、祭器,各自量力。祭仪,当依《朱子家礼》。"[1]

明清徽州世家大族众多,如前文所述,虽然他们对祖先祭祀的规定不尽相同,祭祀祖先的活动安排也有差异,但他们对祖先祭祀的重要性、必要性的看法是基本相同的,都有一个共同的追求,即追养继孝,必躬必亲,方能尽志。"凡宗族合祭、分祭、墓祭,各依期约赴集供事。如冠巾有不到者,罚银二分。老病在官者,不在此限。且散胙聚饮,长幼之间,固当尽情。"[2]

纵观明清徽州祖先祭祀的实践成果,几乎所有的祖先祭祀实践都带有爱亲、思亲、孝亲的天性。尤其明清徽州关于祭祀的族规家法透射出来的徽州人爱亲、思亲、孝亲天性,对当今中国也有许多启发意义。比如,绩溪《梁安高氏宗谱》卷十一《祖训》强调:"维木有本,维水有源，敬祖宗即是从'孝'字推上去。常存善心、行善事，恐辱先人，此敬祖宗之心也；修祠堂，省坟墓，奉祭祀，重谱牒，此敬祖宗之事也。"绩溪《鱼川耿氏宗谱》卷五《祖训》强调："祠乃祖宗神灵所依，墓乃祖宗体魄所藏。子孙思祖宗不可见，见所依、所藏之处，即如见祖宗一般。时而祠祭，时而墓祭，皆展现大礼，必加敬谨。"认同并实践此类规定的徽州人，已不仅是世家大族的族人，而是一个包括世家大族的族人在内的徽州人群体。他们爱亲、思亲、孝亲的行为并非盲目跟风，也不是做给别人看，而是出自一种内化于心、外化于行的行动自觉。他们通过祭祀活动的持续开展，在体现徽州社会祭祀习俗与规范的同时，也在不断焕发徽州人"爱亲、思亲、孝亲"天性，既凝聚了人心，又促进了生命成长。

要把握明清时期徽州人的这一天性，就必须对其形成的根源有清晰的了解。血缘关系和亲属关系，即血缘和血亲，在徽州地区是最受关注的话题之一。血缘关系即由婚姻和生育而产生的人际关系，不仅是人先天的与生俱来的关系，同时也一直被认为是血统联系着的家族或成员关系。明清时期的徽州人相信，爱亲、思亲、孝亲是维系家族血缘关系的根本纽带。血亲即是有血缘关系的亲属，其意义不仅在于凸显祖先的同一性，而且维持了血亲关联共同体。正因为如此，明清徽州族规家法始终强调："人之于祖，犹木之有根本也。木培其根本，则由根而干，由干而枝、而叶、而花、而结实矣。人能以此身而追溯之于其始，由考而祖，由祖而曾，由曾而高，以至于始祖，亦犹我始祖之父以生子，子以生孙，世世递嬗，以至于我之高、曾、祖、考，而生我之身者也。"①徽州人"爱亲、思亲、孝亲"的这种天性，自然是出自血缘血亲的一种报本感恩情感。

三、血缘亲情得以凝聚

明清时期徽州祖先祭祀在祭仪上与同时期其他地区大致相同。"凡祭祀，春以春分日举行，冬以冬至日举行。所有牲牢并庶馐一切仪节，

---

① 雍正《歙县潭渡孝里黄氏族谱》卷四《家训》，黄臣槐等校补，清雍正九年校补刻本。

谨遵朱子《家礼》，族内士衿均应整肃来祠助祭。有无故不到及怠慢失仪者，罚。"①在祭礼种类上，徽州与同时期其他地区也基本相似，如春祭、夏祭、秋祭、冬祭等，均"祭之为义，内以尽志，外以尽物。凡祠中所定仪品，务须遵式置备。若物品不充数，烹炮不如法，洗涤不洁，陈列无序，许纠仪举罚。其行祭，子姓各照本等衣冠，贫者布韦粗旧无妨。惟居丧者则易服从吉，以祭祖乃吉礼之大者，尊无二上故也。若礼度有愆及一切失容之事，均应议罚。"②

这里需要说明的问题有两个：一是明清徽州关于祭祀的族规家法，基本上是从祖先祭祀历史经验中得出的。如墓祭，即是如此，明清徽州族规家法中有很多这方面的记载，如万历《歙西岩镇百忍程氏本宗信谱》卷十一《族约篇第九》指出："古礼也，观孟子墦间之祭可见矣。本族每届清明，合族老少悉诣朱吴村始祖茔前拜扫，依《文公家礼》举祭，协诸礼而协矣。第行之日久，而人心有贤否，财力有盈缩，以致出银办物多至愆期，殊非百代通行之法，亟当会议酌处，著为定规，永远遵守，毋作不良者之俑，实宗祊之大幸也。"二是明清时期，徽州的祖先祭祀更加强劲有力。徽州的祖先祭祀是在徽州祭祀文化中进行的，经过明清时期发展，已经形成对祖先祭祀功能定位与目标定位的根本性认识。"祭祀以尽报本之诚。遇节，该年祭首办其合用，祭仪按依《家礼》，祭图先期陈设。是日，族众皆临，祭毕散胙，礼筵不得过奢，亦毋太俭，惟在持久不废。"③

明清徽州由于受到程朱理学的长期熏陶，有着深厚的理学功力，崇拜祖先的家风，具体的仪式，留下了很多祖先祭祀的经典范例。如绩溪县南关许氏宗族，其"祠堂春、秋之祭，照《家礼》行三献及侑食之礼。祭主有三：一是宗长，亦曰'宗子'，乃本族长房之长子；二是族长，乃班辈最长者；三是年长，班辈虽不尊，而年齿冠一族者，然年长或有或无，非所重也。主祭以宗子为重，族长陪祭。如宗长、族长不能

---

① 民国《余川越国汪氏族谱》卷十八《祠规》，汪立中等纂修，民国五年木活字本。

② 雍正《歙县潭渡孝里黄氏族谱》卷六《祠祀·附祠约》，黄臣槐等校补，清雍正九年校补刻本。

③ 隆庆《歙县泽富王氏宗谱》卷八《宗规》，王景象纂修，明隆庆六年刻本。

行礼，则使族之有衣冠者代祭，而祝版祭主仍书宗子、族长之名。"①类似范例并非简单的祭祀活动，而是在祭祀祖先中凝聚血缘亲情，从祖先信仰的角度关注宗族的可持续发展。明清徽州关于祖先祭祀的族规家法强调报恩与祈福汇通，具有天生与地养两个维度。正如《荀子·礼论》所说："天地者，生之本也；先祖者，类之本也；君师者治之本也。"

在明清时期的徽州，"凡仲春之扫墓，孟秋之荐新，冬至则祭始祖，除夕则奠祖祢，忌日之哀，奠告之仪，皆祭祀也。""自主人以下，斋明盛服，品物丰洁，进膳若见所欲，称讳如见吾亲。"②徽州人把祖先祭祀作为归宗溯祖、生命延续的经验加以推广，投入了相当大的人力、财力、物力。如清代歙县新馆鲍氏宗族"自歙之棠樾迁居以来，凡十有二世矣。先世之忠孝承家，簪缨继美，具载谱帙。……族之先人，一传数传，人虽繁衍，祀尚家尝。传七世集公、概公、檀公、乐公、宋公、橐公，又继世而有善烨、善耀二公、之八公者，一时挺生，慷慨尚义，捐金建祠，费数千金。"③因为祖先祭祀的神圣性、普及性，徽州人"家必有庙，庙必有主。月朔必祭，荐新必祭，立春、冬至、忌日必祭。"④透视徽州人祭祀祖先的活动，可以看到徽州人对生命的敬畏。从明清徽州关于祖先祭祀的族规家法中，可以发现祖先祭祀的规定性、依赖性以及原始性，从而折射出徽州家族的血缘凝聚力与亲情吸引力。明清时期徽州人以祖先祭祀凝聚血缘亲情，因此徽州人大都知道自己是从哪里来的，要到哪里去。

四、推动徽州世家大族发展持续化进程

徽州世家大族在明清时期的发展进程中，族人祭祀祖先的制度化活动始终贯穿其中，不仅抒发了家族情怀，还激励了子孙后代前赴后继。翻阅明清时期徽州的族规家法，"家长会众谒庙""拜祖所以报本""宗

①光绪《绩溪县南关许氏惇叙堂宗谱》卷八《家礼》，许文源等纂修，清光绪十五年木活字本。
②民国《河间凌氏宗谱》卷一《家训条款》，凌雨晴等纂修，民国十年刻本。
③光绪《歙新馆鲍氏著存堂宗谱》卷三《祠规序 祠规 续议祠规》，鲍存良等纂修，清光绪元年木活字本。
④民国《济阳江氏统宗谱》卷一《江氏家训》，江峰青等纂修，民国八年木活字本。

祠之建，所以报本展亲""祭祀之礼，大夫祭四代，庶人祭三代""祭祀所以追养继孝"等训示时常出现，祖先祭祀活动给徽州世家大族的文脉延续、精神传承带来的推动力、作用力、凝聚力即是明证。其通常的做法是"凡各门祭，以本枝为主，旁技附祭，不拘丰俭，但以诚敬为先，斋戒一日，至期行礼。若祭坟墓，止祭本枝。其遇清明盛典，不分亲疏，一体标祀。"①

因此，对徽州宗族"血缘相连，亲情相依"的关注，与对徽州人"眼中有家，心中有族"的揭示，是祖先祭祀对生命的敬畏与感恩进行解码的两个向度，即立足于血缘、亲情呈现宗族对祖先精神的传承，立足于家族情怀推进宗族的可持续发展。明清徽州族规家法关于祭祀的诠释以及由此作出的规定等，都是在寻求可行的追远致敬、敦本睦族的措施。如同治《华阳舒氏统宗谱》卷一《家规十则》记载："宗祠之设，所以敦本睦族也。每岁正旦团拜，集少长、叙尊卑也。春、秋祭祀，悉遵《家礼》，追远致敬也。"

明清徽州族规家法是各族祭祀祖先活动的制度保障，在徽州宗族的发展历程中有着深远的影响。在明清徽州族规家法有关记载中，大多体现了祖先祭祀是凝聚族人、促进家族兴旺发达的仪式，这种体现意味着祭祀在明清时期的徽州不可或缺。因而，祖先祭祀的活动在特定的时期是有效的。然而，正是祖先祭祀活动的有效性，使得明清徽州世家大族对其要求更为严谨。如咸丰《湾里裴氏宗谱》卷一《祠规》规定："春、秋祭祀，酒醴肴馔必尽诚洁，绅士之辈行尊者，主祭祀事。即与祭者，亦宜衣冠整肃，随分序立，毋得错乱不虔，有乖礼仪。至祭毕而饮，无论族长、首事，一应与祭之人，俱得与席。但宜端坐静饮，毋得喧哗。及归，人给饼一双，五十者二双，以次渐加。"

需要注意的是，明清徽州世家大族的祖先祭祀，并非仅仅是一条徽州族规家法规定，而是世家大族的一种持久实践。如黟县环山余氏宗族"每月朔日，家长会众谒庙，将前月内行过事迹，或善或恶，或赏或罚，详具祝版，告于祖庙，庶人心有所警醒。其有未完者，监视重令掌事，

随即行之。如或延滞，以致废寝之患，议罚。"①

在这种实践中，春秋祭祠、春祈秋报、清明墓祭、经理祭田等，参与到了明清时期徽州世家大族的发展之中。一方面，族人通过祭祀活动，紧密地团结在宗族周围，为宗族发展做出自己的贡献；另一方面，宗族的血脉在子孙后代身上流淌，经过代际传承，推动徽州世家大族的持续发展。"夫宗之言尊也，尊祖故敬宗，敬宗故收族。祠之言思也，思吾孙子，其丽不亿，其始一人而已，溯之一人。故尊敬而能收百世而下，有能明本支之义，举宗室之奠，起而为祠以率祖合族者，斯亦足录矣。"②

第三节　敦睦族以维护族人共处

明清时期，在徽州，敦睦族之道作为一种家族传统的存在，既包括有形的家族的规矩落地，又隐含无形的家族的风范生根。敦睦族之道就是这样一种有形和无形的宗族力量存在，改变着明清时期徽州人的行为方式和相处方式。明清徽州关于敦睦族的族规家法是明清时期徽州人和谐共处观念的重要载体，是明清徽州宗族协调族内人际关系、处理族众之间矛盾纠纷的基本准则和重要依据。

一、明清徽州关于敦睦族的族规家法

在明清时期，徽州社会的发展重点在于如何做大做强宗族，其关于敦睦族的族规家法主要是寻求"睦族""和邻"的族规家法。因此，明清徽州族规家法既有"睦族"的规定，又有"和邻"的要求，非常重视"睦族"与"和邻"的结合，视"睦族"与"和邻"为实现家族和谐共生的两个重要方式，缺一不可，并以此引导族人之间、宗族之间的和谐

① 民国《古黟环山余氏宗谱》卷一《家规》，余攀荣等纂修，民国六年刻本。
② 万历《商山吴氏宗法规条》，作者不详，明万历钞本。

互动。如隆庆《歙县泽富王氏宗谱》卷八《宗规》记载："族人支派，一脉相承，所以尊卑有别，长幼有序，毋以恃富欺贫、恃尊凌卑、恃强凌弱，有违不义，务以礼貌为先，可也。""族人处于乡党，勿以势利欺贫，凌寒趋热。"

明清徽州宗族在认识和实践上都认同徽州族规家法作出的"睦族""和邻"规定。徽州人将族规家法要求的"睦族"与"和邻"相结合，构建了在"睦族"的同时"和邻"，或在"和邻"的同时"睦族"的思维方式，认为"睦族"离不开"和邻"，"和邻"也离不开"睦族"，因此，"睦族"与"和邻"成为明清时期徽州宗族和谐发展的主题。所谓"人禀天地太和之气，故天地以生物为心，人亦以同生为美。""夫乡里之人，朝夕相见，出入相友，守望相助，内如妇女姒娌相与，幼如童稚侪辈相嬉，年时节序，酒食相征逐，其和好亦是自然的本心，不加勉强而然。"①

值得一提的是，随着明清徽州宗族的发展，明清徽州族规家法在传承既有"睦族""和邻"传统的前提下，也从认识、理解上对"睦族""和邻"进行了求解。主张"族类当辨"，强调"宗族当睦"，认为"族邻当和"，这不仅对于继承、发展"睦族、和邻"传统具有指导意义，也为明清时期徽州人的睦族、和邻实践提供了行动指南。

明清徽州关于敦睦族的族规家法的主要内容，从"睦族"与"和邻"上分析，大概分四个方面：一是敦睦友谊，"既为朋友，宜相待以至诚，财帛相通，患难相顾。不许则已，许则实行。"②二是敦睦亲谊，"为子者，必以孝顺奉亲；为父者，必以慈祥教子；为兄弟者，必以友爱笃手足之情；为夫妇者，必以恭敬尽宾对之礼。"③三是敦睦乡谊，"邻里居者，上下不一其人，贫富不同其家，皆要有无相通，守望相助，疾病、患难相扶持，冠婚丧祭，庆吊往来，可为美俗。"④四是敦睦族谊，"宗族均吾祖之子孙，本一体也。强毋凌弱，众毋暴寡，贵毋欺贱，

① 隆庆《文堂乡约家法》，陈昭祥辑，明隆庆六年刻本。
② 民国《济阳江氏统宗谱》卷一《江氏家训》，江峰青等纂修，民国八年木活字本。
③ 道光《龙池王氏宗谱》卷首《宗规》，王全芝等纂修，清道光二十六年刻本。
④ 光绪《荆川明经胡氏续修宗谱》卷一《祖训十三条》，胡学先等纂修，清光绪十年刻本。

富毋虐贫。无论有服之亲，恩意加厚，即袒免无服者，庆吊仍宜往来，岁时仍宜会聚，患难仍宜顾恤。"①

二、明清徽州族规家法下的敦睦族

明清徽州族规家法作为处理族人之间、宗族之间的关系，维护宗族的团结与协作，凝聚宗族的力量，保障宗族兴盛不衰的工具，担负着族人、宗族甚至整个徽州敦睦族的重任。

明清徽州族规家法中规定的敦睦族方式，有有急相恤、有患相扶、有过相规和有善相劝等。康熙《歙西金山宋村宋氏族谱》卷末《祠规》有如下阐发："矧我同宗共祖，谊属一家，而可秦越视乎？故有急相恤，有患相扶，有过相规，有善相劝，此其职也。嗣后，如有昭穆混淆、长幼无序，以及升斗启争、睚眦修怨者，既悯祖心，自干祠罚。"

有急相恤、有患相扶、有过相规、有善相劝，这是明清徽州族规家法探究敦睦族之道的几个重要概念，具有针对性、适应性、有效性的特点，目的是为敦睦友谊、敦睦亲谊、敦睦乡谊、敦睦族谊。既是宗族制度的安排，也是社会良好风尚的传承，四者在特定的社会环境下实现了完美结合。在明清时期的徽州，有急相恤、有患相扶、有过相规、有善相劝统一结合在宗族内部，构成明清徽州宗族循环往复的和睦宗族系统。该系统以互助互帮互扶、同心同德同行的形式对明清徽州宗族及其族众的浸润，不仅打开了明清徽州宗族敦睦之道，也使这一形式转变为明清徽州宗族社会的一种民情，构成我们理解、诠释明清徽州族规家法下敦睦族的一种方法。

明清徽州族规家法据此来界定睦友之道、睦亲之道、睦邻之道和睦族之道。如光绪《梁安高氏宗谱》卷十一《祖训》强调"人在世上要一团和气，四海之内皆兄弟也，而况宗族一脉，安可不睦？所当敬老慈幼，怜孤恤寡，劝善戒恶，排难解纷。万一有不平，只宜凭长辈理论。"万历《古歙谢氏统宗志》卷六《家规》则指出"睦邻之道，当患难相恤，有无相济，语言相戒，饮馈相酬。"又强调"'忍'之一字，诚处

① 民国《济阳江氏统宗谱》卷一《江氏家训》，江峰青等纂修，民国八年木活字本。

家睦族之道。……夫'忍'字，义理最大。合族之人，凡有长短是非，若大若小，当痛加隐忍，以消怒气，以释恶念，以德报怨，用全亲亲之谊。"

　　明清时期徽州世家大族对敦睦族的期待，与同一时期其他地区世家大族在突出睦友、睦亲、睦邻、睦族方面的想法有一定的相似性。在敦睦族的具体策略上，明清中国世家大族向来坚持睦友、睦亲、睦邻、睦族四位一体，既重视以族规家法睦友、睦亲，又注重以族规家法睦邻、睦族，强调"毋以尔我，而有疏亲。兄弟之初，实惟一人。氓之蚩蚩，乃协比邻。""忠君孝亲，敬兄爱弟。睦族恤邻，修身善世。闺阃如宾，风化是系。"[1]在敦睦族实践中，以关于敦睦族的族规家法为依据来构建"同里"与"邻里"的联系，以此为"邻里"和"同里"和睦相处提供合规性依据。如万历《休宁范氏族谱·林塘宗规》记载："邻里皆我同里，在祖宗时，待之各有恩信，有礼义。故彼虽属中户、贫户，莫不赖我庇植，感我德意，一切约束，相率顺从，非独畏我财力之众有以压之也。"

　　明清徽州族规家法中对敦睦族的论述有一条基本线索，即训导与训诫的相互支撑。其中训诫具有强制性，因徽州族规家法的认定而得以正当化。这里的训导与训诫的结合，就是对明清徽州关于敦睦族的族规家法如何实施这一问题的回答，它决定了如何理解明清徽州关于敦睦族的族规家法的实施理念、实施机制、实施方式等一系列问题。明清徽州关于敦睦族的族规家法始终坚持族规家法的训导性，并始终把训诫性作为分析和解决明清徽州宗族如何实现宗族和谐共生的工具，形成了明清徽州独特的敦睦族理路。也正因如此，明清徽州关于敦睦族的族规家法反复强调族规家法对于不利于宗族和谐稳定行为的限制问题。这主要体现在以下两个方面：一是在强调家族一脉相承之"脉"的同时，最大限度地维护族规家法的权威。"合族之人，固有离析亲疏，然以始祖视之，则一脉也。世之族人，有以富贵压贫贱者，长幼无序。……凡有凌犯尊长、不合于礼者，则当鸣于族长，以家法惩治。"[2]二是明清徽州族规家

---

① 万历《祁门清溪郑氏家乘》卷四《规训》，郑之珍辑，明万历十一年刻本。

② 万历《古歙谢氏统宗志》卷六《家规》，谢廷谅等纂修，明万历三十二年刻本。

法禁止的事项被强调，族规家法无禁止即可为，族规家法未允许即禁止，以过硬的措施维护宗族的和谐稳定。"族内有事相争，不许违禁打降殴尊，不许遽尔投约控理，必先报明祠首，约入祠，分别是非调处。不服，然后投控。违则先以逞凶好事，家法绳论。鳏寡孤独被横欺凌，公道扶植，更勿徇祖。"①

三、徽州世家大族在敦睦之行中走向昌盛

明清徽州世家大族在制订关于敦睦族的族规家法后，非常注重发挥其教育价值、训诫功能，并展开了反复实践。在一定意义上说，明清徽州世家大族是在制订并实施关于敦睦族的族规家法过程中，维持家庭和睦、保持家族兴旺的。具体来说，主要有以下六个方面内容。

一是敦族好。他们特别重视讲世德，通过关于敦睦族的族规家法，传承世德，坚守族义，遵守条约，并促使族人厚待亲属、和睦共处，族风淳朴敦厚。如万历《休宁茗洲吴氏家记》卷七《家典记》记载："族自七公以来，惟以积善敦义见称，未尝徽讦自善、构衅生隙如胡越。今当愈讲世德，益敦族义，遵条约行之，不患族之不昌大也。"

二是推周恤。这一维度是通过扶植孤弱者、济恤贫乏者、申明诬枉者、滋养疾病者、救援急难者、赙助死丧者来体现敦睦族的"周恤"功能，从而构成明清时期徽州人之周恤者的完整内容。究其原因，主要是"周恤者，亦行之一端，仁政之先务也。""盖仁者以天地万物为一体，民同胞而物五与，故曰：'亲亲而仁民，仁民而爱物。'物且爱之，况同类乎？故自吾孝亲之心而推之，兄弟为友；次推之，宗族为睦；又推之，姻戚为姻；又次推之，朋友为任；再次推之，众人为恤。"②

三是和乡里。这一维度立足于具体的邻里之间关系的维护，把邻里关系归结为明清时期徽州人生活中普遍的一种关系，规范地缘相邻并构成互动的关系。从明清徽州族规家法有关规定看，明清徽州世家大族继承了家族的既承认邻里必要性，又肯定邻里亲睦、乡党礼让、贫富相

---

① 民国《清华东园胡氏勋贤总谱》卷三十《杂录》，胡上林纂修，民国五年木活字本。
② 宣统《富溪程氏中书房祖训家规封丘渊源考》，作者不详，清宣统三年钞本。

资、缓急相周、善过相规、强弱相济的睦邻传统。如宣统《富溪程氏中书房祖训家规封丘渊源考》强调"邻里者，居止（址）相比，朝夕相接，出入相亲，缓急相需，有兄弟世契之义焉，其道当和而亦当择也。"指出"吾家僻处深山，颇存古风之一二，社有轻财重义之名，实昔人志向有存也。"

四是重族讲。明清徽州世家大族普遍重视通过族讲的形式，展开对族人的教化任务，并把齐家治家、教诫子孙、为人处世教育摆在突出的位置，而通过族讲反复强化。其特点是族讲制度化，试图在族讲中稳固家庭内部的关系，对族人生活秩序、行为、习惯进行规范、控制。如雍正《茗洲吴氏家典》卷一《家规八十条》规定："族讲定于四仲月，择日行之。先释菜，后开讲，族之长幼，俱宜赴祠肃听，不得喧哗。其塾讲有实心正学，则于朔、望日，二三同志虚心商兑体验，庶有实得。"

五是守规矩。由于明清徽州族规家法是族人的行为规范和行动指南，因此明清徽州世家大族对这些规矩的强调是其治家、理族的重点之一。基于此，明清徽州世家大族重视通过对族规家法有关规定的制订与完善，开启睦友、睦亲、睦邻、睦族的实践活动。这体现在他们把敦睦族的手段归结为通过把守规矩、正秩序有机结合，建立以族人知敬畏、明底线、守规矩为基础，宗族自身、族内人与人以及宗族与邻里相互依存、互相协作、共同发展的共生体系。该体系的实现路径，在于在坚持正面导向的同时，严惩不守规矩的族人。如光绪《新州叶氏家谱》卷首《修省斋公家规二十条》记载："合族之人，固有亲疏远近，然以始祖视之，则均是子孙也。世之族人，有以富贵压贫贱者，有以强大欺弱小者，长幼无序，尊卑无统。自今宜以祖宗为念，家庭相会，出入相遇，悉以尊卑、长幼自序，以情相爱，以敬相承。凡有凌犯尊长、欺侮等辈，不合于礼者，族长以家法治之。"

六是尊族长。明清时期的徽州，族长在宗族中有着极为重要的位置，徽州世家大族以各自的族规家法为切入点，借助对其家族文化的理性审视，塑造族长的高大形象。这样的形象，使族长因宗族发展需要所带来的正面效应而受到族人推崇，族长也因此在族中拥有最高地位、绝对权力，族长的作用独特而不可替代。如乾隆《重修古歙东门许氏宗谱》卷八《家规》记载："吾族繁衍，有族长以统之，公举族中之贤者以辅之，谓其才足以断事，德足以服众。凡遇族中有不平之事，悉为之处分排解，不致经官。如果秉公无偏，而顽梗者不遵，则鸣之于官处治之，族人自知警而不敢抗违矣。"

第四节　正婚姻乃至家族兴旺繁荣

明清徽州世家大族的婚姻关系，无一不是在徽州族规家法的规范下展开的，有规可依，有规必依，执规必严，违规必究，是其得以持续的基本途径。明清徽州世家大族能够实现和谐稳定与兴旺发达，在一定意义上正是对明清徽州关于正婚姻的族规家法的遵守与践行。

一、明清徽州关于正婚姻的族规家法

"王化起于闺门，大道造端夫妇。婚姻者，人道之始，可不重欤？"①这就决定了明清徽州世家大族，无论是出于传宗接代考虑，还是为了发展宗族，都把"正婚姻"确定为治家兴族的重要任务。

明清徽州族规家法给予了家族婚姻相应的设计和安排，并作出了一系列规定，其中，几乎每项规定都旨在正婚姻。无论是"夫妇，人道之始，故嫁娶一事，不可苟且。"②"夫妇，人伦之始，万化之源。……要须爱之也而思其恶，恶之也而思其美，听之也而思其义理之当否，则三弊革而家道成矣。"③还是"婚姻乃人道之本，必须良贱有辨，慎选礼仪不愆、温良醇厚有家法者，不可贪财慕色，妄偶滥配。"④"婚娶大典，人伦攸始，本家向有成例，遵行已久。嗣后，务要恪遵旧制，不得怠忽

---

① 宣统《上川明经胡氏宗谱》下卷之《规训》，胡祥木等纂修，清宣统三年木活字本。
② 嘉靖《绩溪积庆坊葛氏重修族谱》卷三《家训》，葛文简等纂修，明嘉靖四十四年刻本。
③ 康熙《周氏重修族谱正宗》卷一《宗训》，周思老等纂修，清康熙五十五年刻本。
④ 雍正《歙县潭渡孝里黄氏族谱》卷四《家训》，黄臣槐等校补，清雍正九年校补刻本。

失礼。"①正婚姻的旨趣充分彰显，家族婚姻的传统更加明晰。

明清徽州关于正婚姻的族规家法，是明清时期徽州世家大族处理家族婚姻关系的根本指针。据此，明清徽州世家大族把正婚姻摆在了事关家族兴衰的战略地位，视"婚姻者，上以承宗祀，下以继后嗣，礼莫大焉。择德为上，论年次之。今之为婚者，论财而已，或厚资以耀聘，或竭财以侈装，名为争门面，不知其实破家也，自古夷之矣。"②同时以各项具体规定完善和丰富了婚姻的实践指向，为家族正婚姻提出了具体要求，明确了具体任务。如雍正《茗洲吴氏家典》卷一《家规八十条》记载："昏（婚）姻乃人道之本。俗情恶态，相沿不改，至亲迎、醮晬、奠雁、授绥之礼，人多违之。今一去时俗之习，其仪式悉遵《文公家礼》。""昏（婚）姻必须择温良有家法者，不可慕富贵，以亏择配之义。其豪强逆乱、世有恶疾者，不可与议。"③

除了宗族传宗接代、传承家风、发展家族的需要外，明清徽州世家大族重视正婚姻的动力，还在于解决家族婚姻出现的现实问题带来的新变化。为此，明清徽州族规家法强调，"倘有不孝子弟，贪财灭义，不别清污，……妄为结纳，玷辱宗祊者，族众当令其改适。否则，以家法从事。……又有于襁褓时轻许为婚，并指腹为婚者，及其既长，或因家贫，或因恶疾，甚致兴讼者，多矣。"④有效解决这一问题，就必须在"正婚姻"上做文章，"婚姻正，宜尔室、宜尔家矣。行之通族，又宜尔族矣。"⑤这是明清徽州世家大族正婚姻的落脚点，也是其解决家族婚姻现实问题、传承家族婚姻习俗、发展壮大家族的基本着眼点。具体体现在明清徽州族规家法的有关规定上，也体现在明清徽州世家大族对于正婚姻、促发展、求兴旺的追求上。

明清徽州世家大族通过制订并推行关于正婚姻的族规家法，从男女、夫妇、择配、嫁女、娶亲、礼仪等方面作出了全面安排。但引人注目的是，明清徽州世家大族强调的婚配对象多为徽州名门望族，如嘉靖

① 康熙《横冈胡氏支谱》卷下《家规·壮卿公老家规》，胡璟等纂修，清康熙四十三年刻本。
② 民国《河间凌氏宗谱》卷一《家训条款》，凌雨晴等纂修，民国十年刻本。
③ 雍正《茗洲吴氏家典》卷一《家规八十条》，吴翟等纂修，清雍正十一年刻本。
④ 宣统《上川明经胡氏宗谱》下卷之《规训》，胡祥木等纂修，清宣统三年木活字本。
⑤ 民国《曹氏宗谱》卷一《旺川家训十则》，曹成瑾等纂修，民国十六年木活字本。

《绩溪积庆坊葛氏重修族谱》卷三《家规》记载："祖宗以来，婚娶之家，悉皆名族，子孙宜体此意。缔结姻盟，不可苟且，各宜与同分尊长知会。如有未当，各相禁止。凡嫁娶之期，族人俱赴迎送，门户不相当者，不送迎。"族规家法的相关规定更加强化了明清徽州世家大族的婚姻取向。

二、正婚姻的规定与家族发展的关系

《礼记·昏义》云："昏（婚）礼者，将合二姓之好，上以事宗庙而下以继后世也，故君子重之。"明清时期，徽州的世家大族也是先在认识上赞同这个说法，继而又把它纳入族规家法，并运用于家族建设的。明清徽州族规家法中的"婚姻"规定，是对正婚姻的强调，并被具体应用到了家族婚姻建设方面。下面引述明清徽州族规家法中几条相关规定加以说明。

光绪《绩溪东关冯氏家谱》卷首《祖训》指出："有夫妇，然后有父子。先王制嫁娶之礼，同姓不婚，所以厚别而明人道也。凡为婚配者，娶媳务求淑女，淑字不易当，总要性情和柔；嫁女但择佳婿，佳者甚难得，总要言动笃实，不可计较钱财，不可攀结豪富。凡家世清白，门户相当，辈行相配，便可做亲。"

嘉庆《祁门中井河东冯氏宗谱》卷一《家规》指出："婚姻，人伦之大者。凡嫁娶，贵乎及时，尤在择贤良之家，气味相似者。不可苟慕一时之声势货利，婚后匪人，以贻门阀辱也。"

光绪《绩溪县南关许氏惇叙堂宗谱》卷八《旧家规》把交结姻戚作为婚姻的一大目标进行强调："我人亲亲之义笃于三族，父族、母族、妻族是也。今人但知其一不知其二焉。妻子之亲，人皆知所以厚，父母之亲，尤所当厚。与夫伯叔、兄弟、姑姊、娣侄之亲，亦当以礼遇之。"

之所以列出这几条规定进行分析，主要是基于以下三点考虑。第一，有婚姻，才有家族，所谓"男女居室，人伦之始，要门户相当，家风清白。男婚不宜过早，女嫁不可太迟。"[1]就是说，婚姻是形成徽州宗

---

 ① 光绪《梁安高氏宗谱》卷十一《祖训》，高富浩纂修，清光绪三年刻本。

族的前提和基础，而要在家族发展中体现这一点，就必须正婚姻。第二，有好的婚姻，才有好的家族。在婚姻的基础上进行家族建设，从而形成的好的婚姻必须得到家族的传承，也就是说，明清徽州关于正婚姻的族规家法，必须得到家族的实施、贯彻和落实。第三，有好的家族，才有良好的家风，才能上行下效形成血缘亲情，从而不断推进家族持续发展。鉴于这样一个过程，家族婚姻既要相容于家族婚姻制度安排的整体框架，又要考虑世家大族发展对婚姻的内在要求。而以上几个规定，或者明清徽州族规家法中其他类似规定，正是明清徽州宗族婚姻制度安排下的规定，其制订和完善的目标也是在根本上服务于明清徽州世家大族的发展。

透视此类规定，我们可以看出，明清徽州世家大族发展在其内在要求上，具体到家族婚姻建设，能规范婚姻家族关系，维护亲属之间团结，促进家族持久稳定与发展。这是明清徽州族规家法中"正婚姻"的本质所在，正婚姻是对明清徽州家族发展目标的长期取向。这一目标的实现，既取决于明清徽州家族婚姻的必要性与迫切性，也离不开对正婚姻族规家法的长期实施。

第一，规范明清徽州婚姻家族关系的推进路径，更多依赖于明清徽州关于正婚姻的族规家法。众所周知，也如前文所述，明清徽州世家大族极为重视制订并实施族规家法，而明清徽州族规家法下的正婚姻规定，也成为明清徽州世家大族规范婚姻家族关系的主要依据。在此情况下，明清徽州的婚姻家族关系的规范转向按照正婚姻族规家法的规定安排。事实上，这种通过正婚姻族规家法的执行来规范明清徽州婚姻家族关系的特征表现得也比较明显。明清时期，徽州世家大族正婚姻的进程相对稳定，区域涉及一府六县，婚姻家族关系始终处于明清徽州关于正婚姻的族规家法的规范之中，连"目前的富贵，何足论哉"都要"问其先世之家法，父母之素行何如。"[1]

第二，关于正婚姻的族规家法对于维护徽州家族亲属之间的团结发挥了重要作用。不仅有利于规范明清徽州婚姻家族关系，还通过重婚

---

[1] 道光《曹氏统宗本宗二谱合录》，载民国《曹氏宗谱》。民国《曹氏宗谱》卷一《旺川家训十则》，曹成瑾等纂修，民国十六年木活字本。

姻、择嫁娶、行婚礼、促婚娶等途径，维护加强了明清徽州家族亲属之间的团结。正是基于维护家族亲属之间团结需要正婚姻族规家法保障的这种认识，因此在明清徽州关于正婚姻的族规家法实施的过程中，重视家族亲属之间团结、维护家人和睦相处的思路全程得到体现。从实践效果来看，伴随着关于正婚姻族规家法的实施，明清徽州各家族亲属之间团结的根基得到切实巩固。其中道理值得思考，而明清徽州族规家法将之解释为："家之亲，父子、兄弟、夫妇、叔侄而已，必须父慈、子孝、兄友、弟恭、夫义、妇德，长幼有序。能尽是者，永无悖逆、争斗、娇妒、嫌隙之事矣。"①

第三，促进世家大族长期稳定，成为明清时期徽州关于正婚姻的族规家法实施的一大亮点。明清徽州世家大族在中华民族氏族史上占有重要位置，这些世家大族各自结群，聚集一地或多地，相安无碍，秩序井然。作为明清徽州世家大族长期稳定、发展的"稳定器"和"助推器"，明清徽州关于正婚姻的族规家法普遍受到重视。从实施效果来看，伴随着正婚姻族规家法的长期执行，明清徽州世家大族的人口婚姻结构也在不断巩固。在明清时期的徽州，"良贱千年不结婚，布袍纨绔叙寒温。相逢那用通名姓，但问高居何处村。"②良贱不得为婚，而同姓也不娶，"如误娶同姓者，其妇不许上谱，故犯者并削其夫。娶本族再醮妇者，亦如之。"③

三、明清徽州世家大族在正婚姻中延续宗族

"男女居室，人之大伦。而婚姻嫁娶，以及时为贵，方聘定许配之初，尤宜慎择，必其年相若而德相似也。"④明清徽州族规家法中此类规定，讲的是男婚女嫁之间的自然法则与男女之间婚配的秘籍。

男婚女嫁作为自然法则，也贯穿于男婚女嫁与徽州世家大族发展的

① 万历《古歙谢氏统宗志》卷六《家规》，谢廷谅等纂修，明万历三十二年刻本。
② 许承尧：《歙事闲谭》卷七《新安竹枝词》，黄山书社2001年版，第207页。
③ 光绪《仙源杜氏宗谱》卷首《凡例》，杜冠英纂修，清光绪二十二年刻本。
④ 乾隆《重修古歙东门许氏宗谱》卷八《家规》，许登瀛纂修，清乾隆十年刻本。

联系方面，这是体现男大当婚、女大当嫁的重要环节。明清时期，男婚和女嫁是徽州世家大族延续宗族的最基本要素，它们之间的关系是人口生产与家族繁衍、家族婚姻与家族延续的关系。这里体现的是男婚与女嫁相统一的又一层含义，即男婚女嫁在家族主导下进行，由各个家族按照各自的族规家法相关规定予以实施，旨在传宗接代、延续血脉、促进家族发展。这既从宗族权力运行的角度择嫁娶，也从不同家族的角度进行男婚女嫁规范，使得男婚女嫁在不同家族之间的展开，得到了各自族规家法的保障。

就不同宗族而言，其对男婚女嫁的具体要求不尽相同。如歙县黄山谢氏宗族规定："嫁女必须胜吾家，此先哲明言。有女子聘人，不必论其贫富，但择名门与郎婿之佳者，则许之。聘礼之来，随彼丰俭，称家有无，切勿勉强，因之自累。"①绩溪华阳舒氏宗族则规定："族之婚姻，娶妇必择其贤，嫁女须教以德。先贫后富，先富后贫，命也。若贪利议婚，或以女许贱姓，或娶贱姓之女，皆所当禁。"②这些不同的规定，是由其宗族意志和宗族地位所决定的。总体上，明清徽州地区推行的是男婚女嫁的婚姻制度，但具体到不同家族的具体要求，又有所不同。

婚姻是家族延续的直接现实，但明清徽州家族，尤其是世家大族，对于婚姻在各自的族规家法中却有共同的对应。如绩溪荆川明经胡氏宗族在其《祖训十三条》中规定："婚姻者，人道之始终。嫁娶必当取其相当，尤当择其良善，则妇之事人，必孝顺舅姑，尊敬夫主，不淫不妒。若刑人恶疾，断不可为婚。择婿贤而归之，庶女终天有靠，贫富不必较量。"③婺源龙池王氏宗族也在其《宗规》中规定："族之婚姻，娶妇必择其贤，嫁女须教以德。先贫后富，先富后贫，命也。若贪利议婚，或以女许贱姓，或娶贱姓之女，皆所当禁。"④

明清徽州世家大族正婚姻要求及措施众多，根据明清徽州关于正婚姻的族规家法，我们可以把它们大致分为讲究门当户对、倡导同姓不

① 万历《古歙谢氏统宗志》卷六《家规》，谢廷谅等纂修，明万历三十二年刻本。
② 同治《华阳舒氏统宗谱》卷一《家规十则》，舒安仁等纂修，清同治九年木活字本。
③ 光绪《荆川明经胡氏续修宗谱》卷一《祖训十三条》，胡学先等纂修，清光绪十年刻本。
④ 道光《龙池王氏宗谱》卷首《宗规》，王全芝等纂修，清道光二十六年刻本。

婚、注重良贱有辨、重视传宗接代几个方面。在明清徽州族规家法中，讲究门当户对，被明确为"婚配不在财富，须择门楣相对之族。如或彼族素无姻娅，一旦轻与婚聘，门第不对，乡鄙诟笑。"①倡导同姓不婚，被理解为"同姓不婚，《周礼》则然，应毋庸赘。……各派丁世居故土，两姓同出一姓，不能为婚，人人知之。……余与余为婚，虽各别其源，终属同姓。余与许为婚，余自许改，亦属同姓，皆不准。"②注重良贱有辨，被细化为"婚姻必须择贤良""娶妇必择其贤""嫁女必须用吾家""婚嫁不结细民""婚嫁不可不择"等。重视传宗接代，被具体到"议不孝有三，无后为大。族人有不幸无子者，思欲继祀，务请族长、房长取名分相当之人，或依世次，或择贤能，立之为后，以承宗祀。不可以弟为子，以侄为叔，紊我天伦。亦不可收养异姓，混我宗枝。"③

明清徽州关于正婚姻的族规家法，对于明清徽州世家大族血脉延续、家族兴旺具有的意义，可以概括为以下几点：第一，促使徽州家族的婚姻朝着设定的轨道前行。家族婚姻"当取其相当""当择其良善""当察其婿与妇之德性若何""当问其先世家法""当择世世孝弟有行仁义者""当以婚姻以宜族"，明清徽州家族婚姻的过程，在一定意义上说，就是取其相当、择其良善、繁衍子孙、延续血脉、发展家族的过程。第二，为提高家族婚姻质量开辟了广阔的空间。明清徽州关于正婚姻的族规家法，蕴含着丰富的维护和提高家族婚姻质量的思想，如提出"凡嫁娶须择门第相等，并父母性行醇笃者，方许结婚。毋贪厚奁重费，毋为鬻骨重索，惟求婿妇得人，自可相安，克昌家道。"④"婚姻，人之道始此，而论财识者鄙之。吾宗子女，年可聘字，为父母者，须择阀阅相当之家，备礼聘定，不必计其奁赏之多寡，尤不可下配匪伦。"⑤世家大族通过落实徽州族规家法中的此类规定，把家族婚姻安排到更好的环节中去，并给子孙婚姻压力和动力，以促进家族婚姻良性运转。第三，

① 万历《休宁茗洲吴氏家记》卷七《家典记》，吴子玉编修，明万历十九年抄本。

② 光绪《绩溪县南关许氏惇叙堂宗谱》卷十《宗祠规约》，许文源等纂修，清光绪十五年木活字本。

③ 万历《歙西岩镇百忍程氏本宗信谱》卷十一《族约》，程弘宾等纂修，明万历十八年刻本。

④ 万历《萧江全谱》之《附录》卷五《贞教第七》，江旭奇等纂修，明万历三十九年刻本。

⑤ 宣统《华阳邵氏宗谱》卷十七《家规》，邵玉琳等纂修，清宣统二年木活字本。

为家族发展奠定了坚实基础。明清徽州关于正婚姻的族规家法，特别强调对"门当户对""同族不婚"的保护。明清徽州婚习，"婚姻论门第""同族不婚"。门当户对和同族不婚是明清徽州家族婚姻的两大特征，对门当户对、同族不婚的保护，是明清徽州关于正婚姻的族规家法的核心部分，是明清徽州世家大族正婚姻的一个重点。"嫁女择佳婿，毋索重聘；娶妇求淑女，勿计厚奁。""择妇择婿，须自量我家子女如何。我子凡庸，为娶美妇，岂但不和，或生他事。我女不如彼子，恐终为所弃。"①既促使明清徽州家族婚姻和谐持久，又促使门户相当的明清徽州世家大族之间联姻结亲，有力促进了明清徽州世家大族的发展。第四，促进了男婚女嫁成为明清徽州家族延续的重要驱动力。明清徽州关于正婚姻的族规家法强调以家族为本的典型特征，男婚女嫁是延续家族血脉、促进家族持续发展的重要途径。驱动明清徽州世家大族持续发展的力量来自婚姻与联姻交互作用形成的张力。具体来说，明清徽州世家大族血脉延续是两种效应交互作用的结果。一是嫁娶效应。男婚女嫁，男女双方成为一家人，维系为人夫（妇）、为人子（女）、为人父（母）的三重身份，构成了家族婚姻关系集聚的力量。"人家娶女子，此是寻活风水。"二是联姻效应。"婚俗重门族，凡仆隶之裔，虽显贵，故家皆不与缔姻。"在明清徽州，"婚礼合二姓之好，上承宗庙，下继后嗣，无贵非偶也。邑中姓多故族世系，历唐宋以来，两姓缔盟必数百年婚姻之旧，倘族类异等，即家巨万、列朝绅，塞脩不得通好焉。"②即世家大族双方联姻，结为亲族，共同履行延续家族血缘、巩固家族地位的责任和义务。这种盛行于明清徽州世家大族之间的通婚时尚，构成了世家大族婚姻关系扩散的力量，既固化了徽州世家大族间的婚姻链，又巩固了徽州世家大族的社会地位。

---

① 民国《济阳江氏统宗谱》卷一《江氏家训》，江峰青等纂修，民国八年木活字本。

② 《寄园寄所寄》卷十一《泛叶寄》，赵吉士撰，清康熙三十五年刻本。

第六章 明清徽州族规家法的社会功用

明清时期，徽州社会由于各宗族大都制订并推行适应徽州社会发展需求的族规家法，从而使得徽州对良风美俗的发扬、徽商崛起的推动、社会稳定的维护、教育发展的促进始终处于有力的状态。明清徽州族规家法成为发扬徽州良风美俗、推动徽商崛起、维护社会稳定、促进教育发展的重要法宝。

第一节 发扬徽州良风美俗

明清时期是徽州文化的繁荣期，是徽州作为区域社会发展的强化期，也是徽州良风美俗发展的稳定期。这一时期，讲孝道、行善事、崇礼仪、励勤俭、尊长者，同徽州社会心理密切结合，成为徽州人约定俗成的风俗，反映徽州社会存在。明清徽州良风美俗相沿积久，与这一时期徽州社会政治、文化紧密联系，给徽州发展带来社会的一致性、文化的集体性，增强了徽州人的徽州认同感、归属感。

明清时期，徽州教育、徽州宗族、徽州人物、徽州族规家法、新安理学等都是影响徽州良风美俗形成与发展的因素。在这些影响因素中，徽州族规家法是影响徽州良风美俗发展的重要变量。明清徽州族规家法是延续明清徽州良风美俗的法宝，是发展明清徽州良风美俗的关键，也是保证明清徽州良风美俗长期稳定的关键。因此，研究明清徽州族规家法与徽州良风美俗之关系，总结明清徽州族规家法在良风美俗发展过程中的实践经验，对于深化明清徽州族规家法研究十分必要。

一、助推徽州行孝之风

助推徽州行孝之风，是明清徽州族规家法实践的重要内容。明清时期，徽州族规家法在促使徽州人知孝悌、传孝道、行孝事、定孝制方面始终重视有加，并推出系列举措加以实施。可以说，明清徽州行孝之风发展是明清徽州族规家法实践的必然结果。

第一，明清徽州族规家法促使徽州人知孝悌。把孝悌当作一种伦理法则，这是明清徽州族规家法提出并予以论证的。明清徽州族规家法专门论证了孝悌，而这些族规家法几乎都有关于孝悌问题的阐释。道光《龙池王氏宗谱》卷首《家法》就鲜明提出："孝：生我者谁？育我者谁？择师而教我者谁？虽生事葬祭，殚力无遗，未克酬其万一。苟其或缺，滔天之罪，尚何可言？弟：易得者赀财，难得者同气。乃或以赀财之故，而伤同气之谊，是谓难其所易，而易其所难，其惑孰甚？"

明清徽州族规家法之所以阐释孝与悌问题，是因为其制订者、推行者意识到将孝悌的概念性转化为实践性，需要这样一个连接的机制。这些制订者、推行者在践行孝悌伦理中找到了孝悌的合概念性与合实践性的兼容机制，那就是族规家法的保证。事实上，这一保证从康熙《横冈胡氏支谱》卷下《家规》记载中可以得到较为清晰的验证。该家规指出："兹之（孝悌）首列于谱者，岂徒以垂戒之具文，务欲使我族姓知罔极之恩、埙篪之奏，凛而遵之，以无忘此两大之伦，而后知功名事业之传，尚可期之成人之日，而明发友于之谊，务宜勖之于孩提之时，则敦孝弟之为急务也。"

明清徽州族规家法为了实现孝悌由合概念性向合实践性转化的目的，专门编制了两个逻辑程序作为一种机制来连接孝悌的合概念性与合实践性，一是界定孝悌的概念并明确孝悌与不孝不悌的区分。乾隆《重修古歙东门许氏宗谱》卷八《家规》相关记载可说明这一问题，该家规指出："孝也者，善事父母之谓也；弟（悌）也者，善事兄长之谓也。……吾族之人，率其日用之常，其谁不为孝悌？苟拘于气禀，染于习俗，灭天理而伤人伦，亦不免于不孝不悌也。……今后，于不孝不悌者，众执于祠，切责之，痛治之，庶几惩已往之愆，图将来之善。"二是让孝悌的合概念性上升为家人、族人共同遵守的伦理法则，就像雍正《潭渡孝里黄氏族谱》卷四《家训》强调的那样"孝弟之道，圣经贤传载记甚详，其《曲礼》《小学》尤于子弟之职切近，须时时玩绎，事事遵循，更当深求其中义理而出之以至诚，不可仅袭仪文末节，反失天性正爱。"

以上两道逻辑程序将孝悌的合概念性与合实践性结合为共同体，并且将孝悌实践视为一种伦理意义上的价值选择。明清徽州族规家法几乎都把孝悌当作一种伦理范式，使孝悌成为徽州人的人生根本，如光绪《新州叶氏家谱》卷首《修省斋公家规二十条》对此有论述，认为"孝悌为人生根本，父母为此身所从出，兄弟即父母一体所分，属于毛里，比于手足，故圣学以《孝经》为首，王者以孝治天下。人能孝弟，如树本根深则枝叶畅茂，事业由此恢宏，福寿由此绵远。"孝悌场域的"习惯"由此成为徽州社会普遍的伦理法则，其基本条件是孝悌伦理普及化和世俗化。孝悌伦理普及化，使得共同的孝悌伦理被徽州社会倡导，从而给徽州人的孝悌实践以可行性理论基础。而孝悌伦理的世俗化，则允许徽州各家庭、各家族把孝悌伦理家庭化、家族化，使得孝悌伦理成为徽州家人、族人共同的行为规范。因此，明清时期，徽州人大都深谙并坚守孝悌之道。否则，将会受到惩罚。如民国婺源《清华东园胡氏勋贤总谱》卷三十《杂录》记载称"子弟以孝悌为先，有不孝不悌者，约会入祠，分别轻重责惩。违则呈治。"

第二，明清徽州族规家法促使徽州人守孝制。行孝是一种手段，它是尽孝的实际行动。但如何行孝，还需要孝制的安排与规范。孝制是关于如何行孝的规则，它为行孝发挥着"辅助""引导""支持"等作用。在明清徽州族规家法看来，孝制并非可有可无，它是徽州家庭、家族在对"孝"进行准确认知、深刻把握的基础上，针对行孝制定的规则。具体地说，徽州人的孝行，要遵循徽州的孝制，徽州人行孝的方法就是对徽州孝制的认知和把握，行孝只能在孝制下进行。因此，明清徽州族规家法大都列出专条明确孝制。如绩溪《涧洲许氏宗谱》卷一《涧洲许氏祖训》专门列出"孝父母"条，规定"凡孝子第一是爱父母，第二是敬重父母，第三要守身，存善心，行善事，扬名以显父母。"

明清徽州族规家法明定的孝制，大体包含三个方面的内容：一是明确规定家人、族人的行孝要求，并接受家长、族长督促。如咸丰《湾里裴氏宗谱》卷一《祠规》记载："或有不孝不悌、败伦渎纪者，族长率族鸣鼓而笞之，毋许入祠。"二是以立规的形式，确定孝行的内容，并明确子孙、兄弟各自的行为规则。如雍正《潭渡孝里黄氏族谱》卷四《家训》记载："子孙须恂恂孝友，实有孝行。里门家风，见兄长坐必起，行必以序，应对必以名。""子侄虽年至耄耋，凡侍伯叔，俱当隅坐、随行，不得背礼贻讥。"三是通过族规家法公布孝行规则，并对孝行边界作出明确、具体规定。如民国歙县《曹氏宗谱》卷一《家训》记载："居处不庄非孝，事君不忠非孝，莅官不敬非孝，朋友不信非孝。"

对孝行而言，孝制是至关重要的制度性影响因素。明清时期，徽州人的孝行由家庭、家族孝制安排，进入稳定期，在孝敬父母方面呈现出特定的孝行系列：其一，孝敬父母之身。明清徽州族规家法将父母的衣、食、住、行与子孙孝行联系在一起，提出了子孙孝敬父母之身的行为标准。"好衣与穿，好饭与吃，好屋与住，好兄弟姐妹，同时过活。"[1]为子孙孝敬父母之身划定了明确的范围。其二，孝敬父母之心。研究明清徽州族规家法，我们会注意到明清徽州族规家法在此方面作出的规划。"凡事父母者，饮食必异，进奉必谨，器具必洁；视膳必亲，寝兴必俟候，出入必禀告；声必柔，气必下，颜色必和，一切奉命维谨，须见得父母无不是处。"[2]目标中既有让父母放心、让父母安心，也有不让父母操心。其三，孝敬父母之愿。明清徽州族规家法视"孝敬父母之愿"为重要的孝行，有关规定如"扬名以显父母""时时存善心""处处行善事""孝子必定有后""大而扬名显亲，小而承颜顺志"等，都是孝敬父母之愿的具体措施，这就明确了孝敬父母之愿是子孙孝敬父母必须的选择。

---

①隆庆《文堂乡约家法》，陈昭祥辑，明隆庆六年刻本。

②光绪《绩溪东关冯氏家谱》卷首《祖训》，冯景坡等纂修，清光绪二十九年木活字本。

第三，明清徽州族规家法促使徽州人行孝事。从明清徽州族规家法文本形式看，徽州人的孝事被大致明确为养亲、敬亲、谏亲、祭亲四个方面。明清徽州族规家法中有规定子孙必须要尽孝，如光绪《绩溪县南关许氏惇叙堂宗谱》卷八《家训》记载："人人皆父母所生，要以尽孝为本。皇帝以孝治天下，求忠臣必于孝子之门。……人不孝父母，虽有别样好事，都是假的。"

养亲指尽全力赡养父母，像崇祯《休宁叶氏族谱》卷九《保世》所要求的："随你的力量，饥则奉食，寒则奉衣，早晚好生殷勤。有事替他代劳，有疾病请医调治。"

敬亲指敬重父母，与爱惜父母相辅相成，言下之意为"我是他的儿子，父母所以止须爱我，不必敬我。但爱父母而不敬重父母，那怕父母衣丰食足，还有一大半不孝，这等孝顺与禽兽也差不多。"

谏亲的命意在明清徽州族规家法中也有表述，在现实中表现为"父母偶行一事，不合道理，有违法度，须要柔声正气，再三劝谏，务使父母不得罪于乡党。如或不从，越加敬谨，或将父母平日交好之人请来，婉辞劝谏，务使父母不得罪于乡党，不陷身于不义，而后止。"[1]这是常有的事，也是子孙需要注意的事。

祭亲旨在报本，形式为以时祭祀，道光《锦营郑氏宗谱》卷末《祖训》将之明确为"凡我庶民，立春、清明、季秋、冬至，皆可尽一念之诚。苟失祭祀，则是忘祖宗，忘祖宗则不孝，不孝则家道乖戾。"

上述养亲、敬亲、谏亲、祭亲是一个整体，系明清徽州族规家法为徽州人行孝事编制的行动框架，并为徽州人认同和应用。以至于明清时期徽州人的孝行遍及徽州一府六县，这个行动框架成为一种范式，以这种范式构建的案例也有多种，其中徽商的行孝是远近皆知的一种。如明代徽商黄锜为父申冤，力挫豪强，远近闻名；又如清代徽商詹南到贵州，千里寻父，经营其父在四川的店铺，后又捐资修路，建造"詹商岭"，此类事迹代代相传，并为史书记载。

---

① 宣统《富溪程氏中书房祖训家规封丘渊源考》，作者不详，清宣统三年钞本。

二、助推徽州行善之风

明清徽州行善之风是一种社会风尚，在徽州一府六县形成了巨大影响。这是明清徽州社会文明的精神财富，更是我们今天建设良好家风、社风、党风的重要资源。重视对明清徽州行善之风的温习与发掘，其意义不言而喻。

为什么明清徽州行善之风能够存在于明清时期的徽州？原因自然是多方面的，有徽州文化、徽州教育、徽州民俗等方面的原因，但最重要的是与明清徽州族规家法对行善之风所进行的全方位的保障有着紧密关系。有鉴于此，笔者认为可以从明清徽州族规家法之保障作用的发挥角度来揭示明清徽州的行善之风。

第一，明清徽州族规家法扬善。明清徽州族规家法对善的理解，与宋元徽州族规家法以及同一时期其他地区族规家法的理解大同小异，反映了我国传统"善"文化发展的连续性和一致性。

明清徽州族规家法应用比较法揭示了善的价值，主要提法有"积善在身，犹长日加益而人不知也；积恶在身，犹火销膏而人不见也。"[1]"积善之家必有余庆，积不善之家必有余殃。""善不积不足以成名，恶不积不足以灭身。"[2]论述了善的重要性和必要性。

在明清徽州族规家法对善的论述过程中，忠、孝、节、义问题被逐一厘清，训忠、训孝、表节、重义被明确规定，绩溪《明经胡氏龙井派宗谱》卷首《明经胡氏龙井派祠规》就明列"彰善"四条，要求"训忠""训孝""表节""重义"，反映出明清徽州族规家法对善的丰富内涵的深入挖掘。

明清徽州族规家法在此方面的立场，不仅是释"善"，而且要全面地扬"善"。以扬善而言，不仅表现在认识层面，更表现在实践层面。于是我们可以看到，明清徽州族规家法关于扬善的内容丰富，涉及忠、孝、节、义等多个方面。如宣统《华阳邵氏宗谱》卷十七《家规》记

---

① 雍正《潭渡孝里黄氏族谱》卷四《家训》，黄臣槐等校补，清雍正九年校补刻本。

② 万历《萧江全谱》之《附录》卷五《贞教第七》，江旭奇等纂修，明万历三十九年刻本。

载："三代以还，全人罕靓。苟有一行一节之美，如孝子顺孙、义夫节妇，或务学而荣宗，或分财而惠众，是皆祖宗之肖子，乡党之望人，族之人宜加敬礼。贫乏则周恤之，患难则扶持之。异日修谱，则立传以表扬之。"

明清徽州族规家法另一特点是对彰善提出了具体的措施，其主要措施为立纪善簿和立彰瘅规。如光绪《大谷程氏宗谱》卷一《祠规》列有专条"彰善十训"，规定："春、秋两祭，少长咸集，祝馂时，以典礼一人立东阶，朗诵《彰善簿》；一人立西阶，朗诵《瘅恶簿》。毕，则举族中有实行，循十训者，载行状于《彰善簿》。……族中有实迹，犯十二戒者，载行状于《瘅恶簿》，传此人诣阶下，申饬之。"一方面引导徽州人向善，一方面为徽州人行善保驾护航。

第二，明清徽州族规家法抑恶。关于抑恶的话题，在明清徽州族规家法中被广泛讨论，并得到确认和保护，这在当时的全国虽非绝无仅有，但是区域现象。

明清徽州族规家法特别强调抑恶问题，这从一开始就不是限于抑恶问题，而是为了积善，进而保持家庭、家族久盛不衰。对此，明清徽州族规家法作出解释，如光绪《绩溪东关冯氏家谱》卷末下《存旧》认为，"家之盛衰，系乎积善与积恶而已。何为积善？恤人之孤，周人之急，居家以孝弟，处事以忠恕，凡所以济人者皆是也。所谓积恶？欺凌孤寡，阴毒良善，施巧奸佞，暗弄聪明，恃己之势以自强，克人之财以自富，凡所欺心者皆是也。是故能爱子孙者，遗之以善；不爱子孙者，遗之以恶。"

明清徽州族规家法将抑恶作为积善的一个手段，不是轻视抑恶的功能，而是突出其在积善中的重要作用，这与明清徽州族规家法的明文规定有直接联系。如万历《重修休邑城北周氏宗谱》卷九《宗祠规约》将"扬善"与"惩恶"并举，特别指出："吾族贤否不一，或有等不肖子孙游手好闲，不务生理，不遵圣谕，撒泼抵触父母，殴骂尊长，天理不容，致使衣食不给，贻玷先人，莫大之祸。倘有如此者，本房访出，鸣于宗祠，责罚警戒。教而不悛者，族长告官治罪，以殄其恶。亦当秉公，不得怀挟私仇，通族举之。"

既然抑恶是个重要的话题，各族规家法论述这一话题，都有特有的角度。明清徽州族规家法也不例外，所提出的抑恶因不同的族规家法而有所区别。如绩溪《明经胡氏龙井派宗谱》卷首《明经胡氏龙井派祠规》视"忤逆""奸淫""贼匪""凶暴"为"瘅恶四戒"，而光绪《大谷程氏宗谱》卷一《祀规》则以"一戒曰：毋忤逆不孝。二戒曰：毋作优，作皂，作僧尼，作奸贼犯科。三戒曰：毋博弈，好饮酒，不顾父母之养"等"瘅恶十二戒"，彰显族规家法的巨大威力。

　　值得一提的是，明清徽州各族规家法并未因角度的区别，而导致徽州人对抑恶理解的不同，或是行为的差异。这种情况存在于明清时期的徽州，与其提出的思路、推出的措施、追求的目标相同大有关联。研究明清徽州族规家法有关规定，笔者得出一个结论：明清徽州族规家法共同关心的是这样几个问题，即为什么要抑恶？怎么来抑恶？具体目标是什么？因而对于抑恶的思路、措施、目标基本相同，可概括为设置红线禁区，细化不同恶行，制订针对性处理办法，按规定抑恶，提供改过自新的机会，维护族规家法尊严，维护社会秩序。促使"凡我门子弟，无不孝也，无不悌也，无斗也，无讼也，无犯国宪也，无虐穷民也，无纵子侄于傲慢也，无容奴婢之骄悍也，无习淫巧以荡俗也，无相攘窃以戕身也，无鬻子也，无大故勿出妻也。"[1]这成为明清时期徽州各家庭、家族的共同愿景。

　　第三，明清徽州族规家法扶弱。明清时期，徽州族规家法在遵循"仁爱"和"大同"等方面，作出"应然"的表达，并以"实然"为依据，提出了很多切实可行的措施，具体反映在弱有所扶这种走势上。

　　弱有所扶作为一种走势，始终处于未完成状态，永远在路上是它的常态。自古至今，我国一直有两个与之紧密相连的话题，一个是济贫扶弱，另一个是乐善好施。无论是济贫扶弱，还是乐善好施，都是中华民族代代相传的美德，因而普遍存在于中国族规家法中并被广泛运用。

　　中国族规家法中关于何为扶弱的理解大致相同，然而在如何扶弱问题上却经历着有区别的实践过程。明清徽州族规家法关于扶弱的实践路径，形成于明清时期的徽州，因而具有徽州特征。

① 光绪《锦谷程氏宗谱》卷四《凡例》，程希贤等纂修，清光绪三十年木活字本。

明清徽州由于"出贾既多，土田不重。操资交捷，起落不常。能者方成，拙者乃毁，东家已富，西家自贫。"①导致出现了起落无常的贫富差距，家境困难的家人、族人、乡民需要扶持，扶弱的互动伦理被提了出来，并作为一项规范由族规家法保障实施。如民国歙县《曹氏宗谱》卷一《家训》记载："凡族有寡妇守志及孤儿、鳏独、贫苦者，宜不时赈赡之，免其差课。凡有水火、盗贼，力能救者，尽心力援救之。有乐善受屈、诬枉等情不能伸者，其辨理之。有婚嫁、丧葬不能举及疾病不能药者，量力助之。"

明清时期不同地区的族规家法对扶弱维度的划分，因角度的区别而各有侧重。徽州族规家法主要从苦情、废疾、遇难、成美、赀财和心力六个方面进行扶弱维度的划分。如绩溪《鱼川耿氏宗谱》卷五《家族规则》将"扶助事项"列为苦情之扶助、废疾之扶助、遇难之扶助、成美之扶助、赀财扶助和心力扶助六项，并分别予以有针对性的区别扶助。

明清徽州族规家法在此方面的亮点，在于措施具体，且切实可行。如围绕苦情之扶助，针对鳏而衰老、寡而青年、孤而无依、独而无靠者，"各视其质，或为工役之安插，或为资财之贴补，由族正、族长等协同亲族，公议行之。亲族有力，仍责成其亲族。"围绕废疾之扶助，针对盲者、聋者、哑者、瘫痪者，"一如前项之办法，年壮者，务令习艺。如有神经病者，则给之食而为之医，禁止其自由行动，勿令发生危险。"围绕遇难之扶助，针对患病、遭丧及其他急难之事而贫苦无力者，"由族正、族长等协议亲族，公同伙助之。""如猝遭水旱之灾，其极贫无食、势将冻馁者，族中先为安抚，一面举报官厅履勘，分别抚济。"②

纵观明清徽州族规家法对扶弱的规定，我们发现几乎所有的族规家法对扶弱的价值追求基本一致，即扶弱的目标基本上都是"和邻里""睦宗族""和睦乡里"。前者如道光《锦营郑氏宗谱》卷末《祖训》明列"和邻里"条，指出"邻里，居之相近也。凡事须要相接以礼，盖出乎尔者反乎尔也，必出入相友、守望相助、疾病相扶持、患难相恤，方为仁厚之俗。"中者如光绪《梁安高氏宗谱》卷十一《祖训》明列"睦

---

① 万历《歙志》考卷五志六《风土》，明万历三十七年刻本。
② 民国《鱼川耿氏宗谱》卷五《家族规则》，耿全等纂修，民国八年木活字本。

宗族"条，指出"人在世上要一团和气，四海之内皆兄弟也，而况宗族一脉，安可不睦？所当敬老慈幼，怜孤恤寡，劝善戒恶，排难解纷。"后者如宣统《富溪程氏中书房祖训家规封丘渊源考》明列"和睦乡里"条，指出"交好乡里，不与争斗，便是和睦。乡里之人，居住相近，田地相邻，朝夕相见，出入相随。若能彼此和睦，不与计较，交相敬让，无所争差，则喜庆必相贺，急难必相救，疾病必相扶持，婚丧必相资助，有无必相那借。"

第四，明清徽州族规家法修德。存在于我国不同时期不同地区的族规家法的内容十分丰富，其中"积德累善"为各种版本的族规家法所强调，如"数百年旧家无非积德"这一记载非常普遍。但此类规定及其功用则因不同时期不同地区的族规家法而异。明清徽州族规家法关于"积德累善"的规定及其功用即具有徽州地域性特征。

明清时期的徽州，对于积德累善有系列规定，散见于万历《重修休邑城北周氏宗谱》卷九《宗祠规约》、道光《龙池王氏宗谱》卷首《宗规》、崇祯《休宁叶氏族谱》卷九《保世》、宣统《上川明经胡氏宗谱》下卷之《规训》等族规家法。如宣统《上川明经胡氏宗谱》下卷之《规训》即明确："积金于子孙，子孙未必能守；积书与子孙，子孙未必能读。不若积阴德于冥冥之中，以为子孙长久之计。"尽管此类族规家法涉及的具体规定不尽相同，但这些规定各成系统，且针对性都很强，尤其对于徽州人为什么积德？如何修德？这两个根本问题作出相同的回答，均认为"凡人之生，贵积阴功""欲富贵昌盛，惟有广积阴功""祸福无门，惟德所召""欲世家者，不可不积阴德"，这为徽州人积德累善提供了有效的族规家法武器。

明清徽州族规家法重德崇善，重视家人、族人的自身修养，关注明清徽州社会强调的德与非德问题，因而注重修身之道、家和之道、睦邻之道的传承与发展，使与人为善、敬爱存心、成人之美、劝人为善、救人危急、兴建大利、爱惜物命等成为徽州人积德累善的基本方式方法。而修德是明清徽州族规家法重德崇善的起点与落脚点，其最显著的特点是，以积德累善来传承修身之道，并以修德为宗旨，引申出修身规范，强调"凡我族人，务行方便，广积阴功，勿坏方寸，以种子孙福苗。历观从来人家，子孙繁衍、富贵悠久者，未有祖宗不积德而致之也。"①

明清徽州族规家法有关规定具有鲜明的内在逻辑性，所列各项规定首先都是通过诠释其重要性、必要性而开始引申出来的。在明清徽州族规家法那里，积德累善是人生之要，即"凡人之生，贵积阴功。非必广施厚赉，如今人之修桥、舍、路者，始谓之功也。即念虑之间，常存利物，这便是心地好了，天地神明必共鉴之。将来福泽，近则及于身，远则及于子孙。"②沿着这一逻辑，明清徽州族规家法便把家人、族人中的个人作为传承修身、家和、睦邻之道的起点，而家人、族人中的个人被理解为家人、族人、乡民中的一员，这种个人是修身、睦族、和邻的主体，具有成人、和邻、睦族的责任。为了承担起这种基本的基于家人和谐、族人和亲、乡人友善的重担，家人、族人、乡民都必须积德累善。这种积德累善，人人可做，处处可行，正如光绪《梁安高氏宗谱》卷十一《祖训》所言："家道富厚者，赈饥寒，恤孤寡，施棺椁，修桥路，皆功德也。至于贫人，安有此力？不知贫人积德，其功倍于富人，但终身存好心，量力做好事，而且与父言慈，与子言孝，与夫言义，与妇言贞，劝人为善，戒人为恶，处处可积阴德，正不必富贵而后能积功德。"正是基于对"积阴德、积阴功"与"修身、睦族、和邻"之间关系的破解，明清徽州族规家法提出了积德累善的方式方法，进而确立了修德的基本准则。

明清徽州族规家法推出的积德修德的方式方法十分具体，不仅使积德累善成为家庭、家族的育人家规，而且使积德累善的传统美德代代相传，这让徽州成为积德行善家风盛行地区。

三、助推徽州行礼之风

礼作为社会发展、社会生活所产生的一种社会现象，对促进社会和谐、稳定社会秩序、调整社会关系具有积极的意义。礼最初为祭神祈福的一种仪式，后来逐渐制度化、法律化，发展成为规范婚姻、丧祭、亲

---

① 万历《重修休邑城北周氏宗谱》卷九《宗祠规约》，周思松等纂修，明万历二十四年刻本。
② 民国《河间凌氏宗谱》卷一《家训条款》，凌雨晴等纂修，民国十年刻本。

续、血统的行为规则。中国是礼仪之邦，礼贯穿于中国发展的不同时期、不同地区。明清时期，徽州的礼俗和同一时期其他地区相似，但徽州特征更加鲜明："吾等士庶家，自有士庶之礼，向来祖制所遗，皆本《文公家礼》，而少为之参订。"①

　　明清徽州的礼俗大都基于《文公家礼》，其理论基础、内容框架、思想内容早在宋代即已成熟。朱熹（1130—1200），祖籍婺源，世称朱文公，著《家礼》，将礼与"天理"联系在一起，对礼之道、礼之型、礼之事作出了清晰界定。一方面赋予礼以强烈的思辨色彩，另一方面将礼的要义深入到徽州人内心之隐微，礼是徽州人对以朱熹为代表的礼之体系的充分认识和施用。

　　明清时期的徽州，宗谊甚笃，家多故旧，行礼之风著闻多于他邑。以祁门王源谢氏宗族为例，据嘉靖《祁门王源谢氏孟宗谱》卷九《斋记》记载，"祁门县治之南，去不二十里许，曰王源，聚庐其中皆谢姓。"②该宗族人多尚儒雅，敦礼让，视他族为冠。

　　应该说，明清时期徽州礼俗的形成与发展主要得益于这一时期徽州族规家法的保障。明清徽州族规家法为徽州人明礼、用礼、守礼，提供了强制性保障实施的措施，促使徽州人内省而知命，并遵守礼的规矩，反映了徽州社会文明的进步。然而这样一个值得关注的问题，目前尚未引起应有的关注，既有研究相对滞后，还有很多问题有待探讨。因此，对于明清徽州族规家法的研究，明清徽州行礼之风发展及其促进的因素，成为一个无法回避的问题。

　　第一，明清徽州族规家法让徽州人明礼。存在于明清徽州社会的礼制、礼仪，常见于明清徽州族规家法中，如嘉庆《黟县南屏叶氏族谱》卷一《祖训家风》载："族中冠婚丧祭，华而不靡，俭而不陋，称家有无，不限成例。每岁元旦，阖族诣宗祠谒祖毕，序齿团拜。……及岁时伏腊，宗祠内襄事值年仿此而行。"明清徽州族规家法虽然对礼的描述各有侧重，但在一定程度上都揭示了礼的特征、结构和功能。如民国《河间凌氏宗谱》卷一《家训条款》指出："伦理明矣，所以行之秩然不

---

① 宣统《古歙义成朱氏宗谱》卷首《祖训十二则》，汪菊如等纂修，清宣统二年木活字本。
② 嘉靖《祁门王源谢氏孟宗谱》卷九《一斋记》，谢惟仁纂修，明嘉靖十六年刻本。

乱者，礼也。婚姻之礼，以仁男女；丧葬之礼，以仁祖考。本爱敬之心以施之，则伦理之间愈无亏矣。此崇礼之所以次于明伦也。"此类解释构成了明清徽州族规家法关于礼的解释，讲解和回答了礼是什么？"养生送死，自有一定礼制，智者过，愚者不及，皆非也。且如祭葬之类，宜遵《文公家礼》，不丰不俭，乃为合中。贤、智之过，不称有无，只欲自家争体面，亟宜戒之。"①

具体地说，明清徽州族规家法关于"礼是什么"的问题，是以礼仪的存在为前提的。明清徽州社会中礼仪的存在，是明清徽州社会的事实，它所涉及的实际上不是明清徽州社会有没有礼，而是如何理解存在于明清徽州的礼。礼存在并以多种形式存在于明清时期的徽州，明清徽州族规家法为我们提供了"礼是什么"的回答路径，明确了关于"礼是什么"的若干个解，即父子之礼、兄弟之礼、夫妇之礼、朋友之礼、主客之礼、邻里之礼。值得注意的是，明清徽州族规家法不仅设定了父子、兄弟、夫妇、朋友、主客、邻里之间的一套交往规范、准则，而且规制了冠、婚、丧、祭礼俗的框架、规则，并将之贯穿于徽州一府六县，调整着徽州人与天地宇宙的关系。相比较而言，在明清徽州族规家法规制的诸多礼仪中，冠礼、婚礼、丧礼、祭礼始终占有最重要的位置。如万历《休宁范氏族谱·林塘宗规》记载："先王制冠、婚、丧、祭四礼，以范后人，载在《性理大全》及《家礼仪节》者，皆奉国朝颁降者也，民生日用常行，此为最切。"

按照明清徽州族规家法的诠释逻辑，关于"礼是什么"的回答是多解论的，从不同的角度有不同的解释。出现的父子之礼、兄弟之礼、夫妇之礼、朋友之礼、主客之礼、邻里之礼，尤其是冠、婚、丧、祭四礼，都是对礼的各种属性的不同侧面的描述，各有其相应的针对性、合理性。这些描述彼此有别，但彼此补充、互融，进而内化为明清时期徽州人的精神，被徽州人内化于心、外化于行。与之高度相关的是，明清时期徽州人深谙冠、婚、丧、祭四礼之道，"冠婚丧祭，礼之大者。先儒云：'人家能存得此等事数件，虽幼者可使渐知礼义。'《文公家礼》虽载仪文节度之详，然冠婚之礼卒难习效，当从简易。其丧礼予葬二亲

　　① 道光《龙池王氏宗谱》卷首《家法》，王全芝等纂修，清道光二十六年刻本。

暨自宗族，悉遵《家礼》，子孙宜法守行之。"①

第二，明清徽州族规家法令徽州人用礼。对于"礼是什么"的回答，无疑是回答"礼的功能是什么"的前提。应该说，"礼是什么"规定着"礼的功能是什么"。礼的功能问题，实际上是礼如何存在和发展的问题，以及如何发挥作用和功能的问题。明清徽州族规家法有关规定，不仅涉及礼与徽州社会的关系，而且涉及礼与徽州人的关系。在明清徽州族规家法那里，礼之功用不完全是礼本身的事情，与作为主体的徽州人有关。因此，无一例外，明清徽州族规家法有关规定都在阐释礼和徽州人的现实关系，如道光《龙池王氏宗谱》卷首《祠训》指出："人之有礼，犹物之有规矩，非规矩不能成物，非礼何以成人？故凡一身之中，动息作止，慎毋以细行忽之。"

明清时期，礼的功用在徽州得到充分发挥，不仅得益于徽州人明礼，而且得益于徽州人用礼，关键在于族规家法的倡行、导引、推进。

一是族规家法的倡行。明清徽州族规家法为家人、族人规制了有关礼的是非观念。如宣统《富溪程氏中书房祖训家规封丘渊源考》规定："礼者，天地自然之秩，人事当然之则，大而冠婚丧祭，小而动止语默，显而王公卿相，微而闾巷家室，无处无日不能无，礼可以别嫌疑，明是非。"虽然有关礼的是非观念，通过此类规定体现出来，但其本身是确定的、规范的，其是明清时期徽州人智慧的结晶。徽州人通过理解礼、感悟礼而应用礼，接受了已有的是非观念，受这些是非观念的引导，进而启迪、催化徽州人本已有根的智慧。

二是族规家法的导引。用礼就是处理礼与人的现实关系。对于处理礼与人的现实关系来说，一要规范地处理，二要处理须规范。明清徽州族规家法对于徽州人用礼，最重要的作用就是将父子、兄弟、夫妇、朋友、主客、邻里之间的关系与各种行为，以及冠、婚、丧、祭等礼仪活动纳入礼所调整的范畴。如对父子之礼，明确规定："子事父母，妇事舅姑，当晨昏定省，服劳奉养。问衣视膳，扶持几杖。容貌必恭，执事必政。言语应对，下气怡声。爱其所爱，敬其所敬。承顺养志，事不专为。受命则籍记速行，毕则返命。事有不可，则正气柔声，具白利害，

---

① 万历《古歙谢氏统宗志》卷六《家规》，谢廷谅等纂修，明万历三十二年刻本。

无大害者，亦当曲从。"① 又如对兄弟之礼，明确规定："子弟之于兄长，务宜恭敬，不得倨肆怠慢。坐必侍立，行则徐候，提挈必代其劳。语言应对，须要诚谨。怡下不得戏谑，喧哗儇剿。若见嗔怒，自当直受，勿得饰辩。如有曲情，亦当含忍，次日以告，相知者据事理以讽释之，不可厉声抗辩，致伤和气。"② 作为强制性的规定，明清徽州族规家法不满足于已有的状态，对于越礼者、悖礼者持零容忍的态度。不仅要求家人、族人按有关规定行礼，并使之成为家人、族人所行之礼的习惯用法，而且要求家人、族人不得违反有关礼的规定，否则，必用族规家法来惩罚、纠正。以河间凌氏宗族为例，该家族严格执行祁门《河间凌氏宗谱》卷一《家训条款》有关规定，要求做到"乐以迎来，哀以送往。无论主祭、助祭之人，咸以诚敬为主，庶几神或飨之矣。若跛倚以临者，罚之。"③

三是族规家法的推进。明清徽州族规家法的规定，一方面促进了徽州人行礼的分化，在推行圈定的各种礼制、礼仪的同时，注重徽州人自身情感的得体传达，以图家庭振兴、家族兴旺、社会和谐；另一方面，促进了徽州人行礼的整合，在确定各项礼制、礼仪施行事项及相应措施的同时，注重各项礼制、礼仪之间的衔接与整合，以图各项礼制、礼仪之间的良性互动和协调发展。如绩溪《南关许氏惇叙堂宗谱》卷八《家礼》将礼的结构分化，确立冠礼、婚礼、丧礼、祭礼的规则，形成冠、婚、丧、祭礼俗的整体框架，通过礼的分化和礼的整合，实现礼的生生不息。行礼的分化与行礼的整合，如鸟之两翼，车之两轮，张力平衡，贯穿于明清时期徽州人行礼的全过程，是我们深度理解明清徽州族规家法有关规定之特有价值的一把金钥匙。

第三，明清徽州族规家法使徽州人守礼。明清徽州族规家法明确规定了家人、族人守礼的责任。一是对不守礼者追责，二是依族规家法问责，如不守礼，要依族规家法进行惩罚。道光《龙池王氏宗谱》卷首《宗规》规定："冠婚丧祭之礼，虽称家之有无，然必以清素为上，勿习

① 宣统《富溪程氏中书房祖训家规封丘渊源考》，作者不详，清宣统三年钞本。
② 宣统《富溪程氏中书房祖训家规封丘渊源考》，作者不详，清宣统三年钞本。
③ 民国《河间凌氏宗谱》卷一《家训条款》，凌雨晴等纂修，民国十年刻本。

明
清
徽
州
族
规
家
法
研
究

204

世俗浮华，有违《家礼》。"万历《商山吴氏宗法规条》"礼仪"条："正月元日拜祖，所以报本；团拜，所以敦族，是皆礼之至严至大者也。前一日，首家先诣祠洒扫整洁。旦日，早至燃香点烛，命值祠仆一人至各家鸣锣，约率以辰时为候，至祠拜祖。如有来迟及不待礼毕而先回者，罚在祖前拜八拜，赎罪改过，祠簿记名。如三犯，罚银三钱入祠。"类似规定都认为对家人、族人违礼，要依族规家法追责。明清时期徽州人也因此不想违礼、不能违礼、不敢违礼，促使其始终处在一种状态，即形成了具有徽州特点的和谐、有序、稳定的社会秩序。

明清时期，徽州族规家法一直在强调守礼的外在行为的同时，也指出要端正守礼的内在动机。同治《华阳舒氏统宗谱》卷一《庭训八册》中指出："夫人之处世，大而有纲常名教，小而有日用细微。吾惟于大者，凛遵名分而不踰，小者恪守成宪而不越。……视听言动，蹈矩循规，则身修而家亦于是齐也。"可见，这里特别强调修身齐家。如明清徽州族规家法规定的冠婚丧祭"四礼"，在规定者的内在动机上是相同的，都是为了达到修身、齐家之目的。于是此"四礼"便自然构成徽州社会礼治的基本元素。此"四礼"也因此必须长期坚守，任何时候都不能被废止。"冠礼废，天下无成人矣；昏礼废，天下无家道矣；丧礼废，天下遗其亲矣；祭礼废，天下忘其祖矣。"[1]在明清徽州族规家法这里，守礼的外在行为与内在动机是守礼的两个方面，两者相互联系，相互补充，不可分离，即守礼的外在表现永远在守礼的内在动机之内，守礼的内在动机永远在守礼的外在表现之内。也就是说，守礼的外在表现与守礼的内在动机的关系不是相互外在的关系，而是内在的、整体的关系。有鉴于此，在明清时期的徽州，徽州人的视听言行受到礼的支配，那些僭礼踰训之事，非但不能为、不可为，而且惮于想。

四、助推徽州勤俭之风

明清时期，在徽州，要求与践行勤俭之风一直是族规家法中的重要内容。从康熙《婺南中云王氏世谱》卷五《祠规》的"敦勤俭"，到崇

---

① 崇祯《古林黄氏重修族谱》卷一《祠规》，黄文明纂修，明崇祯十六年刻本。

祯《古林黄氏重修族谱》卷一《祠规》的"节俭当崇",从宣统《上川明经胡氏宗谱》下卷之《规训》的"崇朴俭",到崇祯《休宁叶氏族谱》卷九《家规》的"务勤俭以成家",此类规定在指出勤俭持家、理性消费的重要性、必要性的同时,几乎无一例外地为徽州人的节俭搭建了一个行动框架。

明清时期徽州人节俭的实践,即是在族规家法设定的框架下,以宗族为主体展开的。徽州宗族根据徽州实际情况,将族规家法关于节俭的规定落地为实践,将节俭的实践重心下沉到族内各家以下,并推而广之在徽州一府六县形成了各具特色的节俭风尚。如弘治《徽州府志》卷一《风俗》记载:"黟则民朴而俭,不事商贾;祁门则土隘,俗尚勤俭,男耕女绩,以供衣食;婺源乃文公桑梓之乡,素习诗礼,不尚浮华。"

尽管明清徽州节俭的实践成效明显,现有徽学研究、族规家法研究涉及之均予以肯定,但由于对以族规家法为节俭立规的原因、落实族规家法搭建的节俭框架,缺乏专门的理论研究,特别是对于徽州族规家法之作用的针对性缺乏深入系统的研究,从而限制了节俭的"徽州经验"的推广。笔者试图探究明清徽州族规家法对徽州节俭之风发展的影响,以期为当下的实践提供借鉴。

其一,确立了徽州人的节俭观念。在我国传统节俭文化中,有关节俭的论述源远流长。儒家强调"俭德避难",墨家强调"俭昌淫亡",道家强调"俭故能广",法家强调"俭不伤事,侈不伤货"。儒家、墨家、道家、法家的节俭观不尽相同,但其论述均提倡勤俭节约,反对奢侈浪费。此外,在我国古代还有"功崇惟志,业广惟勤""俭,德之共也。侈,恶之大也""土地广大,守之以俭者安"之类的说法,也都是在讲节俭的问题。

明清徽州族规家法中有大量、具体的节俭之训诫,诸如"慎乃俭德,惟怀永图""礼奢宁俭,不逊宁固""勤而能俭,家道成矣""俭以养廉,古训具在""天下事常成于俭约,而败于奢侈"之类,其实都含有以俭为本,以俭为美,以俭为德,以俭为荣的意思和理念。如民国绩溪《鱼川耿氏宗谱》卷五《祖训》记载:"人生福分,各有限制,若饮食、衣服、日用、起居,一一朴啬,留有余不尽之享,以还造化,优游天年，是可以养福。奢靡败度，俭约鲜过，不逊宁固，圣人有辨，是可以养德。多费多取，至于多取，不免奴颜婢膝，委曲徇人，自丧己志；费少取少，随分随足，浩然自得，是可以养气。"

明清徽州族规家法中的节俭观念，是对我国传统节俭观念的继承和发展。明清徽州关于节俭的族规家法，融合了我国古代节俭观的优秀传统，与贯穿于我国明清以前的节俭观相衔接。"吾不理家务，起家俱尔母。每忆贫乏时，饮餐衣缀补。后来稍优裕，更自励勤苦。留银置田产，支持买酒腐。及子登第后，犹自甘淡素。自己咬菜根，甘肥供师傅。蓝青袄与裙，至今人传布。"①明清徽州族规家法中不乏此类记载。这意味着明清徽州族规家法推崇、倡导我国传统节俭观，促使徽州人将其代代相承、不断发展。

其二，明确了徽州人的节俭思路。在明清徽州族规家法中，"如何节俭"被不同的族规家法提及。如康熙《婺南中云王氏世谱》卷五《祠规》非常重视勤俭的方式方法，指出"力作必有其时，先时而勤，方能及时而获，生财止有此数。欲补不足，必先留其有余，人人务此，则布帛、菽粟胜于膏粱、纨绮。铢积寸累，家道皆饶矣。"②崇祯《休宁叶氏族谱》卷九《家规》由于认为"勤俭原相表里"，所以指出"勤而不俭，奢靡浪费，勤亦无用。不思人生福分有限，若饮食衣服、日用起居一一节啬，留有余不尽以还造化，随缘随分，自然享用不尽，可以优游天年。勤而能俭，家道成矣。故欲成家者，不可不务勤俭。"③

明清徽州族规家法中的节俭，不是为了节俭而节俭，而是有目标的节俭，这个目标就是务求饮食节俭、衣服节俭、日用节俭和起居节俭。有关饮食节俭、衣服节俭、日用节俭、起居节俭，在明清徽州族规家法中均有明确具体的规定，如婺源《济阳江氏统宗谱》卷一《江氏家训》就明列"衣服"条，对衣服节俭作出明确要求："衣冠宜敦古处，不宜诡异奢侈。……今人好服新奇而加厉，吾不知其流弊胡底。富人箱箧，

---

① 道光《屏山舒氏宗谱》卷一《十训》，舒道观纂修，清道光二十四年木活字本。
② 康熙《婺南中云王氏世谱》卷五《祠规》，王作霖等纂修，清康熙四十五年刻本。
③ 崇祯《休宁叶氏族谱》卷九《家规》，叶文山等纂修，明崇祯四年刻本。

多藏不用之衣服，正可随时施送贫人，此所谓惠而不费也。"①静以修身，俭以养德。这意味着明清徽州族规家法中的节俭，既可意会，也可言传，又可实践。

明清时期徽州人的节俭思路实际上为"如何节俭"这个问题提供了答案，其是由徽州宗族设定，族规家法推出的。不同时期、不同地区的族规家法往往有不同的节俭目标，导致不同时期、不同地区的族规家法有不同的节俭之道。明清徽州族规家法是把"平心忍气→量力举事→节衣缩食"作为节俭之道。绩溪《鱼川耿氏宗谱》卷五《祖训》就鲜明地体现了此道："俭之为道，第一要平心忍气。一朝之忿，不自度量，与人口角斗力，构讼经官。事过之后，不惟破家，或且辱身。第二要量力举事。土木之功，婚嫁之事，宾客酒席之费，切不可好高求胜。一时兴会，所费不支，后来补苴，或行称贷，偿则无力，逋则丧德。第三要节衣缩食。"②可以说，明清徽州节俭的实践是我国传统文化继承和发展相统一的过程。在这一过程中，一方面徽州人节俭的实践有了具体的范围和内容，另一方面徽州人的节俭实践有了特定的路径。同时这个过程进一步培育了徽州节俭家风。许承尧《歙事闲谭》第十八册《歙风俗礼教考》："家居务为俭约，大富之家，日食不过一裔，贫者盂饭盘蔬而已。城市日鬻仅数猪，乡村尤俭。羊惟大祭用之，鸡非祀先款客，罕用食者，鹅鸭则无烹之者矣！"③此类记载即为例证。

其三，影响了徽州人的节俭方式。在节俭的实践中，明清徽州有许多成功的案例。而其中最引人注目的，要数"去奢崇俭"。明清时期，徽州人始终认为"量入为出，治国之道，即治家之道也。侈心一生，而用绌焉。汗血得之，沙泥视之，是自取贫也。故婚嫁丧祭、岁时伏腊以及燕飨馈赠，皆宜斟酌以定其制。"④这就是明清时期徽州人所强调并应用的"去奢崇俭"。

① 民国《济阳江氏统宗谱》卷一《江氏家训》，江峰青等纂修，民国八年木活字本。
② 民国《鱼川耿氏宗谱》卷五《祖训》，耿全等纂修，民国八年木活字本。
③ 许承尧：《歙事闲谭》第十八册《歙风俗礼教考》，黄山书社2001年版，第606页。
④ 咸丰《湾里裴氏宗谱》卷一《家规》，裴有耀等纂修，清咸丰五年木活字本。

"去奢崇俭"由"去奢"和"崇俭"组合而成。"去奢"和"崇俭"是节俭之要，节俭的成效往往体现在"去奢"和"崇俭"上，所以奉行节俭，需要抓住"去奢"和"崇俭"这两个关键。然而，"去奢"中的"奢"是什么，如何去奢？"崇俭"中的"俭"是什么，如何崇俭？以及"奢"和"俭"之间有什么关系？两者在什么情况下可以相互转化？明清徽州族规家法对这些问题均作出了解答，并强调："作法于俭，子孙犹奢，况作法于奢乎？每见富贵之家，一饮食也，足去数月之粮；一衣帽也，足费中人之产。尤而效之，曷其有极？所以祖基虽厚，一再传而子孙贫不能守者，奢失之也。"①此类解答非常重要，它为明清时期徽州人奉行节俭提供了"去奢"和"崇俭"的事实依据。在明清徽州，"去奢"和"崇俭"是一个整体，两者之间有必然的联系，用"去奢"可以解释"崇俭"，用"崇俭"也可以解释"去奢"。这样一来，明清时期徽州人所行的"去奢崇俭"就是成立的，因而能够得以推行。

　　明清时期徽州人的另一个节俭方式，就是节衣缩食。明清徽州族规家法的有关规定，明确了在特定的背景下，徽州人是为何节衣缩食的。"绮罗之美，不过供人歆羡而已。若暖其躯体，布素与绮罗何异？肥甘之美，不过口舌间片刻之适而已。若自喉而下，藜藿肥甘何异？人皆以薄于自奉为不爱其生，而不知是乃所以养生也。"②如此解释，符合明清时期徽州人的常理，所以就在徽州面向家族、家庭流行开来，并被徽州人转化为实践。"凡居家，男女大小，黎明即起治事，洒扫庭除，并宜整洁。男子士农工商，各有所业，尤宜专习一行，切不可游手好闲，希图不费力之钱，妄想不应得之利。至衣食一切，当戒奢华，崇朴实。"③这就形成了带有徽州特征的节衣缩食范例。如清代刘汝骥《陶甓公牍》卷十二《法制科·歙县风俗志习惯·饮食》记载："商铺有定律，月四餐、六餐而已。肉食用猪，食牛羊者绝少。鳞族羽属亦不多得。寒素家风，以蔬豆为常用品，如新洲之萝卜、葛塘之白菜、问政山之笋，皆绝美。"

────────

① 民国《曹氏宗谱》卷一《旺川家训十则》，曹成瑾等纂修，民国十六年木活字本。
② 民国《鱼川耿氏宗谱》卷五《祖训》，耿全等纂修，民国八年木活字本。
③ 光绪《绩溪东关冯氏家谱》卷首《祖训》，冯景坡等纂修，清光绪二十九年木活字本。

出之有节是徽州人又一个具有代表性的节俭方式。徽州人出之有节的节俭方式，形成于明清徽州社会，这与明清徽州族规家法有关规定作出的架构高度吻合，结果形成徽州一府六县视"出之有节"为理财之道、守富之道的重要方面，促使家庭、家族大都珍惜物力财力，注重节用。如道光《龙池王氏宗谱》卷首《家法》记载："理财之道，入之无数，不如出之有节。苟能节用，则所入虽少，亦自不至空乏。……凡土木之事，不得已而后作；服饰之类，只宜以布为美；妇人首饰，不必华丽。能如此，则是守富之道。"明清徽州族规家法中的"出之有节"规定与"量入为出"规定有必然的联系，都要处理好收入和消费之间的关系。于是，从收入和消费之间的关系入手，节以制用，量入为出，使一切日用常存古朴之风，丰约得益，成为徽州人奉行节俭的通行法则。

其四，规范了徽州人的节俭行为。明清时期，徽州人的节俭行为涉及很多方面，其重要目标是勤俭持家。比如黟县环山余氏宗族执行族规家法有关规定，在宗族祠堂"立《劝惩簿》四扇，监视掌之。族内有孝子顺孙、义夫节妇及有隐德异行者，列为一等；务本力穑、勤俭于家，为第二等；能迁善改过，不得罪乡党、宗族者，为第三等。"[1]此例在明清时期的徽州具有代表性，从中可以看出，徽州人勤俭持家的理想和追求。

明清徽州族规家法有关规定是规范徽州人节俭的行为准则。这一准则在规范徽州人的节俭行为过程中呈现出一些新的特征：一方面，针砭时弊，"今人病痛，在好装门面，一应吉凶礼节，开厨设供，演戏会客，浪费卖弄，饰人耳目，不知受损实多。且人生福分有限，于此可以养福，故与其不逊也，宁固贤智者，士民之倡也，愿共我族挽之。"[2]另一方面，用心平而劝戒明，"且以俭示后，子孙可法，有益于家；以俭率人，敝俗可挽，有益于国。世顾莫之能行，何哉？其弊在于好门面一念始，如争讼好赢的门面，则鬻产借债，讨人情钻刺，不顾利害。吉凶礼节，……此皆恶俗，可悯可悲。噫！士者民之倡；贤智者，庸众之倡。

① 民国《古黟环山余氏宗谱》卷一《家规》，余攀荣等纂修，民国六年刻本。
② 崇祯《古林黄氏重修族谱》卷一《祠规》，黄文明纂修，明崇祯十六年刻本。

责有所属，吾日望之。"①

在明清徽州族规家法的规范下，明清时期徽州人始终强调节俭的行为规则，"务嘱其族之人，称家之有无，量财为出入，举凡时世上一切争相仿效之新装，在所必禁；人事上牢不可破之繁文，在所必革。久之，将各以俭约相矜，而以奢侈为戒，庶家给人足，日企敦庞矣，故终之以崇俭。"同时，提出并推行系列节俭措施，如"戒靡费"："我族喜搬演戏文，不免时屈举赢，诚为靡费。自今惟禁园笋并保禾苗及酬愿等戏，则听演，余自寿诞戏，尽革去，只照新例出银，以备常储，实为不赀。其视艳一晚之观，而无济于日用者，孰损孰益，必有能辨之。"②为徽州家人、族人奉行节俭开列了一系列行为规则和"负面清单"。据此，明清时期徽州人把节俭融入日常生活，落实节俭规范，在深化中形成节俭习惯，典型事例为"吾郡列故都三辅间，有司奉德，意唯谨，民俗织俭，务蓄藏。"③以致徽州民间流传不少徽州人节俭甚至过于吝啬的故事。以徽州女性为例，据康熙《徽州府志》卷二记载，徽州女性"居乡数月，不沾鱼肉，日挫针治缝纫绽……徽商能蓄积，不至仓漏者，盖亦由内德矣。"

五、助推徽州尊老之风

尊老指尊敬长者。这种尊敬在族规家法中通常体现在赏赐物品、刑罚优免、因孝减刑、权留养亲、授田优抚、免除杂役等方面。尊老是我国传统美德，尊老之风形成于夏商周，兴盛于明清。"凡养老，有虞氏以燕礼，夏后氏以飨礼，殷人以食礼，周人修而兼用之，五十养于乡，六十养于国，七十养于学，达于诸侯。"④此种风尚进入明清时期呈现出新的特点和趋势，具体表现为物质保障与精神优待并重，优待致仕的文武官员与优待高年的普通百姓同步，尊老的系统规定与养老的种种措施

① 万历《休宁范氏族谱·林塘宗规》，范涞纂修，明万历三十三年补刻本。

② 万历《休宁茗洲吴氏家记》卷七《家典记》，吴子玉编修，明万历十九年抄本。

③ 汪道昆：《太函集》卷七十二《竦塘黄氏义规记》，明万历十九年刊本。

④ 戴德，戴圣：《礼记·王制》，邓玄注，宋刻本。

相互贯通。

如果说明清时期尊老之风的盛行，使明清徽州尊老之风有了发展的"天时"，那么明清徽州尊老之风的势盛，则为其盛行提供了"地利"，提供了徽州实践与经验。因此，明清徽州尊老之风，始终是与明清时期尊老之风的发展联系在一起的。但徽州有着自己的独特地域特征，使明清徽州尊老之风有自己独到表现，即除了宗族意识强烈、宗族社会倡导、程朱理学影响，还有族规家法保障。

第一，明确划定长者范围。这里的长者，指年纪大、辈分高的老年人。明清徽州族规家法厘清了长者的边界，明确了长者的范围，如崇祯《休宁叶氏族谱》卷九《保世》指出："这个长上不止一项，如伯叔祖父母、伯叔父母、姑兄姊之类，便是本宗长上。外祖、父母、母舅、母姨、妻父母之类，便是外亲长上。乡党之间，有与祖同辈者，有与父同辈者，有与己同辈而年长者，便是乡党长上。如教学先生与百工技艺之师，便是受业的长上。本处亲临公祖父母官及学校师长，便是有位的长上。"再如宣统《富溪程氏中书房祖训家规封丘渊源考》指出："长上有本宗长上，有外亲长上，又有乡党长上。若伯叔祖父母、伯叔父母、姑兄姊、堂兄姊之类，便是本宗长上；若外祖父母、母舅、母姨之类，妻父母之类，便是外亲长上。"

这些长上都是长者，是明清徽州族规家法对长者的划分。具体说来，大体包括以下方面：一是本宗长者，如伯叔祖父母、伯叔父母、姑兄姊之类；二是外亲长者，如外祖父母、母舅、母姨、妻之父母之类；三是乡里长者，如与祖同辈者、与父同辈者、与己同辈而年长者之类。在明清徽州族规家法看来，既尊敬本宗长者，又尊敬外亲长者，也尊敬乡里长者，是尊老的最佳理想状态。这种状态，既是尊老的起点，又是尊老的终极。在这里，尊敬本宗长者、尊敬外亲长者、尊敬乡里长者相互之间的链接，并不是一个需要讨论、论证的问题，而是一个尊老的徽州事实，徽州人的尊老以"同时性"形式呈现为综合状态。

第二，维护长者社会地位。明清时期，徽州宗族特别繁荣，以"千丁之族，未尝散处""千载谱系，丝毫不紊""千年之冢，不动一抔""族规家法，卓成体系"等为特征，区别于其他地区。由于徽州社会宗族制度以血缘关系为纽带，因而修家谱、睦祭祀、守坟墓、尊祠宇是维护宗族血缘纯洁性的主要手段。在徽州，无论是修家谱、睦祭祀，还是守坟墓、尊祠宇等维护宗族制度的手段，无一不是置于族规家法这一保障体系的框架之中，体现了徽州社会宗族制度巩固的族规家法模式。

明清徽州族规家法视"修家谱"为"立族之本，端在修谱，族之有谱，犹国之有史。国无史不立，族无谱不传。"[1]视"睦祭祀"为"祭祀之礼，庶人祭三代，所以报本追远也。今虽族属疏远，支派不同，然祠堂合一，亲疏咸在，宜一体祭祀。"[2]视"守坟墓"为"坟墓为本根之地，子孙枝叶荣瘁所系。"[3]视"尊祠宇"为"祠堂之设，所以报本重礼也。每岁元旦，率少长以叙团拜之礼。立春、冬至，遵依礼祭祖，不可荒略。"[4]这些规定所体现的是明清时期徽州人对家长和祖先的崇拜，在主观上起到了维护长者地位的作用。

第三，阐明尊敬长者道理。明清徽州族规家法对尊敬长者有两种意义的理解：一种是德性意义的理解，指的是一种传统美德；另一种是德行意义的理解，指践行尊敬长者这一美德。如乾隆《汪氏宗谱》记载："子孙聚族于斯，必须序昭穆而别少长，虽仕宦荣贵不得以加。尊长相见，必执子弟礼。……同席则隔坐，出路则随行。倘有傲上不逊、肆言无忌、敢为欺凌者，其告于祖宗，共惩治之。"[5]德行意义上的尊敬长者具有以下两个基本特征：一是与"睦族"相联系，如崇祯《古林黄氏重修族谱》卷一《祠规》记载："睦族之要有三：一曰尊尊，分属尊行者，尊也，则当恭顺退逊，不敢触犯；二曰老老，分属虽卑而齿迈众者，老也，则扶持保护，事以高年之礼；三曰贤贤。有文有行，为族之彦，贤也，此乃本宗之桢干，宜亲炙之，忘分忘年以爱敬之。"二是与"训诫"相结合，如雍正《歙县潭渡孝里黄氏族谱》卷四《家训》记载："卑幼不得抵抗尊长，其有出言不逊制行悖戾者，会众诲之，诲之不悛，则惩之。"

①绩溪《盘川王氏宗谱》卷首《凡例》，王德藩等纂修，民国十年五教堂铅印本。

②光绪《新州叶氏家谱》卷首《修省斋公家规二十条》，叶希铭辑，清光绪三十三年石印本。

③万历《萧江全谱》之《附录》卷五《贞教第七》，江旭奇等纂修，明万历三十九年刻本。

④道光《龙池王氏宗谱》卷首《宗规》，王全芝等纂修，清道光二十六年刻本。

⑤乾隆《汪氏宗谱》，汪之章等纂修，清乾隆四十九年刻本。

因此，明清徽州族规家法提出并回答了"为什么尊敬长者"和"如何尊敬长者"这两个问题。这让徽州人打开了思路，在对尊敬长者的行动上，表现为一个不断推进、更加具体的发展过程。明清时期，徽州人在尊敬长者认识上的发展也深深植根于尊敬长者的徽州实践。

第四，推出服务长者措施。明清徽州族规家法所提出的具体措施，往往是针对长者的服务需要而提出的。而长者的服务需要，主要是老有所养、老有所尊、住有所居和困有所助四个方面。对此，明清徽州族规家法提供了解决这些问题的"药方"：

针对老有所养，要讲明子职而尽之以勤。乾隆四十九年大本堂《汪氏族谱》如是说："每日鸡鸣早起，问安视膳，至晚则视衾枕、问寒燠。遇有疾病则延医调治，侍汤药不离左右。坐立必谨，唯诺必慎。"[1]

针对老有所尊，除了要求老者自我尊老外，家人、族人也要尊老，如崇祯《休宁叶氏族谱》卷九《保世》所言"行则随行，坐则旁坐；有问则谨对，有命则奉承；当揖就揖，当拜就拜。逞不得一毫聪明，性以先之；倚不得一毫富贵，相以加之。"

针对住有所居，要好屋与住，即使无好屋与住，也要有屋可住，必要时设立义屋，为家中、族中"贫老"提供居住之地。清代婺源思溪商人俞德祖"输田数十亩分给族中贫老，购两大厦，一居族老无依男；一居族老无依归。"[2]即是例证。

针对困有所助，要给予物质救助，予以关怀和优待，如雍正《歙县潭渡孝里黄氏族谱》卷四《家训》强调："其鳏寡孤独及老幼无能者，尤当量力稠急。"

第五，尊老美德代代相承。我国自古就有尊老传统，而明清徽州的尊老传统自有特色，徽州人生活之中，不但对老者特别尊重，而且弘扬尊老美德。典型的事例，无论是在明代，还是在清代，都有很多，尤其是乡饮酒礼，其历史悠久，德高年寿的老者大都成为乡饮酒礼宾客，百岁老人则被誉为"人瑞"。如歙县竦塘人黄去咎"以孝友重于乡，康熙

---

① 乾隆《汪氏宗谱》，汪之章等纂修，清乾隆四十九年刻本。
② 光绪《婺源县志》卷三三《人物志·义行》，清光绪九年刊本。

二十一年年登百岁，举乡饮大宾，人以为人瑞。"①

明清徽州的尊老行动遍及徽州一府六县，在明清时期成为传承尊老美德的主要形式。徽州明清时期的赐官和旌表，其次数之多、影响之深远也可称为徽州现象。如歙县岩镇人汪奕亨"强健善饭，至百岁精力不衰，太守窦、署守张皆厚礼之。雍正壬子年，正登百龄，奉恩诏建坊旌表。"②这类事例在徽州府志、县志中比比皆是。

明清时期徽州所弘扬的尊老美德，除了提倡乡饮酒礼、重视赐官、旌表之外，还有赐物，设立义屋、义田，置义棺、义冢等系列措施。明代歙县余文义"度地二十五亩作义冢，以葬死无归者"③，婺源程享嘉"置义冢施棺木以葬贫者"④，清代祁门张为镇"输义田数十亩以恤族之孤寡"，婺源潘殿昭与族人捐资、捐财设立义田"以赒给老幼废疾"⑤，清代歙县桂溪项氏对于"男年过六十五岁，女年过六十岁，贫寒不能自赡者，给养终身。"⑥此类事例在明代和清代徽州俯拾皆是。

明清徽州族规家法的有关规定，以及徽州家庭、家族将族规家法有关规定落到实处，足以说明徽州尊老之风的社会性和普遍性。事实也是如此，明清时期，在徽州，"一族之人有长者焉，分莫逾而年莫加，年弥高则德弥邵，合族尊敬而推崇之，有事必禀命焉。此宗法之遗意也。有司父母斯民，势分相临，而情或不通。族长总率一族，恩义相维，无不可通之情。凡我族人，知所敬信，庶令推行而人莫之敢犯也。"⑦"凡族人相遇于道，尊长少立，卑幼进揖，仍立路旁，以俟其过，毋得傲忽疾行先长，以蹈不恭。"⑧

① 道光《歙县志》卷八《人物志·孝友》，劳逢源，沈伯棠纂修，清道光八年刊本。
② 雍正《岩镇志草·刊集·逸事》，余华瑞撰，抄本。
③ 康熙《徽州府志》卷十五《尚义》，清康熙三十八年刊本。
④ 康熙《徽州府志》卷十五《尚义》，清康熙三十八年刊本。
⑤ 乾隆《婺源县志》卷十七《人物志·学林》，俞云耕修，潘继善纂，清乾隆二十二年刊本。
⑥ 嘉庆《歙县桂溪项氏族谱》卷二十二《义田·祠祀》，作者不详，清嘉庆十六年木活字本。
⑦ 乾隆《重修古歙东门许氏宗谱》卷八《家规》，许登瀛纂修，清乾隆十年刻本。
⑧ 万历《歙西岩镇百忍程氏本宗信谱》卷十一《族约》，程弘宾等纂修，明万历十八年刻本。

第二节　推动徽商崛起称雄

明清时期，我国商品经济发展的区域化趋势明显，出现了很多商帮集团，诸如晋商、山东商帮、广东商帮、福建商帮、洞庭商帮、江右商帮、龙游商帮、徽商等。这些商帮集团分散在山西、山东、广东、福建、苏州、江西、浙江、安徽等不同地区，大都闻名遐迩。其中势力最大、影响最远的两大商帮，分别是徽商和晋商，"富室之称雄者，江南则推新安（徽州），江北则推山右（山西）。"①

明清徽商崛起称雄是明清社会发展中出现的一大奇迹，国内外学者对此已经有很多研究，目前无论是视角，还是研究方法上都发生了不少新变化，引起学界广泛关注。围绕这一研究进程，笔者试图归纳总结明清徽州族规家法的独特作用，并从明清徽州族规家法的角度探讨明清徽商崛起称雄的影响因素。

一、明清徽州族规家法与商业观念的普及

明清徽州商业观念很普及，徽州流传的谚语："前世不修，生在徽州；十三四岁，往外一丢；包袱雨伞，夹着就走。"即是这种普及转化为实践的写照。这种状况的出现，与明清徽州族规家法不无关系。

（一）促使新的商业观念形成

在明清徽州族规家法那里，士农工商始终都是正业。宣统《仙石周氏宗谱》卷二《石川周氏祖训》记载："我祖宗忠孝传家，无犯法男子，无再醮妇女，在后世子孙必务正业，正业止有士农工商四条。"这四业构成"四位一体"的徽州职业体系，长期维系直接得益于族规家法的保

---

① 谢肇淛：《五杂俎》卷四《地部二》，上海书店出版社2001年版，第71页。

障，因为明清徽州宗族社会，是以族规家法为依据和标准来运作的。换言之，就明清徽州职业发展所需要的制度保障来说，明清徽州族规家法的保障水平及其所蕴含的职业行为规则，直接决定着整个明清徽州社会的职业布局，从根本上影响了徽州人的职业选择。

明清徽州族规家法指出，"族中子弟，不能读书，又无田可耕，势不得不从事商贾。族众或提携之，或从它亲友处推荐之，令有恒业，可以糊口，勿使游手好闲，致生祸患。"[①]正是基于这种对商业的家族性需要的深刻认识，加上徽州社会的倡导、宗族的重视、族规家法的保证，弃儒服贾、弃农从商、服贾四方、居积起家、荣宗耀祖等逐渐内化成明清时期徽州人的商业观念。

明清时期徽州人的商业观念，与明清徽州社会对商业的需要相适应。万历《歙志·传》卷一《货殖》如是说："吾邑之不能不贾者，时也，势也，亦情也。太史公之时，江淮以南，地广人稀，食土之毛，人足自给，无事贾也。乃今邑之人之众，几于汉一大郡，所产谷粟不能供百分之一，安得不出而糊其口于四方也？"在这种"贾为生意，不贾则无生"的局面下，徽州一府六县面临着同样的困境，弃农从商、弃儒服贾，成为徽州人破解困局的极为重要的举措。于是"新郡业贾者什七八，族为贾而隽为儒，因地趋时则男子所有事，外言不入于梱"[②]，形成"无徽不成镇""钻天洞庭遍地徽"之势。

（二）新旧商业观念的差异

对商业的看法在我国历史文献中频繁出现，然说法不尽相同。如《盐铁论》卷一《本议第一》认为"示民以利，则民俗薄。俗薄则背义而趋利，趋利则百姓交于道而接于市。……是以王者崇本退末，以礼义防民欲，实菽粟货财。市商不通无用之物，工不作无用之器。故商所以通郁滞，工所以备器械，非治国之本务也。"《王阳明全集》之《节方庵公墓表·乙酉》则认为"古者四民异业而同道，其尽心焉，一也。士以修治，农以具养，工以利器，商以通货，各就其资之所近，力之所及者

---

① 雍正《茗洲吴氏家典》卷一《家规八十条》，吴翟等纂修，清雍正十一年刻本。

② 汪道昆：《太函集》卷一七《阜成篇》，黄山书社2004年版，第372页。

而业焉，以求尽其心。故曰：四民异业而同道。"前者提出的商业观念可视为"旧"商业观念，后者提出的商业观念可视为"新"商业观念。可见，我国历史上发生过旧、新商业观念的流变。

吴慧在《中国古代商业》一书中把鸦片战争之前中国商业演变的历史分成五个阶段，分别是夏商周时期的萌芽阶段、春秋战国时期的第一次飞跃阶段、汉唐时期发展的"马鞍形"阶段、宋元时期新的发展阶段、明清时期的"夕阳无限好"阶段。这种划分以史实为根据，对我们如何看待新旧商业观念的流变有启发意义。据此，笔者认为，新商业观念是从旧的商业观念发展而来，从旧的商业观念到新商业观念的历史性反转出现于明清时期。事实正是如此，明神宗时期的张居正改革，提出"欲民用不困，莫若轻关市，以厚商而利农。"清代乾隆皇帝强调"大概市井之事，当听民间自为流通。一经官办，本求有益于民，而奉行未协，转多扦格。"①这反映明清时期官方倡导工商皆本思想，也说明明清时期商业观念出现的质的变化。

明清时期徽州商业观念就是顺应这一变化而来，它视士农工商均为正业，士、农、工、商各致其用，为士者谓"士人"，为农者谓"农人"，为工商者谓"工人"、谓"商人"②，带来了明清徽州经济大发展、大繁荣，所以受到徽州社会的广泛认同。其在当时是一种新商业观念，与旧的商业观念的差异主要在于对商业认知和地位差异的接受程度不同。第一，旧的商业观念视商业为"末业"，而新商业观念则视商业为本业。如光绪《绩溪东关冯氏家谱》卷首《祖训》指出"男子士农工商，各有所业，尤宜专习一行，切不可游手好闲，希图不费力之钱，妄想不应得之利。"第二，旧的商业观念轻商，而新商业观念重商，如万历《歙志》序记载：徽州人"流寓四方，轻本重末"。商业在徽州不仅不再被视为末业，而且成为徽州人的事业。"天下之民寄命于农，徽民寄命于商。徽州人到十六七便要出门做生意。"③第三，旧的商业观念主张士农工商分列，而新商业观念则主张士农工商同列。如光绪《新州叶

①《高宗实录》卷三一四，清乾隆十三年伪满影印本。
②宣统《古歙义成朱氏宗谱》卷首《祖训十二则》，汪菊如等纂修，清宣统二年木活字本。
③万历《歙志·序》，明万历三十七年刊本。

氏家谱》卷首《修省斋公家规二十条》强调："人之处世，不拘贫富，须要士农工商各居一业，斯无游惰之患，庶几贫可给而富可充矣。"第四，旧的商业观念关注物，以挣钱为第一目标，而新商业观念关注人，注重发挥人的能量，以人为主体来获取商业利润，主张致富不忘桑梓，更加具有内生性和根植性。因此，徽州人大都认为"丈夫志四方，何者非吾所为？既不能拾朱紫，以显父母，创业立家亦足以垂裕后昆。"①

（三）引领徽州商圈良性发展

明清徽州社会经济的繁荣发展，与徽商在商业上的巨大成功有着密切关联。明清徽州"业贾者十七八"②，涌现出一批又一批富商巨贾、商业世家，典型事例如歙县汪氏、吴氏、江氏。据清代许承尧的《歙事闲谭》第四册记载："吴、汪之富，在明称盛。若江氏等殆皆起于清矣。"像这样的关于徽州富商巨贾、商业世家的记载，在明清徽州文献之中是极为常见的。明清徽商的兴盛，带来徽州商圈的发展。

明代中叶以后，徽商迅速崛起，并纵横商界数百年，与其被强化的商业观念密切相关。在明清徽州，商业为正业，不仅可以振兴社会经济，而且可以摆脱现实困境。生活在徽州的人们，清楚地感受到对经商的迫切需求。"谚语以贾为生意，不贾则无望，奈何不亟亟也。"③此言此语即是明清时期徽州人的真实反映。面对徽州人口与土地的尖锐矛盾，徽州人纷纷出门经商，近人吴日法的《徽商便览·缘起》如是说："吾徽居万山环绕中，川谷崎岖，峰峦掩映，山多而地少。遇山川平衍处，人民即聚族居之。以人口孳乳故，徽地所产之食料，不足供徽地所居之人口，于是经商之事业以起……"

徽商的发展有其明确而坚定的商业观念，并由此引领徽州商圈的整体发展。具体来说，就是徽商在充分的商业观念自信的基础上寻求自我发展，从而实现家庭、家族的发展。这决定徽商所寻求的自我发展，更

---

① 万历《婺源三田李氏统宗谱·环田明处士松峰李公行状》，李晖等纂修，明万历四十二年刻本。

② 汪道昆：《太函集》卷一六《阜成篇》，黄山书社2004年版，第372页。

③ 万历《歙志》，谢陛等纂修，明万历三十七年刊本。

多的是从发展家庭、振兴家族出发的，因而拥有远大的目标和强族、强家的理想追求。徽商经商的范式主要不是个人经营，更多的是结伙经营，其中不仅包括父子结伴、兄弟合伙，而且包括同宗同族间的结伴、合伙。为了使这些结伴、合伙能够得到实施，明清徽商构建了血缘、地缘网络，强调"照得人生天地间，皆本乎祖而成形于父，继父为嗣，外是而众兄弟皆为小宗。虽分而为什百千万，人有不同，要其初皆一人之身也。"①正是这样的网络，为徽州商业发展凝心聚力。因而，徽商大都结伴而出，结帮而行。

我们可以从明清徽州商圈的发展事实和既有研究对明清徽商发展情况的分析中，看出徽商在自我发展中拥有得天独厚的条件。与徽州商业观念的影响高度相关，徽州宗族鼓励族人经商，指出"士农工商，各习所业，安生理以遵圣谕，乃祖宗垂训。大要四民之外，俱属异端，家法所禁。"②并为徽州人广泛认同，这种情形表明徽州人经商不仅有方向，而且有根基。徽州人把商业经营作为发家致富的法宝，坚持以血缘、地缘为纽带，借助同宗同族关系结帮经商，实现行业宗族化、地缘化，这确保了徽商发展壮大，不论在经商地上，还是在合伙经商上，都拥有了合规性基础，涌现出很多经商后成功的事例。如汪道昆《太函集》卷九一《明处士休宁程长公墓表》记载，明代休宁商人程锁"结举贤豪者得十人，俱人持三百缗为合从，贾吴兴新市。"

分析至此，结论似乎已明确：明清时期，决定徽商崛起的极为重要的因素，就是以观念的转换引领商业的发展。实现了这个转换，明清徽商得以迅速发展，徽州商圈越来越大。由此可见，明清徽州商业观念的引领在一定程度上成就了徽州商圈的发展。

二、明清徽州族规家法与徽商的成才成功

提起徽商的成才成功，学者们总把它同明清徽州宗族、徽州教育联系在一起，笔者认为，仅仅限于这样几个研究思路是不够的。因为既有

---

① 雍正《歙县潭渡孝里黄氏族谱》卷四《家训》，黄臣槐等校补，清雍正九年校补刻本。
② 万历《休宁范氏族谱·林塘宗规》，范涞纂修，明万历三十三年补刻本。

研究的学术路径因不同学者而异，又因研究方向趋同，可以概括说是对徽商成才成功问题的徽州宗族、徽州教育角度的求解。笔者试图另辟蹊径进行讨论，即对徽商成才成功问题的徽州族规家法角度的求解。

(一) 明清徽州族规家法设定的育人逻辑

明清徽州族规家法，无论是明代的，还是清代的，都把子孙的培养放在首位，虽然各项规定的侧重不同，但都以育人为核心和根本任务，其实质上可以被理解为是一种成功成才的手段。雍正《潭渡孝里黄氏族谱》卷四《家训》规定："子孙为学，须以孝悌礼义为本，毋偏习词章，此实守家第一要事，不可不慎。"歙县潭渡孝里黄氏家族提出的"子孙为学"，最关注的不是书本中的"词章"，而是做人的根本"孝悌礼义"，目的是弘扬"孝悌礼义"，训诫子孙后代做人做事要遵循"孝悌礼义"。光绪《荆川明经胡氏续修宗谱》卷一《祖训十三条》强调："子以传后，为子者，不可不教以义。方幼稚，既要择师，端其蒙养。有资者，策励以玉成之。即庸常，亦要训其识字或货殖、田亩，使各执一艺，切勿令酗酒、贪花、游手、赌博以取祸。苟为穿窬、乞丐，大都失于庭训，故致如此。为祖父者，不可不教训子孙。"其提出的"使各执一艺"，是从技能训练的角度，以教导其子孙后代专通一经，或精通一艺为直接目的，想让子孙后代能够有朝一日走上仕途，或有一技之长以谋生；或明理致行，以立家立身，从而能光耀门户、振兴家族。分析这些族规家法设定的育人逻辑，可以看出四条显著的脉络：端蒙养、崇学校、敦诗书、重师傅。

端蒙养，所谓蒙以养正，或养正于蒙。子孙后代成才成功的基础，即在子孙后代智慧蒙开之际施以正当教育，为他们以后的发展奠定基础。按照族规家法规定："子孙五岁，便当令入乡塾，穿深衣，作长揖，坐立进退，教以儒者风度。凡《孝经》《小学》诸书，先令熟读。日讲古人故事，以端其志趣。久则少成若性，异日必为伟器。"[①]

崇学校，是对子孙后代成才成功提出了学校教育的需求。"子孙自六岁入小学，十岁出就外傅，十五岁加冠，入大学，当聘致明师训饬，

① 宣统《上川明经胡氏宗谱》下卷之《规训》，胡祥木等纂修，清宣统三年木活字本。

必以孝悌忠信为主，期底于道。若资性愚蒙，业无所就，令习治生理财。"①以此促使子孙后代接受学校的教育，健康成才成功。

敦诗书，是对诗书的崇尚，是起家之本。所谓"忠厚传家久，诗书继世长"，明清徽州族规家法对它的要求是硬约束，其中包括"文公《小学》书，凡人伦日用之常，立身行己之道，备载于此。为父兄者，当教子弟熟读。通晓义理，斯能有所感悟，不为非礼之事。然愚者不肯向学，尤当致意。凡于宗族长少聚会之时，或摘切要数条，令敏达子弟讲读，申明大义。或摘问数事，验其记否。其不能记者，惭愧于心，退必自学。"②在明清徽州族规家法那里，读诗书是子孙后代成才成功最基本和最重要的手段之一。

重师傅，就是以师傅为贵，以师傅为重。如宣统《上川明经胡氏宗谱》下卷之《规训》所言："善养子者，必厚其阿保。善教子者，必重其师傅。师道不知所尊，而欲子弟之成，难矣。故丰膳馔，隆礼节，虽谓之尊，而积诚不足以感之，犹虚也。必也情文备至，而迟久观成，使居西席者必思所以酬东道，则殚心训诲而大有造于我子弟矣。"明清徽州族规家法对"重师傅"作出规定性的设计和制度性的安排，使之成为培养子孙后代的重要方面，真正发挥师傅传道、授业、解惑的作用。

（二）自成体系的育人谱系成就了徽商的独特

明清徽州族规家法中有一个育人谱系，这个育人谱系和同一时期其他地区族规家法的育人谱系的不同之处在于其自成体系。

明清时期徽州社会崇文重教，被称为"东南邹鲁""文献之邦"，徽州族规家法所体现的育人行动有一个特别之处，就是先通过对崇文重教的理解，然后作用于育人的实践上面。如康熙《婺南中云王氏世谱》卷五《祠规》提出的"蒙养当预"、光绪《梁安高氏宗谱》卷十一《祖训》提出的"兴文教"、宣统《仙石周氏宗谱》卷二《石川周氏祖训》提出的"重诗书"、宣统《古歙义成朱氏宗谱》卷首《祖训十二则》提出的"敬重师傅"、康熙《横冈胡氏支谱》卷下《家规》提出的"崇尚学校"

---

① 雍正《茗洲吴氏家典》卷一《家规八十条》，吴翟等纂修，清雍正十一年刻本。
② 光绪《新州叶氏家谱》卷首《修省斋公家规二十条》，叶希铭辑，清光绪三十三年石印本。

等这些育人方式方法，在明清时期徽州被广泛推崇。

我们从明清徽州族规家法来考察，明清徽州崇文重教总是跟士、农、工、商连在一起。在徽州族规家法中，具体到职业选择，士、农、工、商有先后之分，即上为"士"，下为"农"，然后为工、为商。比如万历《歙西岩镇百忍程氏本宗信谱》卷十一《族约篇第九》称："人生斯世，士、农、工、商，各执一业。吾邑地狭人稠，无田可耕，故人多逐末，奔走江湖，车马舢舻，几半天下。为族人者，纵莫能上之诗书为士，下之力田为农，至于为工、为商，守分安生，何所不可？"这一职业选择问题，事实上就隐含了明清徽州崇文重教一个最根本的目标，我们不妨将之概括为"科举入仕"。

明清时期，徽州人想要入仕，需要通过科举考试。参加科举考试，折桂蟾宫，既可以光宗耀祖，又可以改变自己乃至家庭、家族的命运。因此，科举入仕就成了徽州人的梦想，也成了徽州家庭、家族乃至徽州社会崇文重教的动力之源。明清徽州，无论是家庭、家族办学，还是学校教育，都是围绕这一轴心来进行的，真正把科举入仕当成指挥棒。正因为如此，明清徽州族规家法把兴学重教、宗族支教、族人重教、子弟受教结合起来，并且明确为徽州人的存在价值和使命。

然而，通过考试入仕者毕竟是少数，"而苦志诗书又不可多得"[①]者则是多数，人的存在价值和使命自然不能限于科举入仕，如不能入仕，就得从农，或从工，或从商、从医也是一个重要选择。明清徽州族规家法育人的目标一直以教育子孙科举入仕为先，同时又兼顾从农、从工、从商的必要性这几个维度来设计家庭、家族的育人谱系。因为这样一个育人谱系，所以明清徽州各大家庭、家族对士农工商都有一整套的育人措施和育人政策。这些对明清徽商"贾而好儒"特色的形成至关重要。很多徽商在经商前受过启蒙教育、学校教育，有较高的文化素养，后来由于屡试不第，或继承家业，或家业中落，纷纷弃儒经商。如明初休宁商人程维宗"早有大志，潜心于学，年才十九，常一赴乡试，不捷而归。由是发愤请业于郑师山、赵东山二先生之门。既而遭时革运，无复

---

① 嘉庆《婺源墩煌洪氏统宗谱》卷五九《辑五先生传》，洪朝祥等纂修，清嘉庆二十三年木活字本。

223

第六章 明清徽州族规家法的社会功用

荣念，从事商贾。"①明代绩溪商人章献邦"家世业儒，少承家学，两试不偶，遂隐于贾。"②清代婺源人汪辑五"幼习举子业，志在观光利用，旋家贫亲老，遂弃而就商。"③他们经商后大都不忘自己的终极追求，又用经商所得让子孙业儒，如明婺源商人李大祈"每以幼志未酬，嘱其子，乃筑环翠书屋于里之坞中，日各督一经，而叮咛勖之曰：'予先世躬孝悌，而勤本业，攻诗书而治礼义，以至于身犹服贾人服，不获徽一命以光显先德，予终天不能无遗憾。然其所恃善继述、励功名、干父蛊者，将在而诸子。'"④

徽商史上除了持续督促子孙业儒外，一直还保持有一个学儒习惯，一个因其"喜读经史""耽于吟咏""讲论诗文"兴趣浓厚而常被世人称颂的习惯。在各地经商的徽商总是学而不厌、与诗书相伴。如明代歙县商人江遂志"虽舟车道路，恒一卷自随，以周览古今贤不肖治乱兴亡之迹。独于其中遇所为忍苦发奋事，即身体力行，不敢履错。"⑤休宁商人汪应浩"虽游于贾人乎，好读书其天性，雅善诗史，治《通鉴纲目》《家言》《性理大全》诸书，莫不综究其要，小暇披阅辄竟日。"⑥这就是为什么徽商"亦儒亦贾"却以"贾而好儒"的特色呈现。

（三）徽商的独特成就了徽州商圈人才辈出

明清徽商贾而好儒，作为徽商的特色，有其特定的内涵，张海鹏、唐力行将之概括为三点，即先儒后贾、先贾后儒和亦儒亦贾。⑦这个概括着眼于贾而好儒的三个层面，准确反映了学术界对明清徽商贾而好儒关系的思考，得到学界同仁的广泛认同。

明清徽商的贾而好儒，无论是先儒后贾，还是先贾后儒，抑或亦贾亦儒，都是徽商所特有的，是同一时期其他商帮所不具备的。明清时

① 万历《休宁率东程氏家谱》，作者不详，明万历元年刊本。

② 民国《绩溪西关章氏族谱》卷二十四《家传》，章尚志编，民国四年木活字本。

③ 嘉庆《婺源墩煌洪氏统宗谱》卷五九《辑五先生传》，洪朝祥等纂修，清嘉庆二十三年木活字本。

④ 婺源《三田李氏统宗谱·环田明处士松峰李公行状》，明万历刊本。

⑤ 乾隆《歙县济阳江氏族谱》，江淮椿撰，清乾隆四十二年刻本。

⑥ 嘉靖《休宁西门汪氏宗谱》，汪尚和撰，明嘉靖六年刻本。

⑦ 张海鹏，唐力行：《论徽商"贾而好儒"的特色》，《中国史研究》1984年第4期。

期，活跃于中国商界的各大商帮，都形成于儒学思想根深的明清时期，如果以崇儒论，相互之间是没有区别的，姑且不论。至于徽商的好儒，区别于其他商帮，王世华曾作过评述：明清徽商的好儒"既有明人对徽商的看法，也有清人对徽商的看法，也有非徽人对徽商的看法，而且都是徽商的整体印象，竟如此相同，难道说这是偶然的巧合吗？当然不是，这恰恰反映了徽商的基本特征——贾而好儒，大家是认同的。而对其他商帮来说，恐怕很难找到类似的整体性特征的评价。"①

明清徽商贾而好儒无疑。就其与明清徽州商业圈人才辈出的关联性而言，张海鹏、唐力行在《论徽商"贾而好儒"的特色》中有一句话指出了问题关键："徽商之家，多延师课子，这是徽商'张儒'的一个重要方式。……徽州商人之所以如此急不可待的延师课子，是向往子弟擢高第，登仕籍。……在徽商后代中以业儒而成名者代不乏人。"②张海鹏、唐力行还指出："在徽商中，有的人在'从贾'之前就曾知晓诗书，粗通翰墨。'从贾'之后，还是好学不倦，'蔼然有儒者气象'。"③徽商"贾而好儒"对于明清徽州商业圈人才辈出之所以如此重要，其依据在于，无论是人才培养，还是人才一批又一批涌现，抑或是良好环境的营造，都离不开"贾儒合一"，也可称为"贾儒相通"或"贾儒互融"。

贾儒互融，首先是一种亦儒亦贾或亦贾亦儒的方式。在儒家伦理、儒家精神融入商业活动的实践中，通过由儒入贾、从贾入儒向贾儒互融的路径展开，是儒家"经世致用"哲学的运用。儒家的"经世致用"哲学作为中华文化博大的智慧，对徽商的影响深远而浩瀚。徽商受儒家"经世致用"哲学的熏习，从小习儒或经商后习儒，在商业活动中充满了儒家智慧。"贾而好儒"使得明清徽商智慧优异，精通儒术，成为有文化的商人。明清时期，徽州涌现出一批又一批"贾名而儒行"的商人。

明清徽州商圈的人才辈出，也正如张海鹏、唐力行的《论徽商"贾

---

① 王世华：《也谈"贾而好儒"是徽商的特色——与张明富先生商榷》，《安徽史学》2004年第1期。

② 张海鹏，唐力行：《论徽商"贾而好儒"的特色》，《中国史研究》1984年第4期。

③ 张海鹏，唐力行：《论徽商"贾而好儒"的特色》，《中国史研究》1984年第4期。

而好儒"的特色》、王世华的《也谈贾而好儒是徽商的特色——与张明富先生商榷》、李琳琦的《儒术与贾事的会通——儒术对徽商商业发展的工具性作用剖析》等文中所强调的，徽商"延师课子"的因素，促使了明清徽州商圈的人才辈出。徽商先"张贾"后"张儒"，多以"延师课子"为重要形式。从事实上看，明清徽商从贾、业贾致富后，大多延师教其子孙，热衷于振兴儒业，以实现子孙高第而登仕途的梦想。徽商延师课子，子孙从小习儒的举措，给子孙弃儒服贾后亦贾亦儒以极大的推动。如此循环往复，徽州商圈人才辈出，就成必然。

徽商贾而好儒，对于徽州商圈人才辈出的重要性，也体现为徽商的重教兴学形成的效应。徽商的重教兴学，既为学校提供了必要的办学经费，又为学子提供了必需的助学经费，一方面联系着徽州人业儒问学，一方面联系着徽州人读书入仕。在此意义上，我们可以说徽商重教兴学是徽州人业儒问学与读书入仕的桥梁。于是，对于明清徽州业儒问学、读书入仕氛围的形成，徽商重教兴学的特殊重要意义凸显出来。李琳琦认为："正因为徽商的终极追求是让子孙习儒业、入仕途，为了实现这一目标，经商致富后，他们对家乡教育事业的资助可谓竭尽全力、慷慨不吝。"[1]这一意义，其实也恰恰反映了明清时期徽州人对业儒的重视。汪道昆《太函集》卷六七《明赠承德郎南京兵部车驾司署员外郎主事江公暨安人郑氏合葬墓碑》写道："吾先世夷编户久矣，非儒术无以亢吾宗。"如此，随着时间的延续，就意味着越来越多的人业儒，就意味着素质高的人越来越多，就意味着人才接连不断地涌现，使得明清徽州政界、商界人才辈出。

（四）人才辈出是徽商成功的关键

明清时期，科举考试在徽州成为一种时尚，这种时尚培育了大批人才，形成了一个人数颇重的朝廷官员群体，其中有明代休宁进士程敏政、歙县进士唐皋、婺源进士汪敬、祁门进士程泰、黟县进士许天赠、绩溪进士胡思伸，清代歙县进士吴雯清、休宁进士徐旭龄、婺源进士吴文炎、胡永焕、李承端等。这个群体形成后便成为徽州人才队伍的重要

———————
① 李琳琦：《徽州教育》，安徽人民出版社2005年版，第115页。

构成，也成为徽商在朝廷中的代言人。值得注意的是，在朝廷有官员的徽商家族大都是闻名遐迩的名门望族。如徽州戴氏家族在清代前后出了三位状元，分别是清代休宁的戴有祺、戴衢亨、戴兰芬。

而那些"科场不售""弃儒服贾"的徽州商人，大多具有较高的知识和能力，其在国内不同地区的商业活动，不仅对流入地和流出地的区域经济发展产生重要影响，而且对起家、发家、兴族也起到重要作用。如《汪氏统宗谱》卷八五《七十四代濡号集义墓表》中记载的明代休宁商人汪濡"两举茂才皆辞归，以先世遗赀丰阜，复殚力经理，遂富雄于邑。"歙县《新安程氏世谱·歙西功叔程君传》中记载的歙商程善敏"弃儒就贾，承祖父之遗业，客廛于春谷之清江，行白圭治生之术。忍嗜欲，节衣服，与用事同甘苦，克俭克勤，弃取异尚，未几而家温食厚，享有素封之乐。"

明清徽商的崛起，曾是中国商业史上一个极为重要的商业现象。明清徽商人才辈出在徽州商圈中的突出之处在于：不只是人才代不乏人，而且是人才代不乏代表人物，且被载入商业史册。如明代的海商歙县人汪直，典商歙县人汪箕等；清代的盐商祁门人马曰琯、马曰璐，红顶商人绩溪人胡雪岩，典商休宁人汪宽也，茶商歙县人吴炽甫等。更为重要的是，许多代表人物都是新兴商号、商铺的开创者、领衔者，如清代的"利生裕漆庄"创始人周友仲、"汪裕泰茶庄"创始人汪立政、徽商老字号"张小泉剪刀"的张小泉、"胡庆余药堂"创始人胡雪岩等，他们引领着明清徽州的商业潮流。

明清时期，徽商、晋商、闽商、粤商等十大商帮是研究者长期关注的热点，商帮间人才资源积累的差异成为各商帮发展差异的重要因素之一。明清徽商能够应势而起、顺势而动、借势而进，成为当时全国最大的商帮，正是因为徽州商人中大多是有知识、有能力的商人。典型事例为，明清徽州商人的商业经营，以"盐、典、茶、木为最著"，而徽州商人的盐业、典业、茶业、木业的经营，又以盐业为最著，所谓"吾乡贾者，首鱼盐"①。作为有文化的商人，徽商大多"谙于盐法，利弊固

---

① 汪道昆：《太函集》卷五四《明故处士黟阳吴长公墓志铭》，《四库全书存目丛书》集部第117册，齐鲁书社1997年版，第650页。

知"，他们抓住明代盐业改革提供的商业机遇，纷纷涌向江淮盐业市场，直至垄断两淮盐业。"从此徽商就进入黄金时代，时间长达数百年之久。这个时期，歙县江氏、吴氏、黄氏、程氏、汪氏、徐氏、郑氏、许氏、曹氏、鲍氏、叶氏等宗族子弟，都曾驰骋两淮盐业，执商界之牛耳。"①

三、明清徽州族规家法与徽商精神的传承

明代中期以后，我国社会商品经济得到快速发展，当时国内商帮众多，比徽商有名的，比徽商有钱的，比徽商有势的商帮多得很，可为什么徽商后来成为全国最大的商帮，执商界之牛耳，这个是值得我们深入研究的。卞利认为徽商崛起的奥妙在于徽商有独特的精神，从"一贾不利再贾"，到"再贾不利三贾"，再到"三贾不利，犹未厌焉"②，徽商在实现人生目标的过程中，始终不怕挫折，锐意进取。这种精神的形成受多种因素的影响，并在徽商崛起过程中发挥出特有的优势。明清徽州族规家法的保障是重要影响因素。笔者以徽商精神的阐释作为铺垫，着重阐述明清徽州族规家法对徽商精神形成的作用。

（一）"徽商精神"范畴的界定

"徽商精神"这一范畴包含着两个要素，即徽商与精神，而这两个要素又各有其内涵，组合而成的"徽商精神"，须是徽商独有的精神，这使得"徽商精神"范畴的界定相当困难。现在是说法不一、讨论不止的状态。此外，随着徽商研究的不断深入，新的看法不断被提出，使原本就没有形成共识的"徽商精神"范畴之要素变得更加多重。

最早开始"徽商精神"分析的是王世华，他在1997年出版的《富甲一方的徽商》一书中把徽商精神概括为五个层面：第一，赴国急难、民族自立的爱国精神；第二，不畏艰难、百折不挠的进取精神；第三，审时度势、出奇制胜的竞争精神；第四，同舟共济、以众帮众的和协精

---

① 赵华富：《徽州宗族研究》，安徽大学出版社2004年版，第489页。
② 光绪《祁门倪氏族谱》卷下《诰封淑人胡太淑人行状》，倪望重等重修，清光绪二年刻本。

神；第五，不辞劳苦、虽富犹朴的勤俭精神。①随后，学界很多学者都在思考徽商精神。如1999年，刘伯山把徽商精神概述为：不甘穷困、矢志千里、勇于开拓的精神；不怕挫折、执着追求、锐意进取的精神；不辞劳苦、克勤克俭、艰苦奋斗的精神；不作内耗、整体一致、团结协作的精神。②2013年，陈瑞把徽商精神概括为：吃苦耐劳的创业精神；百折不挠的进取精神；商机至上的竞争精神；通权达变的创新精神；天下为怀的开放精神；以众帮众的和协精神；重仁重义的诚信精神；贾而好儒的人文精神；热心公益的奉献精神；虽富犹朴的节俭精神。③2016年，翟屯建把徽商精神分为创业、经营和致富三个阶段来看，其中创业阶段为"吃苦耐劳的拼搏精神"，经营阶段为"诚信创新的敬业精神"，致富阶段为"回报社会的担当精神"。④

上述学者各自对"徽商精神"范畴的界定，可以说是一种"学术本能"，即从各自的学术视角对"徽商精神"的范畴介入了必要的、合理的精神要素，但是问题恰恰出在未能从"徽商独有"的高度上来界定和把握"徽商精神"这一范畴。这正是上述看法的局限性所在，"共性有余、个性不足"，已经贯穿于"徽商精神"研究过程的始终。

但也有例外的看法，如李琳琦于2014年发表《论徽商研究中的几个问题》，该文把徽商精神问题的探讨纳入徽商研究问题的分析框架，将徽商精神区分为"徽骆驼"的进取精神和"贾而儒"的人文精神。⑤这种看法与上述几种看法的不同之处在于，从徽商的特质中求其内涵。从这一个视角看，笔者认为，"徽商精神"并不是自外于徽商的，恰恰相反，徽商内在的"徽骆驼"精神、"贾而儒"精神是徽商精神的特定内容。只不过徽商特有的这两种精神，长期以来没有引起研究者们更多的关注和研究。

据此，对于"徽商精神"范畴的界定，可以从两个维度来把握：一方面，徽商自身的特定性中就内在地包含着"徽骆驼"精神和"贾而

① 王世华：《富甲一方的徽商》，浙江人民出版社1997年版。
② 刘伯山：《徽商精神的内涵》，《安徽日报》1999年5月13日。
③ 陈瑞：《徽商精神及其当代弘扬》，《安徽日报》2013年12月9日。
④ 翟屯建：《徽商精神中的责任担当》，《安徽日报》2016年4月3日。
⑤ 李琳琦：《论徽商研究中的几个问题》，《安徽史学》2014年第2期。

儒"精神，没有这两种精神，徽商精神是不存在的。另一方面，在"徽骆驼"精神和"贾而儒"精神的独特性中，也内在地包含着徽商的特质，没有徽商这种特质，徽商精神同样难以存在，没有"徽骆驼"精神和"贾而儒"精神，徽商精神就成了空壳。

（二）徽商精神的多重观照

抓住徽商精神的基本特征，可以把"徽骆驼"精神与"贾而儒"精神相区别、相联系。"徽骆驼"精神与"贾而儒"精神和徽商这一特定群体联系在一起，成为徽商精神的两种形态。

徽商的精神首先体现为"徽骆驼"精神。用"徽骆驼"来比喻徽州人和徽商，来自皖籍著名学者胡适。他在1945年为江苏溧阳新安同乡会题写了"我们是徽骆驼"几个大字，又在1953年为台湾绩溪同乡会题写了"努力做徽骆驼"几个大字，由此表达对徽骆驼勤劳坚韧本色的坚守。正是在胡适的倡导和坚守下，后来"徽骆驼"一直成为徽州人和徽商精神的象征。如今研究徽商的学者论著里，几乎都把徽商比作"徽骆驼"。综合学者的观点，鉴于徽骆驼勤劳坚忍本色，可将"徽骆驼"精神概括为三个层面：第一，矢志千里，"四海之内"其地无所不至。正如嘉庆《黟县志》中"纪邑中风土"部分所云："丈夫志四方，不辞万里游""徽商遍天下""无徽不成镇"的景况由此生成。第二，一往无前，不达目的决不罢休。徽商为了获取利润、发家致富往往"出恒数载一归，亦时有久客不归者，新婚之别，习为故常。"甚至"出至十年、二十、三十年不归，归则孙娶妇而子或不识其父。"[1]第三，团结一致，共同应对共克时艰。如顾炎武《肇域志》第三册记载："新都人……商贾在外，遇乡里之讼，不啻身尝之，醵金出死力，则又以众邦众，无非亦为已身地也。近江右出外，亦多效之。"

徽商精神还体现为"贾而儒"精神。我们把徽商的特色归纳为"贾而好儒"。"贾而好儒"主要涉及"贾"与"儒"两个字。这种贾儒关系的总和构成徽商的贾儒结合方式，即商业的活动贯穿其中并有儒家伦理道德引领的互融模式。应该承认，自从徽商的"贾而好儒"特色被提出

---

① 刘伯山：《徽商崛起的精神因素》，《探索与争鸣》1999年第4期。

以来，这种贾儒关系被广泛地接受和采用，业已成为一种"约定俗成"的看法。具体言之，"贾而儒"精神是由"贾"与"儒"的互动形成的，这意味着贾与儒的地位和作用不是等同的，虽然在商业活动中获取利润是硬道理，但基于贾儒结合的商业利润是通过恪守儒家伦理道德实现的。进一步说，儒家伦理道德讲究人伦情感，人伦和伦理与人伦情感最直接，讲人性、懂和协、重诚信、尚人文、崇勤俭、有担当又与人伦和伦理有直接的关系，因此分析"贾而儒"精神是从"人性""和协""人文""诚信""勤俭""担当"这几个关键词展开的。据此我们可将"贾而儒"精神概括为人性精神、和协精神、诚信精神、崇文精神、勤俭精神和担当精神六个方面。

"徽骆驼"精神与"贾而儒"精神既相区别，又相联系。提出这一看法的依据是，徽商进行商业活动的实际载体是"人文商道系统"，而"人文商道系统"具有整体性的特点，其组成既包括人文系统，又包括商道系统；既有徽商与徽商的关系、徽商与顾客的关系，又有徽商与族人的关系、徽商与其他人的关系。所有这些关系，都是徽商业贾中涉及的重要问题，而且所有这些关系都在儒家伦理道德的引领下，有一个"商业活动人文化"的根本性转变。一是形成业贾的氛围。如一首徽州民谣所传诵的："前世不修，生在徽州；十三四岁，往外一丢"。二是找出致富的商机，即"因地有无以能贸易，视时丰歉以计屈伸"①。三是树立儒商的形象，如康熙《古歙岩镇镇东头吴氏族谱·吴南坡公行状》所云："人宁贸诈，吾宁贸信，终不以五尺童子而饰价为欺"。四是把握经商的规律，包括汲取历史上的经验、应用出奇制胜的营销方略、准确判断变化无常的市场形势等。五是倾心公益事业，包括修路架桥、兴修水利、赈灾济荒、捐资办学、扶危济困、施棺助葬等。

可见，贾与儒相结合，明清徽商走出了这关键一步，不仅处理好了贾与儒的关系，而且将贾与儒有机结合应用于商业实践。徽州人"毕事儒不效，则弛儒而张贾；既侧身飨其利焉，及为子孙计，宁弛贾而张儒。一张一弛，迭相为用，不万钟则千驷，犹之转毂相巡，岂单厚计然

---

① 万历《休宁县志》卷一《舆地志·风俗》，明万历三十五年刊本。

乎哉！”①

区域性本身昭示了明清徽商的独有精神。明清徽商与其他商帮的根本不同，正在于"徽骆驼"精神和"贾而儒"精神作为徽商的精神标识。王世华在《中国徽商小史》一书中对于徽商贾而好儒所起作用进行了深入分析。他认为，徽商之所以大多发展较快，与他们有较高的文化素养密切相关。以明代歙商汪士明为例，他"好学滋甚，渔猎百家，尤长《左氏春秋》。明习世故，所亿屡中，不侵然诺。同人有难，尝以身覆护唯谨，人推为祭酒。即有积怨深怒，片言立解。其忍嗜欲，与僮仆同苦乐如白圭，能择人而任时如范蠡。贾乃大起。"②

与此同时，明清徽州族规家法在保障"徽骆驼"精神提升中的重要性上升。明清徽州族规家法有关规定，涉及"徽骆驼"精神的不同方面，包括顽强不屈之精神、探索开拓之精神、艰苦奋斗之精神、克勤克俭之精神等。在坚守这些精神问题上，明清徽州族规家法的有关规定是明确的、具体的、坚定的。如同治《武溪陈氏宗谱》卷一《家法三十三条》规定："天下之事，莫不以勤而兴，以怠而废。子弟之俊秀者，固当奋志向上，自强不息。"此类规定的背后是"徽骆驼"精神。支撑明清徽商忍辱负重、砥砺前行、任重致远的基础是"徽骆驼"精神。没有这种精神，就没有明清徽商的崛起。正因为如此，在明清徽州族规家法的制订与实施中，诸如顽强不屈、探索开拓、艰苦奋斗、克勤克俭等精神被普遍推崇。

因为明清徽州族规家法的保障，不仅使"徽骆驼"精神持续巩固，而且使"贾而儒"精神在徽商亦儒亦贾的实践中发展。其中引人注目的是，"贾而儒"之崇文精神、诚信精神同时并存，互为补充，成为明清徽商崛起的法宝。

第一，明清时期的徽州，有大量崇文重教的族规家法，如雍正《茗洲吴氏家典》卷一《家规八十条》记载："举业发圣贤之理奥，为进身

---

① 汪道昆：《太函集》卷五二《海阳处士金仲翁配戴氏合葬墓志铭》，明万历十九年刊本。

② 李维桢：《大泌山房集》，明刊本。

之阶梯，须多读经书，师友讲究，储为有用。不得冒名鲜实，不得纷心诗词及务杂枝，令本业荒芜。"该族规家法虽为茗洲吴氏的族规家法，不属于普适性的族规家法，但它从侧面回答了一个问题，即明清时期徽州人崇文重教。再如光绪《梁安高氏宗谱》卷十一《祖训》记载："四民皆是正业，然不读书则不知礼义，故凡为农、为工，皆当读书。虽不望成名，亦使粗知礼义，不至为非。至于子弟佳者，则为之读书，使家贫无力，宗族宜加意培植。盖族内有读书人，则能明伦理、厚风俗，光前而裕后，其关系非浅，又不但科第仕宦为宗族光已也。"从中可以看出明清时期徽州人崇文重教的价值取向。

徽州人无疑有崇文精神，崇文精神来自振兴家族、壮大门楣的使命，也有明清徽州崇文重教环境的熏陶。受此影响，明清徽商很多都是"本为儒，去而从贾，非其志也。"[1]后因"困于场屋"，或"家境多艰"，或"屡试不第"，或"承祖、父之遗业"走上了经商之路。徽商在经商前养成了习儒、业儒习惯，业儒与经商的关联性成为彰显徽商特色的一个重要方面。一方面业儒有利于商业成功，另一方面商业成功启发并激励徽商的业儒诉求，满足徽商对业儒的需要，使业儒氛围日趋浓厚成为可能。徽商致富后，不仅自己爱读书，而且督促子孙多读书、读好书，都对子孙寄予厚望。

第二，诚信经营是徽商的经营理念，体现为经营中"诚信笃实，孚于远迩"[2]，明清徽州族规家法对诚信的规定，既明确又具体，如雍正《潭渡孝里黄氏族谱》卷四《家训》记载："治家当至诚无伪，至公无私，一言不可妄发，一事不可妄为。勿怀偏徇之念，勿使狡诈之谋，使子孙臧获，尤而效之，势必身受其害，所谓教猱升木也。切宜痛戒。"

关于诚信，明清徽州族规家法与同一时期其他地区的族规家法一样，也是从义与利的关系来把握诚信的。但在如何处理义与利的关系问题上，明清徽州族规家法"更多的是以义为利，而不是以利为义"[3]，注重理顺义与利的关系，并对它作出了明确的规定。如万历《沙堤叶氏

---

① 万历《歙县溪南江氏族谱·故处士沙南江公墓志铭》，江珍所纂修，明万历二十年刻本。

② 光绪《婺源县志》卷三六《人物·义行》，清光绪九年刊本。

③ 卞利：《明清徽州社会研究》，安徽大学出版社2004年版，第143页。

家谱》卷一《四箴》记载："古往今来，惟义可久。轻财乐善，炳耀宇宙。惟我后昆，制心须厚。斉骄必祛，藩篱即剖。挂剑明心，捐舟恤友。存尔大义，人情无负。"此类规定体现出的义利观在明清徽州的文献中得到了全面、充分的展示。同治《黟县三志》卷一五《人物志·舒君遵刚传》如是说："生财有大道，以义为利，不以利为义。"

因此，明清徽州诚信趋向以义为利性，不以利为义性。这种趋向促使越来越多的徽州人在商业活动中，以诚信为信条，表现为诚实无欺，"贸易无二价，不求赢余，取给朝夕而已"①；信誉至上，"人宁贸诈，吾宁贸信，终不以五尺童子而饰价为欺"②；拒售假冒伪劣商品，"凡是贸易均着不得欺字，药业关系性命，尤为万不可欺"③。

第三，明清徽商大多合伙经商，相互之间的竞争被降至最低，与非徽籍外地商人的竞争优势尽显。究其原因，明清徽州族规家法强调收族和联宗，如乾隆《重修古歙东门许氏宗谱》卷八《家规》强调："族之人，其初一人也。一气流传，至于云礽而不可穷也，是可无敦睦之义乎？其必喜相庆，戚相吊，岁时问遗，伏腊宴会，排难解纷，周急爱护。以分相临而恩必洽也，以文相接而情必通也。族人群聚，一家人父子之相亲也，是敦义睦族之道，祖有明训，可以世守而服行之也。"这种导向有效地将徽籍商人凝聚起来，在商业竞争中立于不败之地。在落实这一导向过程中，还出现了两个现象，即商业宗族化和行业地缘化。事实也是如此，如嘉庆《江都县续志》记载："歙之程、汪、方、吴诸大姓，累世居扬而终贯本籍者，尤不可胜数。"雍正《茗洲吴氏家典》卷一《家规八十条》规定："族中子弟，不能读书，又无田可耕，势不得不从事商贾。族众或提携之，或从它亲友处推荐之，令有恒业。"明清徽商合伙经商，或父子结伴，或兄弟合伙，或结成团伙经商，尽显和协精神，无疑得益于族规家法之收族、联宗功能的发挥。

---

① 光绪《婺源县志》卷三六《人物·义行》，清光绪九年刊本。

② 康熙《古歙岩镇镇东头吴氏族谱·吴南坡公行状》，引自张海鹏、王廷元、唐力行：《明清徽商资料选编》，黄山书社1985年版，第279页。

③ 王世华：《中国徽商小史》，中国长安出版社2015年版，第116页。

四、明清徽州族规家法与徽商道德的提升

徽商道德的提升，与明清徽州族规家法的联系十分紧密。在一定意义上，它是徽商遵守族规家法的生动实践成果，体现了明清时期徽州人的道德智慧和探索创造。徽州族规家法是在族内制订，并由族人共同遵守的行为准则，对于徽商而言，族规家法就是以族规、家法对族人商业活动的归属及组织形式，以及族人商业行为的原则作出规范。徽商道德之所以形成并得到提升，与徽商将族规家法有关规定转化为行动自觉的思想意志高度相关。徽商道德是什么，有什么实践优势，徽州族规家法起到了什么作用，成为明清徽州族规家法研究的新课题。从分析徽商道德的内在逻辑这一层面出发，梳理出徽商道德的实践优势，理清徽州族规家法的影响，是当下明清徽州族规家法研究的一大内容。

（一）徽商道德的内在逻辑

徽商道德的基础在于徽商的思想认同，核心是徽商对儒家伦理道德的内心信服，其作用则体现在对徽商的商业行动之约束与激励。徽商道德蕴含的历史逻辑、伦理道德逻辑、守法经营逻辑、儒家思想逻辑，使徽商将信史、信德、信法、信文有机统一起来，构成了徽商形成与发展的强大道德力量。

徽商道德是徽商做人做事的道理，也是徽商形成与发展的前提和基础，所体现的是始于南宋、起于元末明初、成于明代中叶、盛于明清的徽商之道德不断提升的历史逻辑。徽商是徽商道德的创造者，明清时期，徽商在成为当时全国最大的商帮这一历史进程中，徽商道德是徽商崛起的根本力量。徽商之所以能够赢得顾客、赢得市场、赢得成功，就在于徽商将儒家伦理道德以及儒家的义利、善恶、荣辱标准转化为商业实践。

徽商道德在架构理念上，强化道德力量，既注重提高道德外在约束力，又注重提高道德内在自省力，将两力紧密结合在一起，对儒家伦理道德加以弘扬，并依据儒家伦理道德经商，体现了以道德经营商业的德

治逻辑。遵守商业道德、遵循商业规则、强调商业信誉、注重商业承诺、拒绝价格欺诈是徽商倡行的商业行为规矩，这些商业行为规矩渗透了儒家伦理道德，为促进徽商赢得顾客的广泛信任与合作、提升道德素质和修养，提供了道理、依据。商业行为规矩在对徽商的商业行为进行规范的同时，通过儒家伦理道德的渗透，引导徽商在精神世界实现更高层次上的人生价值建构，进而促使其成为备受时人称道、得到社会广泛认同的儒商。

徽商区别于同一时期其他商帮的重要方面就在于贾而好儒，除此之外似乎没有其他区别。始终坚持"喜读经史""耽于吟咏""讲论诗文"，使徽商拥有较高的文化素养。徽商坚持崇儒、重儒、儒行，构成了徽商精神的儒家思想逻辑。"以郡先师朱子为归""以儒术饰贾事"，是徽商道德之深意所在，也是徽商之所以成为徽商的根本保证。徽商所以能"本大道为权衡，绝无市气，协同人于信义，不失儒风。"①以"好学滋甚""渔猎百家""明习世故""趋时观变""扫尽市井中俗态""贾乃大起"，就在于徽商将儒家的"诚笃""存诚""笃信""讲信修睦""以义为利"等转为"以诚待人""以信接物""因义用财"，架设了始终立于不败之地的商德。正因为如此，徽商大都深谙商道，精通儒术，顺时应变，逐步走向成功。如明代歙县商人程致和"幼读异书，不浴沾沾习博士艺，卜居春谷，行白圭治生之学，以美恶占岁，以弃取伺人。能薄饮食，忍嗜欲，节衣服，与用事僮仆同苦乐。趋时观变若猛兽鸷鸟之发。以生以息，凡廿年而业振。"②

（二）徽商道德的实践优势

徽商道德在徽商的崛起和发展中巩固，在徽商的尊儒、崇儒、重儒实践中完善，具有强大的道德向心力、影响力、感召力、凝聚力。这一强大力量为徽商开拓市场、打开局面、获取利润提供了道德支撑和精神动力，展现了徽商道德的实践优势。

---

① 天启《旌阳程氏宗谱》卷十三，程道南等纂修，明天启元年刻本。
② 康熙《歙县褒嘉里程氏世谱·奉贺致和程老先生六十荣寿序》，程善述纂修，清康熙十一年刻本。

调节优势。徽商道德通过调节徽商与其他人之间，尤其是徽商与顾客之间的关系，维护徽商的信誉与稳定的市场，保证生意兴隆、财源广进。徽商道德的调节优势，不仅为徽商赢得顾客信任所证明，而且其特有的调节原则、调节方法、调节机制，已成为徽商与顾客良好关系的稳定器。徽商通过道德调节，创造出至少两个实践奇迹：一是塑造了徽商与顾客的买卖关系；二是改善了徽商与顾客的关系。徽商不仅赢得了顾客信任，得到了顾客支持，同时也为商界树立了典范，突出展现了徽商道德在实践中的调节优势。

经营优势。徽商道德始终贯穿诚信经营、守法经营的商业道德，把守法作为经营法宝，既讲诚信，又守法律，在实践中形成了经营优势。诚信经营作为徽商的经营理念，是徽商在长期的商业活动中取得成功的奥秘所在。明清徽州各类家谱、族谱中，多载有徽商诚信经营起家的事迹。他们或"贸迁货居，市不二价"，或"以信义交易"，或"以诚信见重于时"，或"临财不苟取"，或"立信义，不侵为然诺"，始终把诚信置于突出位置。如绩溪《西关章氏族谱》中记载的清代绩商章必涣，"壮年随父经商，往来吴越间，以诚信见重于时。"坚持诚信经营、守法经营，形成了徽商道德实践所特有的商业经营能力。一方面，诚信经营为徽商带来无穷的财富，为徽商发展提供了永恒的推动器。如明代歙县商人郑石陵"操息不十一，顾独任诚信，矜已诺，以故人人无不严重处士，竟缩穀归之，得乃更赢。"①另一方面，作为地域性商业群体的徽商在驰骋明清商业舞台的过程中，始终把守法经营抓在手上、扛在肩上，讲究商业信誉，赢得顾客普遍信任，使顾客的广泛支持成为富甲一方的原动力。如明代歙县商人汪通保所开的典铺之所以"人人归市如流，旁郡邑皆至。居有顷，乃大饶，里中富人无出处士右者"②，主要是因为其诸子坚持践行他的训诫："居他县，毋操利权，出母钱毋以苦杂良，毋短少；收子钱毋入奇羡，毋以日计取盈。"③

竞争优势。徽商道德在改善徽商与顾客关系的同时，也在促使徽商

① 歙县《双桥郑氏墓地图志·明故处士石陵郑君暨配洪孺人合葬墓志铭》，明嘉靖稿本。
② 汪道昆：《太函副墨》卷四《汪处士传》，明万历十九年刊本。
③ 汪道昆：《太函副墨》卷四《汪处士传》，明万历十九年刊本。

谋取比其他商帮更多的商业利润方面发挥了重要作用，因而，基于儒家伦理道德认同基础上的徽商道德，在实践中具有长期而持久的竞争优势。一是徽商在商业道德方面的比较优势，得到了充分、有效发挥，实现了利益的最大化。如歙县《竦塘黄氏宗谱》记载的明代歙商黄莹"少读书，通大义，观太史公《货殖列传》，……诚一所致，业饶声起。"二是徽商在商界占据首屈一指、无商帮取代的地位，并且普遍地被顾客接受、认可。在此过程中，徽商道德的作用极为重要。徽商道德可以为徽商带来良好的商业信誉，徽商凭借这种商业信誉，可以赢得比同一时期其他商帮更多的顾客信任，信任徽商的顾客又争往徽商的店铺购物。以此类推，不断循环，徽商与顾客从中获得双赢。如歙县《新馆鲍氏着存堂宗谱》中记载的歙商鲍雯"虽混迹廛市，一以书生之道行之，一切治生家智巧机利悉屏不用，惟以至诚待人，人亦不君欺，久之渐致盈余。"徽商道德也是徽商素质和修养提升的支撑，徽商以儒家伦理道德为商业活动指南，言而有信，以信接物，重义轻利，因义用财，用此生财之道开辟财源，使之流而不竭，终使徽商取得在明清十大商帮中的突出地位。徽商从商人数之多，经营范围之广，经营行业之多，商业利润之多，捐资数量之大，至今为人们津津乐道。

规模优势。徽商不惮劳苦，不畏艰险，不怕困难，创下奇迹。其"货无所不居""足迹几遍寓内"，赋予徽商道德实践以规模优势。"新安山峭水厉，巨岭层峦，穿窿杂袭，田土狭隘，居其地者，类少恒产，多挟计然策出游，以贸迁自食，故徽人遂以商名。"[1]化解人多地少矛盾，通过业贾四方，拓展生存空间，是徽州人的责任，也是徽州人的担当。于是出现"服田者十三，贾十七"[2]"业贾者什家而七，赢者什家而三"[3]"小民多执技艺，或贩负就食他郡者，常十九"[4]等情况。徽商以"徽骆驼"品质、"贾而儒"精神经营商业，他们为此商游全国，寻找商机，赢得市场，涌现出很多富商大贾，如万历《歙志》卷一○《货殖》

---

① 宣统《上川明经胡氏宗谱·蕴山嘉言二公合传》，胡祥木等纂修，清宣统三年木活字本。
② 万历《祁门县志》卷四《风俗》，明万历二十八年刊本。
③ 汪道昆：《太函集》卷一六《兖州汪长公六十寿序》，明万历十九年刊本。
④ 顾炎武：《天下郡国利病书》第九册《凤池宁》，清光绪二十七年图书集成局铅印本。

明清徽州族规家法研究

记载："今之所谓大贾者，莫有甚于吾邑，虽秦晋间有来贾淮扬者，亦苦朋比而无多。""吾邑千金之子比比而是，上之而巨万矣，又上之而十万百万矣。"归有光《震川先生全集》卷十三《白庵程翁八十寿序》记载："今新安多大族，而其地在山谷之间，无平原旷野可为耕田。故虽士大夫之家，皆以畜贾游于四方。"他们经营的行业涉及食盐业、典当业、饮食业、茶叶业、粮食业、印刷业、制墨业等，可谓无货不居。只要顾客有需求，经营有效益，都有徽商涉足其中，也使我们更加清晰地看到道德实践的显著优势。徽商作为徽商道德的实践主体，惟有"其货无所不居，其地无所不至，其时无所不鹜，其算无所不精，其利无所不专"，才能把道德力量转化为经济效能。徽商道德实践的规模优势，通过徽商以"诚"规范、以"信"固本、以"法"强基、以"义"守护而不断显现。

（三）明清徽州族规家法的影响

道德问题，是一个重要的问题。徽商道德具有显著优势、坚实基础、顽强生命力，为徽商的发展提供了坚实的保障。这种保障显然是由不断提升的徽商道德决定的。而徽商道德的不断提升，受到多种因素的影响，其中明清徽州族规家法不可或缺。

第一，徽州族规家法是徽商道德意识提升的稳定器。徽商道德意识，就是徽商在道德实践中形成的道德观念、道德情感、道德意志和道德信念。徽商道德意识提升，就是坚持发展徽商道德观念、道德情感、道德意志、道德信念，使徽商形成正确的道德认识，使徽商正确地认识道德规则，从而正确地选择商业行为和人生道路。提升徽州人道德意识、丰富徽州人道德情感、培养徽州人道德行为，明清徽州族规家法充分彰显了徽商的道德观念、道德情感、道德意志、道德信念。

明代《安徽地志》指出："徽州多商号，其势然也。"存在于明清徽州的族规家法，为徽商道德观念、道德情感、道德意志、道德信念提升，提供了重要保障。明清徽州族规家法确定了明清徽商的道德体系，规定了徽商的道德规范和行动规则，并通过明列专条，把儒家伦理道德的有关规定，载入族规家法。如崇祯《古林黄氏重修族谱》卷一《祠规》开宗明义，就是"孝顺父母、尊敬长上、和睦乡里、教训子孙、各安生理、毋作非为。"康熙《婺南中云王氏世谱》卷五《祠规》强调"崇孝弟""课诗书""敦勤俭""明伦理"。

明清徽州族规家法旗帜鲜明地坚守儒家伦理道德，而且注重推行商业伦理道德，如"勤俭""诚信""不欺"等德目均载入族规家法。推出的道德教化手段也多种多样，如修家谱、建祠堂、立牌坊等。这些规定是徽州人的行为准则，是徽州人意志、信念的集中体现。在商业活动当中，徽商"以诚待顾客""以质求胜""以诚对待商业伙伴""以信接物"等道德实践，充分展现了徽州族规家法的长效性。徽商按照族规家法确认的商业伦理道德，并在族规家法规定的范围内活动，这就是徽商道德的实践逻辑。徽商不仅踏实崇尚商业伦理，自觉遵守商业伦理，而且坚定捍卫商业伦理。在徽州，士商之间并无清楚的界限。如出身于徽州商人家庭的汪道昆所说："大江以南，新都以文物著。其俗不儒则贾，相代若践更。要之，良贾何负闳儒。"①徽商道德观念、道德意志、道德情感、道德信念等各方面的提升，都离不开徽州族规家法的保证。

第二，明清徽州族规家法是徽商道德品质提升的牵引器。道德品质是一种道德原则规范，同时又是具体的、实在的、综合性的实践性范畴，需要通过成熟、健全、系统的制度来实现。具体到徽商道德品质提升中，就是把族规家法有关规定落实到徽商活动全过程各方面，用族规家法确认的道德规则体系来保证和实现徽商道德品质的提升。

从历史来看，明清徽商坚守的道德规则，是明清徽州族规家法确认的道德规则。这一定性是明清徽州族规家法作用的结果，有其个性的特色。徽商发展的历史表明，尽管明清时期经历过诸多不一样的商业活动，但是其坚守的道德规则始终与明清徽州族规家法确认的道德规则保持一致，在总体上从未发生过变化。而与此同时，明清徽州各族规家法有关规定并非完全相同，而是因家族而有所区别。例如，咸丰《湾里裴氏宗谱》卷一《家规》共十二条，所确立的"早完国课""敬修家政""抚恤孤寡""敦尚农桑""去奢崇俭""毋专已利""勿谈人短"等一直

① 汪道昆：《太函集》卷五五《诰赠奉直大夫户部员外郎程公暨赠宜人闵氏合葬墓志铭》，明万历十九年刊本。

是裴氏族人的道德规范和行为指南。光绪《绩溪县南关许氏惇叙堂宗谱》卷八《旧家规》共十条，涉及的内容包括"明正伦理""敦笃恩义""崇重礼教""严谨训诲""敬老慈幼""奉公守法""遵守家规"等，虽然仅有十条，却把许氏族人的道德规则概括出来。

明清时期，徽州的每一个宗族一般都有族规家法。除了咸丰《湾里裴氏宗谱》卷一《家规》、光绪《绩溪县南关许氏惇叙堂宗谱》卷八《旧家规》，还有嘉靖《绩溪积庆坊葛氏重修族谱》卷三《家规》、万历《古歙谢氏统宗志》卷六《家规》、宣统《华阳邵氏宗谱》卷十七《家规》、道光《龙池王氏宗谱》卷首《家法》、同治《武溪陈氏宗谱》卷一《家法三十三条》等。这些族规家法虽然各项规定因家族而异，但一般都会涉及家族内部关系、族人与外人和社会关系等伦理道德规定。这表明徽州人、徽商遵守的道德规则大同小异。尽管徽州人、徽商遵守的道德规则在不断发展、不断完善，但道德规则的发展、完善没有改变徽州人、徽商道德规则性质，反而巩固和提升了徽州人、徽商的道德品质。

明清徽州族规家法的实施，对徽商道德品质的发展至关重要。其中"凡存心举事，多公直宽恕""治家当至诚无伪""若远客来访，当以诚意延款""道以忠信，析以义利""臣子要尽忠报国""在读书人受恩不可忘""凡有志承先者，先须累德积功""工于艺者，必精致""凡事须要相接以礼"等一系列关乎道德品质养成的规定，进一步彰显了徽州族规家法带来的道德感。

不同于同一时期的其他商帮，徽商追求的道德品质，除了正直、忠诚、守信、好学、敬业、勤奋、节俭、守法，更有开拓进取、任重致远、忍辱负重、百折不挠，等等。最典型的表现是"徽骆驼"品质逐渐形成并转化为实践，有力助推徽商获得空前成功。实践证明，有了"徽骆驼"品质，徽商才会有发展。如清代祁门商人倪尚荣"七岁失怙，家境甚贫。年谷凶荒，不得已，去而学操舟之业。又久之，慨然曰：此岂足以赡身家耶？爰以铢积寸累之资，去而学贾，往来于鄱湖、阊水间，不避艰险，差幸亿则屡中，操奇计赢，境遇渐丰。"[1]正是靠着这种不避艰险、不畏困难、不怕挫折、抢抓机遇、顺势而为、开拓市场的"徽骆

① 光绪《祁门倪氏族谱》卷续《贞一堂季亭公行状》，倪望重等重修，清光绪二年刻本。

驼"品质，倪尚荣终于渐次积累，手握巨资，成为富商巨贾。

徽商成功应对复杂的商业局势和变幻莫测的市场考验之商业密码，就是始终能在商业实践中保持"徽骆驼"品质不变。而这种密码的运用，是以明清徽州族规家法为保证的。众所周知，徽州宗族治理家族的基本方式是制订并实施族规家法，徽州人的思想、意志、情感、信念等统一于族规家法实践。引人注目的是，徽商遵守族规家法有关规定，注重把握以下实践路径。

一是把族规家法确认的道德规则，用心、用情落到实处。明清徽州族规家法"以信义相结，终身不变""待朋友要言而有信，不可口是心非""丈夫要做义夫，不可做鄙夫""臣子要尽忠报国，要做忠臣，不可做奸臣""父亲要做慈父，不要做狠父"①等的提法，诠释了徽商应具有的道德品质，是徽商道德品质的全面表达。类似这些规定是徽商的外在要求，用心、用情信守这些规定是徽商的内在自觉。徽商将外在要求转化为内在自觉，从内心深处认同徽州族规家法有关规定；对徽州族规家法确定的各项道德规则引领商业活动，以高度的思想自觉、道德自觉用力推进。徽商"以忠诚立质，长厚摄心，以礼接人，以义应事，故人乐与之游，而业日隆隆起也。"②

二是把族规家法有关规定融入商业活动之中。徽商坚持按照徽州族规家法有关规定经商，对经商失利采取针对性方法解决问题，不断寻找致富商机，充分利用致富商机；在危机中育新机，扭亏为盈；建立商业信誉，推进族规家法有关规定的持久应用，通过"与人同财不较锱铢""主宾倚重相与有成""惟以至诚待人""虽经营阛阓中而仁义气蔼如""遇善举辄捐赀为之"等做法，赢得商业伙伴、顾客等的广泛信任。

三是把族规家法设定的"发家致富""光耀门楣""振兴家业"等目标要求，做得有声有色。徽商实现族规家法设定的目标，就是力行其在商业活动中融入家庭、家族乃至徽州大局。为此，徽商既注重方略，又注重德行。如明代《见闻记训》记载：休宁商人程琼"寓州北门外，开铺卖饭招宿，畜马骡送行。然其人虽居市井，而轻财重义。"明清徽州

① 光绪《绩溪县南关许氏惇叙堂宗谱》卷八《家训》，许文源等纂修，清光绪十五年木活字本。
② 曹叔明：《新安休宁名族志》，明天启刊本。

族规家法确认的道德规则，无疑是徽商不断走向成功的巨大动能。正因为如此，发挥族规家法的引领和徽商道德示范作用，把族规家法确认的道德规则与徽商的商业活动融为一体，既能规范徽商的道德行为，又能有力地提升徽商的道德品质。

第三，族规家法是徽商道德实践深化的助推器。徽商道德实践是徽商道德的应有之义，其目的在于按照一定的道德规则，通过善恶、荣辱、公私等价值评价，来调节徽州商人之间、徽州商人与其他地区商人和社会之间的利害关系。此外，根据一定的道德规则对徽州商人进行的道德教育、道德修养和对徽州商人行为是非、善恶、荣辱的辨别等，也是徽商道德实践的表现形式。

徽商道德实践属于儒家伦理道德中明确的"道德实践"范畴，但又是一种特别的道德实践，道德实践的主体、依据、实践内容具有不同的家族特征。徽商道德实践中的两个关键角色是徽州家族和徽州商人。徽州家族是徽商道德实践的顶层设计者，为家族发展提供所需要的道德规范，营造一个有利于徽州商人道德实践的环境，创造一个有利于徽州商人道德实践的条件，包括制订道德规范、规范道德行为、改变不道德行为等。比如，徽州家族倡导并支持族人经商有力度，既创造良好的环境，又提供徽州人经商所需要的条件。因此，徽州族规家法中强调"族中子弟，不能读书，又无田可耕，势不得不从事商贾。族众或提携之，或从它亲友处推荐之，令有恒业，可以糊口，勿使游手好闲，致生祸患。"[1]这种作用力将形成更大的带动效应，推动徽商道德实践不断深化。

徽商道德实践的特征有二：一是坚持儒家伦理道德主线一脉相承；二是坚持道德实践程度不断深化。徽商的顽强不屈之精神，百折不挠、锲而不舍之韧劲，历经艰难险阻，创造出"徽商遍天下""无徽不成镇""徽州富甲江南"的奇迹。正如康熙《徽州府志》卷二《风俗》记载："徽之富民尽家于仪、扬、苏、松、淮安、芜湖、杭、湖诸郡，以及江西之南昌，湖广之汉口，远如北京，亦复挈其家属而去。甚且舆其祖、父骸骨葬于他乡，不稍顾惜。"徽商之所以能够成为当时最大商帮，驰

① 雍正《茗洲吴氏家典》卷一《家规八十条》，吴翟等纂修，清雍正十一年刻本。

骋全国商业舞台风光无限,在很大程度上靠的就是顽强不屈的精神和百折不挠、锲而不舍的韧劲。

这里的关键在于徽商道德意识、道德观念、道德信念的培育,具体地说就是在徽商道德实践中突出道德内涵。道德是有生命的,有价值的,道德价值是可以转化的。但在明清时期的徽州,这是建立在"重儒尊儒"的思想基础上,在族规家法的引领下进行的。违反了族规家法规定的伦理道德规范和生活行为规范,都要受到族规家法惩处。徽商必须要遵守族规家法规定的伦理道德规范和生活行为规范,这对徽商提出了新的要求。因此,徽商既坚持商业道德,又注重扩大商业规模,锻造出以"忍辱负重、任重致远、开拓进取、诚信为本、以义取利、以信接物、矢志千里"等为内核的徽商品质。这种品质价值,可归纳为以下两个方面:

一是徽商雄起的法宝。徽商的品质是徽商崛起的一大影响因素。徽商品质是徽商特有的,是其他商帮当时难以企及的优势:首先,被顾客广泛信任。徽商经营成功的原因虽有多种,但被顾客广泛信任是最基本也是最重要的方面。因为顾客的广泛信任,徽商才可四处开拓市场,才能活跃于全国很多地方,"正如英伦三岛上的苏格兰一样,四出经营,足迹遍于全国。"①其次,与顾客广泛合作。一方面,徽商与顾客的合作所涉行业众多,包括盐业、典业、茶业、木业等,以满足不同顾客的需求。另一方面,到徽商店铺购物的顾客众多,分布在全国很多地区,凡是徽商活动的城市、乡村,顾客争往徽商所经营的店铺购物的记载,成为代代相传的佳话。

二是徽商贡献的智慧。徽商品质的形成和发展,在某种程度上是徽商不断走向成功的重要标志。徽商品质源于徽商,属于徽商,是徽商为振兴明清商业、发展明清经济贡献的徽商智慧。徽商品质并不是凭空产生的,也不是对儒家伦理道德的推倒重来,而是在接受儒家伦理道德的基础上,基于徽州人的经商理念与徽州宗族的发展愿望,从品质上推动徽州人商业活动良性循环,使其不断优化,适应明清商业形势变化,获取商业利润、发家致富、改变命运,进而推动明清社会经济繁荣。结果

① 程金淦:《胡适研究资料》,十月文艺出版社1989年版,第412页。

如万历《歙志》卷一○《货殖》记载：徽商"千金之子，比比皆是，上之而巨万矣，又上之而十万、百万矣。"驰骋全国商业舞台，为全国很多地区发展当地经济，提供了新机遇，带来了新气象，也给明清社会商帮发展开辟了新路径。如民国《歙县志》卷一《风土》记载：徽州"田少民稠，商贾居十之七，虽滇、黔、闽、粤、秦、燕、晋、豫，贸迁无不至焉。淮、浙、楚、汉又其迩焉者矣。沿江区域向有'无徽不成镇'之谚"。

第三节　维护徽州社会稳定

唐宋以来，特别是明清时期，徽州社会异常稳定。对此，赵吉士的《寄园寄所寄》中的《泛叶寄·故老杂记》记载："新安有数种风俗胜于他邑：千年之冢，不动一抔；千丁之族，未尝散处；千载之谱系，丝毫不紊；主仆之严，数十世不改，而宵小不敢肆焉。"①休宁《新安月潭朱氏族谱》中的《月潭朱氏族谱序》则这样介绍徽州社会稳定之缘由："新安里各姓别，姓各有祠，祠各有谱牒，阅岁千百，厘然不紊。用能慈孝敦睦，守庐墓，长子孙，昭穆相次，贫富相保，贤不肖相扶持，循循然，彬彬然，序别而情挚。试稽其朔，固由考亭先生定礼仪，详品节，渐渍而成俗。"②前者强调的是徽州社会的稳定，后者强调的则是徽州族规家法的成果。由以上两点可以看出，明清徽州族规家法很好地满足了维系徽州社会稳定的需要。

一、满足明清徽州社会统一思想行动的需要

对于统一的思想行动，通常的理解是思想统一、行动一致、思想与行动合拍。在明清徽州族规家法中，这一社会关切，以更加具体的形式

---

① 赵吉士：《寄园寄所寄》卷十一《泛叶寄·故老杂记》，清刊本。

② 民国《新安月潭朱氏族谱》卷首《月潭朱氏族谱序》，朱承铎纂修，民国二十年木活字本。

被强调为家人、族人的核心意识、规矩意识。

（一）确定了家长、族长的核心地位

通过对明清徽州族规家法的简单梳理就会发现，明清时期的徽州族规家法大都提出并反复强调"家长为一家之主宰，家众之视，效当反身威如，正位乎内外。庄以持已，恕以及物，普一体之公，通上下之情。"①明清时期的徽州社会是一个典型的宗族社会，家长、族长核心地位的获得与延续，除了"封建社会赋予"与"宗族制度的强化"，还需要由反映家庭、家族共同体意志的族规家法予以确认，纳入族规家法的框架内。因此，明清徽州族规家法进一步确认了家长、族长的核心地位。对此，乾隆《重修古歙东门许氏宗谱》中的《许氏家规》予以详解称："族长统率一族，恩义相维，无不可通之情。凡我族人，知所敬信，庶令推行而莫之敢犯也。其有抗违故犯者，执而笞之。"②明清徽州族规家法直接赋予家长、族长至高无上的权威，以强化家长、族长核心地位的合规性、合理性基础。明清徽州族规家法凡有提到家长、族长的，无一例外地确认家长、族长核心地位。如万历《古歙谢氏统宗志》卷六《家规》规定："家之中，大小事务，悉主于家长。为家长者，所系甚重。"也如民国《黟县环山余氏宗谱》卷一《家规》规定："凡行家规事宜，家长主之，家佐辅之，监视裁决之，掌事奉行之，其余家众毋得各执己见，拗众纷更者倍罚。"确立家长、族长的核心地位，一方面要求家人、族人听从家长、族长的指挥，服从家长、族长的安排，团结在家长、族长周围；另一方面也要求家长、族长率先垂范，先正己，再正家，诚如嘉庆《祁门中井河东冯氏宗谱》卷一《家规》所云："为家长，必正己以正家，故须谨守礼法，以御群子弟。凡非礼法之事，一毫不得杂于其心，则己正而家正，子弟必有从化者，而家世之传可期以不替也。"从而营造出和谐、稳定的家庭、家族。

---

① 宣统《富溪程氏中书房祖训家规封丘渊源考·申训条规》，编者不详，清宣统三年钞本。
② 乾隆《重修古歙东门许氏宗谱》卷八《家规》，许登瀛纂修，清乾隆十年刻本。

（二）规定了家人、族人必须在族规家法的范围内活动

纵览明清徽州的族规家法，不仅规定了家人、族人的活动范围，还对家人、族人的各项活动提出了具体要求与奖罚措施。所有家人、族人都须在族规家法的范围内活动，保证徽州家庭、家族治理有序、持久发展。家人、族人必须遵守族规家法各项规定，如光绪《绩溪县南关许氏惇叙堂宗谱》卷八《旧家规》记载："且家规训戒，此盖切于民生日用之常，将以示吾族人世守而行之者也。苟不体悉遵守，宁不托之空言乎？凡我同族之人，于前数条各宜熟玩详审，以相劝勉，互相告戒，同归于为善，以挽回太古之淳风，陶成仁厚之善俗。"①家人、族人绝不能违反族规家法各项规定，如有违反，将按照情节轻重予以处罚。对此，民国《黟县环山余氏宗谱》卷一《家规》作出解释："采辑诸家成法，惟撮庸行之，常人皆可知可行，分例载之。其他所犯，或有条所未悉、律所当罪者，自可比类议罚，难以详悉。家规之设，专主于教，宜无事于法，然不能不借法以行教。有豪强违抗者，众共攻之，必致之法，虽因而致死，众共闻官，明白其事，毋使反噬。"家人、族人都在族规家法范围内活动，所体现的是家庭家族和谐、健康发展，是家人族人成长要素的培育，是家庭家族的治理规划，是家风民风的进一步改善。因此，明清徽州各家族大多出台了族规家法，以指引和保障家人、族人在族规家法范围内活动。更为重要的是，明清徽州家人、族人遵守族规家法各项规定，并不是在于其强制性，而更多的是出于对族规家法合理性、正当性的认同，以族规家法为行为指南，有助于维护、彰显家庭、家族利益，进而创设家人、族人遵守族规家法的大、小环境。明清时期徽州族规家法对家人、族人活动范围的规定，明确家人、族人在族规家法范围内活动，是这一时期徽州家庭、家族保持长期稳定的重要因素。

（三）规范了家人、族人的日常行为

在明清时期的徽州，族规家法的执行，深入家族中各家庭，为父、

第六章　明清徽州族规家法的社会功用

---

① 光绪《绩溪县南关许氏惇叙堂宗谱》卷八《旧家规》，许文源等纂修,清光绪十五年木活字本。

为子、为兄弟、为妇各有自己的行为规范。如光绪《绩溪东关冯氏家谱》记载称："为子者，必孝以奉亲；为父者，必慈以教子；为兄弟者，必友爱以尽手足之情；为夫妇者，必敬让以尽友宾之礼。"①这一规定在隆庆歙县泽富王氏宗族《宗规》中也有同样记叙。在明清徽州族规家法中还有"为农、为工、为商，各守一业""士农工商，各有恒业""言论称谓，各从其职""凡产业，各宜遵守"等规定。如崇祯《休宁叶氏族谱》卷九《保世》记载："为农、为工、为商，各守一业，都要教他存好心、做好人、明伦理、顾廉耻、习勤俭、守法度，方成个教训。"不仅如此，明清徽州族规家法还规定了很多家人、族人要共同遵守的事项，如"诸处墓冢，年远平塌、浅露者，当奉洁土以培之。无碑石者，当即刻勒以铭之。被人侵占者，当清理以复之，切勿置之度外。"②明清徽州族规家法以成文形式确立的这些适用于家人、族人的行为规范，对尊祠宇、守坟墓、修家政、积阴德、息争讼、教诗礼、务本业、敦孝悌、务勤俭、厚风俗、育人才等作出根本性规定，为家人、族人展开此类活动提供了根本遵循，并因而形成特有的作用力，促使家人、族人用族规家法规范自己的行为，从而保证了徽州家庭、家族家风流传、长盛不衰。

二、满足明清徽州社会调适人际关系的需要

综合明清徽州族规家法的适用范围，借鉴已有的研究成果，我们可以从调适家庭关系、调适族众关系、调适乡里关系三个维度来理解明清徽州族规家法调适徽州人际关系的价值所在。

（一）调适家庭关系

明清徽州家庭关系，在族规家法中，主要体现为夫妻关系、父子关系和兄弟关系。如果结合明清徽州家庭关系发展情况进一步分析，可以看出，这几种关系在徽州社会通过族规家法的调适，均得到有效改善。

---

① 光绪《绩溪东关冯氏家谱》卷末下《存旧》，冯景坡等纂修，清光绪二十九年本活字本。
② 同治《华阳舒氏统宗谱》卷一《宗规十则》，舒安仁等纂修，清同治九年本活字本。

首先，用于调适夫妻关系。夫与妻的相互关系及其社会守望的典型表现，就是对夫妻之道的诠释。"有天地然后有万物，有万物然后有男女，有男女然后有夫妇，有夫妇然后有父子"。《周易·序卦》从一开始便奠定了夫妻之道的基调，明清徽州族规家法对夫妻之道的诠释即是这一基调的展开，强调"自夫妇而有父子、兄弟，至于九族，皆本三亲，人伦为重，不可不论。"①从而形成了"夫妻好合""夫妇一体""人伦之始""万化之源""夫义妇顺""家室宜分内外，男女宜别""婚姻者，人道之始终""有夫妇，然后有父子""婚姻，人伦之大者"的夫妻之道。

但这并不等于说，明清徽州族规家法对夫妻之道的诠释没有独特之处。如果说儒家先贤的诠释以夫妇之道的世俗化和合理性为特征，那么明清徽州族规家法的诠释基础便是徽州社会人伦建构的具体化。明清徽州族规家法指出的夫妻之道，不仅使夫妻之道存在于世俗生活中，而且使夫妻之道通俗易懂，并且目标可预期、人人能践行。

与之相适应的另一情况是：在处理夫妻关系时，明清徽州族规家法作出的规定，总是以践行夫妻之道、维护夫妻关系、保持家庭稳定为要旨。明清徽州族规家法提出的婚娶大典"不得怠忽失礼"、嫁女"不可计家之有无"、妇人"夜行以烛，无烛则止"、子弟有妻子者"不得更置侧室"、妻子若淫狎"即宜屏放"、男人"无故不处私室"等这些用以处理夫妻关系的措施，其目标就是促使夫妻婚姻稳定、家庭和睦、家风纯正。

其次，用于调适父子关系。父子关系，自古以来，就是一个难解的方程式，常常矛盾百出，还没有答案，乃是关涉到家庭稳定、家族稳定、社会稳定的重大问题。故此，明清徽州族规家法特别重视调适父子关系，尽管没有从根本上解开父子关系这个方程式，但不可否认的是，其提出的理念、思路、方法，为我国家庭、家族处理父子关系提供了有益的参考和借鉴。比如，明清徽州族规家法中不乏关于"父慈子孝"的记载，如光绪《绩溪东关冯氏家谱》中记载："为子者，必孝以奉亲；

为父者，必慈以教子。"①这就是说，在伦理层面下，父对子就应当慈爱，子对父就应当孝顺。

从同一时期不同地区族规家法看，几乎都有"父慈子孝"的记载。在这些记载中，确有很多相同的理解和表述，但明清徽州族规家法的记载中包含了特定的措施。如父之于子"当教之义，方杜其讼本，使不致殒厥家问"，子之于父"当笃吾孝弟，修吾言行，不致亏体辱亲"②，人子欲孝父母"先从养父母始"③，父母"天地心，大小无厚薄"④等，都是针对父子关系处理中存在的问题提出的具有徽州特点的解决措施。这些措施既可强化对父慈子孝的父子关系的保护，又可回应徽州社会中父子关系存在的问题。

再次，用于调适兄弟关系。兄弟关系与家庭、家族、社会稳定的关系密切。在兄弟关系维系的过程中，族规家法曾经长期作为调适兄弟关系的主要措施，族规家法的重要作用也保证了兄弟关系不断健康发展。明清徽州族规家法的制订与实施，就为我们处理兄弟关系提供了颇多的素材和经验。这些素材和经验，归纳起来，主要有以下三个方面：

一是明确兄弟的边界。兄弟关系以兄弟为基础，几乎所有的兄弟关系问题，都围绕兄弟展开，有关规定的提出需要充分考虑兄弟的边界。明清徽州族规家法不仅注意到这个问题的重要性，而且对兄弟的范围作了划定，明确"同为父母所生者，谓之兄弟。兄弟如手足也，手无足不能行，足无手不能运"⑤"五伦第四是兄弟，宗族即是兄弟"⑥。

二是强化兄弟意识。"兄弟均是父母一体，须要心常相照，情常相联。"⑦明清徽州族规家法倡导"兄弟一体"的关系。与"兄弟一体"意义相近的，在明清徽州族规家法中，还有"兄弟如手足""父母一体所分""同气之亲"等表述。明清徽州族规家法还理顺了"兄弟一体"与

---

① 光绪《绩溪东关冯氏家谱》卷末下《存旧》，冯景坡等纂修，清光绪二十九年本活字本。
② 康熙《周氏重修族谱正宗》卷一《宗训》，周思老等纂修，清康熙五十五年刻本。
③ 民国《吴越钱氏七修流光宗谱》卷一《家训》，钱文德等纂修，民国三年木活字本。
④ 宣统《华阳邵氏宗谱》卷十七《五伦训箴》，邵玉林等纂修，清宣统二年木活字本。
⑤ 宣统《古歙义成朱氏宗谱》卷首《祖训十二则》，汪菊如等纂修，清宣统二年木活字本。
⑥ 光绪《绩溪县南关许氏惇叙堂宗谱》卷八《家训》，许文源等纂修，清光绪十五年木活字本。
⑦ 宣统《富溪程氏中书房祖训家规封丘渊源考·程氏规训叙》，编者不详，清宣统三年钞本。

"一家和睦""一族和睦"的关系，如宣统《仙石周氏宗谱》卷二《石川周氏祖训》就强调："一族便是一大家兄弟，一家和睦一家好，一族和睦一族好。"①这充分显示出深厚的兄弟意识和充满正能量的兄弟感情。

三是正视兄弟问题。明清徽州族规家法中讲的"兄弟问题"有多种情况，有"分门割户，患若仇贼""居虽同室，迹如路人""忧戚父母，崩散门户""不相往来，不同音问""生虽同胞，情埒吴越""兴讼不休，世为寇仇"等诸多问题。出于应对问题的需要，明清徽州族规家法中提出了很多措施，这些措施不仅限于兄弟问题的提出，而且将兄弟问题暴露在兄弟、家人、族人面前，从而让兄弟自重、自醒、自警；不仅重视兄弟的问题，还重视家庭、家族的问题，强调家庭、家族是解决兄弟问题的重要力量。

（二）调适族众关系

徽州各姓，聚族而居。正因为如此，徽州家庭、家族高度重视族众关系，以睦族为切入点和落脚点，制订并实施的族规家法更具有针对性和有效性。与之相关，明清时期，徽州族规家法大量出现，其中内含"睦族"条的族规家法比比皆是，如歙县《古歙义成朱氏宗谱》卷首《祠规》、黟县《湾里裴氏宗谱》卷一《祠规》、婺源《星源银川郑氏宗谱》卷末《敦本堂祠规》、歙县《歙西金山宋村宋氏族谱》卷末《附纪·祠规》、休宁《古林黄氏重修族谱》卷一《祠规》、歙县《泽富王氏宗谱》卷八《宗规》、祁门《文堂乡约家法》、黟县《鹤山李氏宗谱》卷末《家典》、绩溪《鱼川耿氏宗谱》卷五《家族规则》等。

明清徽州族规家法诠释了睦族的意义，并为徽州家庭、家族转化为实践。其涉及的内容有"喜相庆""戚相吊""恩必洽""情必通""岁时问遣""伏腊宴会""排难解纷""周急爱护"②等，它们是徽州家人、族人世代传承并长期遵守的道德行为规范，在徽州家庭、家族中通过教化和训诫来实现，形成了明清徽州家庭、家族维持、改善族众关系的特定模式。在此模式下，教化尽管是家族安排的，但训诫仍会同家庭进行，如民国《黟县环山余氏宗谱》卷一《家规》规定："家族人多事繁，争辩多所不免，但不可辄与词讼，烦扰官府。……倘有肆梗怙终、悍黠健讼、背规忘祖之徒，家众详具是非，揭帖呈官，官必赐允，决不长奸纵恶也。"当然，训诫只是手段，并不是目的，旨在通过训诫尽可能地改善族众关系。

与其他地区的族规家法不尽相同，明清徽州族规家法事关睦族在教化与训诫之间，侧重的不是训诫，而是教化，教化与训诫合一，教化优先，是族规家法实践的徽州传统。明清徽州族规家法关于睦族的规定及实施，为改善族人之间的关系、维护族人之间的团结、推动族人之间的合作，起到了不可替代的作用。

（三）调适乡里关系

所谓乡里关系，就是一种家庭、家族之外居民之间的社会关系。乡里关系是社会关系中的一种重要关系，社会关系是否稳定与乡里关系好坏关系极大。从古至今，我国各地都特别重视加强和改进乡里关系，明清时期的徽州就是这方面的典型。

明清时期徽州社会高度重视乡里关系建设，其中十分重要的一条，就是坚持用族规家法调适乡里关系。如婺源江湾萧江氏宗族《祠规》、休宁林塘范氏宗族《林塘宗规》、祁门《文堂乡约家法》、休宁富溪《程氏规训叙》、歙县新州叶氏宗族《修省斋公家规二十条》等这些经典的明清徽州族规家法中都对徽州乡里关系作了梳理，对乡里关系之道作了概述，确定了乡里关系规则，为徽州人处理乡里关系提供了基本遵循。明清徽州族规家法为徽州人维护、改善乡里关系提供了制度保障，在它们制订之后的徽州乡里关系建设实践，可以看成是对明清徽州族规家法的应用和佐证。

关于乡里关系建设，存世明清徽州族规家法的记载无不以"睦邻"为中心，内有"乡里关系"之条目的族规家法更是如此，如休宁富溪《程氏规训叙》设有"和睦乡里"条、歙县义成《朱氏祖训》设有"和睦邻族"条等。重要的是，"睦邻"在明清徽州族规家法中有明确的标准，既是"交好乡里，不与争斗""交相敬让，无所争差""彼此和睦，不与计较"，也是"喜庆必相贺""急难必相救""疾病必相扶持""婚丧必相资助""有无必相那借"①。明清徽州族规家法对于其间的区别与联系几乎不重复、交叉，将它们归纳在一起通过族规家法形式规定下来，一方面凸显了乡里关系建设的重点和难点，另一方面使相关规定的执行更加简便易行，引导徽州人对于族规家法中"睦邻"规定的认识，规范徽州人在睦邻方面的行为。

此外，明清徽州族规家法还以统一要求、明确方法、严格程序来强化睦族规定的执行，如民国《黟县环山余氏宗谱》卷一《家规》就明确规定："邻里乡党，贵尚和睦，不可恃挟尚气，以启衅端。如或事尚辩疑，务宜揆之以理。曲果在已，即使谢过。如果彼曲，亦当以理谕之。彼或强肆不服，事在得已，亦当容忍。其不得已，听判于官。毋得辄逞血气，怒詈斗殴，以伤和气。违者，议罚。"明清徽州其他族规家法在睦邻方面的规定，也是如此。总之，明清时期徽州人遵守有关睦邻的各项规定，不是凭空得来，而是都有族规家法的依据。这样一来，不仅落实了族规家法关于睦邻的要求，而且保证了明清徽州乡里关系的总体稳定、和谐。

三、满足明清徽州社会化解矛盾纠纷的需要

明清徽州族规家法对徽州社会矛盾问题的持续关注，有效避免和减少了矛盾纠纷，为我们了解明清徽州族规家法化解矛盾纠纷的功能提供了可能。关于此问题的研究，笔者有四个方面的发现。

（一）有助于化解徽州人在利益问题上的矛盾

人与人之间的利益存在矛盾，它是一种社会存在。但由利益而产生的人与人之间的矛盾，同一时代不同地区，或同一地区不同时代各有特点。明清时期，徽州族规家法所应对的徽州人在利益问题上的矛盾，和同一时期其他地区一样，有特定的案例与措施。

---

① 宣统《富溪程氏中书房祖训家规封丘渊源考》，编者不详，清宣统三年钞本。

通过整理明清徽州族规家法，我们发现，明清徽州族规家法所提到的徽州人在利益问题上的矛盾，涉及很多方面，不仅仅限于争人田地、谋人产业、盗卖众产、据家产为己业、窃取族内外物件，还包括盗卖宗谱及祖坟、盗砍盗卖山场林木、变卖祭祀田租、妄使诸庄钱谷、过期不纳钱粮、骗财卖放、克人之财以自富、商贾货值以假乱真等情况。

对于人与人之间的利益矛盾，不能不涉及解决措施，明清徽州族规家法中关于不同的利益矛盾都有相应的应对措施。如康熙《横冈胡氏支谱》卷下《家规·壮卿公老家规》中有"祠内众银收贮，……如有剋剥侵渔，查出，见一罚十。""祠内祭祀器皿，……如有私行窃用，股首竟不稽查者，一体并罚。""祠内祭田及各处山场庄业，……违者，立令赎回，仍削其谱名，永不许入祠"等规定。由于各种利益矛盾都有应对措施，因此，明清时期徽州人对应对措施的把握，就能全面、深入、精准，反过来，又使明清徽州族规家法有关规定不断丰富、完善。以至于如何区分人与人之间不同利益矛盾，如何应对不同的利益矛盾，明清时期，徽州人都能找到一个可操作的解决办法。

（二）有助于化解徽州人在职业问题上的矛盾

封建社会，人们在选择士、农、工、商这几个职业时，也面临着怎么办的困窘。明清徽州族规家法通过对士、农、工、商的整体考虑，所提出的应对办法，有效化解了徽州人在职业选择问题上的矛盾。

第一，将士、农、工、商联系起来做整体分析，得出徽州人能够理解、容易做到的结论。例如，绩溪《涧洲许氏宗谱》卷一《涧洲许氏祖训》的记载，揭示了士、农、工、商的联系性、重要性，使族人信服并遵照执行。

第二，在充分考虑士、农、工、商相互间的区别与联系的同时，为不同人群的职业选择做了有区别的目标定位。例如，歙县《重修古歙东门许氏宗谱》卷八《家规》基于士、农、工、商相互间的关系，对家人、族人的职业选择提出差异性目标，强调"各治生业"的必要性。

第三，士、农、工、商几类职业的选取和利用并不是非彼即此、无规律可循，而是在强调职业追求可视、职业分工有序的同时，对士、农、工、商的做出非并列、有先后的安排。例如，歙县《吴越钱氏七修流光宗谱》卷一《家训》将士、农、工、商相联系，按设定的先后次序，提出家人、族人选择和利用这几类职业的可操作性办法。

第四，正视徽州人在职业选择、利用上的问题，除了理顺士、农、工、商之间的逻辑关系，还注重职业选取、利用的训诫。例如，休宁《富溪程氏中书房祖训家规》有"重本业"条，明确："稍有才智者，士业不可后也。不得已而服贾，当以先贤为心，义利为介，敏于力作，斗智争时，随分为经，毋诈伪以损人，毋荡散以倾赀，毋奸险苟得以坏心术。亮之，勉之。"[①]

第五，重视应对"创业难，守业更难"的普遍性问题。在明清徽州族规家法中，载有很多的"务正业""安生业""守正业""严术业""勤生业"等条目，其中"以勤而兴""以怠而废""自强不息""孜孜为善""必求其事之成、艺之精"等职业行为规范，也一直为明清徽州族规家法所重视。徽州人对职业行为关键问题的认知契合于明清社会职业发展之趋势，将职业选择、利用与职业道德行为规范有机地结合起来。

以上是明清时期徽州人化解职业选择矛盾时的应对办法，这一过程尽管看似简单，实则相当复杂，但根据明清徽州族规家法的相关记载，看似复杂的问题，在徽州人那里又变得简单易行。徽州人将士、农、工、商等职业置于特定的位置，在更好地选择、利用的同时，也避免了可能带来的一些职业矛盾。

（三）有助于化解徽州人在言行问题上的矛盾

有关人们的言行问题，长期以来一直是学界研究的热点。既有研究成果大多强调，必须更加注重及早发现和预防人们的问题言行，及时对其实施干预，以预防和减少问题言行导致的矛盾与冲突。但是，对于如何预防和减少人们的问题行为，却始终无法形成相对一致的看法。问题言行的预防和控制，既是理论问题，也是现实问题，因为长期以来人们的言行始终存在这样或那样的与道德、法律、纪律、规则等的矛盾和冲突，至今仍然没有找到彻底的、可被大多数人接受的化解办法。

---

① 宣统《富溪程氏中书房祖训家规封丘渊源考》，编者不详，清宣统三年钞本。

这里不得不说，明清徽州族规家法中相当多的、切实可行的应对问题言行的办法和措施，足资我们汲取。明清徽州族规家法不仅种类多，而且数量大，有很多分散在民间，我们整理后收藏的是其中一部分，但仍然可观。它保留了明清时期徽州人面对言行问题的挑战所取得的认识、形成的经验，也记载了明清徽州社会暴露的各种问题言行及其应对措施，展现了徽州人化解问题言行的生动实践。归纳起来，可供我们借鉴和参考的内容，主要有五点：

其一，明清徽州族规家法是明清时期徽州人预防和控制问题言行的主要依据。明清时期，徽州人的言行问题及其应对办法在族规家法中都有呈现。值得注意的是，在明清时期的徽州，几乎所有的大家庭、家族都有家人、族人所遵从的族规家法作为处理问题言行的依据。其实，同一时期，其他地区的大家庭、家族如有族规家法可依也无不如此。如果没有依据，那就只能无根据地推断、判断、决断问题行为。

其二，明清徽州族规家法关于言行问题有丰富的内涵，在不同的族规家法中，都有特定的解释，这对家人、族人全面理解、认同族规家法有关规定是有极大好处的。如此，明清徽州族规家法易于被徽州人理解并达成共识，进而使族规家法相关规定扎根于徽州家庭、家族。

其三，明清徽州族规家法关于言行问题的说法，在同一时期其他地区的族规家法中也有反映，但由于徽州社会是典型的宗族社会，因而明清徽州族规家法在言行问题方面仍然表现出本地区的特点，即将问题言行化解贯穿于治家、治族始终，以家人、族人健康成长，家庭、家族兴旺发达为长远目标。这从明清徽州族规家法关于言行的记载中就可以看出，如"治家当至诚无伪，至公无私，一言不可妄发，一事不可妄为"①"家之盛衰，系乎积善与积恶而已。……是故能爱子孙者，遗之以善；不爱子孙者，遗之以恶"②等。这些记载看似宽泛，却表达了徽州人对建设与发展家庭、家族的强烈愿望，使明清徽州族规家法有关规定更容易为徽州人所采纳。

① 雍正《歙县潭渡孝里黄氏族谱》卷四《家训》，黄臣槐等校补，清雍正九年校补刻本。
② 光绪《绩溪东关冯氏家谱》卷末下《存旧》，冯景坡等纂修，清光绪二十九年本活字本。

其四，明清徽州族规家法重视问题行为的划分及其应对措施的制订，将问题行为的预防、控制，建立在具体的措施之上。在明清徽州族规家法中，虽然不同的族规家法对行为分类不尽相同，但大致可以归为以下七种：赌博、匪僻、词讼、游惰、嫖娼、溺女、奢侈。因此针对这些问题所采取的措施主要有戒赌博、严匪僻、息词讼、儆游惰、禁嫖娼、禁溺女、去奢侈七种。如黟县《横冈胡氏支谱》卷下《家规·壮卿公老家规》载有"儆游惰""严匪僻""息词讼"条，绩溪《华阳邵氏宗谱》卷十七《家规》载有"戒溺""谨讼""别嫌"条，绩溪《鱼川耿氏宗谱》卷五《家族规则》载有"禁嫖""禁赌""禁溺女""戒刻"条，便是最好的证明。诸如此类记载说明，明清徽州族规家法中，针对不同问题行为，均有应对办法。

其五，明清徽州族规家法对问题言行的防范与控制一以贯之，以确保明清时期徽州人的言行正当合规。在明清时期徽州人言行问题的防范与控制中，有关限制性的规定，如"殴打有服尊长者，逐革""在族内奸淫、乱伦明确者，男女并出""在族外行窃者，逐革""素性凶暴、殴斗伤人者，逐革""行止诡异、交结邪匪者，逐革"[1]等，被广泛应用，是明清徽州族规家法强力推行的关键措施，使言行问题防范与控制成为徽州人的一种能力。

（四）有助于化解徽州人在婚姻问题上的矛盾

对于明清徽州婚姻状况，笔者注意到，明清徽州家庭、家族异常稳定，徽州婚姻也相对稳定，虽有劳役婚、入赘婚、买卖婚、契约婚等非常态的婚姻形式[2]，甚至还有重婚、婚外情、纳妾等现象，但婚姻整体是稳定的。明清时期，徽州盛行门第之风、贞节之风，也从另一侧面折射出明清徽州婚姻异常稳定。笔者还注意到另一个重要现象，就是明清徽州族规家法中关于婚姻方面的训诫，在传承社会婚姻传统方面，结合徽州的实际需要又有了发展，成为徽州人婚姻行为的准则。另外，这些训诫，在徽州相沿，遂成定制。由此，我们可以得出这样一个结论，即

---

① 光绪《梁安高氏宗谱》卷十一《家法》，高富浩纂修，清光绪三年刻本。

② 胡中生：《明清徽州下层社会的非常态婚姻及其特点》，《安徽史学》2001年第3期。

明清徽州婚姻长期稳定与明清徽州族规家法的持久发力有一定相关性。

明清时期，几乎所有的族规家法都将婚姻作为重要问题。例如，绩溪《曹氏家谱》卷一《家训·旺川家训后十则》对婚姻问题提出了明确看法，并揭示婚姻与家庭、家族的关系。休宁《茗洲吴氏家典》卷一《家规八十条》则将徽州人所持婚姻观，引申到《文公家礼》的遵从中。不论初衷是否相同，明清徽州族规家法都重视加强对婚姻的引领与干预。歙县《重修古歙东门许氏宗谱》卷八《家规》指出了现实中存在的问题婚姻，并据此得出结论，问题婚姻必须避免，在于正婚姻、慎嫁娶。徽州人对问题婚姻的应对与控制，也因此有了明确说明的族规家法。婺源《萧江全谱》之《附录》卷五《贞教第七》则试图通过对婚姻的管制，明确徽州婚姻治理之道，回答了徽州人如何干预问题婚姻这个问题。

概而言之，明清徽州族规家法带来的成效，在婚姻方面，表现在徽州婚姻状况所发生的持续性改善中，突出表现在以下三点：一是统一认识。婚姻乃"人道之本""人伦之大""人道之始""合二姓之好"，明清徽州婚姻稳定，婚姻矛盾、纠纷相对较少，在这一角度上，正得益于徽州人对此婚姻观的高度认同。二是统一责任。"男婚女嫁""交结姻戚""传宗接代""择妇择婿""男女议婚"等是徽州家庭、家族的基础和起点，需要徽州人共同面对。徽州婚姻文明对于明清时期徽州人的婚姻责任加以强调，所有人对待婚姻都应"男大当婚""女大当嫁""娶妻求淑女""嫁女择佳婿""当取其相当""当择其良善""门户相当""辈行相配""如有不当，各相禁止"。这是一种责任意识，也是徽州婚姻状况之所以长期稳定、不断改善的根基。三是统一目标。明清徽州族规家法明确了婚姻目标，如民国祁门《河间凌氏宗谱》卷一《家训条款》记载："婚姻者，上以承宗祀，下以继后嗣，礼莫大焉。"这也折射出明清时期徽州婚姻是由中国婚姻传统发展而来，无论从哪个方面说都是为了家庭、家族。

第四节　促进徽州教育发展

徽州教育兴起于唐宋，兴盛于明清。明清时期，徽州教育极为兴盛，书院、社学、私塾、义学、学馆遍布城乡，道光《休宁县志》卷一《风俗》记载称："自井邑田野，以至远山深谷，居民之处，莫不有学、有师、有书史之藏。"[①]

徽州教育兴盛于明清，并不是偶然出现的，而是继承和发展了唐宋时期徽州的教育传统，包括建设府（州）学、县学，发展书院，兴办塾学等。明清徽州教育的兴盛，其实是这个时期官办、私办教育机构不断发展、演变的结果。而明清徽州教育之所以能够兴盛，还有一个重要的影响因素，即明清徽州族规家法的保证。也就是说，徽州教育之所以于明清兴盛，还和那个时期徽州族规家法的保证有关。那么，明清徽州族规家法对于徽州教育的兴盛起到了什么样的作用呢？本部分将探讨这个问题。

一、赋予教育特定的地位

民国祁门《河间凌氏宗谱》卷一《家训条款》记载："家之兴替，在义理之有无。义理之有无，在子孙之教与不教耳！"民国绩溪《鱼川耿氏宗谱》卷五《家族规则》记载："教育不责在师长，而子弟失学，责在父兄。"虽然在明清徽州族规家法中，没有明确提出"教育优先"的概念，但其相关规定均坚持了教育旨归的价值导向。在明清徽州族规家法的内在理路中，始终坚持长宜子孙的观点，坚持以造就优秀的子孙作为其实践前提，并在用心教育子孙的境遇中确立后辈贤达、家门昌盛的教育地位。

---

① 道光《休宁县志》卷一《风俗》，清道光三年刊本。

明清徽州族规家法在教育方面坚持教育旨归，首先强调了教育是家庭、家族头等大事，指出家庭、家族持续发展的根本在于教育，如光绪《绩溪东关冯氏家谱》卷首《祖训》记载称："子孙才，族将大。族中果有可期造就之子弟，其父兄即课之读书。倘彼家甚贫，须加意妥筹培植，昔郑左丞设里塾以教族中子弟，极为良法。一族之中，文教大兴，便是兴旺气象。"在徽州家庭、家族发展的过程中，尽管徽州经济、政治、文化等因素对徽州家庭、家族发展有巨大的推动作用，但发展徽州家庭、家族的根基归根到底还是由教育奠定的。徽州教育在徽州家庭、家族发展的进程中起到了基础性、保障性的作用。民国《重印新安大阜吕氏宗谱》卷五《松萝家规》落实此作用的措施有其独到之处："训已毕，犹恐人之不能戒勉，仍置彰善、瘅恶二部，有一善必记之，以感发人之善心；有一过必记之，以惩创人之逸志。由此相率劝勉，则一家皆善士，而为礼义之门、世德之族矣。"

教育地位的确立，加深了对于教育的进一步认同。在明清徽州族规家法中，教育不再被视为可有可无，对于教育的"多元化"理解，兼顾家庭教育、学校教育、职业教育，是明清徽州族规家法保障教育的重要特征。诸如休宁《古林黄氏重修族谱》卷一《祠规》、祁门《韩楚二溪汪氏家乘》卷二《文献宗训》、婺源《龙池王氏宗谱》卷首《家法》、祁门《文堂乡约家法》、黟县《鹤山李氏宗谱》卷末《家典》、休宁《茗洲吴氏家记》卷七《家典记》、绩溪《鱼川耿氏宗谱》卷五《家族规则》等，都把教育视为家人、族人自立与自保的基础性工程。

梳理明清徽州族规家法的有关规定，不难发现，在明清时期的徽州，不仅家庭教育、学校教育受到关注，而且职业教育也受到重视。深入其中的认同，仅仅从绩溪《鱼川耿氏宗谱》卷五《家族规则》有关规定就能看出。该家规强调："才美者培成之。力绌者资助之。无才力者则于义务教育毕业后，即令进以职业教育。于农工商各就一业，务使一族之人俱有道德，独立能力而后已。"①在强烈认同的思想范式下，明清徽州的教育实践也取得了重大成就，尤其在蒙学教育、官学教育、书院教育方面成就巨大。

---

① 民国《鱼川耿氏宗谱》卷五《家族规则》，耿全等纂修，民国八年木活字本。

（一）明清徽州蒙学教育的发达

关于明清徽州蒙学教育发达的程度，李琳琦在《徽州教育》一书中指出："明中叶以后，随着社学的衰落，徽州民间自主兴办的家塾、族塾、义学、义塾等蒙学教育机构蓬勃发展。塾师从业人员的大为增加，以及具有区域特色的塾讲制度的创立是明清徽州蒙学教育发达的重要标志。"①到了明中叶，徽州蒙学教育已经开始迅速发展，之后是徽州蒙学教育兴盛时期，也是塾师群体形成、塾讲制度创建的时期。

据《歙县志》（中华书局，1995）记载，民国二十三年，歙县共有885个村庄，有569所塾学；《休宁县志》（安徽教育出版社，1990）记载，民国十八年，休宁县共有400个村庄，有306所塾学；《祁门县志》（安徽人民出版社，1990）记载，民国二十年，祁门县共有246个村庄，有200所塾学；《黟县志》（光明日报出版社，1989）记载，民国十七年，黟县共有306个村庄，有143所塾学。这些记载都有重要的史料价值，可以作为旁证，说明徽州方志中所记载的"村必有学，家必有塾"确非夸饰之词。

明清徽州蒙学教育发达，也与蒙学教育入学率保持长期稳定、蒙学读物十分丰富分不开。一方面，明清时期，徽州人对蒙学教育观念与同一时期其他地区不尽相同，他们深谙蒙学教育之道，有宗族支持、资助，都会送子孙上学。蒙学教育在明清时期的徽州，出现了"比户习弦歌""户诵家弦"等盛况，就在意料之内、情理之中。另一方面，以儒家伦理道德、日常行为规范、基本知识技能等为教育内容的蒙学读物大量出现。明清徽州蒙学读物不仅数量大，而且种类多，大致可分为综合类蒙学读物、名物知识类蒙学读物、历史典故类蒙学读物、伦理道德类蒙学读物、诗选类蒙学读物和经学类蒙学读物。这些蒙学读物的出现与明清时期徽州蒙学教育大兴不无关系，反过来又促进了徽州蒙学教育的大发展。

① 李琳琦:《徽州教育》,安徽人民出版社2005年版,第99页。

（二）明清徽州官学教育的发展

明清时期，徽州府学、县学教育以科举取士、铨选授官为己任，关注的就是现实对府学、县学的需要。徽州府学、县学作为政府储才的场所，或者说，作为徽州人科举入仕梦想腾飞的地方，明清徽州始终处于一种"在场"状态。"虽间有'势见堕落'之时，但大部分时候都是保持着'美奂美轮（伦）、壮伟闳丽'之态。"①

由科举取士、铨选授官主导的徽州府学、县学，从明代发展到清代，绝大部分时间都走在时代前列。突出表现在两个方面：一是因元末战乱被毁的徽州府学、县学陆续重建、重修、扩建；二是重建、重修、扩建后的徽州府学、县学享誉徽州内外，学校规模也不断扩大。以徽州府学为例，据道光《徽州府志》卷三《营建志·学校》记载，明代的徽州府学经过多次重修后，"徽学大治，且为南畿诸学之冠。"到了清代，徽州府学又"撤而新之。于是庙之殿、庑、厨、所、门、栏、桥、池，学之堂、舍、斋、阁、祠、廊、射圃，咸备无阙。"

明清时期，徽州的进士、状元辈出，此与徽州府学、县学的科举事功不无关系。明清徽州"科名最盛"，涌现出"连科三殿撰，十里四翰林""兄弟九进士、四尚书者，一榜十九进士者""一科同郡两元者""同胞翰林者"等科举佳话，鼓舞着徽州人对科举入仕的不懈追求。此外，明清徽州府学、县学的教育质量也不断提高，进入并保持良性循环状态。用今天的观点来看，科举取士是明清时期徽州府学、县学的指挥棒，科举入仕的人数及其占比则是衡量明清时期徽州府学、县学教育质量的重要依据。"清代在258年间共举行112科，除顺治九年、十二年满汉分榜会试，各得状元2人，余皆满汉合榜，共取中状元114人。如果不计2名满状元，清代共有状元112名。而在这112名状元中，徽州本籍和寄籍考中的状元就有19名。"②徽州府学、县学的教育质量发展由此可见一斑。

---

① 李琳琦：《徽州教育》，安徽人民出版社2005年版，第56页。
② 李琳琦：《徽州教育》，安徽人民出版社2005年版，第160页。

（三）明清徽州书院教育的兴盛

明清徽州共有书院大约93所①，包括紫阳书院、枫林书院、师山书院、还古书院、海阳书院等。据康熙《徽州府志·凡例》记载，明清时期徽州书院的数量，较他郡为多。

考察明清徽州书院发展史，我们可以看出，徽州书院进入明正德、嘉靖年间和清乾隆、嘉庆年间，尤其在清乾隆、嘉庆年间，发展迅速，达到极盛。这两个时期，是明清徽州书院发展的两个高峰期，所建书院包括斗山书院、崇正书院、南山书院、道存书院、飞布书院、碧阳书院等，数量之多，是明清时期其他时段难以比拟的。

明清徽州书院分为官办和民办两种类型，无论是官办，还是民办，都以满足徽州众多士子的求学需求为基础，对于明清徽州众多士子健康成长、全面发展起重要作用的书院，其章程规定具体、掌教聘任与经济管理规范、正额生童数量相对固定、课艺和应举活动有序，对明清徽州教育发展具有较大推动作用。即使呈现出官学化、科举化特征，独有的传播思想、发明学术等功能受到限制，但官学化、科举化还是扩大了书院的发展空间，有官府的政策支持，弥补了官学教育的不足。同时，科举化倾向的日趋浓厚，进一步调动了徽州众多士子求师问学的积极性、主动性和自觉性，进而促进了徽州书院教育的兴盛。

二、教育支持措施得以巩固

明清时期徽州的族规家法无一例外都提出了家庭、家族子孙教育支持措施，如养正于蒙、延师教子、奖学助学、科举奖励、入学规定等，这些支持措施被明清徽州人所推崇并反复实施，又反过来进一步巩固了这些教育支持措施。

① 李琳琦:《徽州教育》,安徽人民出版社2005年版,第61页。

（一）养正于蒙

进入明清时期，蒙学教育受到徽州社会的普遍关注，更加深入地推动了徽州蒙学教育的发展。突出表现为，徽州不仅产生了很多蒙学读物、蒙学教材，而且拥有遍布徽州全境的蒙学教育机构，如家塾、私塾、义塾、书塾等。仅歙县东门许氏家族就"童蒙颇多，而设馆非一，随地有馆，以迎塾师。"①

明清徽州社会在发展蒙学教育的同时，也使得启蒙教育变得更为发达，出现了启蒙教育的徽州现象。一是启蒙教育与蒙学教育相得益彰。蒙学教育属于学校教育，或是学校教育的一部分。启蒙教育与蒙学教育不同，启蒙教育不是学校教育，而是学校教育之外的一种家庭教育形式。蒙学教育不断发展、启蒙教育日趋发达是明清徽州教育的典型特征之一。其二是徽州家庭、家族大都为家内、族内的儿童设置了一个独特的启蒙教育空间，使得儿童的启蒙教育受制于家长、族长，形成家庭化、家族化的启蒙教育模式，成为启蒙教育的家庭化、家族化。

"养正于蒙"概念的提出与实践应用，是明清徽州社会教育进步的重要体现，是蒙学教育与启蒙教育两轮驱动、相互作用的必然结果，是徽州家庭、家族在总结宋元时期徽州蒙学、启蒙教育基础上所取得的重要成就。因此，明清徽州"养正于蒙"的渠道，可用"蒙学教育"和"启蒙教育"来概括。明清徽州蒙学教育不断发展、启蒙教育日趋发达正得益于徽州家庭、家族"养正于蒙"的成功实践。崇祯《休宁叶氏族谱》卷九《家规》称："按《内则》，有胎教，又有能言之教，八岁有小学之教，十五岁有大学之教，是以子弟易于成材。……我族中父兄须知，子弟之当教。又须知，教法之当正。又须知，养正之当豫。蒙养既端，则子弟成立，而家未有不兴矣。"也因此，"养正于蒙"以家庭、家族首务的形式呈现在明清徽州族规家法中，成为强化明清徽州蒙学教育、启蒙教育，形成明清徽州儿童培养体系的重要措施。崇祯《古林黄氏重修族谱》卷一《祠规》就记载："古人有胎教，有能言之教，又有小学之教、大学之教，是以子弟易于裁就。彬彬蔚起，有由然也。为父

---

① 崇祯《重修古歙城东许氏世谱》卷七《家规》，许光勋纂修，明崇祯八年家刻本。

兄者，须知子弟之当教，又须知教法之当正，又须知养正之当豫。七岁便宜入乡塾，随其资禀，学字学书。渐长有知觉时，便择端悫师儒，日加训迪，使其德性和顺，自不失为醇谨。"①

这一徽州现象的表层原因在于，明清时期徽州家庭、家族重视"养正于蒙"的实践应用，并在家庭、家族内大力倡导。但深层次的原因在于，明清徽州族规家法将养正于蒙纳入族规家法框架，形成养正于蒙的实践应用之保障机制，客观上奠定了养正于蒙赖以实践、应用的社会基础，也保证了徽州家庭、家族实践应用养正于蒙所需要的客观条件。除此之外，明清徽州族规家法还对养正于蒙及其应用过程作出了很多概括，如万历《重修休邑城北周氏宗谱》卷九《宗祠规约》说："教养童蒙，人家之首务。凡我族人有子弟者，当要择师竭力教养习学。达则为之上人，不达者亦通明理，行正道，做好人，不致卤莽愚顽，终身有益。"这对于总结养正于蒙的实践经验，以及促进养正于蒙徽州社会认同，都具有重要的价值。

（二）延师教子

明清徽州社会的延师教子源于徽州社会的尊师重教传统，得益于徽州族规家法的保证。虽然同一时期，其他地区都重视延师教子，但徽州实行族规家法对延师教子作出了明确的规范，使延师教子之道成为徽州人共同遵守的行为规范，大凡"善养子者，必厚其阿保。善教子者，必重其师傅。"②

明清时期，徽州延师教子之风盛行，徽州一府六县都出现了延师教子盛况，因此可称之为全面的"延师教子"。明清时期徽州社会出现"吾宗童蒙颇多，而设馆非一，随地有馆，以迎塾师"③的局面，正是这一盛况的写照。婺源人程世杰"建遗安义塾，置租五百亩……以平籴所入延师，使合族子弟入学，并给考费。"④歙县塾师方洪"门下经生多至

---

① 崇祯《古林黄氏重修族谱》卷一《祠规》，黄文明纂修，明崇祯十六年刻本。
② 宣统《上川明经胡氏宗谱》下卷之《规训》，胡祥木等纂修，清宣统三年木活字本。
③ 崇祯《重修古歙城东许氏世谱》卷七《家规》，许光勋纂修，明崇祯七年许氏刻本。
④ 道光《徽州府志》卷一二《人物志·义行》，清道光七年刊本。

六七十人，所至设帐堂馆莫能容，二三里馆皆充盈，且暮往来持经问难。"①这些事例，都是从不同侧面作出的注脚。

明清徽州族规家法确定和强化了延师教子的价值导向，"师傅所以明圣贤之道，本不可不重。况一族子弟，无论将来读书成名，即农工商贾，亦须稍读书本，略知礼义。凡请师，第一要有品行老成之人，礼貌必须周到。读三年后，如果子弟聪明，可以读书，富厚之家自不必说，如或孤贫，在亲房及祠堂均宜帮贴，将来发达，荣宗耀祖，宗族皆受其庇荫。"②延师教子的实践成就更加巩固了其价值导向，使延师教子成为促进明清徽州教育的重要举措，成为徽州人常态性的行动。据此，明清徽州"各家父母于子弟，当童蒙之后"，皆"广迎师友，训之义理。"③

明清徽州族规家法不仅重视延师教子，而且强调择师教子。宣统《上川明经胡氏宗谱》下卷之《规训》就有深刻的揭示："师道不知所尊，而欲子弟之成，难矣。……虽然择师，亦要焉，知所尊而不知择，是欲其子之齐语而使楚人傅之也。得乎？"宣统《古歙义成朱氏宗谱》卷首《祖训十二则》也明确指出："尊师之教，即所以为从师者尊也。昔亦谓师严则道尊，道尊则教重，教重则文理明、人品立，孝弟之心油然生矣。师也，傅也，固不得亵而视之者也。"这些记载，适用范围虽然限于明清徽州家庭、家族，具有家庭、家族性质，但由于宗旨相同、内容无别、目标相通，所以在明清徽州社会形成了认知共识，成为明清徽州社会延师教子的"风向标"和"定盘器"。

（三）奖学助学

奖学助学具有兴学的普遍功能，因而被明清徽州族规家法强调，并被明清徽州社会广泛应用。奖学助学功能认知受到当地教育传统偏爱，便形成不同的奖学助学机理，进而形成奖学助学的差异性措施。明清徽州族规家法推行的奖学助学措施，具有三个明显的特性。

---

① 方承训：《复初集》卷三二《方师传》。《四库全书存目丛书》集部第187册，齐鲁书社1997年版。

② 光绪《绩溪县南关许氏惇叙堂宗谱》卷八《家训》，许文源等纂修，清光绪十五年木活字本。

③ 民国《河间凌氏宗谱》卷一《家训条款》，凌雨睛等纂修，民国十年刻本。

一是明显的激励性。如万历《休宁茗洲吴氏家记》卷七《家典记》规定："族有初进学者,众具贺仪五钱,为衣巾之助。其进学者,二倍之,以覆一两五钱,入众。有中举者,输拾五两;中进士者,输三十两。有岁贡纳粟出仕者,输银七两;有吏员出仕者,输银五两。"如此规定,超越了家庭、家族空间,成为激励徽州子弟追求学业进步、徽州人督促子弟在学习上不断进取的常用工具。

二是明显的均等性。如万历《萧江全谱》之《附录》卷五《贞教第七》规定："族中子弟,天资颖异,富者,自行择师造就;贫者,祠正、副于祭内量贴灯油。四季会考,敦请科第者主其事,以次给赏纸笔,以示劝勉,其费皆动支祠银。"此类规定,要求受教育者不分富家子弟和穷家子弟,使穷家子弟获得了与富家子弟大致均等的接受教育机会,一改当时社会里受教育的只是富人特权的状况。

三是明显的功利性。如雍正《茗洲吴氏家典》卷一《家规八十条》规定："族中子弟,有器宇不凡、资禀聪慧而无力从师者,当收而教之,或附之家塾,或助以膏火。培植得一个两个好人,作将来模楷,此是族党之望,实祖宗之光,其关系匪小。"如此规定,要求对有可造就之才的家内、族内子弟精心培养,体现对家内、族内子孙培养规格的科举入仕追求,价值取向直指增光门户、繁荣宗族,奖学助学成为明清时期徽州家庭、家族"大吾门""亢宗"的重要制度。

从明清时期徽州的奖学助学实践我们可以看出,上述奖学助学措施无论以何种规定出现,都结合了当地教育的传统性与现实性,表明其符合明清徽州教育发展的需求,符合明清徽州家庭、家族兴学重教的需要,因而获得了明清徽州社会的广泛认可,被这一时期徽州家庭、家族和教育机构普遍应用。婺源太白潘氏"合族建置义田(学田)百亩,以资来学。"[①]黟县人汪文宗"建光德楼,读书其中,……常手录先贤格言以训乡邻子弟,一时志学之士,咸就正焉。"[②]歙县人吴景松"创崇文义塾,斥万金购市屋七所,收其租直以资族中子弟读书。"[③]此类事例,在明清徽州的古籍记载中俯拾皆是。从中也不难看出，明清徽州族规家法推行的奖学助学措施，在明清徽州教育持续发展中，加快了徽州教育的进程。

（四）科举奖励

明清时期，科举奖励能成为徽州族规家法中的重要规定，是因为明清时期入仕必须通过科举考试，科举奖励对于科举入仕具有重要的促进作用。明清徽州族规家法推行的科举奖励措施，即围绕科举考试、科举入仕展开，而且措施成系列、有特色。

一是把科举考试奖励与科举入仕奖励从科举奖励中分离出来，分别予以有区别的奖励，理顺了科举考试奖励和科举入仕奖励两者的关系。乾隆《新安大呈村程氏支谱》卷下《文献附录》之《公捐祠规条禁》就科举考试、科举入仕分开规定，明确"童生应院试者，每位祠送卷资三钱；入学后赴乡试者，每位祠送卷资二两；赴会试者每位祠送盘费银六两。""入泮者，祠送花红果酒银二两。中举者，祠送花红果酒银四两。中进士者，祠送花红果酒银六两。出仕者，祠内设席公钱。"①

二是对科举考试和科举入仕的奖励标准给予了系统性的规定，并将科举考试奖励和科举入仕奖励作为一个整体来考虑，无论是科举考试奖励，还是科举入仕奖励，都被看作是科举奖励的一个方面，强调两者之间以及两者与其他奖励的联结。如雍正《歙县潭渡孝里黄氏族谱》卷六《祠祀》规定："生童赴试，应酌给卷资。孝廉会试，应酌给路费。登科、登甲、入庠、入监及援例授职者，应给发花红，照例输赀。"

三是作为推进科举考试、科举入仕的一种具体实践，明清徽州族规家法推行的科举奖励措施，既注重物质奖励，又注重精神奖励，并将物质奖励和精神奖励具体化。除了奖赏参加科举考试者、褒奖通过科举入仕者，还为通过科举入仕者建牌立坊。徽州现存的众多牌坊大半是科举功名坊，仅歙县就有五十座之多，如"江氏科第坊""吴氏世科坊""郑氏世科坊""进士第坊""父子明经坊""洪氏进士坊"等。

明清徽州族规家法推行科举奖励措施，使科举考试奖励与科举入仕

---

① 乾隆《新安大呈村程氏支谱》卷下《文献附录》，程豫续辑，清乾隆三年刻本。

奖励互为作用，让参加科举考试者、通过科举入仕者有成就感、获得感。通过科举应试、中举入仕典型的选树来提高科举的影响力、吸引力，从而使科举奖励过程成为增加科举应试人数、提高中举和入仕比例的过程。同时，通过提炼出共有的科举观来凝聚明清时期徽州人的科举共识，使"志于科第""应举及第""肄习举业""有光于祖""振兴文运""扬名显亲""亢宗耀祖"等科举观念生成并拓展。在此背景下，助力明清徽州士子实现科举入仕梦想，调动徽州士子科举应试的积极性、主动性、自觉性，实现家业发展、家族壮大的期望，成为科举时代赋予明清时期徽州人的共同责任，构成徽州科举奖励的主要目标。

以科举奖励成就徽州人科举成名之路的徽州经验，还有"迎入文会特敬"、"建树旌匾"、祭祖"予以特殊的待遇"等。如民国绩溪《明经胡氏龙井派宗谱》卷首《明经胡氏龙井派祠规》记载："登科贺银五十两，仍为建竖旌匾。"民国绩溪《盘川王氏宗谱》卷一《春秋办祭规则》记载："凡其有功名以及应试童生，均得于祭毕再入奖劝祠祭奠。"①而在其中，为保持科举考试和科举入仕奖励的一贯性，对于科举考试者、中举入仕者进行激励是一个重要举措，这不仅能够固化科举的崇高地位，而且是明清时期徽州人为家庭、家族、徽州社会带来无上荣耀的重要途径。

三、使得读书成为社会风气

与同一时期其他地区的读书氛围相比，明清徽州的读书氛围十分浓厚，是"十户之村，不废诵读""一村一家，亦各有书屋""深山茅屋书声琅，放下锄头赛诗章"。这种氛围是明清徽州宗族对读书的功用重视及其强调族规家法保证的结果。明清时期，徽州宗族不仅坚持"四民之中士居其首，读书之身胜于他务"，而且把读书纳入族规家法框架，并作出明确规定，使得读书具体到家人、族人，特别是儿童这一群体。据嘉庆《祁门中井河东冯氏宗谱》卷一《家规》载："子弟幼小，且令读书，事六艺，勿令逐商贾，管门户。父兄之贤，当延明师以教，毋吝束

第六章　明清徽州族规家法的社会功用

脩、贽师之礼。"于是，读书这种助人精神成长的方式，在徽州受到普遍重视。明清徽州族规家法的特有作用凸显并显示出张力，对于徽州社会读书风气的生成与发展，具有相当程度的不可替代性。

（一）明清徽州族规家法为读书立规

明清徽州族规家法对读书的确认，不仅内化于徽州家庭、家族读书活动及其实施的相关规定中，还体现在专条中，以强调读书的合理性、合规性基础。如万历《萧江全谱》之《附录》卷五《贞教第七》专门列出"读书"条，指出"念我原无学，学来苦更多。幼未从师傅，稍长谁琢磨？童蒙三十余，且教且吟哦。夜半不敢寐，侵晨已然坐。勤苦乃如此，儿辈曷虚过？穷年就师长，所学竟如何？"

明清徽州族规家法列出的"读书"条，无一例外地提出读书的应有态度不可改变。如嘉靖《绩溪积庆坊葛氏重修族谱》卷三《家训》基于书的"可以益人神智"价值，对"惟知读书，则识义理"予以确认，蕴含了"故凡子孙，不可不使读书"的内在要求。①又如康熙《周氏重修族谱正宗》卷一《宗训》立足于读书对于子孙成长的重要性与必要性，对子孙读书提出针对性要求，强调"子孙才分有限，尤知之何。然不可不使读书，贫则教训童稚以给衣食，否则，讲明正学，以资进取。"②再如光绪《绩溪东关冯氏家谱》卷首《祖训》侧重阐明读书对"亢宗"的意义、对子孙发展的价值，得出"古来经济文章，无不从读书中出"的结论，并倡导"族中果有可期造就之子弟，其父兄即课之读书。"③

浏览明清时期徽州的族规家法即可看出，明清徽州族规家法大多规定有读书要求及办法，虽然具体的规定不尽相同，但为读书立规的旨趣基本相同，均强调读书不可或缺，各家庭、家族都要以读书为第一要务，读书受到族规家法的保护。如民国歙县《吴越钱氏七修流光宗谱》卷一《家训》记载："世家大族，家声门第之所以重者，在诗书也。惟读书上之可以取功名、荣宗耀祖，次之博通今古、明理达义，发为文章

---

① 嘉靖《绩溪积庆坊葛氏重修族谱》卷三《家训》，葛文简等纂修，明嘉靖四十四年刻本。
② 康熙《周氏重修族谱正宗》卷一《宗训》，周思老等纂修，清康熙五十五年刻本。
③ 光绪《绩溪东关冯氏家谱》卷首《祖训》，冯景坡等纂修，清光绪二十九年木活字本。

著述，亦可传世。更不然，即教授乡里，陶冶童蒙，以笔代耕为食，不致堕为匪类，荡为下流。"①明清徽州族规家法还要求对读书应试者予以奖励，如《休宁西岸汪氏族谱》中规定："祠内子孙，有读书者，凡应督学试者，赆仪五钱；应乡试者，赆仪二两，用以振兴文运。"②通过奖励措施，让读书变得更加有吸引力。

明清徽州族规家法以成文形式确立了一种适用于明清时期徽州人的读书规则，对家人、族人尤其是子孙读书作出根本性规定。一方面，徽州社会通过家庭、家族制订的族规家法，或族规家法认定的读书规则，引导和约束徽州人的读书行为。另一方面，族规家法将载明的读书规则家庭化、家族化，为徽州人读书的不断进行提供方向指引，形成"一族子弟，无论将来读书成名，即农工商贾，亦须稍读书本，略知礼义"的读书观。

（二）明清徽州族规家法使阅读普及

明清时期，徽州各宗族尤其是世家大族非常重视读书，注重为族中子弟读书铺就道路。正如光绪《梁安高氏宗谱》卷十一《祖训》所言："四民皆是正业。然不读书则不知礼义，故凡为农、为工皆当读书。虽不望成名，亦使粗知礼义，不至为非。至于子弟佳者，则为之读书，使家贫无力，宗族宜加意培植。"

徽州是程朱理学的故乡，文风昌盛，人文辈出，被称为"东南邹鲁"。明清时期，徽州的读书氛围，远浓于同一时期其他地区。"几百年人家无非积善，第一等好事只是读书"（黟县西递村楹联）、"万世家风惟孝弟，百年世业在读书"（黟县宏村楹联）、"欲高门第须为善，要好儿孙必读书"（黟县官路村楹联）。这种读书氛围和读书状态是同一时期其他绝大多数地区都比不上的。

明清徽州族规家法不仅为徽州人读书铺就了道路，还通过优化读书资源的配置，激发徽州人读书的热情，使读书有目标、有资助、有方法、有动力、有载体、所需书籍有保证。比如，潭渡孝里黄氏宗族对

---

① 民国《吴越钱氏七修流光宗谱》卷一《家训》，钱文德等主修，民国三年木活字本。

② 同治《休宁西岸汪氏族谱》，作者不详，清同治钞本。

"子姓十五以上，资质颖敏、苦志读书者，众加奖劝，量佐其笔札、膏火之费。"对"宗党贫乏子弟"则另设义学予以教化。与此同时，"广储书籍，贮于济美祠中黄山楼上，以惠宗族，不许假人以致散逸。仍于卷首用'孝里经书，子孙是教，鬻及遗毁，是为不孝'十六字图章于其上。"用扶持、奖劝、助学、藏书保障等促使族人有效阅读，让宗族的主导作用、族人的主体作用和读书者的参与作用，共同发挥了阅读的长效机制。

读书从早期抓起，让徽州人从小便养成读好书习惯，是明清徽州社会提高读书普及率的另一种存在形式。对于儿童早期读书、读好书，明清徽州很多族规家法都有明确规定。如光绪《绩溪东关冯氏家谱》卷首上《冯氏祖训十条》记载：族中子弟"稍识字义，即宜以《小学》《呻吟语》《五总遗规》及先哲格言等书常常于之观看，弹词、小说最坏心术，切勿令其入目，见即立刻焚毁，勿留祸根。"[1]

从上述分析中可以看出，明清时期，徽州人可以读什么书、应该读什么书、如何读书，以及徽州人应注意的读书事项，在族规家法中都有较明确的规定。因为族规家法到位，家庭、家族高度重视，所以明清徽州社会的读书氛围浓厚，整个徽州地区的读书普及程度很高。

（三）明清徽州族规家法促读书走深

明清时期，徽州人读书与明清徽州族规家法的促进关系密切。在明清徽州族规家法的促进作用中，最值得关注的或许是这样三种作用力：

第一，明清徽州族规家法所提出的读书目标和策略，主要是为了普及书本知识，提高人的文化素质，使族中子弟成为读书明理之君子，为家庭兴旺、为家族发达作贡献。如万历《萧江全谱》之《附录》卷五《贞教第七》所言："读书贵明理，我亦无师承。但喜读《书录》，《近思》为章程。每置几案间，朝夕勤猛省。有过必自书，有善即景行。所以路不差，渐次亦少明。诸书今具在，儿辈为箴铭。"歙县吴越钱氏家族"自祖宗以来，理学、文章渊源相续。凡有志承先者，先须累德积功，以培读书种子，而又不惜隆礼重贽，择名师以祈式谷，俾成人有

---

① 光绪《绩溪东关冯氏家谱》卷首《祖训》,冯景坡等纂修,清光绪二十九年木活字本。

德、小子有造，于以振家声而光大门闾。"①由此，明清时期徽州人读书不仅遵循了读书规律，回应了明清时期徽州人读书诉求，而且注重培养徽州人的知识、技能和态度。

第二，在明清时期，徽州族规家法对读书的规定，特别强调读什么书要分年龄，并提出不同年龄段必读书目，如绩溪《曹氏宗谱》卷一《家训》规定："子生五岁，便当令入乡塾。……凡《孝经》《小学》诸书，先令熟读，日讲古人故事，以端其志趣。"②民国《鱼川耿氏宗谱》卷五《祖训》规定："八岁入小学，学礼、乐、射、御、书数。""自十六七入大学，然后教之以理，如致知、格物及所以为忠信孝弟者。"③这一安排与明清时期徽州教育机构指定不同年级分龄阅读书目甚为契合，主要是因为明清徽州族规家法提出的子孙读书计划，与这一时期教育机构里的课程设置相对应，每个家庭、家族都希望本家庭、家族子孙认真阅读族规家法圈定的、各年龄段所读的不同书籍，为子孙上学铺路，为子孙将来学业进步做充分准备。

第三，明清徽州族规家法推行的读书方法以"熟读"和"精思"两点呈现。一方面，明清徽州族规家法强调"熟读"，如光绪《新州叶氏家谱》卷首《修省斋公家规二十条》记载："文公《小学》书，凡人伦日用之常，立身行已之道，备载于此。为父兄者，当教子弟熟读。通晓义理，斯能有所感悟，不为非礼之事。"康熙《周氏重修族谱正宗》卷一《宗训》也记载："后生，才锐者最易坏。若有之，父兄当以为忧，不可以为善也。切须常加简束，令熟读经子，训以宽厚恭谨，勿令与浮薄者游处。"另一方面，明清徽州族规家法强调"精思"，做到读有所思、思有所悟、悟有所用。正如宣统《古歙义成朱氏宗谱》卷首《祖训十二则》所说的："因知择师教子，自当读诗书，自当课文艺。然必于诗书中讲求道义，而使性情、心术之间皆从此端正。又必于文艺中发明学问，而使品行、德望之地皆从此精纯。"值得注意的是，明清徽州族规家法特别强调的是"熟读"与"精思"的互补、同步。例如，按照绩

① 民国《吴越钱氏七修流光宗谱》卷一《家训》，钱文德等纂修，民国三年木活字本。
② 民国《曹氏宗谱》卷一《旺川家训十则》，曹成瑾等纂修，民国十六年木活字本。
③ 民国《鱼川耿氏宗谱》卷五《祖训》，耿全等纂修，民国八年木活字本。

溪《曹氏宗谱》卷一《家训》规定："教有业焉,《易》《诗》《书》《春秋》《三礼》《四书》及子、史是已。……所宜精思熟读,以究其理,考其事焉,教有术焉。"①"熟读"与"精思"的提出,对徽州人深入读书具有重要的作用。

随着读书的不断深入,徽州社会读书的风气越来越浓,涌现出一大批"书香世家""书香门第""书香人家",形成了这样的"徽州经验":"书香不可绝。书香一绝,则家声渐堕于卑贱,则出入渐鄙陋。人既鄙陋,则上无君子之交,下无治生之智。"②

四、推动形成尊师重教氛围

继承和发展徽州尊师重教传统,满足徽州人不断增长的师教需要,促使徽州宗族兴教、教师爱教、徽人支教,为明清时期我国教育事业发展贡献徽州模式,是明清时期赋予徽州教育的使命和担当,也是明清徽州族规家法发展的客观要求。明清徽州族规家法中作出了"尊师""重教"等规定,明确提出徽州人只有尊师重教才能兴家旺族,这些规定的实施,标志着明清徽州社会建成了尊师与重教相统一的尊师重教徽州框架。总结明清徽州族规家法的发展、尊师重教规定的实施,可以看出,明清徽州族规家法促使徽州社会尊师重教氛围更加浓烈,集中体现在四个方面。

一是尊师重教传统得以延续。明清徽州尊师重教传统从宋元时期便已建立。宋元时期,徽州的地方官、宗族势力、缙绅士儒等积极从事尊师重教之举,而且长期坚持,使尊师重教成为社会风尚。如婺源人祝寿朋建中山书塾,择通晓经书者为师,使宗族及乡之子弟入学;程本中建遗安义学,延师以教乡之子弟等事例,在宋元时期徽州社会上不胜枚举。毋庸置疑,明清徽州尊师重教传统优势获得巩固提升,也得益于宋元徽州尊师重教优良传统的延续。

明清时期,徽州社会在尊师重教的过程中没有简单地照搬宋元时期

---

① 民国《曹氏宗谱》卷一《旺川家训十则》,民国十六年木活字本。

② 张习孔:《家训》,檀几丛书本。

徽州尊师重教的做法，而是充分考虑到明清时期徽州社会所需要的尊师重教，继承并发展了宋元徽州尊师重教传统，创造并形成了新的传统。其时，徽州除了聚集众多教育机构，如府学、县学、书院、社学、义学等，还涌现出特别多的名师与高徒的佳话。如休宁人戴震20岁时师从婺源硕儒江永，"永精《礼经》及推步、钟律、音声、文字之学，惟震能得其全。"①

　　不论从宋元时期徽州社会尊师重教经验，还是从明清时期徽州社会尊师重教实践看，明清徽州族规家法有关尊师重教的规定，首先都是为了应对明清徽州教育带来的机遇和挑战而制定的。当明清徽州教育发展良好又面临众多问题时，明清徽州族规家法有关尊师重教规定作为巩固成果和化解问题措施被提出来，成为维护和发展徽州尊师重教传统的工具。从明清徽州族规家法有关尊师重教规定的内涵可以看出，明清徽州族规家法既有对宋元时期徽州社会尊师重教传统的继承，也有对明清时期徽州社会尊师重教外延的拓展，回应明清徽州社会不断发展的教育需求而提出尊师重教的新措施。所以光绪《荆川明经胡氏续修宗谱》卷一《祖训十三条》得出结论："子以传后，为子者，不可不教以义。方幼稚，即要择师，端其蒙养。有资者，策励以玉成之。即庸常，亦要训其识字或货殖、田亩，使各执一艺。切勿令酗酒、贪花、游手、赌博以取祸。"②

　　二是教师享有更高职业地位。明清徽州族规家法有关规定确认了教师的职业属性，"读书而不达则退而教授乡里，以收笔墨之获。教授之外，或习医方，以享仁术之利。"③这不仅给予其明确的师称，"师也，傅也，固不得亵而视之者也"④，而且赋予其相应的社会地位，"师之道，虽天子无北面。所以天作之君，尤复作之师"⑤，更进一步稳固了徽州社会中的教师群体。正因为如此，明清徽州社会的教师人数众多。以塾师为例，仅歙县小溪项氏，其士人大多以教人句读为业，如《复初

　　①《清史稿》卷四八一《戴震传》，中华书局1977年版校点本。

　　②光绪《荆川明经胡氏续修宗谱》卷一《祖训十三条》，胡学先等纂修，清光绪十年刻本。

　　③民国《吴越钱氏七修流光宗谱》卷一《家训》，钱文德等纂修，民国三年木活字本。

　　④宣统《古歙义成朱氏宗谱》卷首《祖训十二则》，汪菊如等纂修，清宣统二年木活字本。

　　⑤宣统《古歙义成朱氏宗谱》卷首《祖训十二则》，汪菊如等纂修，清宣统二年木活字本。

集》卷三二《项处士传》记载："公族多千余人，世受童子师业。凡句读师，其多莫公族若。"①

因此，明清徽州社会教师队伍的发展、演变，以及教师框架内的师际关系调整，始终存在着一种可能性，就是站在宗族整体利益立场，主张"人无论贵贱，质无论智愚，皆当择师傅以为之训迪，俾知人事父兄、出事长上，庶有造有德，相与有成，不得姑息养骄，贻悔日后。"②强调"师重于亲，非师道无以明事亲之道，须善事之。"③这就要求"尊师道""重师傅"，着力提升教师的社会认同。

由此，教师职业受到明清徽州社会的普遍重视，并因此有较高的待遇配套，如歙县许氏宗族聘请蒙学塾师"每岁束修以二十四金为率，供给十二金"；经学塾师"每岁束修以三十六金为率，供给十二金。"④教师受到格外优待和礼遇，如乾隆《茗洲吴氏家典》卷八规定的入塾拜师仪节："前期，积诚托介绍，先容师允诺，乃卜期。亦预托介绍以期闻于师。至期父兄导子弟入塾，先如常肃揖师及父兄，帅童子行释菜礼，礼毕，父兄再拜恳师，师答之。师复以再拜，父兄亦答之。……礼毕父兄揖师而出，礼师。"⑤徽州宗族大都通过提高教师经济待遇，推行教师礼遇规制，培育教师的职业认同，提升教师的经济地位、社会地位，体现出教师职业价值的不可替代性。

在明清时期的徽州，尽管教师的待遇、礼遇标准因教师而异、因家族而异、因学校而异，但其所表现出来的激励精神已经注入徽州社会处理教师待遇、礼遇问题的实践中。如乾隆《重修古歙东门许氏宗谱》卷八《宗祠亲置义田规约》载："隆师傅之礼，戒姑息之爱。"何以隆师傅礼？休宁吴某"就冯山筑精舍，延诸荐绅学士，礼以上宾，命诸子弟师事之，供具唯谨"⑥，用行动做了最好的阐释。

① 方承训：《复初集》卷三二《项处士传》，《四库全书存目丛书》集部第187册，齐鲁书社1997年版。

② 休宁《古林黄氏重修族谱》卷一《祠规》，黄文明纂修，明崇祯十六年刻本。

③ 光绪《祁门倪氏族谱》，倪望重等纂修，清光绪二年刻本。

④ 乾隆《重修古歙东门许氏宗谱》卷八《宗祠亲置义田规约》，许登瀛纂修，清乾隆十年刻本。

⑤ 乾隆《茗洲吴氏家典》卷八《入塾拜师仪节》，吴翟纂修，清乾隆二年刻本。

⑥ 汪道昆：《太函集》，明万历十九年金陵刻本。

三是徽人捐资办学热情高涨。明清徽州教育领域的捐资办学，是明清时期徽州教育赋予徽州人的智慧及其实践的结晶，是明清徽州教育发展的显著特色和优势，这一智慧、结晶、特色、优势受到明清徽州族规家法的保护。

明清徽州族规家法虽然没有在规定中明确地标示出"捐资办学"，但其相关规定中却提出了办学的具体措施，包括捐资办学。如乾隆《新安大呈村程氏支谱》卷下《文献附录》记载："设立义学。凡年当肄业者，力量不及，准赴义学读书。其脩金供膳，但系祠内支应。"类似规定的制订与实施，为充分发挥徽州人在捐资办学实践中的作用提供了制度保障。

明清时期的徽州被誉为"江左望郡"，其教育空前繁荣，在同一时期不同地区的教育发展中保持领先的地位，拥有与苏、杭比肩而立的"人文渊薮"。明清徽州族规家法将明清徽州教育政策转化为家族意志，将家人、族人重视和支持学校办学的责任，用族规家法的形式固定下来，劝导族人捐资办学，促使捐资办学成为徽州人的自觉。明清徽州宗族的学田，就主要是徽商和仕官捐输的。民国《歙县志》卷一《风土》记载"田皆族中富室捐置"，黟县《鹤山李氏宗谱》卷末《家训》记载"贾有余财，或仕有余资，量力多寡输入"，即是最好佐证。可见，徽商和仕官用实际行动诠释了明清时期徽州人捐资办学的情怀。

明清时期徽州人积极捐资办学，徽州社会出现了盛况空前的捐资修建府学县学、兴办各类宗族性教育机构的义举。从捐修府学县学来看，徽州府学县学修建的经费很大一部分来源于徽州人捐赠，例如，弘治十四年（1501）徽州府学的葺修经费，即来源于"商旅给符，所入之资恢拓基址，再移射圃于东，置亭扁曰'观德'，创馔堂及绘饰圣贤像，增创号舍一百余间。"[①]从捐建宗族性教育机构来看，徽州人尤其是徽商、仕官发挥着主导性的作用，在宗族性教育机构创建方面徽商具有强大的力量，由徽商捐资创建的宗族性教育机构塾学、义学等遍布徽州一府六县，诸如歙县商人鲍继登"尝建德文堂为书塾，广延名师罗益友以训其

---

① 道光《徽州府志》卷一二《人物志·义行》，清道光七年刊本。

子孙。"①婺源商人汪思孝"置十五亩开义塾，延师以训贫子弟之不能教者。"②等等事例，在文献中不乏记载。

四是打造明清徽州教育高地。在明清徽州教育发展的过程中，幼有所育、弱有所扶、学有所教、事有所成，是贯穿始终的一项政策。从"有学上"，到"能上学"，再到"上好学"，再到"有业就"，在很大程度上反映了明清徽州教育发展的整个过程。其终极目标在于育人才，一般采用的做法是"子孙幼冲时，必教之以孝弟忠信，慎择严师贤友，教之正学，造就其才，光显六户。或资识少敏不能读书，亦必教之谨守礼法，农工商贾，勤治生业。不可恣其骄惰放肆，饮酒赌博，扛抬游荡，淫佚废产，破坏家门。"③

明清徽州教育"幼有所育、弱有所扶、学有所教、事有所成"这一政策，在徽州教育实践中，一方面与徽州宗族规定的子孙受教育权相结合，反映了徽州宗族在子孙教育方面的需求；另一方面，与徽州族规家法提出的教育措施紧密地结合在一起，所形成的"以儒学教育为主的精英教育+以识字教育为主的大众教育"模式，成为适应明清徽州教育发展的重要力量。

在明清徽州族规家法中，徽州宗族把儒学作为科举入仕、折桂的前提和基础，凸显了儒学对于构建徽州教育的指导地位。普及儒学教育这一教育目标，是明清徽州教育主体性的重要体现。明清时期徽州宗族子孙大多受过儒学教育，其数量之多，影响之大，在同一时期其他地区中罕有其匹。仅休宁"即就试有司，动至数千人。其有怀才而登别籍，或怀资而登成均。至占籍者，国夥于乡；起家者，客埒于主。"④

明清徽州族规家法有关教育规定，始终坚持以育人为根本。"劝你们有子孙，好生教训，休教他做家，先教他做人；教他做好人，先教他存好心，心好人自好，自然增福延寿，兴家立业，耀祖荣宗。"⑤重视育人这个根本，面向男女进行识字、书写及品德教育，是明清徽州大众教

---

① 光绪《歙县新馆鲍氏著存堂宗谱》卷二，鲍存良纂修，清光绪元年木活字本。

② 道光《徽州府志》卷一二《人物志·义行》，清道光七年刊本。

③ 万历《萧江全谱》之《附录》卷五《贞教第七》，江旭奇等纂修，明万历三十九年刻本。

④ 万历《休宁县志》卷一《舆地志·风俗》，李乔岱纂修，明万历刻本。

⑤ 崇祯《休宁叶氏族谱》卷九《保世》，叶文山等纂修，明崇祯四年刻本。

育主体性的重要体现。大众教育普及率提高，也使明清徽州地区男女识字率以前所未有的速度提升。明清时期徽州地区男子的识字率达到70%—80%，女子的识字率也比其他地区高很多，男女识字率远高于江南地区的平均数。①

就教育形成过程而言，明清徽州精英教育与大众教育是同时产生的两种教育模式，两者既相互区别，又互相补充。在明清时期，徽州精英教育、大众教育均取得巨大成功，很大程度得益于明清徽州教育功利性、实用性价值观的推动。而明清徽州教育功利性、实用性的目标，在明清徽州族规家法看来，不外是科举入仕，或掌握实用知识和技能，各事六艺。乾隆《重修古歙东门许氏宗谱》卷八就列明"振作士类"家规，指出"士之肆举业者，有志于科第者也。"②宣统《华阳邵氏宗谱》卷十七则列明"教子"家规，强调："中人之性，得教则习于善，失教则流于恶。……资禀清明者，择明师益友，辅之上达。即资质庸常，亦要教之识字识数，令其习农工商贾之业。"③

在明清时期的徽州，由于精英教育和大众教育取得的巨大成就，教育普及化的程度空前提高，科举考试人才辈出，徽州也成为全国教育高地。主要表现在五个方面：

第一，明清时期徽州人的著述在全国形成了一块高地。道光《徽州府志·艺文志》对明清时期徽州人著述作了盘点，指出明代徽州人的著述总数为1198部，其中经162部、史185部、子337部、集514部；清代徽州人的著述总数为1288部，其中经310部、史121部、子278部、集579部。明清两代徽州人著述合计为2486部，如此数量，在同一时期其他地区极为少见。

第二，明清时期徽州的科举在全国形成了一块高地。李琳琦《徽州教育》（安徽人民出版社，2005），其中《明清徽州进士数量、分布特点及其原因分析》一节，围绕明清徽州的进士总数、状元总数进行统计，指出明清徽州文进士数占全国2.2%；清代状元数占全国17%（含部分占

①　李琳琦：《徽州教育》，安徽人民出版社2005年版，第229页。
②　乾隆《重修古歙东门许氏宗谱》卷八《家规》，许登瀛纂修，清乾隆十年刻本。
③　宣统《华阳邵氏宗谱》卷十七《家规》，邵玉琳等纂修，清宣统二年木活字本。

籍或寄籍外地徽州士子）。明清徽州的科举，无论是文进士总数，还是状元总数，均位居全国各府前列。

第三，明清时期徽州人的学术在全国形成了一块高地。支伟成《清代朴学大师列传》（岳麓书社，1998），对于皖派朴学大师的研究，列举了江永、戴震、程瑶田、凌廷堪等徽派朴学代表人物，指出："皖派经学，实自江、戴开宗"[①]，并认为"自戴震崛起安徽，皖派经师，头角崭露。……晚近尚有俞樾、孙诒让、章炳麟丕振坠绪。人才之盛，诚远迈他派矣！"[②]清中叶兴起的徽州朴学自成体系，举世闻名，远近皆知。

第四，明清时期徽州的文化在全国形成了一块高地。姚邦藻主编《徽州学概论》（中国社会科学出版社，2000），其中第五章《徽州人文》、第六章《徽州技艺》，就徽州人文与技艺进行述评，并从徽州版画、徽州篆刻、新安画派、徽州戏剧、徽派建筑、徽州刻书、新安医学等方面进行综述，再现了明清徽州版画、篆刻、画派、戏剧、建筑、刻书、医学等盛况。明清徽州版画、徽州篆刻、新安画派、徽州戏剧、徽派建筑、徽州刻书、新安医学等均盛极一时，自成一格，影响徽州内外。以新安医学为例，据张海鹏、王廷元主编的《徽商研究》（安徽人民出版社，1995）论证，明清徽州有名医693人，医著619部，称誉于时。

第五，明清时期徽州的办学在全国形成了一块高地。赵华富《徽州宗族研究》（安徽大学出版社，2004），在第七章《徽州宗族重教崇文的传统》中，对徽州蒙学、书院、科举、经学进行了相关梳理，揭开了徽州蒙学、书院诸多问题，证实了徽州家塾、私塾、书舍、书屋、义塾、书馆、山房等蒙学于徽州星罗棋布，随地可见。徽州书院也较他郡为多，如前文所述。对于明清徽州书院的局面及其影响，道光《徽州府志》记载："天下书院最盛者，无过东林、江右、关中、徽州。"[③]

---

① 支伟成:《清代朴学大师列传·皖派经学大师列传第五·叙目》,岳麓书社1998年版,第69页。

② 支伟成:《清代朴学大师列传·皖派经学大师列传第六·叙目》,岳麓书社1998年版,第76页。

③ 道光《徽州府志》卷三《营建志·学校》,清道光七年刊本。

第七章　明清徽州族规家法的历史局限

　　近年来，徽学研究者对明清徽州族规家法的局限性进行了讨论，提出了倡导男尊女卑观念、推崇族权和家长式统治、宣扬愚忠愚孝的封建思想、维护封建纲常、具有保守的倾向等观点，这些探讨都展示了徽学研究者们对明清徽州族规家法的历史局限性的关注，反映出徽学研究在明清徽州族规家法研究上的新成果、新进展。但专注于明清徽州族规家法的局限性分析却末得见，对此问题的探讨也过于笼统，具体研究有待进一步讨论，故作此专门研究，以求教于方家。

第一节　明清徽州族规家法对宗法制的实施

　　在明清时期，徽州宗族大都制定相应的族规家法，以维护宗法制下的家族制度长盛不衰。随着徽州宗族社会下所形成的家族观念不断积累传承，明清徽州族规家法保障徽州宗族社会异常稳定的程度愈益加深。与此同时，明清徽州族规家法对明清时期徽州人行动的控制程度也在不断加强。

一、维护了徽州宗法制度

　　明清时期，徽州是宗族对乡村的统治不断加强的地区，是族长、房长、家长权力行使最充分的地区，同时也是徽州人的生活受宗族影响最深远的地区。这是因为徽州宗法制的意义远不止延续宗族的血缘世系、维护宗族的内部稳定、实现宗族的群体利益。徽州人最重宗法，如民国《歙县志》卷一《舆地志·风土》记载："邑俗重宗法，聚族而居，每村一姓或数姓各有祠，支分派别，复为支祠，堂皇闳丽，与居室相间。"

明清徽州宗法制对徽州社会来说，是徽州宗族控制整个徽州基层社会的机制，是寻求徽州社会稳定、实现徽州社会控制、加强徽州社会治理的主要依赖。对徽州宗族来说，是徽州"千丁之族，未尝散处""千载谱系，丝毫不紊""千年之冢，不动一抔""会祭有常，祠堂林立"①的主要依靠。从宗法制度落实层面来看，在每一个细分的宗族上，每个家族采取的措施从大的方面来说是相同的。每个家族在落实宗族制度上，都制订并实施了本宗族的族规家法。

明清徽州族规家法对于宗法制度的实施，都有明确、具体的规定与措施。如宣统《华阳邵氏宗谱》卷十七《家规》对落实宗法制度，使用了解释与要求并置，该《家法》如是说："《礼书》云：'百夫无长，不散则乱；一族无宗，不离则疏。'士庶人家，祭法止于四代。有小宗而无大宗，其曰'大宗'云者，皆礼以义起也。盖谓继祢之宗，同父兄弟宗之；继曾之宗，再从兄弟宗之；继高之宗，族兄弟宗之，四世则亲尽，服尽而不为宗矣。……凡族人五世外，皆合之祠堂，序以昭穆，则始祖常祀，同姓常亲。倘宗族有事，宜禀之宗长，会于宗祠，当兴者，从公议行。设有忿争，听从处分，不可径自告官，以伤祖宗一体之义，所谓'家之事，宗为政'是也。"其中包含了徽州宗族的意志和徽州人的认同。在明清时期的徽州，此类族规家法数量很多。这些族规家法在伦理之外，容纳了劝说与告诫的交叉表现手法。明清徽州族规家法在徽州宗法制度的实践中，最为常见的是贯穿一条主线，针对各个环节，采取相应措施，并逐项落实到位。

① 赵吉士：《寄园寄所寄》卷十一《泛叶寄故老·杂记》，清刊本。

明清徽州族规家法研究

二、强化了徽州社会的宗族观念

明清徽州历史的一个主要特征是随着世家大族的不断发展，丁繁派多导致另立门户的强宗巨室大量出现。族类繁衍中的分家是徽州宗族面对的首要问题。根据区别"嫡庶关系"的需要，避免散而无统问题出现，基于以父系血缘关系定亲疏的大宗、小宗法受到前所未有的重视，成为解决分家后相互之间关系的根本办法。于是，明清徽州各宗族纷纷立规施行，如休宁县西门汪氏"定议吾西门始祖接公一支下长房嫡一人，立为小宗子，族长一人辅之，祭享居族人之首，燕饮居族人之上，重承祖也。小宗子不在，或介子族长代之。"[1]

明清时期，徽州宗族面对的另一个问题，主要是提防宗族血缘关系被分家打破，所以需慎终追远，并据之区别"贤者"与"不贤者"。"族贤者，尊其祖，敬其宗，思其源，阅其谱，而知分派源流，德若君子之风也；不贤者，欺其宗，背其族，忘其本，弃其祖，不识同根本末，德若小人之草也。"[2]这种认识，以及由此形成的尊祖敬宗思想，作为信仰的意识形态，在维护宗族血缘关系中的作用极大。徽州人尊祖敬宗观念在明清时期的传承与延续，比同一时期其他地区更有章法，其运用寻根问祖、落地生根、繁衍不息，促使宗族血脉代代相传。在此过程中，徽州宗族把族规家法作为制度保障，通过教化、训诫，极力为尊祖敬宗观念的延续扫清障碍。万历《商山吴氏宗法规条》强调："本族支派四房，间有愚昧，不思一本之义，或立各门之私。凡有一言一动，辄便恃强凌弱、倚众暴寡，必以取胜为荣，诚上不体祖宗垂裕之心，下不念子孙绥和之意，岂有识见者之所为哉？今后，倘有此等事情，宗正、副会族长公同酌议，分别是非曲直，责备本门之贤者，务使和释宁靖，不谙事少年以退。"[3]

明清时期的徽州，族必称长。各族规家法对家长的地位及其与家族

① 嘉靖《休宁西门汪氏族谱·重定墓祭会规约》，汪尚和纂修，明嘉靖六年刻本。

② 隆庆《歙县泽富王氏宗谱》卷八《宗规》，作者不详，明隆庆六年刻本。

③ 万历《商山吴氏宗法规条》，作者不详，明万历钞本。

成员的关系的定位具有共性，主要包括：其一，都重视族长的头衔地位和威望。"家之最长者为家长，推有齿德、众所敬服者一人为家正，辅家长，总主家教；有学行公直、果断精健廉干者二人为典礼、典事，辅行《家训》，彰善纠恶，摄理庶务。凡推举彰善稽过，家长主之，家正佑之，摄理者奉而行之，论而书之。家庭有事，则摄理者以告家长、正，集众议定，乃命各从其事。"①其二，都强调宗族内部事务及其管理由家长担纲。"家长总主一家之事，家佐以辅家长不及。务要至诚待下，言不妄发，行不妄动，谨守礼法，以教其下，应古人以身教之意。临事之际，俱要公正，不挠克称。所举有不称职者，议罚，另推相应易之，以端其木，仍纪过以警其后。"其三，都认为族长应该掌握处罚族人的权利，族中"如有为富不仁，损人利己，害众成家，嫉贤妒能，酝酿祸胎，起灭词诉，闻人之衅，喜灾乐祸，陷人之阱，阴设阳施，此皆刻薄，存心鸩毒，故意悖逆祖宗，欺蔑族类，诚一乡之大蠹、百世之罪人也。宗正、副无畏势阿纵，须举首而明正之以示惩。"②其四，族长在控制宗族的同时，也在争取官府支持，促使族权与政权互动，"族中或有一等棍徒，名为轿扛，引诱各家骄纵败子酗酒、习优、宿娼、赌博，不顾俯仰，必致倾家破产丧身而后已。此等恶俗，犹为可恨，宗正、副约会族长，呈官惩治。"③

明清徽州宗族成员各有辈分，兄弟、伯叔、子侄的辈分存在明显不同，而这些不同根本上是由家族间的世系次第决定的。"其在同辈上者，必曰某字兄；同辈下者，必曰某字弟；伯叔命侄曰某字侄，侄称伯叔曰某伯父、某叔父，不许尔我相称。庆吊则平辈叩，少辈叩长辈则只长揖，坐依行第，不分主客。"④明清徽州族规家法关于此类规定中，兄弟、伯叔、子侄等相称的不同，一方面反映了各宗族都想建立族内几代人相互称呼的标准，从而在强化对别人尊重的同时，推动彼此之间称呼的规范、郑重。另一方面，各宗族的兄弟、伯叔、子侄相称以其字相

---

① 宣统《富溪程氏中书房祖训家规封丘渊源考》，作者不详，清宣统三年钞本。

② 万历《商山吴氏宗法规条》，作者不详，明万历钞本。

③ 万历《商山吴氏宗法规条》，作者不详，明万历钞本。

④ 道光《龙池王氏宗谱》卷首《宗规》，王全芝等纂修，清道光二十六年刻本。

同，反映出各宗族维护家族间世系次第的目标一致。其做法基本上都是"族中诸父、昆弟相称各以其字。同辈以上者，必曰'某字兄'；同辈以下者，必曰'某字弟'。伯叔命侄曰'某侄'，侄称伯叔曰'某伯父''某叔父'，毋称尔我。"①

严禁同姓不宗及义子、外姻入继者入祠。此事由徽州宗族提出，并通过族规家法予以明确并实施。明清徽州各宗族制订并实施的族规家法均明确"同姓不宗及义子、外姻入继者，均不许入祠。如斯文、族长受贿引进，查出，一并革出不贷。"②徽州宗族祠堂一姓一祠，就是一宗一祠，别说是同姓不宗、义子和外姻入继者，就是同姓同宗者也有诸多限制，如绩溪县余川汪氏宗族《祠规》明列"严宗法"专条，规定："凡派下子孙，有抱养异姓子为后暨以女婿、外甥为后者，本身革出，不许入祠，子孙永远毋许入祠。""凡派下子孙，有不幸无后者，先侭同父周亲；无可继，须凭族长、亲房，择亲房中昭穆相当之人，序继为后；亲房无昭穆相当者，然后求诸远房。""凡序继，长房无后，必以次房之长子继；次房无后，必以长房之次子继；长房无次子，然后求之三房、四房，有不以序者，毋许入祠。""凡派下子孙，有嫡长房不幸无后者，虽无家产，其亲房务必为之立后；若嫡长房无后，而次房只一子者，准其一子双承；若次房无后，而嫡长房只一子，当求之三、四房；若三、四房无后，准其于远房择继，不准双承。"③明清徽州族规家法中此类规定的核心是"严宗法"，其在同姓同宗血缘的组合时，重视家族血统纯洁，以保障家族权益的最大公约数。

三、约束着徽州人的行动

在明清徽州社会，推行宗法制有其合理的一面，因为徽州人世世代代生活在宗法制度不断完善的社会环境里，宗族长期存在并受其影响，整个明清时期中国社会也是在这样的环境下发展的，因而起到了一定的

① 同治《华阳舒氏统宗谱》卷一《家规十则》，舒安仁等纂修，清同治九年木活字本。
② 光绪《梁安城西周氏宗谱》卷首《祭礼》，周之屏等纂修，清光绪三十一年木活字本。
③ 民国《余川越国汪氏族谱》卷十八《祠规》，汪立中等纂修，民国五年木活字本。

积极作用，既带来了徽州社会稳定，又促进了世家大族的繁荣。如崇祯《重修古歙城东许氏世谱》卷七《墓祭祀田仪约》称："我许自忠烈远公六世孙规公时羁旅宣、歙，至孙太庙斋郎会公，始由池迁歙之东门。后四世孙宾公又由东门迁歙北之宁泰乡。至九世孙遍公，复居城东故址。历宋元明，子姓繁衍，为郡之望，皆始迁祖之庇荫也。"然而，实施宗法制，其持守的是一种"宗族本位"或"宗族权力继承"观念。实施前提是保证宗族权威，巩固宗族地位，维护宗族利益，而后致力于凝聚宗族，强化血统，排斥异己，分配权力，划分远近，聚族而居，聚姓而居，最终为的是强化家族本位，维护封建等级制度和专制思想，徽州宗法制也由此发展到顶峰。这显然是一种封建专制制度的徽州实践，实际上是明清地方宗族利用宗法制加强专制的翻版。实施宗法制使"家之事，宗为政"成为起点，又成为终点。"凡族人五世外皆合之祠堂，序以昭穆。则始祖常祀，同姓常亲。倘宗族有事，宜禀之宗长，会于宗祠，当兴者，从公议行。设有忿争，听从处分，不可径自告官，以伤祖宗一体之义。"①这使得人们对家长的权威和宗族的权力始终处于服从的状态，也导致人们的自主意识和平等权利受到限制。

明清徽州族规家法实施的宗法制，仍然停留在固父系单系世系的阶段，并在家族世系排列上强化男性的地位、排斥女性的地位。体现在事实上，无论是世系的继承，还是权益的获取，受到伤害的总是地位受到限制的女性。

第二节　明清徽州族规家法对女性的限制

在明清时期，徽州宗族通过制订和实施族规家法对女性的角色、居处、婚姻进行限制，使族规家法成为维护父权统治、男尊女卑观念以及夫妻不平等的工具之一，转而深刻影响女性的地位和命运。

① 宣统《华阳邵氏宗谱》卷十七《家规》，邵玉琳等纂修，清宣统二年木活字本。

一、对女性角色的限制

在明清徽州族规家法中，规定了"男主外，女主内"的性别角色，意为家外的事务由男性主导，家内的事务则由女性负责。"凡为妇女者，孝舅姑，敬夫主，和娣姒，慈子妇，别尊卑，谨言行，守闺范，攻女事；宜诚敬以奉先，宜勤俭以治家；毋骄恣以违训，毋专制以自遂，毋多言以启争，毋悍妒以败类。"①其最为重要的是男女性别角色有男性为父子、兄弟、丈夫和女性为女儿、妻子和母亲之实。明清徽州族规家法几乎无一例外都强调了这一内容。

从明清徽州族规家法认定的男女有别、夫妇有别的规定性上分析，男女有别、夫妇有别，是重要的制度和规则，明清徽州族规家法强调处理男女性别角色关系，必须维护男性在家族和社会群体中的主导地位，女性扮演男子助手或代表的角色，这表明男女性别角色在明清徽州族规家法中有根本的差异，表现在实践中体现为男女社会分工不同、男女对待方式不同、男女接受教育不同。

其一，男女社会分工不同。明清徽州族规家法对男女社会分工作了不同的规定，据之，凡男性"谨时祭，念祖德，保世业，振家纲，孝父母，敬长上，友兄弟，教子孙，务生理，勤学业，力树艺，肃内外，谨火烛，和邻里，礼宾亲。须早完国课，毋好争讼，毋放利弃义，毋欺天罔人，毋习赌博，毋作非为。"②凡妇人"必须安详恭敬，奉舅姑以孝，事丈夫以礼，待娣姒以和。无故不出中门，夜行以烛，无烛则止。如其淫狎，即宜屏放。若有妒忌长舌者，姑诲之，诲之不悛，则出之。"③明清徽州族规家法倡导"男主外，女主内"，其最重要的是男女在分工上有限制妇女活动和自由之实，出现男性分工趋于社会化、女性分工趋于家庭化的局面。

其二，男女对待方式不同。明清徽州宗族制订的族规家法，体现出

---

① 宣统《富溪程氏中书房祖训家规封丘渊源考》，作者不详，清宣统三年抄本。
② 万历《祁门清溪郑氏家乘》卷四《规训》，郑之珍辑，明万历十一年刻本。
③ 雍正《茗洲吴氏家典》卷一《家规八十条》，吴翟等纂修，清雍正十一年刻本。

许多男女不同的对待方式，相关规定包括"男儿以忠孝成名，女子以节烈成名，是固在人之克自树立，而非作而致之也。如有此等高谊，昭垂史册，显耀宗衻，祠中当特置一座，以配享祖祀，俾后之人慕而效之，以相激劝。"①"男子家门不和，皆由惑于妇言。男子刚肠几人？古人尚如此，况今人乎！为子孙者，当明于烛察，勇于裁断，妇言自不能入矣。妇言见几而从化，渐无言矣。"②"女子在家从父，出嫁从夫，夫不在家从子。何谓之从？凡外事听其主张，不可干预；凡内事有关家务者，亦必说知，商量而行，不可任性执拗，失妇人顺从之道。晓得三从，方成四德。"③"妇人者，伏于人者也。柔顺静婉，中馈修饬，为妇之道。乃有挟制丈夫，不敬翁姑，不和妯娌，凌虐悍妒，种种恶习，虽其秉性之劣，亦由男子有以养成之"④等等。这带来男子地位的上升，女子地位的下降，同时，性别制度和规则形成了男性世系传递，女性受到很多世俗伦理限制，导致男女地位不一致性、性别角色的差异性。

其三，男女接受教育不同。明清时期，徽州族规家法对于男女接受教育的内容区别对待一直没有变化。对"士"的角色期待与追求是明清徽州关于教育的族规家法的重要目标，因而，对于徽州子弟的科举教育一直是徽州族规家法保障的一大内容。如光绪《荆川明经胡氏续修宗谱》卷一《祖训十三条》记载："子以传后，为子者，不可不教以义。方幼稚，即要择师，端其蒙养。有资者，策励以玉成之。即庸常，亦要训其识字或货殖、田亩，使各执一艺，切勿令酗酒、贪花、游手、赌博以取祸。"⑤此类规定是以男性为对象来划定范围，而忽略女性的知识教育、技能教育、科举教育，造成女性教育与男性教育的巨大差异。与男性教育相反，女性教育的理念和方式主要是"家之盛衰，由于妇人，妇人之关乎家者甚大。然必为女子时，熟闻家教，晓这个三从四德，到嫁时才能事公姑、相夫子、和妯娌、教男女。……女子最要先明大义，如

---

① 宣统《上川明经胡氏宗谱》下卷之《规训》，胡祥木等纂修，清宣统三年木活字本。
② 嘉庆《祁门中井河东冯氏宗谱》卷一《家规》，冯光岱纂修，清嘉庆九年木活字本。
③ 万历《休宁范氏族谱·继善堂家规》，范涞纂修，明万历三十三年补刻本。
④ 道光《新安琅琊王氏宗谱》卷首《溺女歌》，王大鹄纂修，清道光二十九年刻本。
⑤ 光绪《荆川明经胡氏续修宗谱》卷一《祖训十三条》，胡学先等纂修，清光绪十年刻本。

《孝经》《论语》及《教女遗规》等书，皆宜课女儿读。"①与此相关，在明清徽州族规家法中，女子教育更重视三从、四德、母性等方面的内容，这表明在明清徽州族规家法中"女子无才便是德"得到强调，作为文化传承的重要载体，学校教育也将女子排除在外。

二、对女性居处的限制

明清徽州族规家法主张"闺门严肃者，其妇流必深居简出，良以风化攸系，阀阅名族之所称为清白者也。然正家之责，在于男子，四德三从之训，亦须粗为讲明。若以姑息为爱，稍听妇言，则非但唇舌渐多，伤残一家和气，而昏惑日深，酿祸不小矣。务相禁戒，各妇女非本宗嫁娶吊丧，毋得轻出。斋婆、尼姑又其甚者，尤加严禁，不许往来。违者，罚及夫男。"②而对男性的要求则不同，在外接受教育，与外界联系，同社会接触，被看成是男性的权利。以教育为例，依据明清徽州族规家法相关规定，"子弟五岁以上，每谒祖讲书及忌辰祭祀，务令在旁观看学习，使之见惯。至十二岁，出就外傅，见灯毋入中门。至十六岁，方行冠礼，照所定冠仪遵行。"③而女子则没有这种受教育权。此类事实就为男女居住之别提供了现实依据，导致"妇人昼夜不游庭，见兄弟不逾阈，皆所以避嫌而远别也。凡族中妇女，见灯毋许出门，及仿效世俗，往外观会、看戏、游山、谒庙等项。违者议罚。"④

明清徽州社会男女居处之别的特征是规定性的，族规家法中的相关规定，使女性居住空间受限、行动范围受限、自我封闭。具体地说，居住空间受限，已经不仅仅是将女性限定在狭小的空间居住，而且扩展为昼不游庭，女不言外，男女见面各相回避，随父母到外家当日即回，毋许讯问师巫，见兄弟不逾阈，出门必拥蔽其面，道路男子由右、女子由左，嫂叔不通问等诸多约束。如嘉靖《绩溪积庆坊葛氏重修族谱》卷三

---

① 光绪《绩溪东关冯氏家谱》卷首《祖训》，冯景坡等纂修，清光绪二十九年木活字本。

② 万历《休宁范氏族谱·林塘宗规》，范涞纂修，明万历三十三年补刻本。

③ 雍正《潭渡孝里黄氏族谱》卷四《家训》，黄臣槐等校补，清雍正九年校补刻本。

④ 民国《古黟环山余氏宗谱》卷一《家规》，余攀荣等纂修，民国六年刻本。

《家训》要求："闺门务要严肃，使男正位乎外，女正位乎内，不可淆乱。凡尼巫卖媪之流，不可使入吾家。淫祠赛会，妇人不可轻往。或遇丧葬大故，内外易致混淆，尤当为之纪纲，密加堤防，以全清白家声，然此犹是第二节事。每平居时，当常以《列女传》所载者，与聪慧女子讲解，使之识字，通晓大义，知所企慕，则闺门之内皆女中君子，将有不肃而严者矣。"①

在女性行动范围受限方面，明清徽州族规家法将女性的生活规范为"内职宜勤，女红勿怠。服饰勿事华靡，饮食莫思饕餮。毋搬斗是非，勿凌厉婢妾，并不得出村游戏，如观剧、玩灯、朝山、看花之类。倘不率教，罚及其夫。"②强调："风化肇自闺门，各堂子姓当以四德三从之道训其妇，使之安详恭敬，俭约操持，奉舅姑以孝，事丈夫以礼，待娣姒以和，抚子女以慈。"③此类规范不仅限制了女性的生活自由，而且限制了女性的居住空间。另外，女性还要承担奉舅姑、事丈夫、待娣姒、抚子女、持家务的责任和义务。明清徽州族规家法还强调男女相处的注意事项。如光绪《绩溪东关冯氏家谱》卷首《祖训》规定："凡男女不与并立，不相杂坐。男子不得入内室，男女不得相笑谑。妇女不得入寺观烧香，三姑六婆不许入门。至于男子外出及妇女青年守寡者，无故尤不宜出入其门，皆远嫌辨疑之道也。"④这些构成女性生活范围有限的必要措施。

在女性的自我封闭方面，徽州女性居处空间、活动范围受限，所带来的女性自我封闭问题在明清时期非常明显。明清徽州族规家法的相关规定，在明清徽州社会获得了普遍认同。翻阅明清徽州族规家法有关规定，便能够得出这样的结论，即徽州女性的居住空间是自我封闭的。正如绩溪县旺川曹氏宗族的《旺川家训十则》指出的那样，"外言不入于阃，内言不出于阃""妇人迎送不出门，见兄弟不逾阈""妇人无故不窥中门，有出中门，拥闭其面""夜行以烛，无烛则止"。⑤居住空间限定

---

① 嘉靖《绩溪积庆坊葛氏重修族谱》卷三《家训》，葛文简等纂修，明嘉靖四十四年刻本。
② 雍正《潭渡孝里黄氏族谱》卷四《家训》，黄臣槐等校补，清雍正九年校补刻本。
③ 雍正《潭渡孝里黄氏族谱》卷四《家训》，黄臣槐等校补，清雍正九年校补刻本。
④ 光绪《绩溪东关冯氏家谱》卷首《祖训》，冯景坡等纂修，清光绪二十九年木活字本。
⑤ 民国《曹氏宗谱》卷一《旺川家训十则》，曹成瑾等纂修，民国十六年木活字本。

对徽州女性来说是别无选择而不得不接受的一种存在，因而其带有封闭性的特征，只不过这种封闭性是柔性的，是在女性认同下形成的。不仅如此，它还以一种约定俗成的规范形式出现，明清徽州女性的生活空间，即使是学习纺织、刺绣、绘画、琴艺、缝纫等，也会被安排在闺房内进行。

三、对女性婚姻的限制

明清徽州族规家法中存在着男女婚姻有别的各项规定，将其梳理出来，可以看出，男女婚姻有别还不止于男女不平等，甚至涉及家族伦理关系，受到族权、夫权的支配，一切为了家族利益，至于男女心愿、男女之情、男女幸福等都被忽略。乃至明清时期的徽州"凡嫁娶须择门弟相等，并父母性行醇笃者，方许结婚。"①

值得注意的是，明清徽州族规家法对婚姻限制最多的莫过于寡妇。在明清徽州族规家法规定下，妇女守贞受到保护，封建社会的贞节观成了天经地义、无可更改的教条。这导致明清徽州的女性从一而终的思想根深蒂固。节孝也被视为"最可贵可敬"，"嗣后，遇有节妇竖匾额、牌坊者，其捐输众会之款，不拘多寡，族中必购千边烛一斤以贺，以示鼓励褒奖之意。"②由于徽州宗族的倡导，妇女丧夫后守节之行为被徽州社会广泛推崇，甚至成为徽州的家族事务。"至本宗之妇，有不幸早年丧夫者，族内必共扶其节操。如妇人性情不定，宁任改适，断不容入门招赘。若有遗孤，亲房务须提携成立，视如己子，不得任其陨危。"③

明清时期的徽州，寡妇守节还可以得到贞节牌坊，受到表彰。"本宗子妇，有能砥励名节者，临会时，公同造门奖劝，里排斯文仍行报官，申请旌奖，以为祖宗之光。"④"凡有孝子顺孙、义夫节妇，皆系圣朝作养、上司培植所致，大裨风化，礼当敬崇。"⑤可丧夫后改嫁的女性

① 万历《萧江全谱》之《附录》卷五《贞教第七》，江旭奇等纂修，明万历三十九年刻本。
② 民国《鹤山李氏宗谱》卷末《家典》，李世禄等纂修，民国六年木活字本。
③ 宣统《华阳邵氏宗谱》卷十七《家规》，邵玉琳等纂修，清宣统二年木活字本。
④ 隆庆《文堂乡约家法》，陈昭祥辑，明隆庆六年刻本。
⑤ 万历《休宁范氏族谱·林塘宗规》，范涞纂修，明万历三十三年补刻本。

则被视为不贞不洁，品行不正，伤风败俗，饱受社会非议，甚至受到族规家法的惩罚。"或派下有品行悖谬、寡廉鲜耻、身名不顾者，姑与再三劝之，而亦未遽绝之也。若其怙恶不悛，甘为败类，则大书'某也夫良'，摈出祠外，生死永不与入，庶人知所戒而莫之犯。"①这意味着对女性再嫁的约束极为严格，措施苛刻，导致无数女性的婚姻自由被束缚，女性的幸福被葬送，生活中的女性地位低下，屈服于男性，甘愿严守贞操，甚至为证清白不惜以死证明。

需要提及的是，明清徽州族规家法中的区别男女、区别夫妇，各项规定都具有目标导向和价值负荷，是在旧有基础上的衍生。虽然区别男女、区别夫妇所涉及的事项比较多，但各方面的目标导向具有内在的一致性。在明清徽州族规家法看来，男女之间处在一种尊与卑、主与从的关系之中，男女有别、夫妇有别不过是这种关系既对立又相互依存的一面而已。正如宣统《古歙义成朱氏宗谱》卷首《祖训十二册》所强调："'家人'之象曰：'男正位乎外，女正位乎内。'位分内外，若不两安乎内外之位，不得谓正。……盖妇从夫者也，倡而后随，依而为媚，故《书》言'观型'、《礼》言'无违夫子'，为得其道。所以夫妇一伦，必有别也。女之贤者，可称女中丈夫。要必以能敬顺夫子，能内助夫子为贤，而断非专制夫子谓为贤也。《诗》曰：'哲妇倾城。'此之谓也。故圣人作《易》，必扶阳而抑阴，示乾之象曰'统天'，示坤之象曰'顺承天'，正所以著男女之别也，君子其体之矣。"②

明清徽州族规家法有关规定，就其实质而言，都是男女之别的形式外化，集中体现和深刻揭示了男女地位的高低。"夫以义帅妇，妇以礼从夫，以端五伦之本。妇悍泼不顺夫者，家长命其主妇率众妇召省谕之，三不悛者，告其母家，出之。若或夫淫荡破产，非道殴挞其妻者，议罚其夫。"③

在限制方法上，利用族规家法相关规定，确定女性生活规则和女性行为规范，并将其进一步分解为强制性措施。同时，基于家族本位的观

①宣统《上川明经胡氏宗谱》下卷之《规训》，胡祥木等纂修，清宣统三年木活字本。
②宣统《古歙义成朱氏宗谱》卷首《祖训十二则》，汪菊如等纂修，清宣统二年木活字本。
③民国《古黟环山余氏宗谱》卷一《家规》，余攀荣等纂修，民国六年刻本。

念进行强化，使用立贞节牌坊、给予物质奖励等措施，通过激励与处罚并举，将女性置于族权、夫权的奴役之下。明清徽州族规家法对女性的限制，处处体现徽州女性生活的封闭与压抑。出自明清徽州族规家法中的相关说教，如"家之暌，必起于妇人，故妇女之言不可轻听。苟轻听妇言，而不察理之是非，则将起衅纷争，视至亲如陌路人。"①"兄弟，同胞之手足也，自应式好无尤，切勿听妇言，以开阋墙之衅。"②"女子年及十三以上，随母到外家，当日即回。余虽至亲，亦不许往。违者，重罚其母。"③等等这些都是引导、教育、要求女性如何遵从三从四德。"家之隆替，则妇人之贤否。何谓贤？慎言修德，整容饬工，居必贞静，动由礼义是也。何谓否？骄悍嫉妒，纵欲败度，摇鼓是非，争竞长短是也。盖妇人之贤者，必能守规戒，安名分，宜室家，相夫子，家道得不因之而隆乎？"④这种理念对明清徽州的女性造成的负面影响相较于过去更为明显。

如此，在女性生活中，妇有"三从"，即"在家从父，出嫁从夫。子既长成，夫不在家者从子。"⑤其限制女性，进而对父权、夫权的维护越来越强，女性失去独立人格和地位。"族内有夫纲不整，不能制其妇，与妇悍泼不受制于夫者，族长当申家诫以正之。其不孝舅姑及帏薄不修、玷辱门户者，令其夫去之。否则，屏之出族。"⑥

随着"四德"的约束不断加强，女性活动变得更加封闭。所谓"四德"指的是"妇德，谓德性和顺，贞洁幽静。凡家内事务，俱尽为妇女道理"；"妇言，谓低声下气，无粗言恶语，不说人家长短是非。或教招子女，责戒童婢，亦不敢怒詈悍打，恐公姑、伯叔听闻，惟从容训戒之"；"妇容，谓早起梳洗整肃，衣服不尚华丽，不嫌旧补，只在洁净。凡出入视听，端庄稳重。相待亲族、宅眷，通有礼数"；"妇功，谓专心针指纺绩，不好戏笑。照管菜园，料理厨下，精洁茶饭酒馔，以奉祭

① 嘉靖《绩溪积庆坊葛氏重修族谱》卷三《家训》，葛文简等纂修，明嘉靖四十四年刻本。
② 民国《曹氏宗谱》卷一《旺川家训十则》，曹成瑾等纂修，民国十六年木活字本。
③ 民国《古黟环山余氏宗谱》卷一《家规》，余攀荣等纂修，民国六年刻本。
④ 宣统《富溪程氏中书房祖训家规封丘渊源考》，作者不详，清宣统三年抄本。
⑤ 万历《祁门清溪郑氏家乘》卷四《规训》，郑之珍辑，明万历十一年刻本。
⑥ 民国《济阳江氏统宗谱》卷一《江氏家训》，江峰青等纂修，民国八年木活字本。

祀、宾客及家中常膳，丰俭有节。"①长期接受妇德、妇言、妇容、妇功的封建伦理教育的女性，相夫教子，尊卑谦让，安详恭敬，恪守家规，"奉舅姑以孝，事丈夫以礼，待娣姒、邻里、姻戚以和，无故不出中门。夜行以烛，无烛则止。如其淫狎，即宜屏放。若有妒忌、长舌者，姑诲之。诲之不悛，则出之。"②女性地位低下的状态，由此可见一斑。

第三节　明清徽州族规家法对秩序等级的维护

明清徽州族规家法在维护徽州社会等级秩序中的不可替代成为一种不证自明的规则，不仅保证宗族稳定，而且促使社会更加有序。其作用也在明清徽州社会被发挥到极致。明清徽州族规家法的推行虽然使徽州社会上下有序、长期稳定，但也置徽州社会各阶层于族规家法所造成的极大的差距以及矛盾之中。

一、维护了徽州社会的秩序等级差别

明清时期是我国封建经济逐渐发展时期，也是君主专制空前强化时期。在我国封建君主专制走向顶峰的过程中，封建等级制度发生了重大变化。一方面，在封建等级制度日趋完善的过程中，封建宗法礼制不断强化，而森严的等级制度呈现极为深广的社会影响；另一方面，在超出君主专制控制之下，受到血缘、地缘关系的决定，乡族紧密结合，也使封建社会等级结构越发坚韧。其结果是明清时期，社会等级制度总体上呈现不断强化趋势，宗法等级秩序也更加严格。这主要表现在君臣有位、贵贱有别、尊卑有等和长幼有序四个方面。

明清中国社会是一个封建等级社会，封建等级制度在各地都不同程度存在。相比较而言，明清徽州社会的封建等级制度更加完备牢固。在

---

① 万历《休宁范氏族谱·继善堂家规》，范涞纂修，明万历三十三年补刻本。
② 民国《鹤山李氏宗谱》卷末《家典》，李世禄等纂修，民国六年木活字本。

封建等级制度维护中，徽州的针对性、实效性特别明显。明清时期的徽州，"官僚与商人、地主与农民、主人与奴仆、长辈与晚辈、男子与女子、族长与族众之间，政治经济地位悬殊，尊卑贵贱等级森严。"[①]

明清徽州社会既是一个封建等级社会，也是一个宗族社会。明清徽州等级社会中贵贱有别、尊卑有等、长幼有序，在很大程度上得益于徽州族规家法的维护。徽州各宗族的族规家法，诸如道光《祁门县锦营郑氏宗族祖训》、万历《祁门县清溪郑氏宗族规训》、同治《绩溪县华阳舒氏宗族庭训》、崇祯《休宁县叶氏宗族家规》、雍正《休宁县茗洲吴氏宗族家规》、光绪《绩溪县梁安高氏宗族家法》、宣统《绩溪县仙石周氏宗族家法》等，都成为本宗族固化族内尊卑等级秩序的依据。族规家法中"序尊卑""正名分"等规定都是为了明确族人在宗族社会等级中的地位，进而影响权力、财富、名誉等社会资源在社会等级之间有区别的分配和流动。

我们不能不看到，明清徽州宗族众多，各宗族的生存环境存在明显差异，特别是徽州名家大族虽然各有族规家法，但在维护徽州的封建等级特权上并无明显差异。

二、维护了徽州社会的名分等级秩序

明清徽州族规家法中，对于族人名位的区分标准是明确的、具体的。如崇祯《休宁叶氏族谱》卷九《家规》规定："同族有兄弟、叔侄，母党、妻党亦有亲属尊卑，彼此称呼，自有定序。至于拜揖必恭、言语必逊、坐次必依先后，名分既正，情洽心安，名门故家之礼，原是如此。若夫恣意紊乱，蔑视尊卑，甚且有以庶并嫡、跻妾为妻者，名分倒置而家道灭矣。"[②]

此外，明清徽州族规家法在"辨正名分"上进行了族人的名分定位。比如宣统《古歙义成朱氏宗谱》卷首《祖训十二则》明列"辨正名分"专条，强调："名分者，世教之大防，人伦之要领也。名不正则情

① 卞利：《明清徽州族规家法选编》，黄山书社2014年版，第2页。
② 崇祯《休宁叶氏族谱》卷九《家规》，叶文山等纂修，明崇祯四年刻本。

不顺，分不明则理不足。情与理亏，而措之天下，何者？非背谬之行，盖尊卑、长幼之间，不别之为尊卑、为长幼，则名失。名既失，遂不循尊卑长幼之节，而分亦失。"①众人的名分不再只是观念的存在，而是作为具体的名分制度安排。将正名分纳入徽州族规家法，也是为明清时期徽州社会等级秩序正名。"非族者，辨之，众人所易知易能也。同族者，实有兄弟、叔侄名分，彼此称呼，自有定序。……至于拜揖必恭、言语必逊、坐次必依先后，不论近族、远族，俱照叔侄序列，情实亲洽，心更相安，名门故家之礼，原是如此。"②明清徽州社会关于区分名分的族规家法，其实就是维护一种权力秩序和统治秩序，其中最重要的关键就是严守名分等级，以维护等级分明的封建制度。

三、维护了徽州社会的尊卑等级秩序

据《史记·商君列传》记载，"明尊卑爵秩等级，各以差次名田宅，臣妾衣服以家次。"如此现象在明清徽州随处可见，覆盖徽州一府六县。在这种社会里，有一种保障制度自始至终存在，那就是明清徽州族规家法。明清徽州族规家法对中国文化传统中的尊卑秩序的关注，始终充满着肯定，并予以大力倡导。万历《休宁茗洲吴氏家记》卷七《家典记》就说："吾族一门，生聚颇蕃。然服属则戚，比来以幼犯长，以卑抗尊，甚至有反唇相稽、拳殴相加者，此与蛮夷鹿兽何异？今后有此者，众罚之，酌其情之轻重以示罚，自一钱起至三两止，仍责令赔礼服罪。"

光绪《绩溪县南关许氏惇叙堂宗谱》卷八《家法》则提出了一个重要的话题："家法以尊治卑，不得以卑治尊。"认为"凡族中子弟犯家法，叔伯、父兄得以家法治之。若叔伯、父兄犯家法，子弟晚辈不得籍口祖宗之名，以下犯下。"其对尊卑秩序的维护强而有力，推出的措施既明确了序尊卑的理由，又维护了徽州社会的尊卑关系。明清徽州族规家法大都起到了这样的作用，例如宣统《仙石周氏宗谱》卷二《家法》规定："凡族中子弟犯家法者，叔伯、父兄得以家法治之。若长辈犯国

---

① 宣统《古歙义成朱氏宗谱》卷首《祖训十二则》，汪菊如等纂修，清宣统二年木活字本。
② 万历《休宁范氏族谱·林塘宗规》，范涞纂修，明万历三十三年补刻本。

法，自有官治；若犯家法，晚辈不得籍口祖宗，笞责尊长，但公请长亲评论，请其改过，免陷刑戮，以辱祖先。"明清时期徽州宗族通过定族规立家法，以强制性的规则促使族人养成尊卑等级观念，从而达到维护宗族统治秩序的目的。

四、维护了徽州社会的贵贱等级秩序

在封建社会里，人与人之间被分成三六九等，贵贱有等、贫富有别，贵贱的区分就在这一背景下进行。通过辨贵贱、明等威，使财富的贵贱之分与躯体的贵贱之分紧密挂钩。如果说财富的贵贱能给贵贱之人带来财富的高低，那么躯体的贵贱则能给贵贱之人带来地位的高低。富贵之人令人羡慕，卑贱之人让人看不起，沦为下人、佣人、穷人，也就在人设的情理之中。明清徽州族规家法在此方面的作用，一是重视"尊家主"："主仆名分，古今皆严，遐迩一体。然君子野人各相倚赖，故家主相传以来，待尔等向从宽惠，应取则取，应与则与，无故不轻詈，无故不轻责，无故不轻耗汝钱一文，无故不轻唉汝酒一杯。……到此时，其所谓有田不得种，有山不得葬，有屋不得居，何若小心安分，谨遵主训者之为得也？尔等诚思之。"[1]二是重视"驭奴婢"："自国家有大人之事，有小人之事，则事诚非一人之可以独治之也。夫家国一致也，有大人以综其成，自必有小人以分其治，则虽小人分属卑贱，亦必驭之以道，而初非可以一概轻责之也。"[2]三是重视"制御仆从"："族人既众，仆从必多，主微弱而仆骄悍，往往有之，有之而不能自治者，声诸众以治之。其或犯上者，罪不容于死。其见他房之主，坐则必起，少有犯者，痛加责治，仍遣叩首致谢于所犯之家，毋得宽纵，以启效尤。"[3]

由于这些情况，徽州族规家法在明清时期对富贵之人与贫贱之人始终是不平等的。虽然明清徽州族规家法也重视"御群下"："祖宗所遗佃仆，服劳执役，须大家怜恤，毋恣凌虐。或有触犯，告之祠正、副，论

---

① 光绪《葆和堂需役给工食定例（功善抄存）》，清光绪十五年抄本。
② 康熙《横冈胡氏支谱》卷下《家规·壮卿公老家规》，胡璟乡纂修，清康熙四十三年刻本。
③ 乾隆《重修古歙东门许氏宗谱》卷八《家规》，许登瀛纂修，清乾隆十年刻本。

以名分所在，扑责示惩。所买奴婢及来投工役，亦宜爱惜。"①但此规定是在"贱不替贵"的语境下作出的，无法改变贫贱之人的命运。

五、维护了徽州社会的长幼等级秩序

在明清徽州族规家法那里，与区别名分、区别尊卑、区别贵贱有着密切关系的，还有区别长幼。区别长幼所追求的目标是建立长幼有序的社会，在宗族的范围内厘清长幼顺序，明确尊卑秩序，而在社会范围内，则努力传承"长幼有序"的伦理精神，肯定长幼等级的合理性，使长幼各得其宜，同时也保证后世长幼有序。

"族人支派，一脉相承，所以尊卑有别，长幼有序，毋以恃富欺贫、恃尊凌卑、恃强欺弱，有违不义，务以礼貌为先，可也。族人倘因财产、口过互争之非，务从族长贤明者公议释判，勿得擅便经公呈丑，不惟二家廉耻有亏，尤且失于大义。贤者鉴改，乡党称之。"②正是在这样的传承与维护中，明清徽州社会形成了序长幼传统。亲序不明，则被视为"徽俗大弊，贻笑他邦，甚为不美"。如"女夫有子婿之称，外甥为女之子，表侄为妻兄弟之子、两姨夫之子皆是也，岂可以女婿坐于岳父、岳母之上，外甥坐于外祖、母舅之上，表侄坐于姑夫、姨夫、表伯叔之上？此固习俗相传，大乖礼法。"③

明清徽州族规家法在区别长幼的基础上，训导族人在序长幼时具体应该如何做。如雍正《潭渡孝里章氏族谱》卷四《家训》中称"卑幼不得抵抗尊长，其有出言不逊、制行悖戾者，会众诲之。诲之不悛，则惩之。"再如光绪《梁安高氏宗谱》卷十一《家法》讲"杖责、驱逐皆祖父施于子孙、尊长施于卑幼者。假使尊长有过，而卑幼遂假家法之名以施于尊长，是欲行家法而先为悖逆，此行家法而反坏家法也。……杖责、驱逐之法，尊长可施于卑幼，卑幼不得施于尊长。"

深入分析明清徽州社会的区分等级、区分名分、区分尊卑、区分贵

---

① 万历《萧江全谱》之《附录》卷五《贞教第七》，江旭奇等纂修，明万历三十九年刻本。
② 隆庆《歙县泽富王氏宗谱》卷八《宗规》，作者不详，明隆庆六年刻本。
③ 万历《商山吴氏宗法规条》，作者不详，明万历钞本。

贱、区分长幼后，会发现两个相当突出的问题。一是徽州人被分成了三六九等，相互之间的差距难以想象，同样是族人，其境遇是大不相同的，并非人人生而平等，如婢仆"为人服役，至艰苦也，少拂家主意，鞭扑随加，含泪吞声而应命趋事，犹恐复挞。"①二是徽州女性处于被支配地位的问题。明清徽州族规家法中的女性，必须服从父权和夫权的绝对统治。这是明清徽州族规家法为女性量身定制的行为规范，绝对不可违背的情况。女性被要求"未嫁从父，既嫁从夫，夫死从子"，其在社会中的自由活动被人为剥夺，不可避免要受到唾骂、指责甚至惩处。

第四节　明清徽州族规家法对徽州人思想的禁锢

明清徽州族规家法是徽州宗族的重要组成部分，在传递宗族的道德准则和价值取向中扮演着特有的角色，在一定程度上又抑制了徽州人的思想。这种抑制，不仅是徽州人的行为受到限制，而且徽州人的思想也受到约束。其内在机制在于强化统治思想、讲习封建礼教、维护家长特权、宣扬三纲五常。

一、强化思想统治

明清徽州宗族制订族规家法的主要依据，是明太祖的《圣谕六条》和清太祖的《圣谕十六条》。崇祯《休宁叶氏族谱》卷九《保世》记载："家乘俾传之有永，特为演皇祖六谕，以示宪章。四礼仪节，以遵画一。世守家规，以昭燕贻。家乘既终，提撕彝训，后人勿以虚文视之，庶世世相承，弥昌弥炽，以光前裕后者于是乎在，作保世第九。"

明清徽州族规家法要求族人对圣谕的遵守，不仅是训导，更是强制性措施。其要求族人遵守《圣谕》，而且是天天如此，形成固定规矩，

---

① 宣统《华阳邵氏宗谱》卷十七《家规》，邵玉琳等纂修，清宣统二年木活字本。

特别需要族规家法的保障。于是，根据《圣谕》制订族规家法，并通过族规家法将《圣谕》刻进徽州人的基因，就成了明清徽州宗族的共同做法。由是，明清徽州宗族"奉《圣谕》于堂上，俾顾諟而儆惕焉。犹恐有志修省者不得大路而行、正门而入，莫之适从，复宣祖训，继以申训而戒饬焉。为之条规，使知其率由焉；为之条约，使知其惩劝焉。"①据此，徽州人只能"洗心向善，有过即改，共成仁里，永振宗祊，听，听，听。"②否则就被视为破坏既定的尊卑和等级秩序，"轻则遭到教训斥责，重则被施以笞杖，情节特别严重者，甚至可能会被处以削除族籍和鸣官处置的惩罚，受罚者不得有任何反抗。"③休宁县松萝门吕氏宗族《松萝家规》有载："凡平居之际，不肯说好话，行好事，而有犯圣谕中一件者，记过，量罪轻重，罚银多寡，以警戒之。"④

二、讲习封建礼教

遵守《圣谕》难在如何在遵守《圣谕》中不出差错。对此，明清徽州族规家法有特定的实践和积淀。例如，明清徽州族规家法就主张并实践"崇重礼教"，"且冠婚丧祭所以纪纲，人道之始终者也。今后有事，一一遵用《文公家礼》以行。"⑤

明清徽州族规家法以《文公家礼》所讲的礼节、礼仪为礼制，强调"节文之谓'礼'，礼本不易，而其间随风气为迁移，则又不无变本而加厉者。吾等士庶家，自有士庶之礼，向来祖制所遗，皆本《文公家礼》，而少为之参订。"⑥受其影响，在明清徽州数百年的历史上，冠礼悉遵《文公家礼》；婚礼悉遵《文公家礼》；丧礼悉遵《文公家礼》；祭礼悉遵《文公家礼》。可以说，《文公家礼》既是明清徽州宗族意志的特征向量，

① 宣统《富溪程氏中书房祖训家规封丘渊源考》，作者不详，清宣统三年抄本。

② 万历《萧江全谱》卷一《祠规》，江旭奇等纂修，明万历三十九年刻本。

③ 卞利：《明清徽州族规家法选编》，黄山书社2014年版，第9页。

④ 民国《重印新安大阜吕氏宗谱》卷五《松萝家规》，吕龙光等纂修，民国二十四年木活字重印明万历本。

⑤ 光绪《绩溪县南关许氏悖叙堂宗谱》卷八《旧家规》，许文源等纂修，清光绪十五年木活字本。

⑥ 宣统《古歙义成朱氏宗谱》卷首《祖训十二则》，汪菊如等纂修，清宣统二年木活字本。

也是明清徽州关于礼节、礼仪的族规家法的理论依据和思维基础。"冠婚丧祭，称家有无，毋袭俗浮屠，有违《家礼》"①，应是明清徽州关于礼节、礼仪的族规家法应有之义。然而，这种礼教具有鲜明的阶级性、封建性，是为了维护宗族制度、宗族意志、宗族秩序而制定的，而且一味求同，只是一种声音，既束缚了徽州人的自由，又控制了徽州人的思想。

三、维护家长特权

讨论明清徽州族规家法对明清时期徽州人思想的禁锢，不能不关注封建家长制的消极影响。由于明清徽州社会实行封建宗法制度，家族以男性为中心，以父系血缘关系为纽带，家长是父系父权的代表，所以家长在家族、家庭中拥有至高无上的权威。维护、巩固家长专制特权是明清徽州族规家法的题中之义。

明清徽州族规家法确定了家长地位，明确了其他成员的服从关系，形成了"家天下"的家族、家庭治理模式。其中相辅相成的两点值得提出，即雍正《潭渡孝里黄氏族谱》卷四所说的"凡有欲行之事，皆当咨禀家长，然后举行。"②光绪《新州叶氏家谱》卷首《修省斋公家规二十条》所讲的"自今宜以祖宗为念，家庭相会，出入相遇，悉以尊卑，长幼自序，以情相爱，以敬相承。凡有凌犯尊长、欺侮等辈，不合于礼者，族长以家法治之"③，既确认了家长式管理的合规性，凡是家务都由家长管理，又强调家长是家族、家庭中的主宰，家族家庭成员必须服从家长，即使受到家长苛责，无论是非，都要俯首默受。

这固然在一定的意义上保持了家族、家庭的稳定，维护了家族、家庭成员之间的关系，却也使家族、家庭成员的思想、行为出现与家长意志不相一致问题时，面临全面的被限制。正如朱熹《文公家礼》所言："凡诸卑幼，事无大小，毋得专行，必咨禀于家长。"即大小事务经过家

① 光绪《绩溪东关冯氏家谱》卷末下《存旧》，冯景坡等纂修，清光绪二十九年木活字本。

② 雍正《潭渡孝里黄氏族谱》卷四《家训》，黄臣槐等校补，清雍正九年校补刻本。

③ 光绪《新州叶氏家谱》卷首《修省斋公家规二十条》，叶希铭辑，清光绪三十三年石印本。

长的同意才能做，反之则不能做。

四、宣扬三纲五常

明清徽州关于宣扬三纲五常的族规家法的深入实施，维护了明清徽州社会的伦理道德、宗法制度。宣统《富溪程氏中书房祖训家规封丘渊源考》指出，"齐家之要，必以振三纲为重。三纲者何？君为臣纲，父为子纲，夫为妻纲也。家长者，亦家人之严君也。……凡一家之事，家长主其纲，择家众分任之而使之行。子弟若妇，虽有才智，亦必禀之于上，不敢擅专。如此，则大纲振而彝伦叙，无不举之事矣。"①以三纲教化社会的观点，不仅被视作天理，而且体现在治家、齐家实践中，成为徽州人无条件服从上下关系的行动指南。明清徽州社会展开三纲、五常的行动，大致有两个轨迹：一是将三纲五常整合在齐家、兴家、发家实践中，让徽州人广泛接受、普遍认同；二是持续宣传三纲五常之意义，结合相关训导，让三纲、五常更有吸引力、更有说服力。

宣统《华阳邵氏宗谱》卷十七《五伦训箴》记载："君臣：莫道为君难，为臣也不易。臣事君以忠，君待臣以义。陶唐及有虞，都咈兼吁俞。际会遇明良，天下由平治。""父子：子孝父心宽，斯言诚为确。不患父不慈，子贤亲自乐。大舜日夔夔，瞽瞍（叟）亦允若。父母天地心，大小无厚薄。""夫妇：夫以义为良，妇以顺为正。和乐祯祥来，乖戾灾祸应。举案必齐眉，如宾在相敬。牝鸡一司晨，三纲何由正？"②在明清徽州族规家法看来，徽州人只有长期恪守三纲，拥有五常，徽州社会才会永久和谐、安定。这样，臣以君为纲，子以父为纲，妻以夫为纲，君权、父权和夫权居于统治地位，而臣、子、妻则处于服从地位，随时受到"三纲"约束，也随时受到"五常"限制，在社会生活中必须依"三纲"和"五常"尽本分，不能违反三纲原理和五常之道。由此可以看出，在明清时期的徽州，无论是三纲，还是五常，都是禁锢徽州人言行的桎梏。

---

① 宣统《富溪程氏中书房祖训家规封丘渊源考》，作者不详，清宣统三年抄本。
② 宣统《华阳邵氏宗谱》卷十七《五伦训箴》，邵玉琳等纂修，清宣统二年木活字本。

主要参考文献

（一）文书

[1]张海鹏,王廷元主编:《明清徽商资料选编》,黄山书社1985年版。

[2]王钰欣,周绍泉主编:《徽州千年契约文书》,花山文艺出版社1991年版。

[3]刘伯山主编:《徽州文书》(第一辑),广西师范大学出版社2005年版。

[4]刘伯山主编:《徽州文书》(第二辑),广西师范大学出版社2006年版。

[5]刘伯山主编:《徽州文书》(第三辑),广西师范大学出版社2009年版。

[6]刘伯山主编:《徽州文书》(第四辑),广西师范大学出版社2011年版。

[7]刘伯山主编:《徽州文书》(第五辑),广西师范大学出版社2015年版。

[8]刘伯山主编:《徽州文书》(第六辑),广西师范大学出版社2017年版。

[9]刘伯山主编:《徽州文书》(第七辑),广西师范大学出版社2020年版。

[10]封越健主编:《徽州文书类编·散件文书》,社会科学文献出版社2017年版。

[11]卞利编著:《徽州民间规约文献精编》,安徽教育出版社2020年版。

［1］（宋）黎靖德编；王星贤点校：《朱子语类》（全八册），中华书局1986年版。

［2］（宋）罗愿撰；肖建新，杨国宜校著：《〈新安志〉整理与研究》，黄山书社2008年版。

［3］（宋）朱熹撰：《家礼》，明刻本。

［4］（明）方弘静撰：《千一录》二十六卷，明万历刻本。

［5］（明）申时行，赵用贤等撰修：《重修大明会典》二百零六卷，明万历十五年刻本。

［6］（明）汪道昆撰；胡益民，余国庆点校：《太函集》，黄山书社2004年版。

［7］（明）程敏政辑撰；何庆善，于石点校：《新安文献志》，黄山书社2004年版。

［8］（明）戴廷明，程尚宽撰；朱万曙，王平，何庆善等点校：《新安名族志》，黄山书社2004年版。

［9］（明）傅岩撰；陈春秀点校：《歙纪》，黄山书社2007年版。

［10］（明）程昌撰；周绍泉，赵亚光校注：《窦山公家议校注》，黄山书社1993年版。

［11］（清）王让修，桂超万纂：《祁门县志》，清道光七年刻本。

［12］（清）丁廷楗修；赵吉士撰：康熙《徽州府志》，清康熙三十八年刊本，成文出版社1975年影印版。

［13］（清）马步蟾纂修：道光《徽州府志》，成文出版社1975年影印版。

［14］张荣铮，刘勇强等点校：《大清律例》，天津古籍出版社1993年版。

［15］（清）吴甸华修；程汝翼，俞正燮纂：嘉庆《黟县志》，清嘉庆十七年刻本，江苏古籍出版社1998年版。

［16］（清）吴翟辑；刘梦芙点校：《茗洲吴氏家典》，黄山书社2006年版。

［17］（清）程瞳撰；王国良，张健点校：《新安学系录》，黄山书社2006年版。

（三）家谱

[1]景泰《新安程氏诸谱会通》,程孟纂修,明景泰二年刻本。

[2]成化《泽富王氏重编宗谱》,王茂介等纂修,明成化六年刻本。

[3]嘉靖《休宁西门汪氏族谱》,汪尚和纂修,明嘉靖六年刻本。

[4]嘉靖《祁门善和程氏谱》,程昌纂修,明嘉靖二十四年刻本。

[5]嘉靖《龙井胡氏族谱》,胡东昇纂修,明嘉靖三十五年刻本。

[6]嘉靖《绩溪积庆坊葛氏重修族谱》,葛文简等纂修,明嘉靖四十四年刻本。

[7]隆庆《歙县许氏世谱》,作者不详,明隆庆抄本。

[8]万历《歙县泽富王氏宗谱》,王仁辅等纂修,明万历元年刻本。

[9]万历《休宁率东程氏重修家谱》,程宪纂修,明万历元年刻本。

[10]万历《新安蜀川陈氏宗谱》,陈文灼等纂修,明万历间刻本。

[11]万历《新安吕氏宗谱》,吕继华等纂修,重印明万历五年木活字本。

[12]万历《沙堤叶氏家谱》,叶盛春主修,明万历七年刻本。

[13]万历《祁门清溪郑氏家乘》,郑之珍辑,明万历十一年刻本。

[14]万历《休宁茗洲吴氏家记》,吴子玉编修,明万历十九年抄本。

[15]万历《休宁范氏族谱》,范涞纂修,明万历三十三年补刻本。

[16]万历《重修休邑城北周氏宗谱》,周思松等纂修,明万历二十四年刻本。

[17]万历《歙县王氏统宗世谱》,王廷昉纂修,明万历三十五年刻本。

[18]万历《休宁宣仁王氏族谱》,王宗本纂修,明万历三十八年刻本。

[19]万历《萧江全谱》,江旭奇等纂修,明万历三十九年刻本。

[20]天启《婺源武口王氏统宗世谱》,王铣等纂修,明天启四年刻本。

[21]崇祯《休宁叶氏族谱》,叶文山等纂修,明崇祯四年刻本。

[22]崇祯《古林黄氏重修族谱》,黄文明纂修,明崇祯十六年刻本。

[23]崇祯《歙县济阳江氏宗谱》,江国华等纂修,明崇祯十七年刻本。

[24]康熙《新安太原王氏宗谱》,王之策纂修,清康熙三十年刻本。

[25]康熙《黟县横冈胡氏支谱》,胡璟等纂修,清康熙四十三年刻本。

[26]康熙《婺南中云王氏世谱》,王作霖等纂修,清康熙四十五年刻本。

[27]康熙《歙县周氏族谱正宗》,作者不详,清康熙五十五年刻本。

[28]康熙《歙西金山宋村宋氏族谱》,宋德泽纂修,清康熙五十九年刻本。

[29]雍正《休宁江村洪氏家谱》,洪昌纂修,清雍正八年刻本。

[30]雍正《歙县潭渡孝里黄氏族谱》,黄臣槐等校补,清雍正九年校补刻本。

[31]雍正《茗洲吴氏家典》,吴翟等纂修,清雍正十一年木活字本。

[32]乾隆《休宁徐氏珊溪藕塘二族合谱》,徐绍合等纂修,清乾隆六年刻本。

[33]乾隆《重修古歙东门许氏宗谱》,许登瀛纂修,清乾隆十年刻本。

[34]乾隆《婺南云川王氏世谱》,王魁昇纂修,清乾隆二十一年刻本。

[35]乾隆《歙东蓝田叶氏〈四老历世支谱〉》,作者不详,清乾隆三十年刻本。

[36]乾隆《歙县磻溪盛氏宗谱》,盛世震纂修,清乾隆三十二年抄本。

[37]乾隆《婺源星源银川郑氏宗谱》,郑永彬等纂修,清乾隆四十年木活字本。

[38]乾隆《新安东关济阳江氏宗谱》,江上锦等纂修,清乾隆五十四年木活字本。

[39]嘉庆《祁门中井河东冯氏宗谱》,冯光岱纂修,清嘉庆九年木活字本。

[40]嘉庆《棠樾鲍氏宣忠堂支谱》,鲍琮纂修,清嘉庆十年刻本。

[41]嘉庆《歙县桂溪项氏族谱》,项启鋿等纂修,清嘉庆十六年木活字本。

[42]嘉庆《黟县南屏叶氏族谱》,叶有广等纂修,清嘉庆十七年木活字本。

[43]嘉庆《婺源敦煌郡洪氏宗谱》,洪志道纂修,清嘉庆二十一年木活字本。

[44]嘉庆《婺源槐溪王氏支谱》,李振苏纂修,清嘉庆二十五年木活

字本。

[45]道光《祁门锦营郑氏宗谱》,郑道选纂修,清道光元年刻本。

[46]道光《武口王氏金源山头派支谱》,王廷楚等纂修,道光五年木活字本。

[47]道光《黟县济阳江氏宗谱》,江光裕纂修,清道光十九年木活字本。

[48]道光《屏山舒氏宗谱》,舒道观纂修,清道光二十四年木活字本。

[49]道光《婺源锦川欧阳氏宗谱》,欧阳茂林编修,清道光二十六年木活字本。

[50]道光《龙池王氏宗谱》,王全芝等纂修,清道光二十六年刻本。

[51]道光《祁邑苦竹王氏宗谱》,王地山等纂修,清道光二十七年刻本。

[52]道光《婺源清华胡氏九公宗谱》,胡兴钗等纂修,清道光二十七年木活字本。

[53]道光《绩溪西关章氏族谱》,章维烈等纂修,清道光二十九年刻本。

[54]道光《新安瑯琊王氏合修宗谱》,作者不详,清道光二十九年刻本。

[55]咸丰《湾里裴氏宗谱》,裴有耀等纂修,清咸丰五年木活字本。

[56]同治《腴川程氏宗谱》,程元瑞纂修,清同治七年刊本。

[57]同治《平阳汪氏族谱》,汪大樽等纂修,清同治七年木活字本。

[58]同治《华阳舒氏统宗谱》,舒安仁等纂修,清同治九年木活字本。

[59]同治《歙县高阳许氏宗谱》,许有文纂修,清同治十三年木活字本。

[60]同治《休宁西岸汪氏族谱》,作者不详,清同治钞本。

[61]光绪《祁门金氏宗谱》,金可炘续修,清光绪三年木活字本。

[62]光绪《梁安高氏宗谱》,高富浩纂修,清光绪三年刻本。

[63]光绪《歙县仙源吴氏家谱》,吴永凤等纂修,清光绪五年木活字本。

[64]光绪《婺源詹氏宗谱》,作者不详,清光绪五年木活字本。

[65]光绪《绩溪古校头周氏宗谱》,周原纂修,清光绪六年木刻本。

[66]光绪《休宁东溪华氏宗谱》,作者不详,清光绪六年木活字本。

[67]光绪《黟县汪氏小宗谱》,汪曾立等纂修,清光绪六年刻本。

[68]光绪《休宁孙氏宗谱》,孙亨抄,佚名纂修,清光绪七年抄本。

[69]光绪《荆川明经胡氏续修宗谱》,胡学先等纂修,清光绪十年刻本。

[70]光绪《婺源三田李氏宗谱》,李廷益等纂修,清光绪十一年木活字本。

[71]光绪《婺源翀麓齐氏族谱》,齐之侯纂修,清光绪十二年刻本。

[72]光绪《绩溪南关惇叙堂宗谱》,许文源等纂修,清光绪十五年木活字本。

[73]光绪《祁门王氏重修宗谱》,王森财等纂修,清光绪十五年木活字本。

[74]光绪《绩溪姚氏宗谱》,姚士童等纂修,清光绪十六年木活字本。

[75]光绪《邑上西坑汪氏宗谱》,王培松纂修,清光绪十七年木活字本。

[76]光绪《婺源双杉王氏宗谱》,王启魁纂修,清光绪十九年木活字本。

[77]光绪《婺源豫章罗氏宗谱》,作者不详,清光绪二十年刻本。

[78]光绪《绩溪梧川汪氏宗谱》,汪宗瀚等纂修,清光绪二十二年木活字本。

[79]光绪《绩溪东关黄氏续修宗谱》,黄俊杰纂修,清光绪二十二年木活字本。

[80]光绪《绩溪东关黄氏宗谱》,黄槐纂修,清光绪二十三年刊本。

[81]光绪《绩溪塘川姚氏宗谱》,姚良礼等纂修,清光绪二十七年木活字本。

[82]光绪《绩溪东关冯氏家谱》,冯景坡等纂修,清光绪二十九年木活字本。

[83]光绪《歙县新州叶氏家谱》,叶希铭纂修,清光绪三十三年石印本。

[84]光绪《歙县陶氏宗谱》,作者不详,清光绪三十二年木活字本。

[85]宣统《古歙义成朱氏宗谱》,汪菊如等纂修,清宣统二年木活字本。

[86]宣统《华阳邵氏宗谱》,邵玉琳等纂修,清宣统二年木活字本。

[87]宣统《韩楚二溪汪氏家乘》,汪衍桱等纂修,清宣统二年木活字本。

[88]宣统《仙石周氏宗谱》,周善鼎等纂修,清宣统三年木活字本。

[89]宣统《绩溪枢密葛氏宗谱》,葛光汉纂修,清宣统三年木活字本。

[90]宣统《上川明经胡氏宗谱》,胡祥木等纂修,清宣统三年木活字本。

[91]民国《古黟环山余氏宗谱》,余攀荣等纂修,民国六年刻本.

[92]民国《鹤山李氏宗谱》,李世禄等纂修,民国六年木活字本。

[93]民国《济阳江氏统宗谱》,江峰青等纂修,民国八年木活字本。

[94]民国《河间凌氏宗谱》,凌雨晴等纂修,民国十年刻本。

[95]民国《重印新安大阜吕氏宗谱》,吕龙光等纂修,民国二十四年重印明万历本。

(四)族规

[1]隆庆《文堂乡约家法》,陈昭祥辑,明隆庆六年刻本。

[2]万历《商山吴氏宗法规条》,作者不详,明万历钞本。

[3]万历《婺源沱川余氏乡约》,余懋衡等纂修,明万历刻本。

[4]道光《婺源汪氏湖山墓祠记》,汪松泰等纂修,清道光二十七年刻本。

[5]宣统《富溪程氏中书房祖训家规封丘渊源考》,作者不详,清宣统三年钞本。

(五)著作、论文

[1]叶显恩:《明清徽州农村社会与佃仆制》,安徽人民出版社1983年版。

[2]卞利:《明清徽州族规家法选编》,黄山书社2014年版。

［3］赵华富主编:《首届国际徽学学术讨论会文集》,黄山书社1996年版。

［4］唐力行:《明清以来徽州区域社会经济研究》,安徽大学出版社1999年版。

［5］张鸣,丁明:《中华大家名门家训集成》,内蒙古人民出版社1999年版。

［6］姚邦藻:《徽州学概论》,中国社会科学出版社2000年版。

［7］李琳琦:《徽商与明清徽州教育》,湖北教育出版社2003年版。

［8］王世华主编:《徽学概论》,安徽人民出版社2020年版。

［9］杨永生,汪大白:《徽州名人家训》,安徽人民出版社2020年版。

［10］李俊杰:《明清族谱之家训研究》,安徽师范大学出版社2020年版。

［11］陈平民:《徽州经典家风家训》,安徽人民出版社2020年版。

［12］王世华:《明清徽商家训释读》,安徽师范大学出版社2021年版。

［13］陈孔祥:《明清徽州家训研究》,安徽师范大学出版社2021年版。

［14］唐力行:《明清徽州的家庭与宗族结构》,《历史研究》1991年第1期。

［15］赵华富:《论徽州宗族繁荣的原因》,《民俗研究》1993年第1期。

［16］陈柯云:《明清徽州宗族对乡村统治的加强》,《中国史研究》1995年第3期。

［17］朴元熜:《从柳山方氏看明代徽州宗族组织的扩大》,《历史研究》1997年第1期。

［18］唐力行:《徽州宗族研究概述》,《安徽史学》2003年第2期。

［19］常建华:《明代徽州的宗族乡约化》,《中国史研究》2003年第3期。

［20］卞利:《明清徽州乡(村)规民约论纲》,《中国农史》2004年第4期。

［21］卞利:《明清徽州村规民约和国家法之间的冲突与整合》,《华中师范大学学报》(人文社会科学版)2006年第1期。

［22］陈瑞:《明清时期徽州宗族社会关系控制初探》,《安徽史学》2007

年第2期。

[23]郑小春:《明清徽州宗族与乡村治理:以祁门康氏为中心》,《中国农史》2008年第3期。

[24]卞利:《明清时期徽州的宗族公约研究》,《中国农史》2009年第3期。

[25]周晓光,徐彬:《明清徽州家谱与徽州社会风俗》,《安徽史学》2011年第6期。

[26]宋杰:《徽州存世家谱的文献学分析》,《安庆师范学院学报》(社会科学版)2010年第11期。

[27]卞利:《论徽州的宗族祠堂》,《中原文化研究》2017年第5期。

[28]祝虻:《从家训文献看晚明士大夫的治家认识——以方弘静〈家训〉为中心》,《安徽史学》2020年第1期。

[29]徐彬:《明清徽州家规家训中的重本业之风》,《池州学院学报》2022年第2期。

[30]汪锋华:《晚清徽州宗族的教育观新论——以徽州家谱、族规、家训为中心》,《合肥工业大学学报》(社会科学版)2022年第2期。

后　记

　　明清徽州族规家法问题，是徽学研究者关注的一个重要问题。自赵华富于 1996 年展开明清徽州族规家法研究，并发表《徽州宗族族规家法》学术论文后，徽学研究者们看到明清徽州族规家法对深化徽学研究的重要性与必要性，开始重视利用明清徽州族规家法资料进行研究。

　　对明清徽州族规家法的研究，长期以来一直是研究者讨论的热门话题，多项成果相继推出。代表性的是由卞利编辑出版的《明清徽州族规家法选编》。该选编收录了作者于 20 世纪 80 年代以来收集的 213 篇明清徽州族规家法，包括民国元年至十年（1912—1921）部分徽州的族规家法，为我们理解明清徽州族规家法状况与利用方式之间的关系提供了重要文献资料。

　　安徽师范大学为徽学研究的重镇，近几年收藏的明清徽州族谱明显增多，分散在这些族谱中的明清徽州族规家法各有特点，有类型之分，与《明清徽州族规家法选编》一书收录的族规家法不尽相同。这与我们对明清徽州族规家法的新资料之需求相一致。

　　我们于 2019 年以"明清徽州族规家法研究"为题，申报国家社科规划课题并获批（批准号：19BZS135）。围绕立项课题预期目标，历经五年研究，撰写了专著《明清徽州族规家法研究》。其是明清徽州族规家法的概述，系统介绍明清徽州族规家法的方方面面，并着重揭示明清徽州族规家法研究的对象性、可行性、必要性、规定性、应用性和学术性的研究成果。

　　本课题由陈孔祥主持完成，安徽师范大学历史学院王世华教授审阅书稿并提出了主导性意见，参加书稿撰写与修改工作的有吴晓萍、高文娟、宋标、步献新、卢朝阳、徐成进、苏晓雪等，安徽师范大学历史学院和法学院研究生姚芳芳、朱征宇、邹芳芹、顾倩云、聂然等在导师的指导下也参与了课题研究。

我们的明清徽州族规家法研究，没有停留在过去那种以了解明清徽州族规家法存在状况为己任的阶段，也没有满足于将明清徽州族规家法陈述清楚，而是通过这些族规家法，去了解其背后的功能与价值，以及赋予明清徽州家风、民风、社风的意义，这是我们关注的关于族规家法文化的命题。明清徽州族规家法研究不仅为徽学研究提供了必要的族规家法方面的徽州历史文献，而且为徽学研究解读系列问题提供了一个学术视域，对弘扬中国传统优秀家训文化也有特定的价值。

本课题研究中收集的资料仍然有限，现有资料的利用不够充分，这是其不足之处。与此有关，本课题研究对明清两代徽州族规家法之间的区别还没有明确，明清徽州不同宗族之族规家法的个性发掘有待进一步研究，而对明清徽州不同县域族规家法之差异探讨较少，这些问题都有待在今后的研究中，通过不断积累新的族规家法资料，展开更为深入的研究。

后
记